KB175180

임진왜란과 전라좌수영, 그리고 거북선

여수해양문화연구소
한 일 관 계 사 학 회 편

景仁文化社

발 간 사

충무공 이순신(李舜臣) 장군! 전라좌수영(全羅左水營)! 거북선!

한국에서 '임진왜란'이라 부르는 한일 간의 7년 전쟁은 당시 조선과 일본은 물론, 중국과 동아시아 전체에 커다란 영향을 끼친 국제전쟁으로 동아시아 삼국 전쟁으로 표현되고 있다.

여수는 한국의 명장 이순신 장군의 본거지인 전라좌수영이 있던 곳이다. 그리고 이순신과 지역 주민들이 혼연일체가 되어 철갑선인 거북선을 만들고 위기에 처한 나라를 구한 구국의 성지이다. 임진왜란, 정유재란을 승리로 이끎으로 향후 200여 년 동안 한일 간의 평화를 정착시켰던 충무공의 애국충절의 정신은 오늘날까지 우리 민족의 정신적 자산이 되었다.

이 책은 1591년 충무공 이순신 장군이 전라좌수사로 부임한 지 420주년이 되는 뜻 깊은 해를 맞이하여 전라좌수영의 본고장인 여수에서 개최된 국제심포지엄에서 발표한 내용을 정리한 것이다. 주제인 '임진왜란과 전라좌수영, 그리고 거북선' 역시 이러한 관점을 잘 구현한 것이라 하겠다.

여기에는 일본의 대표적인 임진왜란 역사학자이신 기타지마 만지(北島萬次) 선생님과 한일관계사학회 손승철 전 회장님과 교수님들, 동북아역사재단의 연구자 여러분들이 참가하였다.

심포지엄에서는 임진왜란의 역사를 재조명함으로써 좀 더 우호적인 한일 교류의 장이 열리기를 희망한 발표와 열띤 토론이 있었다. 그리고 이순신 장군과 전라좌수영, 거북선을 집중 조명하는 큰 성과를 거두었다.

구체적으로 책의 구성 내용을 살펴보면, 기타지마 만지 선생님의 기조발표 '「亂中日記」에 보이는 降倭에 대하여'에 이어, 제1부는 임진왜란 때 전라좌수영의 남해방어와 호남의병의 역할을 다룬 '임진왜란과 호남', 제2부는 전라좌수영 거북선의 구조와 형태를 다룬 '전라좌수영과 거북선', 제3부는 남해안 지역의 조선성과 왜성을 다룬 '조선성과 왜성' 등으로 발표문에 이어 토론문이 게재되었다.

끝으로 기조발표문과 발표문, 토론문을 흔쾌히 제공해 주신 발표자 여러분께 감사의 말씀을 올린다. 아울러 이번 심포지엄을 위하여 물심양면으로 지원해주신 김충석 여수시장님을 비롯한 여수시 관계자 여러분과 여수해양문화연구소 회원들, 그리고 참석하여 자리를 빛내 주신 내빈 여러분께도 거듭 감사를 드린다. 또한 이 책이 탄생하기까지 편집을 맡아주신 손승철 교수님과 경인문화사에도 고마움을 표시하고자 한다.

2011. 8.
좌수영의 고장 여수에서
청암대학 정희선 씀

목 차

제2부 전라좌수영과 거북선

제3부 조선성과 왜성

기조강연

『亂中日記』에 보이는 降倭에 대하여 北島万次

『亂中日記』에 보이는 降倭에 대하여

北島万次*

서 론

降倭는, 임진왜란 때, 명·조선측에 투항했던 倭兵을 말한다. 이제까지의 降倭에 관해서는 沙也可(sayaka)＝金忠善의 경우가 잘 알려져 있다. 1592(선조 25)년 4월, 沙也可(sayaka) 는 加藤淸正의 선봉장으로서 조선침략에 종군했지만, 조선의 東土禮義의 풍속을 보고, 중화문물의 번성함을 우러러보아, 그 휘하를 이끌고 조선측에 투항하여, 임진왜란에 공로를 세웠다. 이것에 의하여, 조선국왕에게 관직을 받아, 金海金氏의 성을 하사받고, 秀吉의 조선침략이 끝난 뒤에도 조선에 봉사하고, 暮夏堂의 호를 받은 것이다(北島万次 저 『豊臣秀吉の朝鮮侵略』).

이 沙也可(sayaka)＝金忠善의 경우는, 당초부터 秀吉의 해외파병에 의문을 품고, 적극적으로 조선측에 투항했던 것이지만, 長陣에 의한 兵糧 부족과 전쟁을 기피하는 분위기에서 각자가 조선측으로 투항하여 降倭가 된 경우가 있다.

10년 정도 전에, 나는 李舜臣의 『亂中日記』를 일본어로 번역했다(李舜臣 저·北島万次 역주 『亂中日記』平凡社 東洋文庫). 그 작업 가운데서,

* 전) 일본 공립여자대학 교수

沙也可(sayaka) ＝金忠善의 경우와는 전혀 다른 항왜의 실태를 보는 것이 가능했다. 그 항왜를 이순신은 어떻게 다루었을까. 그 문제에 대해서 이야기 하고 싶다.

1. 『亂中日記』는 降倭에 대하여 어떻게 기술하고 있는가

1) 1594년(선조 27, 갑오)의 경우

＊ 1월 26일, "오후, 倭賊의 피로가 되어 도망쳐 돌아온 사람이 있어, 그것은 晉州의 여인 1명·固城의 여인 2명·서울의 노비 2명(鄭昌衍·金命元의 노비)인 것, 또한, 자신이 직접 투항하여 온 왜병이 1명 있다는 것이 보고되었다."

＊ 10월 6일, "倭奴 1명이 漆川島의 山麓에 와서 투항하려고 하므로, 昆陽郡守 李光岳가 항왜를 가까이 불러들여 배에 태워서 심문한 결과, 永登浦의 왜라고 함."

＊ 10월 21일, "降倭 3명이 경상우수사 元均의 처소로부터 끌려와 취조를 받았다."

＊ 11월 3일, "아침에 金天碩이 비변사의 공문을 가지고, 항왜 也汝文(彌右衛門 ＝ yaemon)들 3명을 데리고 陣에 도착했다."

＊ 11월 4일, "大廳(관아의 중앙에 있는 마루의 사이. 正殿)에 나와, 降倭에 투항한 사정을 심문한다."

＊ 11월 5일, "순변사 李鎰가 휘하의 군관에게 降倭 13명을 압송시켜 왔다."

＊ 11월 7일, "아침에 대청에 나와, 降倭 17명을 南海에 보냈다."

＊ 11월 13일, "도원수 權慄의 명령에 의하여, 방어사 金應瑞의 군관

이 降倭 14명을 데리고 왔다.”

　* 11월 14일, “아침에 경상도우병사 金應瑞의 군관이 降倭 7명을 데리고 왔기 때문에, 南海縣에 보냈다.”

　* 11월 27일, “慶尙左右道에서 보내 온 降倭를 남기지 않고 모아서, 거기서 그들에게 砲術을 배우게 했다.”

2) 1595년(선조 28, 을미)의 경우

　* 1월 7일, “南海의 降倭 也汝文(彌右衛門 = yaemon)들이 나타났다.”

　* 1월 9일, “식후, 降倭 也汝文(彌右衛門 = yaemon)들을 南海에 돌려보냈다.”

　* 3월 17일, “전라우수사 李億祺으로부터 치보가 도착했다. 그것에 의하면, 見乃梁의 복병의 처소로부터 온 降倭 沈安隱已(shinaninki)[1]을 심문 했더니, 그는 永登浦에 둔거했던 왜병이고, 그 倭將 島津義弘(Shimazu Yoshihiro)[2]가 아들인 島津忠恒(Shimazu Tadatsume)에게 뒤를 맡기고, 가까운 일본에 돌아가려 하고 있다고 말함.”

　* 4월 24일, “姜千石이 달려와 “도망 간 降倭의 望己時老(孫四郎 = magoshiro)들이 茂草의 가운데에 엎드려 숨어있는 것을 붙잡았지만, 다른 한 명은 수중에 몸을 던져 죽었다”라고 말함. 거기서 望己時老(孫四郎 = magoshiro)를 바로 데려오게 했다.” “三道(慶尙·全羅·忠淸)에 分屬되어 있는 降倭를 전부 소집해서 斬首를 명령했다. 하지만, 望己時老(孫四郎 = magoshiro)는 조금도 두려워하는 기색없이 죽음에 응했다. 용맹이

---

1) 沈安隱已(shinaninki) … 「沈安(shinan)」은 島津(Shimazu). 「隱已(inki)」은 알 수 없다.

2) 島津義弘(Shimazu Yoshihiro) … 原文은 「沈安頓(shinanton)」.「壬辰狀草」萬曆 22년 4월 20일 계본, 陳倭 情狀 「狀 68」에는 島津義弘(Shimazu Yoshihiro)을 「沈 我損屯 = shungasonton」라고 쓰고 있음.

라고 말할만 하다.”

　* 5월 21일, “아침에 出坐하니, 降倭들이 와서, 우리 倭로, 山素(sanso) 라고 하는 자가 惡辣하기 때문에, 이것을 참살하고 싶다고 말함. 그곳에 서 降倭들의 그(山素 = sanso)를 목을 베어 죽였다.”

　* 10월 5일, “이른 아침, 樓에 올라 普請을 감독했다. 그리고 樓 위의 바깥 기둥에 벽토를 발라, 降倭에게 그 壁土를 옮기게 했다.”

　* 10월 13일, “이른 아침, 新樓에 올라가, 대청의 벽토 바르기. 降倭 에 담당 시켜 완료.”

　* 11월 1일, “降倭들에게 술을 대접하다.”

　* 11월 16일, “降倭의 汝文戀己(emonrenki)·也時老(野次郎 = yaziro) 들이 와서, 倭人들이 도망을 계획하고 있다고 고했다. 그곳에서 全羅右 虞候 李廷忠에게 首謀者 俊時들의 왜인 2명을 체포하여 참형을 행하게 했다.”

　* 11월 25일, “나중에, 慶尙虞候 李義得이 와서, 降倭 8명이 加德島 에서 나온 것을 전했다.”

　* 11월 26일, “정오, 경상수사 權俊이 降倭 8명을 데리고 왔다. 그 인 솔자 金卓들 2명과 함께 왔다. 그곳에서 權俊이 술을 대접했다. 金卓들 에게는 각자 목면 1필을 주어 돌려보냈다.”

　* 11월 30일, “南海의 降倭 也汝文(彌右衛門 = yaemon)·信是老(信次 郎 = shinziro)들이 왔다.”

3) 1596년(선조 29, 병신)의 경우

　* 1월 7일, “오후 2시, 見乃梁의 복병장 三千浦鎭 權管이 치보를 보 내왔다. 그것에 의하면, 降倭 5명이 부산으로부터 나왔다고 말함. 그곳에 서 安骨浦萬戶禹壽과 孔太元을 파견하여 데려오게 했다.”

　* 1월 8일, "이른 아침, 降倭 5명이 찾아왔다. 그곳에서 투항했던 이유를 추궁했을 때, 그들의 대장의 성격이 나쁘고, 부여받은 소임이 무겁고 엄격하기 때문에, 도망쳐 투항했다고 말한다. 그들의 大小刀를 몰수하여, 그것을 樓上에 감추었다. 사실, 그들은 釜山의 倭가 아니라, 加德의 沈安屯 에 인솔되어진 자라고 말함."

　* 1월 15일, "降倭에 술과 식사를 대접함."

　* 1월 24일, "이른 아침, 見乃梁의 伏兵의 통보에 의하면, 어제 倭奴 1명이 복병의 처소에 와서, 투항했다고 말함. 그곳에서 当方에 보내도록 답장을 보냈다."

　* 2월 15일, "해질 무렵, 慶尙右道의 降倭가, 경상도의 왜적과 사전에 몰래 모여 도망을 계획하고 있다고 들어서, 당장 전령을 보내 周知徹底 시켰다."

　* 2월 19일, "이 날의 이른 아침, 慶尙道의 陣에 留在하는 降倭를, 当方에 있는 降倭 亂汝文(南汝文 또는 南右衛門 = nanemon)들에게 명하여, 포박하여 연행해, 그 목을 치게 했다."

　* 4월 16일, "降倭 亂汝文(南右衛門 = nanemon)들을 초대하여, 방화했던 倭 3명이 누군가를 추궁하여, 불러내 처형함."

　* 4월 18일, "馬島鎭(현재, 全羅南道 康津郡 馬良面 馬良里)의 군관이 복병을 배치하고 있던 곳에 투항한 倭兵 1명을 연행해 왔다."

　* 4월 19일, "이 날 아침, 降倭 南汝文(南右衛門 = nanemon)에게, 秀吉의 죽음을 듣고, 크게 기뻐했다. 하지만, 그 정보를 그대로 믿을 수는 없다. 이러한 소문은 전에도 퍼진 적이 있었지만, 아직 정확한 소식은 오지 않았다."

　* 4월 29일, "降倭 南汝文(南右衛門 = nanemon)에게 降倭 沙古汝音 (作右衛門 = sakuemon)을 목 베게 했다."

　* 6월 24일, "降倭 也汝文(彌右衛門 = yaemon)들이, 그 첫째가는 信是

老(信次郎 = shinziro)를 죽이길 원하기 때문에, 그것을 죽이도록 명령했다."

　* 6월 26일, "倭人 亂汝文(南右衛門 = nanemon)들의 신청에 의해, 耳匠의 부인에게 杖罰을 가함."

　* 6월 29일, "降倭 也汝文(彌右衛門 = yaemon)가 돌아왔다."

　* 7월 13일, "해질 무렵, 降倭들이 여러 가지 優戲[3]을 열었다. 장수되는 사람으로서 방치해 두어서는 안 되는 것이지만, 歸順한 倭人이 庭戲를 강하게 바라고 있었기 때문에 금지하지 않았다."

　* 7월 18일, "저녁 무렵, 降倭의 戀隱己(reninki)·沙耳汝文(saziemon)들이 공모하여, 降倭 南汝文(南右衛門 = nanemon)를 살해하려고 하고 있다는 것을 들음."

　* 7월 19일, "降倭 南汝文(南右衛門 = nanemon)가, 戀隱己(reninki)·沙耳汝文(saziemon)들을 베었다."

4) 1597년(선조 30, 정유)의 경우

　* 7월 3일, "경상좌병사 成允文의 명령에 의해 그 휘하의 군관이 降倭 2명을 압송해 왔다. 이것은 加藤淸正에게 인솔되어 온 兵이라고 말함."

　* 9월 17일, "俊沙(shunsa)라고 하는 이름의 降倭는 安骨浦의 적진의 투항자이다. 우리 船上에 있어 높은 곳에서 내려다보고 "문양이 있는 紅錦衣를 입고 있는 자는 安骨陣의 賊將馬多時(matazi)[4]이다"라고 말했다. 자신은 舞上의 金乭孫에게 명하여 鉤(劍과 비슷한 尖端이 구부러져, 敵을 걸어 죽이는 무기)를 사용하여 선수에(賊將을) 낚아 올리게 했다. 그곳에서 俊沙(shunsa)는 踊躍하여 "이것은 馬多時(matazi)이다"라고 말했

---

3) 優戲 … 狂言·芝居.
4) 馬多時(matazi) … 來島通總(Kurushima Michifusa). 「高山公實錄」에 「中にも來島出雲殿(Kurushima Izumo dono) うちに(討死)にて御ざ候」(그 중에서도 쿠루시마 이즈모 전하는 전쟁에서 죽었습니다) 라고 되어 있다.

다. 그것을 이유로, 즉시 寸斬시켰다."

2. 『亂中日記』의 降倭 기술에서 말할 수 있는 것

1) 降倭가 나타나는 정점은 언제인가

이제까지 『亂中日記』의 기술에서 볼 수 있는 降倭의 사례를 들었다. 이 사례에 의하면, 降倭가 나타난 것은, 1594(선조 27·갑오)년에 10개, 1595(선조 28·을미)년에 12개, 1596(선조 29·병신)년에 16개, 1597(선조 30·정유)년에 2개가 있다.

降倭에 관한 기술을 『朝鮮王朝實錄』를 통해 본 경우, 왜란발발의 1592(선조 25)년에도 다소 볼 수 있지만, 그것은 1594(선조 27·갑오)년 정도부터 자주 나타난다. 이것은 『亂中日記』의 기술에서, 1595(선조 28)년부터 96년(선조 29)에 걸친 시기가 降倭가 나타나는 정점이 되어있는 것과 궤를 하나로 하고 있는 것이라고 말할 수 있겠다.

이 시기는 日明講和交涉期이다. 주지하는 바와 같이, 이 시기, 왜군은 경상도 남해안 일대에 왜성을 쌓고, 장기주둔태세를 두었다. 그 태세의 근저에서 降倭가 속출했던 것이다.

2) 倭兵은 왜 降倭가 되었나

전에 예를 들었던 1594(선조 27, 갑오)년 10월 6일의 일기에, 漆川島의 山麓에서 투항했던 倭兵는 永登浦의 倭兵이었다고 하는 기술이 있다. 이 漆川島는 巨濟島 북단의 서측에, 漆川梁에 접하여 永登浦·松眞浦·長門浦와 왜성 나란히 서 있는 지대의 건너편 기슭에 위치한다. 倭兵이 투항했다고 하는 이 10월 6일 직전, 長門浦·永登浦의 해전(1594년 9월 29

일~10월 4일)이 있었다. 李舜臣은 福島正則(Fukushima Masanori)들이 근거한 長門浦과 島津義弘(Shimazu Yoshihiro)가 근거한 永登浦에 연일에 걸쳐서 습격을 가했던 것이다. 투항했던 永登浦의 倭兵은 島津(Shimazu)氏의 병졸이었다. 이 해전의 직후, 이순신은 漆川島에도 진을 치고 있었고,[5] 그 진에 투항한 것이다.

다음의 1595년(선조 28, 을미)년 3월 17일의 일기에 있는 降倭 沈安隱已(shinaninki)(「沈安(shinan)」는 島津.(Shimazu) 「隱已 = inki」는 不明)의 경우에 관해서 검토를 해보자. 여기에 島津義弘(Shimazu Yoshihiro)가 在番支配를 아들인 島津忠恒(Shimazu Tadatsume)에게 위임하고 귀국한 것이 기록되어 있다. 義弘(Yoshihiro)의 귀국은 秀吉(Hideyoshi)의 명령이었고, 같은 해 5월, 島津分國의 태합검지에 걸맞는 知行割 때문에 귀국했던 것이다.[6] 그런데, 島津(Shimazu) 分國의 태합검지는, 島津(Shimazu)家 가신단의 대부분이 조선에 한창 진을 치고 있는 때에 시행된 것으로, 가신단의 가운데서 知行의 영지를 옮기는 일이나 삭감에 관한 불안과 불만이 소용돌이 쳤던 것이다. 그것에 더해, 秀吉는 "城의 주변田畠의 경작에도 정성을 다하여 장기주둔에 마음을 쓰자"[7]라고, 조선에 진을 치고 있는 무리들에게 끝없는 長期在番 태세를 강요했다. 그 결과, 전체의 상황으로써, 진을 치고 있는 무리들의 도망이 잇따랐다. 島津(Shimazu)家 가신 沈安隱已(shinaninki)는 이러한 상황 가운데서 降倭가 되었던 것이다.

다음으로 1596(선조 29, 병신)년 정월 8일의 경우로 눈을 돌려보자. 이 降倭 5명은 島津(Shimazu)의 왜병으로, 투항의 이유는 그들의 대장(島津忠恒 = Shimazu Tadatsume)의 성격이 나쁜 것, 맡겨진 소임이 무겁고 엄한 것이라는 것이었다. 이 시점, 島津(Shimazu) 세력은 이미 加德島에

---

5) 李舜臣, 『亂中日記』甲午 10月 4日.

6) 文祿 4年 4月 12日 島津義弘宛 豊臣秀吉朱印狀(『島津家文書』446). 文祿 4年 6月5日 宰相宛 島津義弘書狀, 『義弘公御譜中』(『薩藩旧記雜錄』後編 34)

7) 文祿 4年 1月 16日 島津義弘宛 豊臣秀吉朱印狀(『島津家文書』419)

진을 옮기고 있었다. 이 加德島 移陣은 전년도 해의 8월 말의 일이다. 島津(Shimazu) 勢는 巨濟島의 永登浦를 철퇴하는 사이, 그 왜성을 무너 뜨렸지만, 加德島에 移陣하고나서, 또 다시 城의 공사를 시작했다. 그뿐 만 아니라, 忠恒(Tadatsume)는 거제도 永登浦의 경우와 같이, 蹴鞠의 뜰 이나 茶室을 만들고, 게다가 서원을 만들어 連歌에 빠져 있었던 것이 다.8) '성격의 나쁨'과 '무겁고 엄한 소임'이라고 하는 것은 여기에 있어 서, 이것이 島津(Shimazu)의 왜병이 降倭에의 길을 선택하는 계기가 된 것이라고 생각되어진다.

　게다가, 1597(선조 30, 정유)년 7월 3일의 경우에 대해서 검토해보자. 경상좌병사 成允文의 거처로부터, 加藤清正(Kato Kiyomasa)의 가신이었던 降倭 2명이 이순신에게 보내졌다고 하지만, 이 시점에, 清正(Kiyomasa) 와 그 가신은 西生浦(현, 경상남도 울산시 울주군 서생면 서생리)에 진을 치고 있었다.9) 1593(선조 26)년 6월말의 진주 전쟁 후, 清正(Kiyomasa)는 이 西生浦에 진을 치고 있었다.10) 西生浦의 왜성 공사는 이 때 본격적으 로 시작된 것으로 생각되어진다. 그러나, 1595(선조 28)년 4월, 明册封使 來日을 조건으로서, 명 측이 부산주변의 왜성의 철퇴를 압박했기 때문에, 西生浦의 왜성도 철퇴하는 것으로 되었던 것이다.11) 그리고 日明講和交涉

---

8) 「陳州より三日路奧にはたらき、なで(撫)切り申し付け候て、各々引き申され候.主計 殿(加藤清正)はせつかい(西生浦)と云う所に在陣す」(진주로부터 3일동안 안쪽으 로 진군하여, 베어죽이라는 명령이 있었는데, 각자가 죽인 증거를 가져오라. 카토 키요마사는 세쯔카이라고 하는 곳에 在陣하다) (『清正高麗陣覺書』)

9) 「慶長二年正月三日に、せつかい(西生浦)と申す船つき(着)に着かれ候、せつかい (西生浦)に其年七月迄在陣候」(慶長 2년 정월 3일에 세쯔카이(서생포)라고 하는 선착장에 도착하였다, 세쯔카이(서생포)에 같은 해 7월까지 在陣하다) (『清正高 麗陣覺書』)

10) 「陳州より三日路奧にはたらき、なで(撫)切り申し付け候て、各々引き申され候.主計殿 (加藤清正)はせつかい(西生浦)と云う所に在陣す」(진주로부터 3일동안 안쪽으로 진 군하여, 베어죽이라는 명령이 있었는데, 각자가 죽인 증거를 가져오라. 카토 키요 마사는 세쯔카이라고 하는 곳에 在陣하다)(『清正高麗陣覺書』)

이 파탄되자, 재빨리 西生浦에 상륙한 淸正(Kiyomasa)는, 다시 城의 공사에 착수했던 것이다. 여기에 淸正(Kiyomasa) 가신의 새로운 도망이 시작된다. 『朝鮮王朝實錄』은 "淸正(Kiyomasa) 군관의 왜 5명이 병졸을 유인해왔다, "이후, 투항하는 자가 계속 늘었다." 라고 전했다. 이 降倭를 유인하면, 淸正(Kiyomasa)의 군세는 고립되겠지. 지금, 淸正(Kiyomasa)의 곁에는 병졸의 사역(축성 공사·전투 등의 군역)이 무거워, 그 고생은 참기 어려운 것이어서, 병졸들은 탈주하려고 하고 있다. 병졸의 마음은 淸正(Kiyomasa)으로부터 멀어져 있다. 일본에 도망가려고 하는 병졸은 많아지고 있으며, 兵勢는 느슨해지고 있다"[12]라고 기록하고, 또한 "가까운 시일에 淸正의 陣의 가운데서 왜병이 계속해서 도망쳤다. 이것들의 降倭를, 兵使의 陣의 가운데에 멈추게 하거나, 혹은 內地에 나누어 보내 처치했다"[13] 라고 기록하고 있다. 여기에다, 城의 공사, 끝없는 전투가 降倭의 계기가 되었던 것이다. 일기에 있는 淸正(Kiyomasa)의 밑에서부터 투항한 2명의 降倭는 빙산의 일각이었다. 그들은 먼저 경상좌병사 成允文의 자에게 보내져, 그 후, 이순신이 있는 곳으로 보내져 온 것이었다.

3) 降倭는 어디에서 나타났는가 - 見乃梁의 전략적 위치

먼저 예를 들었던 沈安(島津)隱已(shinaninki)이 투항했다고 하는 기술(을미 3월 17일)의 가운데서, 더 한 가지 주목해야할 것이 있다. 그것은 沈安隱已(shinaninki)가 見乃梁에 배치하고 있는 伏兵의 밑으로 투항했다

---

11) 『經略復國要編 後附』. 『明史』外國傳 朝鮮. 諸葛元聲『兩朝平攘錄』. 『朝鮮王朝宣祖實錄』宣祖 28年 5月 戊寅·壬午, 7月 癸酉. 文祿 4年 5月 22日 小西行長·寺澤正成宛 豊臣秀吉朱印狀(江岳和尙·雲崖和尙, 『江雲隨筆』所收「諭朝鮮差軍將」). 申靈『再造藩邦志』乙未 7月 1日)

12) 『朝鮮王朝宣祖實錄』宣祖 30年 4月 辛巳

13) 『朝鮮王朝宣祖實錄』宣祖 30年 5月 壬寅.

는 것이다. 이 見乃梁에서는, 沈安隱已(shinaninki) 뿐만 아니라, 많은 倭兵이 李舜臣의 밑으로 투항하거나, 또는 잡히거나 하고 있다. 그 사례를 예로 올려둔다.

사례1. "全羅左虞候 李夢龜이 군량을 독촉하는 임무를 지니고 나왔을 때, 見乃梁에서 倭奴를 생포하였다. 그리고 왜적의 상황과 세력 등을 심문하고, 게다가 그들의 자랑할 만한 기술을 추궁한 끝에, 염초의 제작과 사격의 능력이 함께 우수하다고 전하고 있었던 것이다."14) 見乃梁에서 왜병를 잡을 수 있었던 것이다.

사례2. 見乃梁의 복병장 三千浦鎭 權管의 밑에 釜山의 倭兵 5명이 투항했다.15)

사례3. 어제 倭奴 1명이 見乃梁의 伏兵이 있는 곳에 투항했다고 말함.16)

그런데, 이 見乃梁(현재, 경상남도 거제시 사등면 덕호리)은 동쪽에 거제도, 서쪽에 固城半島가 다가오는 해협이다. 여기에 이순신은 복병을 배치시킨 것이다. 그것은 "순천부사 權俊과 우조방장 魚泳潭가 찾아왔다. 그 보고에 의하면, 見乃梁에 배치하고 있는 복병의 처소에 가서 시찰하고 왔다고 말함."17) 見乃梁의 복병장으로서 三千浦鎭 權管이 배치되어 있었다18)라는 기술에 의해, 명백하다.

그리고, 이 見乃梁에는 왜선이 끊임없이 나타나서, 그것을 조선수군이 추격하고 있는 것이다. 그것은 "倭船수척이 見乃梁을 넘어서 왔다. 게다가 하나의 부대가 육지에 나타났다 … 우리 배를 앞바다에 내보내고, 추격한 끝에, 금세 분주하게 돌아갔다,"19) "瞭望軍의 보고에 의하면, 見

---

14) 李舜臣, 『亂中日記』 甲午 6月 23日.
15) 李舜臣, 『亂中日記』 丙申 1月 7日.
16) 李舜臣, 『亂中日記』 丙申 1月 24日.
17) 李舜臣, 『亂中日記』 甲午 2月 21日.
18) 李舜臣, 『亂中日記』 丙申 1月 7日.

乃梁의 왜선 10여척이 이쪽에 온다고 말한다. 거기서 여러 배를 일제히 발진하여 見乃梁에 도착했을 때, 왜선은 당황해서 도주했다,"[20] "見乃梁의 복병으로부터의 치보에 의하면, 왜선이 차례차례로 나온다고 말한다. 거기서 呂島萬戶 金仁英·金甲島 萬戶 李廷彪들을 선택하여 파견했다"[21] 라는 기술로부터 알려진 듯하다.

또한, 見乃梁에는 왜군 측으로부터 정찰이 들어온다. 일기에 "於蘭萬戶 鄭聃壽가 見乃梁의 복병을 배치했던 곳으로부터 와서 "부산의 倭奴 3명이, 星州(현재, 慶尙北道 星州郡 星州邑)에서 왜적에 귀순한 우리나라의 사람을 데려와, 복병을 배치했던 곳에 와서, 물자의 거래를 신청했다"라고 고했다. 그곳에서 즉석으로 장흥부사 裵興立에게 전령해서, 明朝, 현지에 가서 倭奴를 내쫓아버리도록 타이르라고 명령했다. 그런데, 이 적은 물자를 원하고 있는 것은 아니다. 우리 군의 상태를 엿보려고 하는 것은 명백하다."[22]라고 있으며, 李舜臣은, 왜병이 물자의 거래를 구실로 해서 조선수군의 상태를 찾으러 왔다는 것이라고 가정하고 있다.

더욱이 일기에 의하면 "見乃梁에서 방어선을 넘어서 고기를 잡고 있던 24명을 붙잡아 杖罰을 주었다"[23]라고 기재되어 있어, 見乃梁은 왜군과 접하는 방어라인이었던 것이다. 李舜臣의 밑으로 투항했던 降倭는 이 방어라인을 넘어서 온 것이다.

---

19) 李舜臣, 『亂中日記』 癸巳 7月 3日.
20) 李舜臣, 『亂中日記』 癸巳 7月 5日.
21) 李舜臣, 『亂中日記』 丙申 3月 13日.
22) 李舜臣, 『亂中日記』 丙申 2月 初 3日.
23) 李舜臣, 『亂中日記』 甲午 11月 12日.

3. 李舜臣은 降倭를 어떻게 편성하고, 이용했는가

1) 심문

降倭, 또는 포로가 된 倭兵은 먼저 심문을 받는다. 全羅左虞候 李夢龜가 見乃梁에서 포로가 된 왜병으로부터 왜군의 상황이나 세력에 관해서 심문했던 것,[24] 군수 李光岳이 漆川島의 山麓에서 투항했던 永登浦의 왜, 즉, 島津(Shimazu)의 왜병을 심문한 것,[25] 慶尙右水使 元均의 곳에서부터 보내져 온 降倭 3명을 심문한 것,[26] 李舜臣가 대청에서 降倭에게 투항의 이유를 심문한 것,[27] 그리고, 아까도 검토를 더했던 島津의 降倭 沈安隱已(shinaninki)으로부터 島津義弘(Shimazu Yoshihiro)가 귀국할 예정이라는 것을 물어서 알아낸 것,[28] 島津忠恒(Shimazu Tadatsume)의 성격이 나빠서, 城의 공사 등의 과역의 어려움에 견디기 힘들어서 투항했다고 물어서 알아낸 것[29] 등, 李舜臣들은 왜군의 상황을 파악하려고 한다. 이것은 李舜臣의 경우에만 국한 된 것은 아니다.

1592(선조 25)년 10월 15일, 조선국왕의 밑에서, 포로였던 왜병을 明軍에 헌상할까 어떨까가 문제가 됐던 때, 국왕은 체포된 왜병으로부터 왜군의 정보를 탐문하는 것을 지시하고 있다.[30] 여기에 降倭 또는 포로

---

24) 李舜臣, 『亂中日記』甲午 6月 23日.
25) 李舜臣, 『亂中日記』甲午 10月 6日.
26) 李舜臣, 『亂中日記』甲午 10月 21日.
27) 李舜臣, 『亂中日記』甲午 11月 4日.
28) 李舜臣, 『亂中日記』乙未 3月 17日.
29) 李舜臣, 『亂中日記』丙申 1月 8日.
30) 「生擒倭獻俘事, 卒倭殺之無盆, 獻俘亦無盆。予意, 則銃筒製造放砲等事, 及賊情詳加誘問。或解劍術者, 則問而傳習, 何如?。」(생포한 왜인 포로를 바치는 일은 군졸이어서 죽인다 해도 도움될 것이 없고 포로로 바친다 해도 이익될 것이 없다. 나의 의견에는 銃筒 제조와 放砲하는 방법 및 적정을 상세히 따져 묻고 또 혹 劍術을 아는 자이거든 배워서 익히게 하면 어떻겠는가?) (『朝鮮王朝宣祖

가 된 왜병으로부터 왜군에 관한 정보를 얻는 것이, 심문의 하나의 포인
트였다고 말할 수 있겠다.

2) 특기의 이용

다음으로 降倭들의 특기에 관한 심문이다. 全羅左虞候 李夢龜는 잡
힌 왜병이 염초의 제작과 放銃에 뛰어나다는 것을 물어서 알아내고 있
다.[31] 이것은 조선국왕의 근저에서의 논의에서도 같은 형태였다. 전의
사례의 연속이지만, 체포된 왜병으로부터 정보를 수집하는 것과 같이,
그들에게 철포의 제조나 砲術을 傳習시키는 것이 지시되고 있다.[32] 게다
가 1593(선조 26)년 6월, 조선국왕이 軍器寺(무기를 다루는 관아)에 전한
지시는 降倭 2명은 平安道 寧邊에 보내고, 1명에게는 염초를 굽게 하고,
1명에게는 철포를 제조시키라고 말함.[33]

3) 格軍에의 편입

그러나, 降倭는 전부 철포의 제조나 砲術, 게다가 염초의 제작에 뛰어

實錄』宣祖 25年 10月 辛丑).
31) 李舜臣, 『亂中日記』 甲午 6月 23日.
32) 『朝鮮王朝宣祖實錄』宣祖 25年 10月 辛丑.
33) 「上敎政院曰: "前有生擒倭二名, 一名煮取焰硝, 一名造作鳥銃。煮焰(焇)[硝]者,
送于寧邊, 保授官人, 自秋爲始, 焰硝多數煮取, 造爲鳥銃者, 送于産鐵某邑, 亦
令保授官人, 鳥銃多數造作事, 言于軍器寺, 議于提調以啓。且聞其倭, 至今猶
係足鎖云。(상이 정원에 전교하였다. "전에 생포한 왜인 2명 중에, 한 명은 焰硝
를 구울 줄 알고, 한 명은 조총을 만들 줄 안다고 하니, 염초를 굽는 자는 영변으
로 보내 官人에게 保授하게 하여 가을부터 시작하면 많은 염초를 구워낼 것이고,
조총 만드는 자는 철이 생산되는 어느 고을에 보내 또한 관인에게 保授하게 하면
많은 조총을 만들어 낼 수 있을 것이다. 그러니 이를 군기시에게 말하고 제조에게
의논하여 아뢰라.) (『朝鮮王朝宣祖實錄』宣祖 26年 6月 己亥).

나다고 단정할 수 없다. 그곳에서, 재능이 있고 恭順하여 나라의 쓰임에
그 역할을 다할 수 있는 降倭는 陣의 가운데에 머물게 하고, 그 외의 降
倭는 閑山島의 水軍의 밑으로 보내어 格軍(선원·뱃사공)로서 쓴다고 하
는, 降倭의 대우에 관하여 방침이 나왔다.[34]

이 格軍(선원·뱃사공)이지만, 그것은 수군 병력의 全員數의 가운데서
어느 정도의 비율을 차지하고 있었을까.

2001년 6월, 鎭海의 해군사관학교 박물관을 방문했을 때, 박물관의
기화실장 鄭鎭述氏는 우리들에게 복원 된 龜甲船의 내부구조에 관해서
설명해주셨다. 그것에 의하면, 龜甲船의 경우, 노는 좌우에 8개, 계 16개
있었고, 노 1개 당, 두 사람의 格軍이 배치되었다. 거기다가 교대 요원이
2명씩 배치되기 때문에, 노 1개 당, 계 4명의 格軍이 배치되는 것이 되
어, 龜甲船 척의 格軍은 64명이 되는 것이었다. 1595년 3월의 시점에서,
조선수군 전체가 보유한 龜甲船은 3척이었지만, 龜甲船과 거의 같은 크
기의 戰船(板屋船·大船)은 63척, 哨探船(小船)도 63척이었다. 그 경우,
63 전체의 射手(弓手·砲手)가 1228명인 것에 비해, 梢水軍(船頭·格軍)은
射手의 4.5배에 해당하는 5881명이 배치되어있었다.[35] 동력으로 움직이

---

34) 「備邊司啓曰: "降倭, 初欲入送于深僻處, 皆令上送京中, 仍送兩界, 其數已多,
非徒道路傳送之際, 貽弊多端, 兩界郡邑, 一樣殘破, 許多降倭, 盡皆入送, 亦非
物力之所堪。今後來降, 而其有才技, 恭順可使者, 留置陣中, 其餘則收其刀釰,
入送于閑山島舟師所在, 分置諸船, 以爲格軍, 如有情狀可疑者, 令諸將登時善
處。" 上從之。」(비변사가 아뢰기를, "降倭를 처음에는 깊고 외진 곳에 들여보내
려고 해서, 모두 서울로 올려보낸 뒤에 이어서 兩界로 보냈습니다. 그런데 그 숫
자가 너무 많아서 도로에서 傳送할 때 폐해를 끼치는 것이 많을 뿐만 아니라 양
계의 군읍은 한결같이 잔약하고 파괴되어 수많은 항왜를 모두 들여보낸다면 물
력이 감당할 수도 없습니다. 금후로는 來降하는 자들 중 재능이나 기예가 있고
공순하여 부릴 만한 자는 陣中에 남게 하고, 그 나머지는 刀劍을 거두고 나서
閑山島의 舟師가 있는 곳으로 들여보내어 여러 배에 나누어 두고 格軍을 삼게
하며, 정상이 의심스러운 자가 있을 경우에는 諸將들로 하여금 즉시 선처하게
하소서." 하니, 상이 따랐다.) (『朝鮮王朝宣祖實錄』宣祖 27年 9月 己丑).

는 현대의 배와 달라서, 格軍＝뱃사공의 인력에 의지하는 배의 경우, 格軍＝뱃사공의 많음이 해전 승패의 열쇠를 쥐고 있기 때문에, 그것뿐만으로도 格軍의 확보가 중시되는 것이다.

이 格軍에 대해서는 『亂中日記』에 다음의 기술이 있다. "順天의 龜甲船의 格軍으로 경상도 사람인 下男太守가 도주했지만 붙잡아서 처형했다."[36] 여기서 단순한 중노동을 강요당하는 格軍이 下男, 즉 奴婢에 해당되었다는 것을 알 수 있다. 이 格軍에 특기를 가지지 않은 많은 降倭가 배속되었던 것이다.

『亂中日記』에는 降倭를 南海에 보냈다는 기술이 있다.[37] 南海는 閑山島로부터 서쪽에 약 50km의 지점에 위치하여, 왜군과 접하는 최전선으로부터 멀리 떨어져있다. 이 南海에 降倭를 보낸다고 하는 것은, 추측에 지나지 않지만, 아마 格軍의 훈련을 위한 것이 아닐까. 1595(선조 28)년 1월의 『亂中日記』에는 "南海의 降倭 也汝文(彌右衛門 ＝ yaemon)이 나타났다"라던지 "식사 후, 降倭 也汝文(彌右衛門 ＝ yaemon)을 南海에 돌려보냈다"[38]와 降倭 也汝文(彌右衛門 ＝ yaemon)가 지명되어 나온다. 이것은 李舜臣이 南海의 降倭의 가운데, 특별한 역할을 가진 인물로서 인식하고 있는 것과 다를바 없다. 아마 也汝文(彌右衛門 ＝ yaemon)은 南海의 降倭를 한데 모아 정리하는 입장이었다고 생각되지만, 이것 또한 추측에 지나지 않는다.

4) 砲術의 교습과 토목공사

처음에 예를 들었던 降倭의 사례에 "慶尙左右道로부터 보내져 온 降

---

35) 萬曆 23年 3月 4日 朝鮮國王回咨(『事大文軌』12).

36) 李舜臣, 『亂中日記』 癸巳 7月 13日.

37) 李舜臣, 『亂中日記』 甲午 11月 7日·14日.

38) 李舜臣, 『亂中日記』 乙未 1月 7日·9日.

倭를 남기지 않고 모아서, 그곳에서 그들에게 砲術을 배우게 했다"[39]라고 하는 기술이 있었다. 이 砲術은 地字銃筒·玄字銃筒등, 조선수군의 銃筒의 훈련으로, 降倭도 전투에 동원하는 계획에 의한 것이다. 이것을 慶尚左右道로부터 보내져 온 降倭 전원에게 훈련시켰는데, 그 수는 상당한 것이 되었겠다.

다음으로 降倭를 토목공사에 사역한 사례가 있다. 그것은 閑山島의 대청에 새롭게 누각을 지을 때, 降倭가 그 벽토 칠하기를 도우게 했던 것이다.[40] 그 완성의 축하였을까, 李舜臣은 降倭에게 술을 대접했다.[41]

4. 降倭는 어떻게 살아갔는가
- 降倭의 人間模樣

서두에서, 降倭에게는 장기적으로 陣에 머무는 것에 의해 군량 부족과 전쟁을 기피하는 감정으로부터 降倭가 된 것도 있다면, 처음부터 秀吉의 해외파병에 의문을 가지고, 적극적으로 조선측에 투항했던 자도 있다, 라고 말했지만, 투항하고 나서의 降倭의 움직임은 복잡하다.

1593(선조 26)년 7월, 慶尚北道 大邱의 明營에 속아서 투항하고, 빈틈을 보고 明副總兵 李寧에 칼을 들고 덤벼든 降倭가 있었다.[42] 이것은 위장 降倭이다. 또한, 1594(선조27)년 9월, 「也汝文 = yaemon」라는 이름의 降倭는 조선측에 공순하고, 계략이 뛰어났다. 거기서 조선측은 그에게 司正(五衛의 한직급, 현직에 없는 무관, 정7품)의 사령을 받아, 범죄인의

---

39) 李舜臣, 『亂中日記』甲午 11月 27日.
40) 李舜臣, 『亂中日記』乙未 10月 5日·13日.
41) 李舜臣, 『亂中日記』乙未 11月 1日.
42) 『朝鮮王朝宣祖實錄』宣祖 26年 7月 丁巳.

처를 주고 후하게 대접했다.[43] 이것은 조선측에 적극적으로 협력하는 降倭이다.

『亂中日記』에 보이는 降倭도 또한 여러가지이다. 그 또 다른 측면은 조선수군에의 협력자이다. 1595(선조 28)년 11월, 降倭 汝文戀己(emonrenki)와 也時老(野次郎 = yaziro)는 降倭의 가운데 도망 계획이 있는 것을 밀고하고, 주모자를 처형 시키고 있다.[44]

다음으로 降倭 南汝文(亂汝文라고도 기록한다. 南右衛門 = nanemon)의 경우를 보면, 1596(선조 29)년 2월, 李舜臣은 경상도의 陣에 재류하는 항왜를, 降倭 南汝文(南右衛門 = nanemon)들에게 연행시켜, 그 목을 치게 했다.[45] 그 목을 치게한 이유는, "4일 전, 경상우도의 降倭가 경상도의 왜군과 연락하여 도망을 계획했다"[46]는 것에 의한 것이다.

또한 같은 해 4월, 降倭의 가운데에 방화한 자가 있어, 降倭 南汝文(南右衛門 = nanemon)는, 그 범인인 降倭 3명을 李舜臣에게 데려왔다.[47] 그리고 같은 달 말, 李舜臣은 降倭 南汝文(南右衛門 = nanemon)에게 降倭 沙古汝音(作右衛門 = sakuemon)을 베게하고 있다.[48] 그 이유는 확실하지 않지만, 南汝文(南右衛門 = nanemon)는 降倭에 의한 降倭의 처형을 행하는 입장이었던 것이다. 李舜臣은 상당히 南汝文(南右衛門 = nanemon)을 중용한 것 같았고, 같은 해 6월, 南汝文(南右衛門 = nanemon)의 신청에 의해, 耳匠(船大工)의 부인이 杖罰에 처해지고 있다.[49] 그 이유도 확실하지 않지만, 아마 투항한 왜병이라는 것으로, 船大工의 부인간의 사이에, 뭔가 문제가 있었던 것으로 생각된다.

---

43) 『朝鮮王朝宣祖實錄』 宣祖 27年 9月 癸巳.
44) 李舜臣, 『亂中日記』 乙未 11月 16日.
45) 李舜臣, 『亂中日記』 丙申 2月 19日.
46) 李舜臣, 『亂中日記』 丙申 2月 15日.
47) 李舜臣, 『亂中日記』 丙申 4月 16日.
48) 李舜臣, 『亂中日記』 丙申 4月 29日.
49) 李舜臣, 『亂中日記』 丙申 6月 26日.

이와 같이, 李舜臣의 耳目(密偵)이 된 南汝文(南右衛門 = nanemon)은 다른 降倭로부터 원한을 사게 된다. 여기에 降倭 사이의 집단 괴롭힘 계획이 벌어진다. 같은 해 7월, 降倭 戀隱己(reninki)과 沙耳汝文(saziemon)가 南汝文(南右衛門 = nanemon)을 죽이려고 한다는 음모가 발각되었다. 李舜臣은 이 2명을 南汝文(南右衛門 = nanemon)에게 베게한 것이다.50) 여전히, 덧붙여서 말해두자면, 이 降倭 南汝文(南右衛門 = nanemon)는, 1597(宣祖 30)년 3월, 조선수군과 협력하여, 巨濟島의 왜병을 선상에 유인해, 술을 대접하여, 그 퇴거에 편승하여, 조선측에 습격하게 하고 있다.51)

南汝文(南右衛門 = nanemon)가 조선측에 적극적으로 협력하는 降倭이었다면, 그와는 반대로 도망을 계획하는 降倭도 있었다. 그 사례로써, 1595(선조 28)년 4월, 降倭 望己時老(孫四郎 = magoshiro)들이 도망가다 붙잡혀, 처형당했던 것,52) 전에도 예를 들었지만, 같은 해 11월, 降倭汝文戀己(emonrenki)와 也時老(野次郎 = yaziro)가 밀고했던 降倭의 도망계획,53) 게다가 1596(선조 29)년 2월, 降倭가 慶尙道의 왜군과 연락하여 도망 계획을 세웠던 것54)등이 있다. 이들의 降倭는 장기주둔에 동반한 축성 공사 등 役儀의 어려움, 兵糧 부족 등 여러 가지의 이유에 의해 降倭가 되었지만, 그곳에는 格軍이라고 하는 힘든 奴隷 노동이 기다리고 있었다. 여기는 樂天地가 아니었던 것이다.

여기서 자신만이 뭔가 후하게 대접받고 싶다는 소원, 다른 降倭를 단속하는 입장에 선 것이 南汝文(南右衛門 = nanemon)의 경우이다. 이것이 降倭의 사이에 균열을 가져왔다. 그 한가지가 南汝文(南右衛門 =

---

50) 李舜臣, 『亂中日記』 丙申 7月 18日·19日.
51) 『朝鮮王朝宣祖實錄』 宣祖 30年 3月 甲寅.
52) 李舜臣, 『亂中日記』 乙未 4月 24日.
53) 李舜臣, 『亂中日記』 乙未 11月 16日.
54) 李舜臣, 『亂中日記』 丙申 2月 15日.

nanemon)집단 괴롭힘 계획이다. 이러한 상황의 가운데, 降倭의 사이에서 동료분열이 일어난다. 1595(선조 28)년 5월, 降倭들이 李舜臣에게, 동료인 山素(sanso)의 악랄함을 호소하며, 斬殺을 바라고 있었다.[55] 또한, 1596(선조 29)년 6월, 降倭 也汝文(彌右衛門 = yaemon)들이, 그 동료인 信是老(信次郎 = shinziro)을 죽일 것을 李舜臣에게 빌어, 李舜臣은 그것을 허락하고 있다.[56] 이 也汝文(彌右衛門 = yaemon)과 信是老(信次郎 = shinziro)는, 그 전의 해에 舜臣이 있는 곳을 방문하여, 舜臣은 日記에 "南海의 降倭"라고 기록하고 있다.[57] 이것으로부터, 그들은 南海의 降倭를 정리하는 입장에 있다는 것으로 생각되지만, 그것이 동료분열을 일으킨 것이었다.

결 론

지금까지 李舜臣의 『亂中日記』을 통해서 降倭의 움직임을 봤다. 왜병이 투항하는 이유로는, 왜성의 축성 공사 등의 어려움, 兵糧 부족 등이 있다. 秀吉는 조선의 番城으로부터 도망가는 것을 成敗하라고 엄명했지만,[58] "명군에 투항하는 倭兵은 헤아릴 수 없다. 賊酋(왜군의 지휘관)가 이것을 알고 있어도, 금지하는 것이 불가능하다"[59]와 같은, 降倭의 속출 상황이 있었던 것이다.

降倭가 속출하는 정점은, 1595(선조 28)년부터 1596(선조 29)년에 걸친 시기, 즉, 日明講和交涉期이고, 왜군이 경상도 남해안에 왜성을 지어,

---

55) 李舜臣, 『亂中日記』 乙未 5月 21日.
56) 李舜臣, 『亂中日記』 丙申 6月 24日.
57) 李舜臣, 『亂中日記』 乙未 11月 30日.
58) 文祿 2年閏 9月 26日 加藤嘉明外3名宛 豊臣秀吉朱印狀(「近江水口加藤 文書」).
59) 『朝鮮王朝宣祖實錄』 宣祖 26年 5月 乙亥.

장기주둔하고 있던 시기였다.

　『亂中日記』에 의한 한은, 降倭의 대부분은, 조선수군과 왜군의 전략상의 접점이 되어있는 見乃梁에서 투항했다. 조선측은, 降倭으로부터 왜군의 정보를 수집하는 것과 함께, 降倭의 가운데서 철포의 제조나 砲術, 염초 제작 등의 특기를 가진 자를 제외하고는, 李舜臣의 밑에 보내 格軍을 삼았다.

　이리하여 李舜臣의 밑에 모이게 된 降倭, 그들은 여러 가지의 생활방식을 취했다. 南汝文(南右衛門 = nanemon)처럼, 조선수군에 적극적으로 협력하여 자신의 설 자리를 安泰化한 자. 그것에 반발하여 집단 괴롭힘을 가하려고 한 降倭. 분별없이 降倭가 되었지만, 환경의 어려움을 참기 힘들어 도망을 계획한 降倭. 결국에는, 降倭의 동료분열. 이들 降倭의 人間模樣은 여러 가지였고, 降倭의 결속 등은 있을 수 없었던 것이다. 이러한 지저분한 상황이 降倭의 세계였다. 투항 왜장으로서 성공을 가진 이름 높은 沙也可(sayaka) ＝ 金忠善만의 降倭가 아닌 것이었다.

제1부 /

임진왜란과 호남

전라좌수영과 남해 방어 정성일

임진왜란과 호남의병 나종우

전라좌수영과 남해 방어

정 성 일[*]

1. 머리말

全羅左水營이란 조선시대 전라도 지역에 있었던 水營을 가리킨다. 수영은 곧 水軍의 軍營이다. 오늘날 육군 本營에 해당하는 것이 兵營이라면, 해군 본영에 해당하는 것이 수영이다.

전라좌수영은 1479년(성종 10)에 설치되어 1895년(고종 32)에 폐지될 때까지, 남해안 방어를 위한 基地로서 중요한 기능을 담당하였다. 또 전라좌수영은 임진왜란 시기에는 조선 水軍의 주력이었던 全羅左水軍의 본영이자, 海上義兵의 근거지이기도 하였다. 더구나 전라좌수영의 위상은 전라좌수사였던 李舜臣의 행적과도 깊은 관계가 있다. 그가 三道水軍統制使를 겸직하게 되었을 때는, 전라좌수영이 최초의 三道水軍統制營으로서 조선 정부의 수군본부 기능을 담당하기도 했다.

전라좌수영에 대해서는 그 동안 임진왜란과 관련한 軍史 측면의 연구가 많았다. 가령 軍事制度로서 水軍의 변천에 관한 연구라든가(이재룡 1984, 방상현 1991, 오붕근 1998), 거북선을 비롯한 戰艦과 軍船과 전투 등에 관한 연구도 이루어졌다(이민웅 2004, 박재광 2010, 정진술 2010,

* 광주여자대학교 교수

이원식·이기표 2010, 변동명 2010, 송은일 2010). 또 地域史 관점에서
전라좌수영의 역사와 문화를 비롯하여(정청주 1993, 이경엽 1993, 서치
상 1993, 박광석 1993), 임진왜란 시기 海上義兵과 義僧軍이라든가 이순
신 휘하의 軍官 등에 관하여 분석한 연구도 있었다(조원래 1993·2005,
양은용 2003, 김덕진 2008, 류창규 2008, 강형광 2010).

　이처럼 전라좌수영에 관한 연구가 다양한 측면에서 이루어져 왔지만,
기존의 연구가 대부분 임진·정유왜란 시기의 戰亂 극복과 戰鬪 과정에
집중되어 있었다고 해도 지나친 말이 아니다. 그런데 전라좌수영을 좀
더 넓은 관점에서 접근하여 한반도 南海를 통한 交流史 속에서 바라본다
면, 전라좌수영의 위상과 역사적 의의가 더욱 분명하게 드러날 것으로
생각한다. 따라서 이 글에서는 전라좌수영을 南海防禦라는 관점에서 접
근하되, 戰時와 平時 전라좌수영의 모습을 함께 그려보는 데 초점을 맞
추고자 한다.

2. 임진·정유왜란 이전 전라좌수영과 남해

1) 전라좌수영의 설치와 移設

　전라도 지역에 대규모 海上基地인 水軍의 軍營이 맨 처음 설치된 것
은 고려 말로 거슬러 올라간다. 1377년(우왕 3) 務安縣에 전라도 水軍處
置使營이 설치된 것이 그것이다. 이곳에 왜구 방어를 위한 기지가 설치
된 것은 당시 무안 지역이 남해와 서해를 오가면서 노략질을 했던 왜구
의 주요 침입 경로였기 때문이었다고 생각한다.

　무안현에 있던 수영이 약 70년 뒤인 1440년(세종 22)에는 해남현 黃
原串으로 옮겨가게 되었다. 그리고 20여년이 더 지난 1466년(세조 12)에

이르게 되자, 그것이 전라도 水軍節度使營으로 승격되었다(조원래 1993, 136). 이것은 고려 말과 달리 조선 초기에 오게 되면, 무안보다는 해남 지역이 군사적으로 더 중요한 의미를 갖게 되었음을 보여 주는 것이다.

전라도 水營이 한 곳에서 두 곳으로 늘어난 것은 전라좌수영이 설치 되던 1479년(성종 10)의 일이다.[1] 그해 정월 여수의 內禮[2] 萬戶鎭에 全 羅左道水軍節度使營 즉 全羅左水營이 설치된 것이다. 그 전까지는 해남 현 황원곶에 있었던 수영이 전라도에서는 유일하였다. 그런데 전년도인 1478년(성종 9)에 순천부 지역이 倭寇 침입으로 많은 피해를 입었다.[3] 그래서 조선 정부는 전라도 巡察使 李克培의 啓請을 받아들여 전라도 수군을 더욱 강화하게 되었다(문영구 1992, 27). 즉 왜구 침입에 대비하 기 위하여 조선 정부는 해남에 있던 水營 외에 한 곳을 더 추가하였다(정 청주 1993, 124). 이때부터 해남에 있던 것은 전라우도수군절도사영, 즉 全羅右水營으로 불렀다. 그리고 순천부에 속해 있던 지금의 여수 지역의 수영은 전라좌도수군절도사영, 즉 全羅左水營으로 부르게 되었다(조원 래 1993, 136).

이처럼 전라도 수영이 무안(1377년) → 해남(1440년대) → 해남과 여 수(1479년)에 각각 設置되거나 移設된 것은 倭寇 침입과 밀접한 관련이

---

1) 『新增東國輿地勝覽』에는 전라좌수영이 설치된 시기를 '성종 11년'으로 적고 있다. 그렇지만 『成宗實錄』과 『湖南水營誌』, 『湖南營誌』에 모두 '성종 10년'(1479)으 로 되어 있어서 대부분 이에 따르고 있다(문영구 1992, 28).

2) 內禮浦의 위치가 성종 10년 당시에는 여수시 菊洞으로 추정된다(문영구, 1992, 26쪽). 그 뒤 전라좌수영의 築城이 완성되는 성종 21년 무렵에는 현재의 위치로 옮겨진 것으로 보기도 한다. 즉 현재의 全羅左水營城 남쪽 해안에 해당하는 麗 水舊港을 內禮浦로 추정하는 견해가 있다(정청주 1993, 124).

3) 순천부 지역에 왜구가 침입한 것은 고려 때부터였다. 기록으로 남아 있는 것만 보더라도 고려시대를 통하여 전라남도의 24개 지역에 왜구가 침입한 것으로 기 록되어 있는데, 그 가운데 가장 많은 侵寇가 있었던 곳이 順天府 관내 지역이었 다. 즉 순천 7회, 낙안 3회, 그리고 조양·보성·부유·고흥·풍안 등에 각각 1회씩 모두 15차례 왜구 침입이 있었다(류창규 1997, 261 ; 김병인 1993, 35).

있었다. 여기에서 우리가 한 가지 주목해야 할 것은, 시간이 흐르면서 전라도 수군의 중심이 서쪽에서 점차 동쪽으로, 때로는 동쪽에서 서쪽으로 옮아가고 있었다는 점이다. 이것 역시 한반도 서남해안으로 쳐들어오는 일본인들의 침략과 관련이 깊었다.

그렇다면 전라도 지역으로 왜구가 언제 어떤 경로를 통해서 침입한 것일까? 아마도 해류나 풍향 등 지리적 조건 등을 살펴볼 때, 일본의 五島列島와 對馬島가 왜구의 일본 쪽 마지막 출항지였을 가능성이 높아 보인다. 韓致奫이 쓴 海東繹史에서는 일본으로 통하는 두 개의 바닷길을 소개하고 있다. 하나는 일본 五島에서 거문도(여수)를 거쳐 완도로 이어지는 길이며, 다른 하나는 일본 對馬島에서 통영과 남해를 지나 돌산(여수)으로 연결되는 항로이다.[4] 다만 왜구의 침입 경로에 대해서는 사료의 제약 때문에 지금까지 실증 연구가 부족한 실정이다.

2) 조선 초기 地方軍과 전라좌수영

전라좌수영의 위치와 위상은 조선의 군사제도 변천과 관련되어 있었다. 임진왜란 이전인 조선전기에는 조선의 지방군이 뭍을 지키는 陸水軍과 바다를 지키는 騎船軍으로 구성되어 있었다. 기선군이란 글자 그대로 배를 타고 싸우는 軍兵 즉 船軍을 말한다. 이것을 經國大典에서는 水軍이라 하였다.

조선 초기 船軍 즉 水軍의 확장은 태종 때 私兵이 革罷되면서, 農民

---

4) 전통적으로 일본에서 전라도로 들어오는 길은 五島(고토)에서 동남풍을 타고 三島(거문도)에 이르러서 묵고, 강진 仙山島(완도 청산도)를 지나면 곧장 古今島(완도 고금면)나 加里浦(완도)에 닿는 것으로 알려져 있다. 또 하나는 對馬島에서 동북풍을 타고 蓮花島(통영시 욕지면 연화리)와 欲智島(통영시 욕지면) 두 섬사이에 이르러서 묵고, 곧장 南海島의 彌助項이나 순천의 防踏(여수 돌산)에 이르는 길이다. 『海東繹史』 40, 交聘志 8, 通倭海路 ; 1996, 『국역 해동역사』, 민족문화추진회 ; 김덕진, 2010, 273.

番上軍이던 侍衛牌를 船軍에 輪代하던 데서 비롯되었다고 한다. 그 뒤 수군은 세종대에 다시 정비되었는데, 軍丁 총계 96,259명의 절반에 해당하는 49,337명이 선군 즉 수군의 軍額으로 정해지게 되었다(이재룡 1984, 117-118 ; 정청주 1993, 118). 그리고 조선의 각 道 수군은 水軍都節制使와 水軍僉節制使가 통솔하였는데, 이것은 태조 때부터 시작되었다고 알려져 있다(정청주 1993, 119).

전라도 西南海岸 곳곳에도 水軍이 배치되어 해안 방어선을 구축하고 있었다. 世宗實錄地理志에 따르면 水軍處置使가 있었던 무안현 大堀浦에는 大船 8척과 中船 16척이 있었다고 한다.

한편 전라 左道에는 都萬戸가 있었고, 그 밑에 여러 萬戸가 배치되었다. 좌도 도만호가 있었던 呂島梁(보성군 동)에는 중선 6척, 猛船 12척이 배치되어 적의 침입에 대비하였다. 여기에 船軍 1,012명과 梢工(사공이라고도 불리며 배를 부리는 일을 업으로 하는 사람) 19명이 동원되었다. 좌도의 만호가 주둔하였던 곳은 모두 8곳이었다. ① 內禮(순천부 남 旅浦), ② 突山(순천부 남 龍門浦), ③ 築頭(고흥현 남 高興浦), ④ 鹿島(장흥부 동 鹿島梁), ⑤ 會寧浦(장흥부 남 周浦), ⑥ 馬島(강진현 남 垣浦), ⑦ 達梁(영암군 남), ⑧ 於蘭(海珍郡 南 三寸浦)이 그것이다.

전라 右道에도 都萬戸와 그 밑에 있는 여러 萬戸가 배치되었다. 우도 도만호가 있었던 垣串(咸平縣 西)에는 中船 8척과 別船 10척이 배치되어 있었다. 船軍 1,055명과 梢工 9명이 각각 여기에 동원되고 있었다. 우도의 만호 주둔지는 좌도의 그것보다 3곳이 더 적은 5곳이었다. ① 木浦(무안현 남), ② 多慶浦(무안현 서 瓦浦), ③ 法聖浦(영광군 북), ④ 금모포(黔毛浦), 부안현 남 熊淵), ⑤ 群山(沃溝縣 북 鎭浦)이 그것이다(정청주 1993, 120).

지금까지 살펴본 것처럼, 각 만호에 소속된 선박의 숫자는 대체로 4-9척, 船軍의 수는 455~518명, 梢工 즉 사공의 수는 4명이었다. 그런데 그

중에서도 여수의 內禮 萬戶 규모가 유독 컸다(선박 12척, 선군 766명, 초
공 6명). 앞에서 보았듯이 1479년(성종 10)에 全羅左水營이 여수의 內禮
에 설치된 것도 이런 배경 때문이었을 것으로 추정할 수 있다(정청주
1993, 120-121). 물론 이곳이 일본과 가까운 전라도 동쪽 끝에 위치하고
있다는 점도 함께 고려되었을 것이다. 즉 1479년(성종 10)에 여수의 內禮
萬戶鎭에 全羅左水營이 설치된 것도 왜구 침입에 효과적으로 대처하기
위함이었음은 더 말할 나위가 없다.

   그런데 1491년(성종 22)까지만 하더라도 여전히 전라좌수영에 배치된
수군의 규모가 전라우수영보다 상대적으로 적었다고 한다. 당시 전라우
수영 수군이 1,200명이었는데, 전라좌수영의 수군은 고작 50명에 지나지
않았던 것에서도 이를 잘 알 수 있다. 결국 전라우수영의 수군을 나누어
서 전라좌수영으로 옮기는 조치를 취하여 전라좌수영을 강화하지 않을
수 없었다(정청주 1993, 125).

   여기에서도 한반도 남해안의 왼쪽(전라우수영)에서 오른쪽(전라좌수
영)으로 군사력이 이동 배치되었음을 알 수 있다. 이것 역시 일본 쪽에서
한반도 남해안으로 쳐들어오는 적을 방어하기 위한 조선의 해안 방어 체
제와 깊은 관련이 있었음은 더 말할 나위가 없다.

3) 전라좌수영의 관할 지역과 방어 체제

   전라좌수영의 관할 지역은 시기마다 조금씩 변화를 보였다. 또 전라
좌수영 관할 지역의 변천은 왜구의 침입과도 연동되고 있었다.

   먼저 1485년(성종 16) 상황을 살펴보면, 전라좌수영은 7개 고을을 屬
邑으로 삼고 있었다(① 강진현, ② 장흥도호부, ③ 보성군, ④ 낙안군,
⑤ 순천도호부, ⑥ 흥양현, ⑦ 광양현). 전라좌수영은 위의 7개 고을에
8개 진포(1鎭 7浦)를 屬鎭으로 두고 관할하였다.

이 시기 수군 편제에 따르면 전라좌수영(지금의 여수시)에 水軍節度使(水使)인 全羅左水使가 있고, 그 밑에 水軍虞候에 해당하는 虞候가 있었다. 또 전라좌수사 밑에는 그의 지휘를 받는 水軍僉節制使(僉使)가 있었다. 즉 흥양(고흥)의 蛇渡鎭에 蛇渡僉使가 배치되어 있었다. 그 다음으로 7곳의 萬戶가 그 밑에 배속되어 있었다. ① 會寧浦 만호(장흥), ② 達梁 만호(해남), ③ 呂島 만호(고흥), ④ 馬島 만호(강진), ⑤ 鹿島 만호(고흥), ⑥ 鉢浦 만호(고흥), ⑦ 突山浦 만호(여수)가 그것이다. 이들 지역은 모두 서쪽으로는 해남반도의 남쪽 끝을 경계로 하여 동쪽으로는 경상도 서부 지역과 경계를 이루는 전라도 남해안 지역에 해당하는 곳이다(정청주 1993, 126).

1522년(중종 17) 6월 倭寇가 楸子島에 침입하는 사건이 발생하자, 전라좌수영의 편제와 관할 구역의 조정이 뒤따랐다. 즉 제주에서 강진에 이르는 길목에 해당하는 추자도가 위험해지자, 남해의 서쪽에 군사력 비중을 더욱 강화해 나가는 변화가 나타나게 되었다. 강진현 莞島에 加里浦 鎭管을 설치하고 그곳에 첨절제사(첨사)를 배치하였으며, 이곳을 전라우수영에 배속시켰다. 강진현이 전라좌수영의 관할에서 제외되어 전라우수영에 편입된 것도 이때부터였다(정청주 1993, 126-127).

1522년(중종 17)에 전라좌수영의 蛇渡 鎭管에도 변화가 일어났다. 앞에서 말한 전라우수영 소속 가리포 진관이 신설되면서, 전라좌수영에 속해 있었던 達梁과 馬島의 萬戶鎭이 전라우수영 관할로 옮겨가게 되었다. 또 突山浦鎭이 혁파되고, 그 대신에 전라좌수영의 突山島에 防沓鎭이 신설되었다. 이것은 돌산도의 방답진이 왜구의 주요 침입 경로였기에 그곳의 방어를 한층 강화하기 위한 것이었다(문영구 1992, 129 ; 변동명 2010, 175).

1522년(중종 17) 이후 전라좌수영의 속읍은 강진현이 빠지게 되어 6官 즉 6개 고을로 축소되었다(① 장흥도호부, ② 보성군, ③ 낙안군, ④ 순천도호부, ⑤ 흥양현, ⑥ 광양현). 그리고 水軍鎭은 6곳으로 조정되었다. ① 蛇渡鎭(고흥 ; 僉使), ② 防沓鎭(여수 돌산도 ; 僉使), ③ 會寧浦(장흥 ; 萬戶), ④ 呂島(고흥 ; 萬戶), ⑤ 鹿島(고흥 ; 萬戶), ⑥ 鉢浦(고흥 ; 萬戶)가 그것이다. 즉 전라좌수영의 관할 지역이 1485년에 7관 8포였는데, 그것이 약 40년 뒤인 1522년에는 6관 6포로 축소 조정되었다(정청주 1993, 126-127).

1555년(명종 10)에 일어난 을묘왜변으로 말미암아 전라좌수영은 또 한 번의 변화를 겪었다. 그해 5월 중순부터 6월 말까지 해남·영암·강진·장흥·흥양(고흥)·제주 등 남해안의 서쪽 지역이 왜구 침입으로 크게 피해를 입었다. 이때 전라도 병마절도사와 장흥부사가 왜구에 의해 살해되기도 하였다. 왜구는 어란포에 침입한 뒤 진도·병영·장흥을 거쳐 영암성을 포위하였다. 영암성 전투에서 조선군이 대승을 거두자, 왜구는 강진으로 물러가면서 가리포(지금의 완도)를 함락시켰다. 그들은 다시 제주로 가서 상륙하려 하였으나, 제주목사가 이를 물리침으로써 을묘왜변은 끝이 났다.

을묘왜변으로 말미암아 전라우수영 관할 지역이 왜구의 침입을 받아 피해를 입게 되자, 1555년(명종 10) 이후 어느 시기부터인가 전라좌수영의 속읍에서 장흥부가 빠지게 되었다. 이로써 전라좌수영 괄할 지역은 6官에서 다시 5관으로 축소되었다(① 보성군, ② 낙안군, ③ 순천도호부, ④ 흥양현, ⑤ 광양현). 그리고 水軍鎭은 회령포(장흥)가 빠져서 5鎭으로 조정되었다(① 사도진, ② 방답진, ③ 여도, ④ 녹도, ⑤ 발포)고 한다(문영구 1992, 20, 165 ; 정청주 1993, 127).

1592년에 임진왜란이 일어나기 전까지,[5] 전라좌수영의 屬邑과 鎭管

---

[5] 임진왜란이 일어나기 불과 5년 전인 1587년에 전라도 흥양현 損竹島(지금의 여수시 삼산면)에 왜구가 침입한 사건이 발생하였다. 이때의 일을 역사적으로 어떻게 평가하느냐에 따라, 이를 '丁亥倭變', '損竹島事件', '損竹島海戰', '損竹島倭變' 등으로 성격 규정할 수 있을 것이다. 아직까지 학계에서 이에 관한 논의가

은 1485년 7관 8포 → 1522년 6관 6포 → 1555년 이후 5관 5포로 점차 축소되었다. 즉 제주와 해남·강진·영암에서 고흥에 이르는 남해의 서쪽 (전라우수영) 지역에 왜구 침입이 잦아지자 전라우수영의 군사력을 강화할 필요성이 대두되었고, 그 결과 전라좌수영의 관할 지역이 전보다 축소되었다고 볼 수 있다.

4) 연안 주민의 해난사고와 해안 방어 체제

한반도 서남해안 주민이 해상 활동을 하다가 갑작스런 돌풍을 만나서 뜻하지 않게 海難事故를 당하여 일본열도에 표착하는 일이 가끔씩 일어나곤 하였다. 물론 그 반대의 경우도 있었다. 그런데 이 시기에는 해난을 당한 표류민의 안정적 송환이 보장되어 있지 못하였다. 심지어 표류를 당한 難民과 침입자(왜구)의 구별이 모호해지는 상황이 꽤 오래도록 지속되기도 하였다.

을묘왜변 이듬해인 1556(명종 11) 8월 시점만 하더라도 조선을 침범할 의사가 없어 보이는 일본인 漂流民을 조선의 邊將들이 戰功을 세우기 위해 살해하는 일이 벌어지고 있었던 것 같다. 備邊司가 靈巖의 전공 대상자로 崔濚[6]과 李希孫[7]을 올리자, 司諫院은 이를 인정하는 것이 옳지

많지 않지만, 金德珍은 이때의 일을 '損竹島倭變'으로 불러야 한다고 주장하고 있어서 눈길을 끈다(김덕진, 2009, 「이대원과 정운, 그리고 쌍충사」『해양문화연구』2, 전남대학교 이순신해양문화연구소 ; 김덕진, 2010, 「1587년 損竹島倭變과 壬辰倭亂」『동북아역사논총』29, 동북아역사재단). 다만 이에 대해서는 좀 더 면밀한 검토가 필요하다고 생각한다. 아무튼 1555년의 을묘왜변 때와는 달리, 1587년의 '손죽도사건' 이후 전라우수영에는 관할 지역 변동 같은 큰 변화는 잘 보이지 않았다.

6) 崔濚은 1555년 을묘왜변 때 珍島郡守로 있었는데, 왜적이 達梁浦를 함락하자 성을 버리고 도망하였다. 『명종실록』23권, 명종 12년(1557) 11월 20일(기사).

7) 李希孫은 1555년 을묘왜변 때 光州牧使였는데, 왜구가 달량포를 함락하자 병사를 거느리고 가서 康津을 지키다가, 적병이 성을 포위하자 군대를 버리고 밤중에

않다고 반대한 적이 있다. 사간원은 "그들(일본인 – 인용자 주)이 우리나라를 침범하려는 것인지도 알 수 없다"고 의문을 제기하였다. 그러면서 사간원은 "풍파 때문에 배를 제어 할 수 없게 되어 이미 혼이 나가 죽은 사람과 다름없는데도, 邊將이 그런 敵을 斬獲한 것이 과연 날랜 적을 제압한 경우와 같겠느냐"고 반문하고 있었다.[8]

1557년(명종 12) 1월 조선에 온 일본 사신이 10가지 사항을 적은 문서를 宣慰使 任輔臣을 통해서 조선 측에 전달하면서 이의를 제기하였다. 즉 일본 측은 문서의 네 번째 항목에서, "(일본인이) 귀국(조선 – 인용자 주) 지경에서 배가 부서졌는데, (조선이 그들을) 용서 없이 참살하였다"고 하면서 이를 문제 삼았다.[9] 이처럼 조선에 표착한 일본인을 조선의 장수들이 참살한 것에 대하여 항의한 일본 측을 의식한 것도 있었지만, 일본인과 함께 배에 타고 있던 중국인이 주살될 것을 염려한 사간원과 사헌부가 비변사의 강경 방침을 견제하고 나섰다(이훈 2000, 49-51).

조선에 표류해 온 일본인을 죽이는 것이 옳은지 그들을 救助하는 것이 마땅한지를 놓고 조선 조정에서 논의가 이루어진 적도 있었다. 가령 당시 좌의정은 "화물을 가득 싣고 태풍을 만나 漂流된 倭船이 맨몸으로 항복을 빌어도, 邊將들이 功을 노리고 利益을 탐하여 모두 殲滅하니 훗날 문제가 될 것"이라고 걱정하면서, 備邊司와 다른 의견을 제시하였다. 그렇지만 "만약 바다 가운데서 왜선을 만나면 商倭인지 敵倭인지 쉽게 분간하기 어렵다"고 하면서, "설령 邊將이 비록 功을 노리는 생각이 있다 하더라도, 어찌 죽음을 두려워하는 마음이 없이 감히 바다 깊숙이 들어가 추격하겠느냐"는 것이 영의정과 우의정을 비롯한 다수 대신들의 생각이었다. 결국 明宗도 표류한 왜인을 참획한 변장의 戰功을 인정해야

도망갔다. 『명종실록』23권, 명종 12년(155) 11월 20일(기사).
8) 『명종실록』21권, 명종 11년(1556) 8월 12일(무술).
9) 『명종실록』22권, 명종 12년(1557) 1월 15일(기사).

한다는 비변사의 의견을 지지하였다.[10]

그런데 조선에 표착한 일본인 표류민이 살해되지 않고 본국으로 되돌아간 때도 가끔 있었다. 1436년(세종 18)에는 일본인 15명의 송환이 결정되었다. 다만 그들의 행방이 확실하지 않았다. 1440년(세종 22)에는 장흥으로 표류해 온 대마도 사람 6명이 무사히 송환된 적이 있다. 1454년(단종 2)에는 중국을 경유하여 오다가 內禮浦에 표착한 일본 선박 1척이 본국으로 송환되었다. 1478년(성종 9) 중국에서 일본으로 돌아가다가 제주에 표착한 일본 선박이 송환된 적도 있다(이훈 2000, 59).

이와 반대로 일본열도에 漂着한 조선인의 송환도 이 시기에는 마찬가지로 안정적이지 못했다. 다만 일본의 지방 세력들이 조선 정부와 우호적인 관계를 맺고자 할 때, 왜구에 의해 붙잡혀간 被虜人이나 표류를 당하여 일본에 닿은 漂流民을 송환해 오는 일이 종종 있었다. 을묘왜변 2년 뒤인 1557년(명종 12) 6월 對馬島主 宗盛長이, 일본으로 표류해 간 福藏이란 조선 女人을 돌려 보내주자, 조선 조정에서는 거기에 대해 賞을 내려야 한다는 주장이 제기되어 명종도 이를 허락한 적이 있다.[11] 이 밖에도 일본 열도에 표착했다가 조선으로 송환된 표류민들이 임진왜란 이전 시기(1408~1591년)만 하더라도 40건 이상 있었다(이훈 2000, 57~58).

그런데 해안 방어를 담당하는 조선 邊將들이 조선 조정에 보고를 할 때 사실대로 보고하지 않은 적도 있었던 것 같다. 1556년(명종 11) 7월 전라좌도 수사 崔終浩가 三島(지금의 거문도) 倭浦에 왜선 1척이 들어온 것을 나포하여 머리 4級을 벤 일이 조선 조정에 보고되었다. 전라우도 수사 吳濬이 靑藤島(진도군 조도면 청등도리)에서 왜선 1척을 나포하여 21급을 베었던 것도 함께 보고되었다. 이때 明宗은 "지금 전라 좌·우도 수사의 啓本을 보니, 왜적을 잡을 때 우리 군사는 죽거나 다친 사람이

---

10) 『명종실록』 22권, 명종 12년(1557) 4월 21일(갑진).
11) 『명종실록』 23권, 명종 12년(1557) 6월 4일(을유).

한 사람도 없다고 하였는데, 적을 맞아 싸울 적에 상해를 입은 사람이 어찌 한 사람도 없었겠는가. 수사는 사실대로 馳啓하라."[12]고 명한 적이 있다. 2년 뒤인 1558년(명종 13)에는 濟州에서 倭人들을 붙잡은 사실을 조선 조정에 보고할 때, 제주목사가 왜인들이 조선인을 많이 죽인 것은 숨기고 계문하지 않았다가, 그것이 나중에 들통이 나서 推問을 당한 적이 있었다.[13] 이것을 보면 조선 조정에서도 해안 방비 현장의 허위·축소 보고를 하나의 문제점으로 인식하고 있었음을 알 수 있다.

3. 임진·정유왜란 시기 전라좌수영과 남해

임진·정유왜란(1592~98) 시기 全羅左水營을 거론할 때, 李舜臣을 빼놓을 수 없다. 1591년(선조 24) 2월 13일 그가 전라좌수사로 임명된 뒤 1년 동안 그는 全羅左水使로서 軍備 갖추고 臨戰 태세에 돌입했다. 임란 중인 1593년(선조 26) 8월에는 전라좌수영에 충청·전라·경상 삼도수군통제영(統營)이 함께 설치되자, 이순신은 전라좌수사와 삼도수군통제사를 겸하게 되었다. 1597년(선조 30) 2월 이순신이 파직되고 元均이 임명된 적이 있으나, 1597년(선조 30) 7월 이순신이 다시 삼도수군통제사 겸 전라좌수사에 복직되었다. 그러나 1598년(선조 31) 11월 19일 이순신이 戰死하자 그 자리에 李時言이 임명되었다. 전쟁이 끝난 뒤 1601년(선조 34) 3월 삼도수군통제영은 경상우수영으로 옮겨갔다(문영구 1992, 243~263 ; 정청주 1993, 127).

임란 때 전라좌수영의 관할 지역은 5관(순천부, 낙안군, 보성군, 흥양군, 광양현) 5포(사도, 방답, 여도, 발포, 녹도)였다. 그런데 임란 당시 조선

---

12) 『명종실록』 21권, 명종 11년(1556) 7월 8일(갑자).
13) 『명종실록』 24권, 명종 13년(1558) 9월 20일(계사).

의 軍勢는 취약한 상황에 있었다. 軍役만 있을 뿐 실제 軍士가 없었다고 해도 지나친 말이 아닐 정도의 상황에서 조선은 일본군의 침략을 맞이했다(조원래, 1993a, 133). 더구나 陸軍보다 훨씬 苦役이었던 水軍은 軍役 자체가 대대로 전해 내려왔기 때문에 더욱 어려움이 많았다. 게다가 조선의 국방 책임자들이 일본 수군이 조선보다 강력하다고 판단하고, 조선 수군으로는 일본군을 막아낼 수 없다고 보았다. 이런 판단 때문에 조선 정부는 처음부터 해상 방어보다는 육상 방위에 더욱 주력하였다. 즉 적이 쳐들어온다면 그들을 육지로 끌어들여 대적하는 것이 낫다는 생각을 조선 정부가 가지고 있었다고 한다(조원래, 1993a, 133~134 ; 조원래, 1993b, 57).

그런데도 조선 수군이 초반부터 일본 수군을 물리칠 수 있었던 것은 무엇 때문일까? 여기에 대해서는 여러 가지 견해가 있다. 이순신의 뛰어난 전략전술과 탁월한 용병술, 판옥선이라든가 거북선 같은 戰船과 무기 체계가 조선 수군의 승리 요인이라는 분석도 있다(정진술 2010 ; 박재광 2010). 그런가 하면 해상을 떠돌면서 고기잡이로 생계를 이어가던 鮑作[14]이라든가 土兵들이 전라좌수군의 하부구조를 이루고 있었던 것이 勝因이라고 주장하기도 한다(조원래 1993a·b). 또 이순신을 보좌하던 軍

---

14) 鮑作이란 글자 그대로 전복을 잡는 행위 또는 그런 일을 하는 사람을 가리킨다. 포작은 일반 어부들과 달랐는데, 전복을 전문적으로 잡아 진상하던 사람을 특별히 낮추어서 鮑作干이라 부르기도 하였다. 처음에는 포작(간)들이 제주도에서 떠돌아다니며 살았다. 나중에는 그들이 주거 지역을 육지의 해안 지역으로 옮겨 점차 활동 영역을 넓혀나갔다. 조선 전기의 포작(간)들은 바닷가에 장막을 치고 일정한 거처 없이 배 위에서 살기도 하였다. 그런데 이들을 평가한 것을 보면, 포작(간)들은 사람됨이 날래고 사나우며, 그들의 배가 가볍고 빠르기가 비할 데가 없을 뿐만 아니라, 폭풍과 파도가 몰아쳐도 그들은 조금도 두려워하거나 꺼려함이 없었다고 한다. 더구나 포작(간)들은 큰 돌을 수 십 개씩 배에 싣고 다니면서 倭船을 만나면 그것을 던져서 공격할 정도로 자체 전투력을 보유하고 있었다. 이런 특성 때문에 해안 방어를 맡은 조선의 장수들이 이들을 왜구 격퇴에 활용하기도 하였다. 전라도 해안에 침입한 왜구를 물리치는 데 포작(간)과 鮑作船이 동원되었던 1497년(연산군 3)의 사례가 이를 잘 보여주고 있다(제장명 2011, 134).

官들의 역할이 컸다는 주장도 있다(김덕진 2008).

군사제도의 변화가 조선 수군의 승리에 중요한 영향을 끼쳤다고 보는 견해도 있다. 1555년(명종 10) 을묘왜변으로 말미암아 전라도 연안 주민들이 큰 피해를 입었지만, 그 뒤부터 기존의 鎭關體制가 制勝方略이라는 새로운 제도로 바뀌어 해상 방어체제가 변화를 보였다. 과거의 진관체제에서는 육상과 해상에서 차이가 있었다. 육상 진관체제는 지방행정 단위인 邑 자체를 군사조직 단위인 鎭으로 편성하여 각 읍의 수령이 군 지휘관 임무를 겸직하였다. 그런데 수군은 행정구역과 관련시키지 않고, 연해 지역의 요처에 설치된 水軍鎭만 묶어서 진관조직으로 편제하였다(조원래 1993a, 135 ; 조원래 1993b, 58).

따라서 진관체제에서는 수군진 가까이에 사는 주민들이 반드시 현지의 수군부대에 속하는 것은 아니었다. 그렇지만 제승방략 아래에서는 연해 지역 각 읍에도 수군 기지를 설치하고 그곳을 水使 관할 아래 두었기 때문에, 종전의 해안 방어체제가 크게 바뀌었다. 임란 때 鮑作, 土兵, 私奴, 寺奴 등 수군 관할 구역 안에 살던 하층민들이 광범위하게 수군 조직의 하부구조를 이루었던 것도 바로 이런 제도 변화 때문이었다. 을묘왜변(1555년) 뒤부터 전라도에서는 鮑作을 해상 방위의 보조병력으로 활용하려고 하였는데, 실제로 임란 때 이순신은 전라좌수영에서 46척에 달하는 鮑作船을 동원하여 전투에 투입하였다. 이것이 가능했던 것은 軍制바깥에 존재하고 있던 非正規軍이 전란이 일어나기 전에 이미 전라도의 水軍編制와 연계되어 있었기 때문이었다(조원래 1993a, 135 ; 조원래 1993b, 58 ; 김덕진 2010, 128).

또 한 가지 눈여겨 볼만한 것은 임란 당시 전라좌수영의 5관 5포 가운데 1관 4포가 고흥반도에 있는 興陽縣에 위치하였다는 점이다. 전라좌수영 수군 가운데 흥양 출신이 가장 많은 수를 차지한 것도 이와 무관하지 않다. 『湖南節義錄』(1789년)의 李忠武同殉參佐諸公 144명 가운데,

흥양 출신이 33명으로 가장 많았으며, 순천(18명), 나주(14명), 장흥(11명), 함평(11명), 무안(10명), 보성(7명), 영암(7명)이 그 뒤를 이었다. 또 『李忠武公全書』에 보이는 死傷者數 216명 가운데, 興陽 소속 사장자가 131명으로 전체의 반수 이상을 차지하고 있다(조원래 1993a, 137).

그렇다면 이처럼 흥양 지역의 전투력이 강했던 까닭은 무엇일까? 먼저 바다로 둘러싸여 있으며 물산이 풍부한 고흥반도의 지리적 특성 때문에 이 지역이 전부터 왜구의 침입을 받은 적이 많았을 뿐만 아니라, 왜구의 침략을 물리치는 과정에서 흥양 지역 수군의 결집력이 더욱 강화되었다는 점을 들 수 있다(류창규 2008, 101). 다음으로는 흥양 지역민들이 바다에 대하여 풍부한 경험을 지니고 있었던 점도 중요한 요인으로 꼽을 수 있다. 멀리 울릉도 지역까지 고기잡이를 나갈 정도로 흥양 어민들의 항해 활동 영역이 넓었으며, 그것이 가능했던 것은 그곳 주민들의 배 다루는 기술이 매우 뛰어났기 때문이었음은 더 말할 나위가 없다.

또 임란 당시 이순신 휘하에 있었던 군관의 출신지를 살펴보면, 군관 27명 가운데 전라도 사람이 18명이었는데, 그 중에서도 고흥 출신이 7명(노윤발, 송두남, 송성, 송일성, 송한련, 송희립, 신영해)으로 가장 많았다. 그 다음으로 순천 출신이 3명(이기남, 정사립, 정사준)이었다. 이런 사실은 임란 때 고흥 출신의 역할이 컸음을 뜻한다. 물론 강진·나주·보성 등 연해 지역 출신들이 이순신의 휘하에 다수 포진되어 있었음을 부인할 수 없다(김덕진 2010, 109~110).

임란 때 육지의 義兵뿐만 아니라, 海上義兵과 전직관료, 무과출신, 유생 등의 활약도 컸다. 1592년(선조 25) 7월 이후 해상의병의 활약이 두드러지게 되는데, 이순신은 8월에 관내의 여러 邑에 檄文을 띄워 義兵을 모으기 시작했다. 순천·홍양(고흥)·광양 등지에서 한 달 만에 400여 명의 승려가 몰려들었다고 한다. 이들이 이순신의 지휘 통제 아래 들어가게 되었음은 물론이다(조원래 1993a, 150). 특히 가장 힘든 군역 가운데

하나였던 水軍에 현직 승려나 승려 출신들이 많이 從軍하였고, 이순신을
보좌하던 참모 중에도 승려들이 많았다. 조선 정부는 전란이 끝난 뒤에
도 전국의 주요 山城이나 해안 요소에 軍幕 사찰을 건립하여, 승려들에
게 수도와 함께 국토방위의 책임을 맡도록 제도화하기도 하였다(김덕수
1992 ; 양은용 2003 ; 강형광 2010).

한편 임진·정유왜란 시기 전라도 해안에서 발생한 海難事故에 대하여
조선은 어떻게 대처하였을까. 이에 대해서는 자료가 많지 않아 자세한 것
은 알 수 없지만, 해난사고가 발생하였더라도 표류 선박에 대한 구조나 표
류민의 송환이 안정적으로 이루어지기는 어려웠을 것이다. 1594년(선조
27) 4월 일본 쪽에서 보내온 書信에 따르면, 표류하던 일본 배가 전라도
연안에 표착한 것이 아닌가 하는 의구심을 가지고 있던 일본 측이 이의
확인을 요구한 적이 있었다. 이에 대하여 조선은 그런 사실이 없다고 일본
측에 회답한 것으로 되어 있다. 그런데 일본 측은 서신을 통해 "朝鮮 사람
이 兵船을 출동시켜 우리(일본 - 인용자 주) 諸營의 나무하는 배들을 빼앗
아 갔다"고 항의하면서, "만일 또 병선을 자주 출동시킨다면 이쪽(일본 -
인용자 주) 諸將들도 틀림없이 군대를 출동시키게 될 것"이라고 경고하였
다.[15] 이것을 보면 전란 중에도 해난사고는 발생하고 있었지만, 표류 선박
의 구조와 송환이 안정적으로 이루어지지는 못하였던 것으로 생각된다.

4. 임진·정유왜란 이후 전라좌수영과 남해

1) 전라좌수영의 관할 구역 재정비

임진·정유왜란이 끝난 뒤인 1600년(선조 33) 統制使 李時言이 일본

---

15) 『선조실록』 50권, 선조 27년(1594) 4월 2일(경술).

선박 한 척을 격파한 사실을 조선 조정에 급히 보고하였다. 6월 13일에
倭船 1척이 갑자기(제주도) 旌義 앞바다에 나타나자, 조선 측이 "軍船 11
척을 출동시켜 西餘鼠島와 斜數島 사이로 추격하여 배를 격파하고 왜인
을 사로잡았으며, 왜인 20級을 참하였다."는 기록이 보인다. 그런데 생포
된 사람들 중에 중국인 6명도 끼어 있었다. 그들을 문초했더니 대답하기
를, "中原의 邊地에 침입하여 사람과 재물을 빼앗아 일본으로 돌아가다
가, 風波 때문에 漂流를 하여 제주 앞바다에 닿았다"는 것이다.16) 이 사
건을 계기로 조선 측이 해안 방비에 더 많은 힘을 쏟게 되었음은 더 말할
나위가 없다.

　전란이 끝난 뒤 전라좌수영의 체제에도 변화가 생겼다. 조선 정부는
1611년(광해군 3) 突山浦를 古突山鎭으로 개칭하고, 水軍鎭으로 복구하여
權官을 두었다. 그 뒤에는 권관 대신 別將(종9품)이 배치되었다. 그리고
1686년(숙종 12)에는 加里浦와 古今島 두 鎭의 僉使와 馬島, 新智島 두
섬의 萬戶가 모두 전라좌수영으로 移屬되었다. 그러다가 1690년(숙종 14)
에는 위 지역이 다시 전라우수영으로 還屬되었다. 그런가 하면 임란 때 전
라좌수영 관할에서 제외되어 있었던 장흥부와 회령포진이 전란 후에는 다
시 전라좌수영 관할로 복귀하였다. 그래서 전라좌수영 관할 지역은 6관(순
천부, 장흥부, 낙안군, 보성군, 흥양군, 광양현) 7포(사도, 방답, 회령포, 여
도, 발포, 녹도, 고돌산)가 되었다. 그러다가 1895년(고종 32) 7월 15일 전
라좌수영이 廢營되었다(문영구 1992, 190 ; 정청주 1993, 128).

2) 하멜 일행의 탈출과 전라좌수영의 해안 방어

　1653년(효종 4) 8월 1일(조선 윤 6월 24일) 제주 해안에 표착한 네덜
란드 동인도무역연합회사 선원 64명이 표착했다. 이들 가운데 36명이 살

---

16) 『선조실록』 127권, 선조 33년(1600) 7월 9일(경술).

아남았는데, 그들은 1654년(효종 5) 4월 제주에서 한양으로 압송되었다. 그런데 제주에서 바다를 건너 해남에 닿은 뒤 영암에 도착했을 때 일행 중 1명이 사망하였다. 그해 5월 한양에 도착한 35명의 네덜란드 사람들은 1656년(효종 7) 2월 전라도로 유배될 때까지 한양에서 생활하였는데, 그곳에서 2명이 사망하였다(정성일 2010a, 86~89).

1656년(효종 7)에 전라도로 유배 온 하멜 등 33명은 1662년(현종 3)까지 강진 병영에서 생활하였는데, 1662년 강진에 饑饉이 들어서 그들에게 食料를 지급하기가 어렵게 되었다. 한양에서 강진 兵營으로 온 33명 가운데, 그 사이에 11명이 죽고 22명이 살아남았다. 조선 정부는 이들을 좀 더 형편이 나은 다른 고을로 옮기기로 했는데, 그들을 全羅左水營과 全羅左道의 큰 고을로 옮겨두고 철저히 단속하여 마음대로 돌아다니지 못하도록 하라는 지시가 내려진 것이 1662년(현종 3) 1월 20일이었다(정성일 2010a, 90).[17]

강진 병영에서 옮겨간 네덜란드 사람 22명은 좌수영(여수)에 12명, 순천과 남원에 각각 5명씩 분산 배치되었다. 즉 좌수영에 헨드릭 하멜(서기, 36세) 등 12명이 배정되었다. 순천으로 야콥 얀슨(조타수, 47세) 등 5명이, 그리고 남원으로 요한니스 람펜(조수, 36세) 등 5명이 각각 옮겨 갔다(김태진 1996, 47, 76). 그런데 4년 뒤인 1666년(현종 7)에는 생존자가 22명에서 16명으로 줄었다. 이 기간 중 사망자는 좌수영(4명)과 남원(2명)에서 발생하였으며, 순천에서는 사망자가 없었다.

하멜 일행이 탈출을 결행한 1666년(현종 7) 8월 6일(서력 9.4) 당일의 상황을 소개하면 다음과 같다.

> 출발할 날짜는 9월 4일(서력 - 인용자 주) 달이 질 무렵으로 정하였다. 땔감까지 포함하여 모든 준비가 완료되었다. 우리는 달이 지는 때에 맞추어 썰물이 시작되기 전에 닻을 올리고 하느님을 부르며 출발하였다. …

---

17) 『비변사등록』, 현종 3년(1662) 1월 20일

이웃사람들의 의심을 사지 않기 위하여 그날 밤을 함께 즐겁게 보내면서도, 쌀과 물, 냄비, 그 밖에 항해에 필요한 물건을 성벽 너머 배가 있는 곳까지 날랐다. 달이 지자 성벽을 넘어 배에 탄 뒤 대포 사정거리 정도 떨어져 있는 섬으로 물을 구하러 갔다. 물을 구한 뒤에는 다른 배가 있는 곳과 군함 옆을 지나야 했다. 이곳을 지나자 우리는 순풍을 만났고 조류(潮流)도 우리에게 도움을 주었다. 이어 돛을 올린 뒤 만(灣)을 빠져 나왔다. 새벽녘에 우리를 부르는 배가 한 척 지나갔는데, 혹시 감시선(경비선)이 아닐까 생각하여 대답하지 않았다(이병도 1954, 59 ; 김태진 1996, 56).

이렇게 해서 하멜 일행은 8월 6일(서력 9.4) 밤 여수 앞바다를 빠져나 갔다. 그런데 이들의 탈출 성공은 결과적으로 전라좌수영의 해안 방비가 무너진 것을 뜻한다. 그런가 하면 이 사실을 맨 처음 조선 정부에 알린 것은 전라좌수영이 아니라 東萊府였다. 이것은 대마도(쓰시마)가 외교채 널을 통해서 동래부에 하멜 일행의 탈출 사실을 알려왔기 때문이었다(신 동규 2007, 286~295). 조선 정부는 이 사건에 대한 책임을 물어서 1666 년 4월 20일 전라좌수사에 임명된 鄭韺을 그해 11월 26일 파면하기로 결정하였다.[18] 남원을 제외한 좌수영과 순천의 담당 色吏들도 처벌을 받 았음은 더 말할 나위가 없다(신동규 2007, 294).

3) 해난사고와 전라좌수영의 해안 방어

전라좌수영의 해안 방어는 하멜 일행의 탈출에서 보았듯이 密航에 의해서도 무너질 수 있었지만, 뜻하지 않게 발생하는 海難事故에 의해서도 영향을 받았다. 즉 한반도 남해안을 통과하는 선박이 바다 위해서 突風을 만나게 되면 배가 뒤집혀서 사망하거나, 아니면 배가 뒤집히지 않는 다면 바다 위에서 漂流를 하게 된다. 남해에서 표류를 당하면 대체로 일 본열도에 표착하게 된다.

---

18) 『현종개수실록』16권, 현종 7년(1666) 4월 20일(경오), 11월 26일(임인).

1601년(선조 34) 2월 예조가 "남쪽 변방 鎭堡와 濟州 등 섬에 漂流해 오는 倭子며 고기잡이하는 敵의 배가 자주 변방 관리에게 붙잡히는데, 그들의 말을 알아듣는 사람이 없으면 심문하기가 어렵다"는 이유를 들어서, 倭學 역관을 시험으로 뽑아야 한다고 건의한 적이 있다.[19] 이것을 보더라도 전란 종결 직후부터 한반도 서남해안에 일본 배가 표류해 오는 일이 종종 있었음을 알 수 있다.

그렇다면 전라좌수영 출신 주민들이 일본열도에 표착한 해난사고는 얼마나 될까? <부표>에서 소개하고 있는 것처럼, 1627년부터 1881년까지 장흥·보성·홍양·광양·낙안·순천 지역 주민들이 바다에서 표류를 하여 일본에 닿은 것은 74건이었으며, 이 기간 동안에 海難을 당한 주민의 숫자가 965명으로 확인된다. 앞으로 새로운 사료가 발굴되면 이 숫자는 더 늘어날 수도 있다.

전라좌수영 관할 지역의 표류민들은 보통 한 척의 배에 타고 있었는데, 가끔 두 척 이상의 배가 함께 표류를 당한 적도 있었다. 또 1877년의 경우처럼 보성 주민 8명을 포함하여, 강진·영암·해남 등 출신 지역이 서로 다른 남녀 52명이 함께 일본(五島 玉浦 大寶鄕)에 漂着한 때도 있었다. 그리고 보성 주민의 경우처럼 가족 단위로 움직이다가 遭難을 당한 경우도 있다. 가령 1877년의 표류민 가운데, 劉景淑 본인을 비롯하여 그의 처 尹씨, 큰아들 劉必成, 둘째아들 必吾, 둘째딸 必言과 그의 女息 등 6명이 한 가족이었으며, 나머지 두 사람은 金致仲과 朴成路였다.[20]

이와 반대로 전라좌수영 관할 해역에 일본인들이 漂着하는 경우도 있었다. 현재 기록으로 확인되는 사례는 5건인데, 이를 소개하면 다음과 같다.

① 1782년 4월 7일, 사쓰마(薩摩, 지금의 가고시마현) 아키메우라(秋目浦) 사람 3인이 배 1척에 타고 전라도 興陽 三島에 표착(이케우

---

19) 『선조실록』 134권, 선조 34년(1601) 2월 28일(정유).

20) 일본 외무성 外交史料館 소장 『困難船及漂民救助一件·朝鮮國之部』.

치 1998, 부록 근세일본인의 조선표착연표 147쪽 ; 변례집요 ; 동문
휘고)

② 1786년 6월 6일, 가가주(加賀州, 지금의 이시카와현) 加島村 사람
1인이 1척의 배에 타고 전라도 순천부 防沓鎭 경계 지역인 栗浦에
표착(이케우치 1998, 부록 근세일본인의 조선표착연표 147쪽 ; 변
례집요 ; 동문휘고)

③ 1823년 7월 5일, 사쓰마(薩摩) 藩士 3인과 편승자 5인 외 총 25인
이 전라도 興陽縣에 표착(이케우치 1998, 부록 근세일본인의 조선
표착연표 147쪽 ; 변례집요 ; 동문휘고 ; 公儀被仰上)

④ 1858년 8월 10일 사쓰마(薩摩) 商船 1척에 일본인[倭人] 14명, 琉
球人 7명 등 21명이 함께 타고 표류하여 흥양현 艾島 앞바다에 표
착(규장각 도서번호 16969의 1)

⑤ 1879년 11월 15일, 쓰시마(對馬)이즈하라촌(嚴原村) 사람 6인이 배 1
척에 타고 전라도 순천 지방 防沓鎭에 표착(호남계록, 『각사등록』 18)

조선 정부는 연안 지역 주민들이 다른 나라로 표류해 가지 못하도록
하기 위하여 먼 바다로 나아가는 것을 막도록 했다. 그런데도 위에서 본
것처럼 전라좌수영 관할 주민이 일본으로 표류해서 갔다가 되돌아오면,
조선 정부는 그 지역의 지방관을 問責했다. 조선 정부가 표류민 발생 지
역의 지방관에 대해 免職 같은 嚴罰은 아니지만, 推考(벼슬아치의 허물
을 추궁) 정도의 조치를 한시도 늦추지 않았다. 이것을 보더라도 南海 연
안 주민의 逸脫을 防止하는 것이 전라좌수영 관할 지방관의 책무 가운데
하나였음을 알 수 있다(이훈 2000, 112).

5. 맺음말

全羅左水營은 全羅左道에 있었던 조선 水軍의 軍營을 말한다. 지금
의 여수시 지역에 전라좌수영이 설치된 것은 1479년(성종 10)이며 그것

이 폐지된 것은 1895년(고종 32)이다. 전라좌수영이 설치되기 전에는 전라도 수군의 本營이 해남 한 곳에 있었는데, 1479년 이후에는 좌수영과 우수영 두 곳으로 늘어난 셈이다. 또 전라도 지역에 水營이 맨 처음 설치된 것은 고려 말인 1377년(우왕 3)으로 거슬러 올라가는데, 그때는 수영이 무안에 설치되어 있었다.

전라좌수영의 관할 지역도 시기에 따라 많은 변화를 보였다. 즉 전라좌수영의 屬邑과 鎭管이 1485년 7관 8포이던 것이, 1522년 6관 6포, 1555년 이후 어느 시기부터는 5관 5포로 축소되어 임진왜란을 맞이하였다. 그러다가 임란 후에는 다시 6관(순천부, 장흥부, 낙안군, 보성군, 흥양군, 광양현) 7포(사도, 방답, 회령포, 여도, 발포, 녹도, 고돌산)로 확대되었다.

이와 같은 전라도 지역의 水營 移設과 규모의 확대·축소, 그리고 관할 구역의 조정은 일본의 침입과 밀접한 관련이 있었다. 즉 조선 정부는 倭寇와 倭軍으로 지칭되는 일본의 침입에 대한 사후 조치나 사전 대비책으로서 필요에 따라 수영의 위치와 규모를 변경하였던 것이다.

그 밖에 조선 정부는 전라좌수영 관할 지방관에게 연해 지역 주민의 逸脫을 豫防하도록 任務를 부여하였다. 그렇지만 실제로는 海岸防禦가 잘 이루어지지 못한 적도 있었다. 하멜 일행의 탈출과 같은 의도적인 密航에 의해서, 그리고 뜻하지 않은 海難事故에 의해서 전라좌수영 지역 주민들이 일본열도에 닿았다가 되돌아오는 일도 있었다. 그와 반대로 전라좌수영 관할 지역에 일본인들이 漂着하는 경우도 있었다.

그런데 漂流해온 船舶을 救助하여 漂流民들을 본국으로 送還해 주는 제도가 두 나라 사이에 확립된 것은 17세기 중엽 이후였다. 그 이전까지는 표류 선박이나 표류민들이 그것이 표착한 지역의 領主에게 귀속되는 일종의 拾得物로 간주되어 송환이 안정적으로 이루어지지 못했다. 심지어 표류민들을 일부러 살해하거나 붙잡아가기도 하였으며, 표류 선박과

거기에 실린 物貨를 빼앗아가는 일이 자주 일어나던 시기도 있었다. 임
진·정유왜란이라고 하는 큰 전란을 치른 뒤, 조선과 일본 두 나라가 평
화적인 외교관계를 맺은 뒤에야 비로소 표류민의 송환이 제도로서 확립
된 것이다. 전쟁을 하지 않고 평화를 유지하는 것이 인류에게 더 없이
소중한 가치임이 여기에서도 입증되는 셈이다.

〈부표〉 전라좌수영 주민의 일본 표착(1627~1881년)

No	표착시기	장흥	보성	흥양	광양	낙안	순천	계	비고
1	1627.2			20				20	흥양 발포
2	1645.9.9						11	11	순천 해창
3	1648.윤1.15	6						6	
4	1656.8.27		11					11	
5	1658.3.10		25					25	
6	1663.11.3			19				19	
7	1680.1.26						17	17	
8	1688.12.24					1		1	
9	1694.11.13			11				11	
10	1696.1.3			23				23	
11	1696.11.2					3	3	6	순천 해창
12	1696.11.2	60						60	
13	1696.12.28			11				11	
14	1699.1.29 (2.29)	9						9	
15	1699.2.19	15						15	
16	1699.11.11	1						1	
17	1701.1.7	18						18	
18	1701.1.9	9						9	
19	1703.11.9					10		10	
20	1705.9.21					12	12	24	
21	1711.2.10					7	7	14	
22	1712.1.28					9	9	18	
23	1712.2.7					8	8	16	
24	1717.1.14	13						13	
25	1718.1.10						10	10	
26	1719.1.19					19		19	
27	1725.12.21	15						15	
28	1726.1.9						7	7	
29	1727.1.30 (3.1?)						5	5	
30	1734.11.7			7				7	

No	표착시기	장흥	보성	흥양	광양	낙안	순천	계	비고
31	1736.3.14						28	28	
32	1736.10.8			5				5	
33	1755.1.8						10	10	
34	1755.1.9						9	9	
35	1755.1.9						13	13	
36	1757.12.17			40				40	
37	1761.1.2						26	26	
38	1762.1.27	7						7	
39	1767.1.24						12	12	
40	1773.1.28			15				15	
41	1774.11.8	8						8	
42	1776.11.29	11						11	
43	1779.3.19			6				6	
44	1782.12.5			2				2	
45	1783.11.6					29		29	
46	1783.12.23			9				9	
47	1785.12.29						35	35	
48	1786.1.2			6				6	
49	1787.9.25	8						8	
50	1787.12.20					33		33	
51	1790.10.22			10				10	
52	1790.11.2			9				9	
53	1791.10.13						8	8	
54	1793.12.23	13						13	
55	1795.1.23	9						9	
56	1796.1.12						7	7	
57	1796.1.12						8	8	
58	1810.4.3						17	17	
59	1810.12.5						10	10	
60	1814.7.11			15				15	
61	1814.11.8	9						9	
62	1815.3.4						7	7	

No	표착시기	장흥	보성	흥양	광양	낙안	순천	계	비고
63	1815.12.2	11						11	
64	1830.5.11	13						13	
65	1832.12.4	7						7	
66	1834.11.11			2				2	
67	1836.2.20						4	4	순천수영
68	1841.9.19			12				12	
69	1841.11.17						11	11	
70	1841.12.29	6						6	
71	1877.10.14		8					8	강진·영암·해남·보성 52명
72	1880.1.7			8				8	
73	1881.2.6			9				9	
74	1881.3.22			9				9	
계		248	44	239	0	131	294	956	

* 자료 : 이케우치 사토시(池內敏), 1998, 부록 4~142쪽 ; 이훈, 2000, 402~427쪽 ; 일본 외무성 외교사료관(外交史料館) 소장 『困難船及漂民救助一件·朝鮮國之部』
* 주 : No.71~74는 일본 외무성 외교사료관(外交史料館) 소장 『困難船及漂民救助一件·朝鮮國之部』에서 필자가 작성.

≪참고문헌≫

강형광, 2010, 「조선중기 불교계와 의승군」, 동국대학교 불교대학원 석사학위논문.

김강일, 2010, 「전 근대 한국의 海難救助와 漂流民 구조 시스템」『동북아역사논 총』28, 동북아역사재단.

김덕수, 1992, 「조선시대의 의승군 연구」, 원광대학교 대학원 박사학위논문.

김덕진, 2002, 「임진왜란과 고흥 출신 인물」『임진왜란과 고흥』, 고흥군·순천대 학교 남도문화연구소.

김덕진, 2008, 「임진왜란시기 전라좌수영 군관의 출신과 역할」『해양문화연구』1, 전남대학교 이순신해양문화연구소.

김덕진, 2009, 「이대원과 정운, 그리고 쌍충사」『해양문화연구』2, 전남대학교 이순신해양문화연구소.

김덕진, 2010, 「1587년 損竹島倭變과 壬辰倭亂」『동북아역사논총』29, 동북아 역사재단.

김병인, 1993, 「제3절 왜구의 침탈상과 지역실상」『전라남도지』제4권, 전라남도 지편찬위원회.

나종우, 1994, 「홍건적과 왜구」『한국사』20, 국사편찬위원회.

나종우, 1996, 『한국중세대일교섭사연구』, 원광대학교 출판부.

류쉬펑(劉序楓), 2010, 「淸代 中國의 外國人 漂流民의 救助와 送還에 대하여 ― 朝鮮人과 日本人의 사례를 중심으로 ―」『동북아역사논총』28, 동북아 역사재단.

류창규, 1997, 「제3장 제1절 고려말 왜구의 침략」『순천시사 ― 정치·사회편』, 순 천시사편찬위원회.

류창규, 2008, 「조선 전기 興陽의 군사력과 외적」『해양문화연구』1, 전남대학교 이순신해양문화연구소.

문영구, 1992, 『全羅左水營硏究』, 大韓建設振興會.

민덕기, 2010, 「임진왜란 직전 조선의 국방 인식과 대응에 대한 재검토 ― 동북방 여진에 대한 대응을 중심으로 ―」『역사와 담론』57, 호서사학회.

박광석, 1993, 「전라좌수영의 문화유적」『전라좌수영의 역사와 문화』, 순천대학 교박물관·여수시.

박재광, 2010, 「임진왜란기 거북선의 구조와 역할」『해양문화연구』4, 전남대학 교 이순신해양문화연구소.

방상현 1991, 『조선초기 수군제도』, 민족문화사.

변동명, 2002, 「조선시기 흥양지역 '1관 4포'의 역사」『임진왜란과 고흥』, 고흥
　　　군·순천대학교 남도문화연구소.

변동명, 2007, 「조선시대 突山島 防踏鎭의 설치와 그 구조」『한국사학보』 27,
　　　고려사학회.

변동명, 2008, 「조선시대의 突山鎭과 古突山鎭」『역사학보』 198, 역사학회.

변동명, 2010a, 「1592년 전라좌수영의 거북선 건조」『해양문화연구』 4, 전남대
　　　학교 이순신해양문화연구소.

변동명, 2010b, 『여수해양사론』, 전남대학교출판부.

서치상, 1993, 「전라좌수영에 대한 복원적 고찰」『전라좌수영의 역사와 문화』,
　　　순천대학교박물관·여수시.

손승철, 2005, 「일본 역사서의 중·근세 한일관계사에 대한 왜곡실상」, 한일관계
　　　사연구논집 편찬위원회, 『왜구·위사 문제와 한일관계』, 경인문화사.

손승철, 2006a, 「고려·조선전기 한일관계사 기술의 공통점과 차이점」『한일관계
　　　사연구』 25, 한일관계사학회.

손승철, 2006b, 『조선통신사, 일본과 통하다』, 동아시아.

송은일, 2010, 「조선시대 전라좌수영의 軍船 材木 관리와 조달」『해양문화연구』 4,
　　　전남대학교 이순신해양문화연구소.

송정현, 1966, 「완도와 왜구 – 이조시대를 중심으로」『호남문화연구』 4, 전남대
　　　학교 호남문화연구소.

송정현, 1982, 「을묘왜변에 대하여 – 강진주변을 중심으로」『호남문화연구』 12,
　　　전남대학교 호남문화연구소.

순천대학교 박물관·여수시, 1993, 『전라좌수영의 역사와 문화』.

신동규, 2007, 『근세 동아시아 속의 日·朝·蘭 국제관계사』, 경인문화사.

신동규, 2010, 「일본 江戶時代의 海難救助 정책과 '4개의 창구'에 대한 고찰」
　　　『동북아역사논총』 28, 동북아역사재단.

양은용, 2003, 「임진왜란 이후 불교의승군의 동향 – 全州 松廣寺의 開創碑 및 新
　　　出 腹藏記를 중심으로 – 」『인문학연구』 4, 원광대학교 인문학연구소.

오봉근 1998, 『조선수군사』, 한국문화사.

이경엽, 1993, 「전라좌수영지역 임란전설의 전승양상과 의미」『전라좌수영의 역
　　　사와 문화』, 순천대학교박물관·여수시.

이상훈, 2005, 「임진왜란 중 경남 서부지역의 전투지역 고찰」『임진왜란과 한일
　　　관계』, 경인문화사.

이상훈, 2010, 「임진왜란 관련 사료해제」『제2기 한일역사공동연구보고서 제2권

- 제2분과 한국편』, 한일역사공동연구위원회.

이민웅, 2004, 『임진왜란 해전사』, 청어람미디어.

이영, 2010, 「고려 말, 조선 전기의 왜구와 대마도」(부경대학교 대마도연구센터, 『부산과 대마도의 2천년』, 국학자료원).

이원식·이기표, 2010, 「1592년 李舜臣 創製 龜船의 基本數値, 構造, 形態의 考察」『해양문화연구』4, 전남대학교 이순신해양문화연구소.

이재룡 1984, 『조선초기사회구조연구』, 일조각.

이해준·손형부 외, 1990, 『전남지방사 서설』, 김향문화재단.

이훈, 2000, 『조선후기 표류민과 한일관계』, 국학자료원.

정두희, 2008, 「좌수영, 한산도, 그리고 이순신」『해양문화연구』1, 전남대학교 이순신해양문화연구소.

정성일, 2002, 「표류민 송환체제를 통해서 본 근현대 한일관계: 제도사적 접근 (1868~1914)」『한일관계사연구』17, 한일관계사학회.

정성일, 2003, 「전라도 주민의 일본열도 표류기록 분석과 데이터베이스화(1592~1909)」『사학연구』72, 한국사학회.

정성일, 2010a, 「교류의 경로와 풍경 - 일본 고토렛토[五島列島]를 중심으로 - 」『島嶼文化』36, 목포대학교 도서문화연구원.

정성일, 2010b, 「근대 조선과 일본의 해난구조제도와 국제관계」『동북아역사논총』28, 동북아역사재단.

정진술, 1993, 「한산도해전연구」『임란수군활동연구논총』, 海軍軍史硏究室.

정진술, 2010, 「조선후기 거북선의 구조 -『이충무공전서』의 龜船圖說을 중심으로 - 」『해양문화연구』4, 전남대학교 이순신해양문화연구소.

정청주, 1993, 「전라좌수영의 역사」『전라좌수영의 역사와 문화』, 순천대학교박물관·여수시.

제장명, 2011, 『이순신 백의종군 - 하늘의 뜻을 알다』, 행복한나무.

조원래, 1993a, 「임진왜란과 전라좌수영」『전라좌수영의 역사와 문화』, 순천대학교박물관·여수시.

조원래, 1993b, 「수군의 승첩」『한국사』29, 국사편찬위원회.

조원래, 2002, 「임란해전의 승첩과 홍양수군의 활동」『임진왜란과 고흥』, 고흥군·순천대학교 남도문화연구소.

조원래, 2005, 『임진왜란사 연구』, 아세아문화사.

조원래, 2008, 「임진왜란과 전라좌수군과 고흥의 역할」『해양문화연구』1, 전남대학교 이순신해양문화연구소.

케네스 로빈슨(Kenneth R. Robinson), 2010, 「15~16세기 일본의 僞使와 조선인

　　　의 송환」『동북아역사논총』 28, 동북아역사재단.

헨드릭 하멜 저, 김태진 역, 1996,『하멜일지 그리고 조선국에 관한 기술 1653~1666』,
　　　47·76쪽.

헨드릭 하멜 저, 이병도 역주, 1954,『하멜漂流記 – 附 朝鮮國記』, 일조각.

金指正三, 1968,『近世海難救助制度の硏究』, 吉川弘文館.

北島万次, 2000,『亂中日記』 1·2·3, 東洋文庫.

池內敏, 1998,『近世日本と朝鮮漂流民』, 臨川書林.

〈토론문〉

「전라좌수영과 남해 방어」 토론문

장 세 윤*

우선 임진왜란과 이순신 장군, 전라좌수영 등 중요 문제에 대한 전문적 지식이 별로 없는 문외한인 제가 이 분야의 전문가이신 정성일 교수님의 발표에 대한 토론을 맡게 되어 큰 영광으로 생각합니다. 특히 이순신 장군께서 전라좌수사로 부임하신 지 420주년이 되고, 2012년 여수 EXPO(세계박람회)를 불과 1년여 남겨둔 의미있는 시점에 열린 학술회의에 참가하게 되어 더욱 뜻깊다고 생각합니다.

저는 임진·정유왜란 이전과 전란시기 및 그 이후시기 전라좌수영의 설치, 변천과정과 남해 방어, 표류민 문제 등을 폭넓게 정리하신 정교수님의 발표문을 통해 많은 교훈과 시사점을 얻었다는 점을 말씀드리고자 합니다. 또한 기존의 견해와 달리 전라좌수영을 한반도 남해를 통한 교류사라는 관점에서 바라본다는 문제의식은 우리에게 시사하는 바가 많다고 봅니다.

다만 토론자의 소임을 다하기 위해 몇 가지 간단한 질의를 통해 가르침을 받고자 합니다. 해량하여 주시기 바랍니다.

---

* 동북아역사재단 연구위원

첫째, 논문의 구성과 관련하여 전라좌수영 설치 이전의 여수·순천지역과 왜구, 남해방어 문제 등에 대해 간략히 소개, 정리할 필요가 있지 않은가 합니다. 특히 고려 말기에 여수·남해 일대는 전라도 서남부 지역과 관련하여 빈번한 왜구 침입의 통로가 되고, 많은 피해를 입은 곳으로 알고 있는데, 이러한 관점에서 이 지역의 전략적 중요성이라든가, 전라도 서남부 및 경상도 서남부 지역의 對倭 방어문제와 관련한 설득력있는 서술이 간략히 보완될 필요가 있다고 생각합니다.

둘째, 전라좌수영 설치 이래 임진왜란 발발시기까지 전라좌수영은 전라우수영에 비해 관할지역이 축소 조정되는 경향을 보였다고 하는데, 정교수님은 이를 왜구의 침입코스와 연관하여 해석하고 있습니다. 이는 분명 합리적인 해석이라고 봅니다. 다만 한가지 아쉬운 점은 왜구 침입의 경로나 배경 등을 구체적으로 해명하고 있지 않기 때문에 여수·순천지역과 해남 등 전라도 서남부 지역의 상응 관계, 조선 조정의 구체적 대응 (전라도 해안 방어책) 등에 대한 입체적 설명이 아쉽다고 판단됩니다. 임진왜란 직전까지 왜구(대마도, 혹은 九州지역)는 주로 어떤 코스로 침입했는지 설명해주시면 이해에 도움이 되겠습니다.

셋째, 1587년 손죽도사건, 혹은 '損竹島 倭變'에 대해 언급하실 필요가 있지 않은가 합니다. 이와 관련하여 1587년 '손죽도 왜변'이 임진왜란 직전의 호남사회와 조선정부의 대일 방어 문제 등에 큰 영향을 끼쳤다는 김덕진 교수님의 기존의 성과가 있습니다.[1] 즉 임진왜란 발발 5년전에 있었던 1000여명에 달하는 대규모 倭寇(倭兵)의 전라도 손죽도와 전라도 서남부 연안지역 습격사건인 '손죽도왜변'이 호남사회와 조선 조정에 왜구, 나아가 왜군(일본군)의 침입에 대한 경각심을 일깨웠고, 이순신과 전라좌수영, 임진왜란 등에도 큰 영향을 끼쳤다는 것입니다. 특히 이때 손

---

1) 김덕진, 2010.9, 「1587년 損竹島 倭變과 임진왜란」『동북아역사논총』29호, 동북아역사재단 참조.

죽도와 전라도 서남부 해변에 침입한 왜구(이때는 왜구라기 보다는 '왜병'이 적합한 표현이라고 합니다)와 그 船團들이 신식무기인 '조총'을 사용하여 조선 수군이 속수무책으로 큰 피해를 입었다고 합니다. 이후 조선 조정과 호남지역 인사들은 일본(왜병)의 침입에 대비하는 움직임을 보이기도 했고, 손죽도 왜변으로 일본에 끌려갔던 인사들이 임진왜란 시에 다각적 활동을 전개했다고 합니다. 이러한 주장에 동의하시는지요?

넷째, 군사제도의 변화, 즉 制勝方略 체제에 따른 현지 하층민들의 수군조직 하부체제 편입 등이 이순신의 전라좌수영 승전의 주요 원인이라는 조원래·김덕진 선생님 등의 견해를 소개하였습니다.

발표문에서 전라좌수영의 설치와 변천, 관할구역의 변화 등 제도사적 서술에는 큰 비중을 두었지만 전라좌수영 구성원의 대부분을 이루었던 수군(격군, 사수, 기술직인,)이나 농민, 어민 등 일반 민중, 특히 鮑作人(沿海民)이나 노비, '假倭' 등의 동향에 대한 해명은 부족하다고 느껴집니다. 전라좌수영 및 남해 방어 문제 등에서 이들의 역할이 어떠했는지 궁금합니다. 정교수님께서 간략히 설명해주시기 바랍니다.

마지막으로 임진왜란 시기 이순신 장군의 전라좌수영 관할 5官 5浦 가운데 1官 4浦인 홍양(현재 고흥)지역 인사들의 활동이 두드러졌다고 하는데, 그 이유를 어떻게 해석해야 할까요? 왜 전라좌수영의 본거지인 여수(순천부) 지역 인사들의 활동은 홍양에 비해 적은 것으로 파악될까요? 이를 인구 혹은 관할지역 배치 문제로 보아야 할까요?

이상입니다.

감사합니다.

임진왜란과 호남의병

나 종 우*

1. 머리말

16세기 말의 일본의 침략으로 시작된 임진왜란은 동아시아의 전사회를 뒤흔들어 놓았고 일대변화를 초래하게 되었다. 조선·명·일본은 막대한 인적, 물적 손실을 입었으며, 이것이 한 원인이 되어 일본에서는 정권의 교체가 일어났고, 대륙에서는 명, 청의 교체라는 큰 변화를 초래하였다. 그러나 격전지인 조선의 피해는 말로 표현하기 어려울 정도의 시련이었으며 국난이었다. 이러한 연유로 임진왜란은 조선왕조 전시대를 통하여 가장 큰 역사적 위치를 점한다고 할 수 있다. 혹자에 따라서는 임진왜란 때문에 조선왕조의 모든 질서가 무너졌고 쇠망의 길을 걷게 되었다고 지적하기도 한다. 1592년 4월14일 부산에 상륙한 왜적이 파죽지세로 북진하여 서울과 평양을 점령하고 전국토가 유린당할 때 이를 막고 물리쳐야 할 일차적인 책임을 지고 있는 정부는 아무런 대책을 세우지 못했다. 이러한 상황아래 국토를 수호하려는 자생적 움직임이 전국적으로 꿈틀거렸고, 그들은 의병으로 조직되어 관군을 대신하여 전국 각처에서 봉기하였다.

이러한 의병활동은 주로 戚臣政治 그 자체에 대해 비판적이던 각지의

* 원광대학교 교수

사림들에 의해 주도되었다. 외침에 대한 당시의 이러한 대응의 양상은 역사를 주도할 힘의 소재를 그대로 나타내는 것으로 주목할 만하다. 士林이 주도한 의병활동은 전국 각처에서 혁혁한 전과를 올리게 되는데 특히 호남의병은 의병활동의 힘의 공급원이 되는 전라일대를 공략하려는 일본측의 의도를 분쇄시켰다. 이렇게 볼 때 호남의병의 활동은 매우 큰 의의를 지닌다고 볼 수 있다.

의병은 그 출현의 배경으로서 鄕保性과 勤王性으로 크게 둘로 나누어 보는 것이 일반적인 견해다. 직접적인 적의 침입을 받은 지역에서 향리를 보위하기 위하여 결집된 의병을 향보성 의병이라한다면, 아직 적의 침입을 당하지 않았다 하더라도 국가가 위급에 처했을 때 근왕의 旗幟를 높이들고 참전한 의병을 근왕성 의병이라 할 수 있다. 임난 초기 호남 일대는 적의 침입을 면했던 지역이었음에도 불구하고 이 지역에서 高敬命·金千鎰 등을 위시로 한 많은 의병들이 봉기하였다. 그러기 때문에 이들의 출병은 향보성 보다는 근왕성에 보다 더 많은 비중을 차지하고 있다.[1] 고 할 수 있다.

호남의병의 근왕적 성격에 대하여는 趙慶男의 『난중잡록』에도 보이고 있다. 임난 당시 세자였던 광해군이 伊川에 행차를 머물렀을 때 전라도 의병들이 勤王하러 올라온다는 소문을 듣고 손수 글을 써서 김천일 의병장에게 전해 보내기를 "내가 외람되이 임시 攝政의 명을 받고 … 오늘날의 國事는 10에서 8~9는 틀렸고 밤낮 오직 근왕하는 군사만 바랄 뿐인데, 오랫동안 소식이 없어 근심과 걱정이 절박한 즈음에 여러분이 의병을 일으켜 이미 경성에 가까이 왔다하니 … 宗廟社稷의 존망이 오직 여러분의 힘을 서로 합하느냐에 달렸으니 나라를 살리고, 백성을 구하여 큰 공을 세우기에 힘쓸 일이다."[2] 라고 하였으니 호남 의병은 근왕적 성격이 강했음을 알 수 있다.

---

1) 전라남도 편, 1993, 『壬辰倭亂史料集(Ⅰ)』, 52~53쪽 참조
2) 조경남, 『亂中雜錄』, 임진년 8월 4일조

2. 임진왜란 전의 호남의 사회동태

16세기에 접어들면 조선사회는 오랜 평화 속에서 쌓여온 폐단이 드러나고 있었다. 지배계층인 양반의 偏黨, 정치기강의 해이, 田稅制의 문란 등 여러 폐단으로 인심이 동요되고 있었다. 조정의 권위는 표면상으로는 엄격히 지켜지는 것 같았으나 실제와는 달랐다. 중앙정부는 말단행정이나 민중과는 유리상태에 있었고 위정자나 정부가 폐단을 알고 있었다고 하여도 이를 근본적으로 개혁하기는 무기력한 상태였다. 선조도 이에 대하여 經筵에서 "우리나라 政事는 참으로 하기가 어렵다. 한 가지 폐단을 고치려하면 또 한가지폐단이 일어나 폐단을 능히 개혁할 수 없고, 도리어 그 해독이 첨가되니 수족을 꼼짝 못한다고 말 할 수 있다."[3]고 할 정도였다. 이러한 상황아래 선조17년부터는 한발이 들어서 전라도 지방도 어려운 지경에 처하였다. 선조18년 2월에 金宇顒은 전라순찰사가 되어 임금께 보고하기를 "신이 전라도의 饑荒을 살폈더니 타도와 같은데, 우도 연해의 7·8읍이 가장 심하여 겨울에 백성들이 기아에 빠졌으나 관에서도 저장미가 없어 구황책이 없습니다."[4]고 하였다. 또 이듬해 여름 전라도는 兩麥이 손상되고, 선조21년에는 下三道 전역에 기황이 들었다. 특히 선조22년 5월 초순부터 여름에 이르기까지 한 방울의 비도 내리지 않아서 냇물이 마르고 높은 지대에는 마치 불에 탄 것 같았는데, 청백색의 큰 황충이 번져서 뿌리를 먹어 곡식을 말라죽게 하였는데, 이 가운데도 전주·광주·영광·임실·김제·태인·무장·무안 등지가 가장 심하여 백곡이 말라죽어 '近古所無의 千里赤地'[5] 라는 처참한 상황이었다. 뿐만

---

3) 『선조실록』 卷7, 6年 10月 己未
4) 『선조실록』 권19, 18년 2월
5) 『선조실록』 22년 7월

아니라 오랫동안 자취를 감췄던 왜구가 침범하여 전라도의 민심은 뒤숭숭하였다.[6] 이런 상황아래 선조22년 10월 黃海監司의 密啓에 의해 발단된 소위 鄭汝立의 모반사건으로 결부되어 連坐의 화로 인하여 士類 사이에 많은 희생을 낳았다. 정여립의 친척, 정여립과 아는 사이라는 죄목으로 己丑년에서 임란이 일어나기 전까지 3년간 죽고 귀양가고 투옥된 자가 무려 천 여 명을 넘었다. 그 중에서도 전라도는 정여립의 고향이 전주지방 이었다는 이유로 피해가 매우 컸다. 정여립의 사건으로 야기된 己丑獄事로 인한 전라도 지방민의 고통을 金千鎰은 다음과 같이 상소하였다.

> "신이 시골에 있을 때에 飢荒이 든 백성이 조석 사이에 곧 흩어지게 된 것을 보았고, 또 賊變으로 달마다 소동이 있었는데, 적을 체포하여 호송하는 군사가 굶주려 쓰러지면서 부르짖으며 원망하는 소리가 도로에 전파되어 귀로 차마 들을 수 없습니다. … 그 뒤, 잇따라 들건데 남쪽지방 백성의 소요가 다시 전일보다 더 심하고 연좌되어 갇힌 사람이 여러 고을의 獄에 넘치고 체포하는 군졸이 遠近道路에 가득 찾습니다."[7]

또한 당시의 이런 분위기 아래 밀고가 성행하여 많은 사람들이 연좌되었다. 거기에다 더하여 당시 악명 높은 행호군 行護軍 洪汝諄이 정여립의 사건 초에 전라도 순찰사가 되어 포악하게 옥사를 다루어 守領 과 邊將들도 겁을 먹었으며 전 道가 소요를 일으켰다. 그러한 홍여순에 대하여 사헌부 등에서는 그를 벌 줄 것을 계속하여 상소하였지만 오히려 죄인을 많이 잡았다하여 포상되었다. 그때에 전주의 어떤 사람은 안질이 있어서 평소 바람을 쐬면 눈물이 나왔는데 정여립을 追刑하는 날 추워서

---

6) 『선조실록』20년 2월조에 보면 興陽에 침입한 왜구의 배 18척을 맞아 싸우다 鹿島權管 李大源이 전사 하였으며 또 같은달에 왜구가 加里浦에 침입하자 僉使 李䃦은 싸우다 부상하여 퇴주 하였다. 당시는 왜구의 침입이 뜸 했던 시기로 그 충격은 대단히컸다.

7) 『선조수정실록』 권23, 22년 11월

눈물을 흘리자 정여립의 추형이 슬퍼서 운다고 죽임을 당했으니 기축옥
사의 소동이 전라도에서 어느 정도였는지를 짐작할 수 있다. 정여립에
대한평가는 아직도 제대로 이루어지지 않고 있으며 그가 과연 모반을 꾀
했는가는 좀더 연구되어야 하지만 당시 전라도인들은 여러 가지의 어려
움과 불평등 삶 속에서 정여립에 대하여 심정적으로 가까웠는지도 모른
다.8)

여하튼 임란이 일어나기 전의 전라도는 사회적으로 큰 시련을 겪고
있었다.

---

8) 송준호, 1971, 「이조시대의 전라도 - 그정치 및 사회적지위」『이조시대의전라도』,
전북대학교 박물관, 9~11쪽 참조. 일반적으로 宣祖이전에는 경상도 사람들이
정권을 독점하였고 그 이후에도 사대부 세력에 있어서는 경상도가 단연 우세하
였다. 전라도는 士大夫의절대 수에있어 경상도나 충청도 또는 평안도에 비하여
매우열세 하였을 뿐만 아니라 중앙에서 강력한 영향력을 발휘 할 수 있도록 밀어
줄만한 家門이나 또는 학파 내지 당파의 세력도 없었다. 경상도 에서는 이황의
문인 柳成龍을 보스로 南人일색이되고 충청도 에서는 金長生의 문인 宋時烈을
중심으로 老論이 압도할 때, 그리고 송시열과 그의 문인 尹拯과의 분열 후로는
老少의 기치를 선명히 하고 있을 때 전라도의 사대부들은 그 들의 속 당색을 서
울에사는 그들의 친지를 통하여 분간하여야 할정도로 미미한 위치에 있었다.(유
성룡 부분부터는 擇里誌의 저자이중환의 말을 인용한 것임)
정여립이 서울에서 벼슬을 그만두고 향리에 내려온 까닭도 당시 서울에는 그를
확실하게 밀어주고 끌어줄 보스가 없었던 것도 하나의 이유가 되었을 것이며 그
가 낙향했을 때 지방의 뜻있는 많은 젊은이들이 따랐을 것으로 생각 할수 있다.
정여립이 서울에 있을 때도 전라도의 젊은이들은 그를 흠모 했던 것 같다. 선조
실록 22년 12월 14일자에보면 나덕준 형제가 漢城試를 보러 같다가 정여립을
찾아 같는데 이때 여립이 말하기를 "그대들은 훌륭한 재주를 가지고 어찌 衰微
한 세대에 시험을 보러 하는가, 앞으로 몇해만 지나면 반드시 태평성대를 보게
될 터이니, 그대들은 아직 기다리라"한 말이 보인다. 또 이러한 사실은 이미 부패
한 시대상을 보고 모순들이 어떤 방법이든 해결되지 않으면 안되는 시점에 다다
른 것을 읽고 있었다고 할 수 있다.

3. 호남의병의 봉기와 조직

임진왜란 초기 의병이 일어날 때의 상황을 『선조수정실록』에서 살펴보면 여러 도의 의병이 일어날 때 3도의 兵使들은 인심을 잃고 있었기 때문에 왜란이 일어난 뒤에 兵糧을 독촉하니 사람들은 모두 嫉視하여 왜적을 만나면 모두 흩어지게 되었다고 하였다. 이에 도내의 巨族으로 명망 있는 사람과 유생 등이 조정의 명을 받들어 의를 부르짖고 일어나니 소문을 들은 자는 격동하여 원근에서 응모하였다고 하였다.9) 임진초기에 관군은 기강이 해이해지고 전략면에서 일본군에 미치지 못하는 바도 있었지만, 지방의 수령들이 인심을 잃고 있었기 때문에 일반백성이 호응하지 않았는데 더 큰 원인이 있었다고 볼 수도 있다. 실제로 왜란이 일어나던 선조때만 하더라도 수령가운데 매년 51명이 가렴주구 등으로 파면을 당하고 있는 것을 볼 수 있다. 이런 가운데 왜적의 침입으로 부산성이 함락 되었다는 소식이 전해지자 전라도역시 혼란에 빠지게 되었다.

특히 경상도와 접경하고 있어서 경상도에서는 戰亂의 참상을 보다 상세히 접할 수 있는 전라좌도 지역의 혼란은 더욱 심하였다. 이러한 風聞은 꼬리를 이어 피난민의 행렬은 안전지대를 찾아 이동하게 만들었다. 守領이 버티고 있는 지방민은 官의 눈치를 살펴 야간을 이용하여 도주하였으며 가장 군기가 엄한 전라좌수영에까지 이 파동이 미치고 있었다.10)

뿐만 아니라 정읍으로부터 순창, 옥과, 담양 등지의 민중이 山谷間에 피난하고 있는 모습을 흔히 볼 수 있었다.11) 당시 이 지방의 인심이 크게 흉흉했던 것은 다음 기사에서도 엿볼 수 있다.

---

9) 『宣祖修正實錄』 卷26, 25年 6月條
10) 李舜臣, 壬辰狀草 扶援慶尙道狀(二).
11) 『月波集』(柳彭老) 壬辰 倡義日記 5月 11日.

"…순창에 당도했는데 날은 아직 저물지 않았다. 大同山 앞 들판에
이름 없는 군사들이 무리 지어 있었는데 자세히 알아보니 이들은 여러
고을의 부랑배들로써 적병의 기세가 승승장구함을 보고 여기에 모여 城
을 점령하여 왜적에 붙으려는 자들이었다.…"[12]

　이러한 기사를 통하여 보더라도 당시 전라도에도 왜적의 침략소식으
로 상당히 동요되어 있었던 것을 알 수 있다. 경상도로부터 피난민의 증
가와 계속되는 募兵, 軍糧의 징발, 거기에 관군의 패전 소식은 대부분의
사람들을 피난처에 묶어두는 실정이었다.
　이러한 혼란과 민심의 離散속에서 勤王을 부르짖고 의병이 일어났던
것이다. 전라도 의병봉기의 기점은 전라도 관찰사 李洸의 관군이 公州에
서 스스로 근왕군을 해산한 직후부터라고 할 수 있다. 물론 당시 근왕군
의 해산은 宣祖의 西遷과 서울이 함락되었다는 소식을 접하였기 때문이
지만 당시 이광의 근왕군은 오합지졸로써 상당한 동요를 일으켜 이미 통
솔이 불가능해지기도 하여 해산하지 않을 수 없었던 것이다. 여하튼 당
시 관찰사의 근왕군에게 큰 기대를 걸었던 전라도민의 충격을 클 수밖에
없었다. 이러한 사건이 있은 뒤로 김천일, 고경명, 양대박 등은 관군의
무능을 규탄하고 스스로의 힘으로 나라를 지키자는 생각을 굳히고 의병
활동을 시작하게 된다.[13]
　의병에 나선자들은 지방의 양반 등 유력자가 勤王倡義를 부르짖고 궐
기하면, 관권에 의한 강제 召募와는 달리 스스로 그 밑으로 모여든 민중
들이었다. 이들이 전투를 위한 자치적인 집단을 이루었으며, 이들과 의
병을 창도한 의병장과의 사이에는 사회적 신분이나 지위나 입장에 있어

---

12) 『月波集』壬辰 倡義日記 5月 20日.
13) 당시에 李洸의 再次起兵이 이루어졌지만 1次 때와 달리 어려움이 많았으며, 설
　　상가상으로 모집한 관군 가운데는 那大元, 趙仁을 首領으로 옥과, 순창의 군인
　　들이 합세하여 반란을 일으켜 순창군을 침입하기도 하였다. 이 또한 당시 이 지
　　역의 민심의 동요를 엿볼 수도 있다.

서 서로 상이하였으나 같이 호응할 수 있는 소지와 공통된 이해관계가
있었다.[14)

　호남지방에서 가장 먼저 倡義起兵한 의병장은 임진년 5月16日에 나
주에서 일어난 金千鎰을들 수 있다. 그의 기병이념에 대하여 宋正炫은
유팽노가 말한 "국난을 당하여 군부가 파천하였다. 우리 世臣은 어찌 鳥
竄하여 생을 구할것인가 우리는 擧義하여 난에 대처할 것이며 적이 강하
여 여의치 못하면 죽음이 있을뿐이다"[15)라고 하였다는 귀절을 가지고
"이러한 구국의 사상은 호남의 다른 의병도 마찬가지로 高敬命이나 任
啓英에 있어서도 대동소이한 내용을 담고 있으나 그들이 공식적인 성격
을 특히 강조하고 있는 것은 모병에 있어서 민중의 의구심을 일소하고,
정부로부터의 의병으로서 인정이 필요하였을 것이다"[16)라고 기병이념을
밝히고 있다. 그러나 그가 5月16日에 의병을 일으키고 같은 달 20일에
倡義使의 칭호를 받고 곧 강화도에 들어가 의주 行在地와 雨湖間의 교
량역할을 완수한 것과 功을 말하는 가운데 "김천일이 의병을 일으켜 북
상하여 적진을 대파하니 피난하였던 사족들이 다투어 서로 慶賀하고 백
성 가운데서 頑悍(완고하고 사나움)한 자들이 조금씩 懾服하게 되어 수
령들의 호령이 이로써 행하여지게 되고 또한 이 뒤로부터는 의병을 일으
켜 적을 죽이는 자가 나타나게 되어 백성들이 아직도 나라가 있다는 것
올 깨닫게 되고 국세가 조금 떨치게 되니 이 모두가 천일이 창의한 공이
다…"[17)라고 한 것을 볼 때 김천일의 기병이념은 초기 경상도의병의 경
우처럼 정부측에서 반란자의 집단으로 잘못 인정되거나 群盜로 오인을

---

14) 崔永禧, 「外族의 侵寇」『한국사』12, 295쪽.
15) 『月波集』壬辰 倡義日記 5月 20日.
16) 宋正炫, 「壬辰倭亂의 湖南義兵活動」『향토문화』7집, 20쪽.
17) 『牛溪集』卷三
　　"金千鎰起義兵而至 大破嫉悍 避難亂士族奈相賀 民之頑陣者 稍稍懾伏 守令
　　以此稍行號令·自是之後 亦有起義兵而殺嫉者 民知有國 田勢稍振 皆千鎰倡
　　義之功也"

사는 경우가 있었기 때문에 공식적인 성격을 특히 강조하고 있다는 것은[18] 아니라고 본다.

그렇다면 호남에서 起兵한 湖南義兵將들의 起兵 이유는 무엇일까? 호남에서 제일 먼저 倡義를 부르짖은 인물을 柳彭老인데 그는 앞서 註 12 에서 언급한 무리들을 설득하여 의병으로 만든 뒤 이르기를

> "이제 義로서 거사를 하는 것이니 만약 명령을 쫓지 않는 자가 있으면 내가 삼척 검으로써 다스리리라."[19]

하여 의 를 내세우고 있다. 金千鎰은 기병의 이유를

> "國難을 당하여 君父는 播起하였다. 우리는 世臣으로서 어찌 鳥鼠하여 살기를 구할 것인가. 나는 擧義하여 나라의 어려움에 달려가고자 한다. 적을 무찌르지 못하면 죽음이 있을 뿐이다."[20]

라고 하였으며, 고경명은

> "우리 列郡의 守宰 諸路士民은 어찌 忠과 임금을 잊을 것인가. 義로써 국가를 위하여 마땅히 죽을 때이다. 모든 사람들은 병기나 군량으로 도와야 한다."[21]

라고 하여 忠君愛國을 강조하였다. 또한 국왕의 교서가 임진년 5월 11일 전주에 전달되고, 며칠 후에 全州儒生의 左道列邑通告文이 나왔는데, 여기에 보면 호남지방은 적 치하에 있지 않기 때문에 군대와 식량의 여유가 있어서 국가가 기대하는 바가 크다고 강조하고 있으며,

---

18) 宋正炫, 上揭論文, 20쪽.
19) 註 12과 同.
20) 『再造藩邦志』 壬辰 6월.
21) 上同.

"우리 道 사람으로 父兄된 자는 忠을 다해 순국하는 것으로 子弟를 勸戒하고 士卒된 자는 임금을 위하여 목숨을 바치고 志氣를 가다듬어야 할 것이다."

라고 하여 忠과 근왕을 강조하였다. 그 뒤에 나온 고부 유생의 격문에는

"왜적이 우리 강토에 침입하여 영남을 유린하여 士女를 劫掠하고 약탈을 일삼고 있으니 이를 좌시할 수가 없다. 임금이 욕을 보면 신하가 죽는 것이 의리이니 신하된 자가 忠義를 다하여 목숨을 바칠 날을 당한 것이다."

라고 말하였다.

물론 이 두 유생들의 통고문이나 격문은 의병을 모병하는 것은 아니지만 당시 호남 유생들의 일반적인 생각이었고 곧이어 의병의 기병에 반영되었다.

이러한 호남의병의 擧義理念은 경상도 의병의 이념과는 차이가 있게 보일 수도 있다. 그러나 당시의 호남의 사정은 일본군의 직접적인 피해 상황이 아니기 때문에 향토수호라는 개념이 구체적인 필요로 다가올 수 없는 상황이었다. 그렇게 때문에 막연한 것 같지만 유교적인 충군애국을 내세웠던 것이다. 그리고 이러한 유교적인 거의이념은 호남에서도 유림세력이 강한 지역에서 의병장이 많이 배출되었음을 통하여 그 실현을 확인할 수 있다.[22) 또한 일본군의 직접적인 피해를 입지 않은 상황에서 다른 지역보다 의병활동이 적극적일 수 있었던 것은 당시의 경제적 조건이 좋았기 때문이라고도 볼 수 있을 것이다.[23)

---

22) 임난시 호남에서 倡義者를 낸 지역은 45곳인데 첫재가 羅州이고 다음이 光州와 南原이 같은 숫자이다. 이는 유림세력이 강한 지역의 특성과 일치함을 알 수 있다.
23) 임난 직전의 전라도 田結數가 전국 1,510,194結 가운데 442,189結로서 전체의 약 30%를 점유하고 있었다.

이와같은 당시의 상황은 호남의병의 역할이 단순한 향토방위만이 아닌 왜적이 있는 곳이면 어느 곳이든 찾아가서 무찌른다는 국가수호적인 생각을 갖게 하였는데 이 점이 다른 지역의 의병과 다른 점이라 할 수 있다. 김천일은 여러 문헌에서 "호남은 나라의 근본이고 진주는 實로 湖南의 障蔽이니 진주를 지키지 않으면 實無湖南이라"하여 진주성을 끝까지 사수한 것은 호남의병의 이러한 정신을 보여준 것이라 할 수 있다. 또한 호남의병장 임계영이 임진 11月 14日 그의 군사들을 이끌고 일본군의 수중에 들어간 성주성을 공격하니 일본군이 성문을 굳게 닫고 감히 나와 대전하지 못하였다[24]고 한 것 등은 호남의병이 다른 지역 의병과의 차이점을 보여주는 대표적인 예라할 수 있을 것이다.

의병의 조직에서 볼 때 영남지역은 독립부대의 성격이 강했고, 호남지역은 연합군적인 성격이 강했음을 볼 수 있다. 물론 영남지역의 의병이 모두 처음부터 끝까지 각 군이 독립부대의 성격을 가진 것은 아니고, 때로는 연합작전을 펼쳤다 하더라도 대개 인근 고을의 의병과의 연합이지 대부대를 형성하지는 않았다. 그러한 이유는 영남지역은 앞서 언급한 대로, 거의 모든 지역이 적으로부터 직접적인 패해 지역이므로 향토수호는 어느 지역에서나 필요했고, 자기 고을을 비워놓고 다른 먼 곳의 지역까지 가기가 어려웠던 것이다.

영남지방에서는 적들이 영남지방 전지역을 수시로 이동하면서 침략하였기 때문에 우선 향리를 수호하기 위한 독립부대의 의병단위조직이 급선무였고 따라서 다른 의병부대와 연합적인 조직은 수월하지 않았던 것이다.

호남의병은 영남의병과는 달리 起兵 처음부터 비교적 조직과 지휘체계가 정비되어 있었다. 그 까닭은 두 말할 나위 없이 일본군의 직접적인

24)『亂中雜錄』1.

침략을 받지 않았기 때문이다. 호남의 의병구성은 먼저 各 邑內의 유력자가 수십 명에서 수백 명의 향군을 결성하였다. 이러한 구체적 사례로 먼저 살펴 볼 수 있는 것은 長城南門倡義를 들 수 있다. 前佐郎 金景壽 등이 壬辰年 7月 19日에 장성 남문 義兵廳을 세우고 도내에 격문을 보내어 의병의 규합에 노력하였다. 이 창의의 격문이 띄어 지자 長城郡에서 鄭雲龍, 영광에서 李應鐘, 고창에서 金弘宇, 태인에서 李守一, 담양에서 김언조, 함평에서 정절, 부안에서 金億鎰, 金垓, 金弘遠, 광주에서 奇老曾, 朴璟, 정읍에서 유희진, 무장에서 김성진 등이 자제와 家童 그리고 마을의 젊은이를 모아 2,000명에 이르렀다고 하였다.25)

그들뿐만 아니라 邑단위의 의병장은 의병을 인솔하여 보다 유력한 김천일, 고경명, 최경희, 임계영 등의 의병장에 참여하였기 때문에 그들 의병은 대군으로 되었던 것이다.26) 이렇게 하여 고경명의 의병군의 숫자는 6,000여명이 될 수 있었던 것이다. 이런 의병군을 결성하는데 있어서 호남의병의 특징은 同族 一門을 움직여 그 주위의 인척과 家僮을 동원하였는데 특히 부자간, 형제간이 함께 의병대열에 참가한 경구가 많았다는 점이다. 호남에서 제일 먼저 창의를 부르짖은 유팽노의 격문에,

"아버지는 아들을, 형은 동생에게 권하여 선비는 義將되고 백성은 兵
이 되어 더욱 銳氣를 떨쳐야 한다."27)

---

25) 長城南門倡義.
26) 宋正炫, 「壬辰湖南義兵起兵考」 『全南史學』 3, 참조. 실제로 호남에서 제일 먼저 倡義한 유팽노의 경우를 보면 그가 壬辰年 4月 20日에 처음 의병을 모은 다음 5月 5日에는 同福에 가서 進士 변암수를 만나 후일을 기약했고 7日에는 和順에 이르러 최경회를 면담코자 하였으나 不在여서 子姪에게 의병을 일키도록 권장하였으며, 광주에 나가 김덕령을 찾아 왜적토벌의 방략을 문의하고, 다시 昌平으로 가서 瑞鳳寺의 영규를 찾았다. 그 뒤 담양, 정읍, 임실을 지나 남원에 이르러 倡義所를 설치하여 의병을 모집중인 양대박을 만났다. 양대박과 유팽노의 만남은 전라도 의병으로서 최대의 大軍이 된 고경명의 의병군 형성에 결정적인 계기가 마련되었다고 보여진다.

고 하였다. 실제로 고경명은 두 아들 從厚와 因厚 등 3부자가 함께 금산성 전투에 참가하였으며,[28] 정읍 의병장 金齊閔은 아들 曄·昕·曼 등 4부가 함께 雄峙 전투에 참가하였다.[29] 또한 광주 출신 金德齡은 형 덕홍, 매형 송제민, 김웅희, 처남 이인경과 함께 가산을 팔아 참전하였고, 김천일은 아들 象乾과 함께 서로 껴안고 진주성 싸움에서 촉석루 아래 깊은 물에 뛰어 들었다.[30] 興德의 蔡弘國은 그의 3형제와 4부자, 從叔·從兄弟·再從兄弟·內從兄弟·從姪·再從姪 등 33인의 同族人士를 주축으로 사돈까지 규합 72人의 동맹체를 결성하기도 하였다.[31] 이러한 일가친척을 바탕으로 결성된 의병집단이 대군을 형성하고 비교적 조직적으로 움직일 수 있었던 것은 유교적 행동양식에 의한 것과, 적으로부터 직접 피해를 입지 않고 있었다는 것이 그 배경이 될 수 있을 것이다.[32]

---

27) 『月波集』 檄道內文.

28) 『練藜室記述』 卷16, 壬辰義兵 高敬命 柳彭老條에 보면,
　"… 이달 9일에 경명이 곽영과 더불어 군사를 합쳤다. 두 아들 종후, 인후가 각각 김제 남원 임피 등 고을의 군량과 군사를 모아 여산에 모이기를 기약하고…" 하는 기사가 보임 금산성 전투에서 경명과 아들 인후가 순절하고 아들 종후는 후에 복수의 병을 모집하여 순절하였다.

29) 『全北義兵史』 上, 全北鄕土文化硏會, 1990, 53~56쪽. "웅치 싸움에 참여하였다가 아들 金曼을 잃은 의병장 김제민은 … 임진란이 일어나자 여러 고을에 격문을 돌려 많은 의병이 그의 휘하여 몰려 들었고 그들에 의해 대장으로 추대되었다. 그는 6월에 대오를 정비한 뒤, 그의 아들 曄은 군량미 운반의 책임을 맡게 하고 曼을 지휘자로 삼아 전주로 향하였다. … 웅치 싸움에서 아들 曼이 전사하자 또 다른 아들 흔과 함께 적진을 들어가서 많은 왜병을 사살하였다."

30) 『練藜室記述』 卷16, 壬辰義兵 김천일 양산숙 條.

31) 조원래, 「홍덕 남당차의와 채씨일문의 의병활동」 『한국사연구』 42집, 83쪽.

32) 나종우, 1992, 「영호남 의병활동의 비교검토」 『경남문화연구』 14집, 경상대학교 경남문화연구소를 참조

4. 官軍과 義兵과의 관계

관군과 의병과의 관계는 시기적으로 또는 지역적으로 그 양상이 달랐다.

의병이란 자기의 병기와 자기의 양식으로 나라를 위하여 적을 토벌한다는 것인데 이러한 군대는 '私兵'으로서 중앙집권적 체제의 조선왕조로써는 왕권에 대항되며 반란의 요소가 있기 때문에 국초부터 엄히 금하였다. 따라서 의병을 公兵이 아닌 私兵처럼 생각하는 것이 당시의 사회통념이었다. 의병이란 근왕을 위한 起兵이기는 하였으나 처음에는 정부와 아무런 정식적인 관계가 없었으며, 위신은 떨어졌으나 수령이 엄연히 존재하고 있었으므로 민중으로서는 官軍에 응모하지 않고 의병에 가담한다는 것이 뚜렷한 명분이 서는 일이 아니었다.[33] 그렇기 때문에 임난 초에 의병이 일어나자 그것이 私兵的 군대라 하여, 이를 저지하려는 수령도 있었으나 왜군의 침공 앞에 무력해진 관군보다 의병들의 전투력이 더 인정되어 국가에서 의병의 봉기를 권장하게 되었다.[34]

선조는 의병에 대하여

> "義兵이란 이름은 아름다운 것이다. 소위 의병이란 자기의 兵器를 쓰고 자기의 양식을 먹으며 국가를 위하여 적을 토벌하는 것을 말한다."[35]
> 고 하였다.

宣祖가 의병을 아름답다고 표현한 것은 당시가 壬亂 中이었기 때문이라고도 보여진다. 국력이 강하여 관군이 왜적을 격퇴하였으면 사병적 성격을 띤 의병이 일어날 여지가 없을 것이다.[36]

---

33) 최영희, 1981,「壬亂 義兵의 性格」『軍史』2, 78쪽 참조.
34) 위와 같음.
35)『宣祖實錄』卷43, 26年 10月 乙巳條.
36) 上同.

『선조수정실록』은 의병 봉기의 계기를

"道內巨族名人儒生等 承朝命 倡義而起"

라고 하여 모든 의병이 朝命을 받고 비로소 일어난 것으로 기술하고 있다. 그러나 이것은 앞서 언급한 대로 국가의 기강이 바로 서고 관군이 제 역할을 다한다면 사병적 성격의 의병은 필요 없는 것이며, 현실적으로 왜병의 침공에 관군이 궤멸 상태에 빠져 의병을 받아들이지 않을 수 없는 상황에서 나온 이야기라고 할 수 있다. 실제로 官에서 의병을 인정하고 나아가 召募義兵을 위한 사신이 각도에 파견되기 전에 이미 의병은 자생적으로 일어나고 있었다.[37] 특히 일본군의 침입 초기부터 힘없이 관군이 무너지고, 도망치며, 궤멸되는 현장을 목격했던 경상도 지방에서는 정부로부터 보호를 받는다거나 정부가 지켜 줄 수 있으리라는 기대감을 잃고 있었기 때문에 정부의 소모의병 이전부터 자생적인 의병이 결성되었고, 후에 관군과의 사이도 좋을 수만은 없었던 것이다. 따라서 경상도 지방에서는 관군과 의병과의 관계, 또는 官僚들과 의병과의 관계는 대립과 반목이 생기는 경우가 많았다. 예를 들면 경사감사 김수와 의병장 곽재우의 경우를 들 수 있다.

"…김수의 진영에 있는 무사 김경노 등이 재우를 죄로 얽으려 하고, 재우도 또한 (도망 다니는 감사) 김수의 하는 짓을 통분하게 여기니 드디어 틈이 생기게 되었다."[38]

곽재우는 "김수가 달아나 돌아왔다"는 말을 듣고 군사를 옮겨 먼저 그를 치고자 하니 김성일이 준엄하게 책망하여 중지시키므로 재우는 드

---

37) 召募義兵에 관한 처음기록은 『선조수정실록』권26, 25년 5월조에 보이는 「下罪 己書于八路 遣使召募義兵」이란 기사이다.
38) 『練藜室記述』 壬辰義兵 郭再祐傳.

디어 격서를 보내어 그의 죄를 논하면서 김수는 경상도에 학정을 행하여 민심을 이반시켰으며, 적군이 쳐들어오매 먼저 도망하여 적을 맞아들인 꼴이 되었다고 그 죄를 들추어

"내 장차 너의 머리를 베어 귀신과 사람의 분함을 풀겠다."

고 하였다.[39]

영남의병의 이러한 상황은 호남의병으로 하여금 起兵 처음부터 공적인 성격을 애써 강조하고 가능하면 관군과 대립이 아닌 협조관계를 유지하려고 노력하였다. 任啓英이 樂安에서 거의코자 격문을 보낼 때 그 내용 가운데

"우리들의 이 擧義는 公的이며 국가를 위한 행동이다."[40]

라고 하여 공적인 성격을 강조하고 있다. 고경명이 스스로 의병장과 行副護軍을 일컫고 各邑의 수령과 도내의 모든 민중들에게 義兵陣에 참가나 협조를 구하였다. 그가 行副護軍을 내세운 것은 지방관리와 있을 지도 모르는 알력을 피하고 또 공적인 군대라는 인식을 민중에게 알림으로써 그들이 주저하지 않고 의병진에 참가하도록 하기 위함이라고 보여진다.[41] 이와 같이 호남의병은 미리부터 관군과의 정상적인 관계를 가지려고 노력하였다. 그렇게 대문에 호남지방에서는 의병의 일어났을 때 비교적 자연스럽게 관군과의 연합작전도 가능했고 의병에 투속(投屬)하는 관군도 많았다. 실제로 남원의 前參奉 邊士貞은 起兵할 때 近邑의 관군으로서 投屬하여 온 자가 지극히 많아서 數旬에 2,000여명을 얻었다[42]

---

39) 上同,『亡憂集』卷2,「自明疏」.
40) 『亂中雜錄』壬辰下 8月條.
41) 宋正炫,「壬辰湖南義兵起兵考」『全南史學』3, 115쪽.
42) 『亂中雜錄』壬辰下 8月條.

는 기록도 보인다. 뿐만 아니라 호남에서는 관군과 의병이 혼합군으로 조직되기도 하였는데 長城南門 倡義錄에 보만 壬辰年 7月 17日의 記事에 순창현감 김제민이 관군 70명과 그가 모집한 의병 120명을 인솔하고 참여한 기록과 장성의 관군 40명이 참여한 기사가 보인다. 이러한 노력은 일본군의 호남공략을 위한 雄峙전투와 梨峙전투에서 관군과 의병이 합동작전으로 적을 물리친 것에서도 찾아볼 수 있으며, 고경명군의 금산성 1차전투에서도 관군과 의병의 합동작전이 전개되었던 것을 볼 수 있다.[43]

이러한 호남지역과 달리 영남지역은 적으로부터 직접 피해를 당한 지역이므로 지형지물을 잘 알고 있는 의병장들이 지휘권을 가짐으로서 보다 효과적으로 전투를 수행하려는 점에서 대립이 있었다고도 보여진다.

호남의병은 起兵 때부터 잘 조직되고 지휘체제가 정연하였다. 이것은 왜군의 침략을 직접 받았던 경상도나 충청도와 조건이 달랐기 때문이다. 그렇기 때문에 가능하면 정부에 오해를 살만한 소지를 갖지 않으려고 노력하였다. 호남의 병장인 김천일이나 고경명은 기병과 동시에 그들의 거의를 알리는 사자를 정부에 보냈다. 이와 같이 호남의병은 기병과 동시에 정부와 정상적인 관계를 가지려고 노력하였고 그것이 이루어졌다. 경상도 의병의 경우에는 개중에는 혼란시에 기병하여 반란군으로 오해가 되기도 하였고 의병으로서 공적인 인정이 늦어지기도 하였다. 이에 비하여 호남의병은 정부와의 관계가 원활하게 이루어졌기 때문에 경상도와 달리 관군과 의병과의 대립이나 반목이 없었고 오히려 관군이 의병을 돕기도 하였던 것이다.[44]

---

43) 『全北義兵史』上, 熊峙 梨峙 전투條 참조.
44) 나종우, 1992, 「영호남 의병활동의 비교검토」『경남문화연구』14집, 경상대학교 경남문화연구소를 참조.

5. 맺는말

임난 당시 전국토가 초토화되다시피 하고 관군이 무력화 되었을 때 자생적으로 전국 각지에서 일어난 의병은 국가 보위의 큰 힘이 되었다. 임난 당시의 의병의 성격이 영남의 의병은 향토가 지켜짐으로 나라가 지켜진다는 鄕土보위의 특성이 강하게 나타났지만, 壬亂 초기 호남지역은 전국에서 유일하게 적의 피해를 입지 않았기 때문에 향토보위성 보다는 나라가 지켜져야 향토도 지킬 수 있다는 마음으로 근왕정신을 바탕으로 분연히 봉기하였다.

본고에서는 당시 의병들의 실질적인 전투상황보다는 당시 호남의병의 조직, 성격, 관군과의 관계 등을 위주로 살펴보았다. 아울러 당시의 호남지역에서 거의하였던 몇 가지의 사례들을 다음과 같이 정리하여 보았다.

김덕령의 기병과 5천의병

"…김덕령이 기병하였는데 田宅을 팔아 무기를 마련하고, 격문을 띄워 군사를 모집하니, 응모자가 운집하였으므로 장정5천명을 확보하였다 …김덕령은 山陰과 居昌사이에 주둔하게 되었다"(선조수정실록 계사년 12월)

고경명·김천일·유팽노 등의 거병

"전라 좌우도의 선비들이 의병을 일으킬 것을 제창하였다. 좌도는 고경명을 대장으로 모셨고, 유팽노와 양대박을 從事로 하고 이대윤, 최상중, 양사형, 양희적 등을 募糧有司로 하고 우도는 김천일을 대장으로 모셨다.…본도의 의병제창은 팽노 등이 첫째였으므로 호남에는 三倡義라는 말이 생겼다."(난중잡록 임진년 5월26일)

전주수성군과 남원향병

"이광은 전주에서 본주 사람 이정란으로 하여금 守城將으로 하여 이웃읍의 군사를모아 왜적의 전란에 대비하게 하였고, 또 남원에 전령하여 군사를 모아 성을 지키게 하였다. 그 때 본주의 선비들이 흩어진 군졸을 모집하여 향병이라 칭하고 전 牧使 정염을 장수로 추대하였다."(난중잡록 임진년 6월 23일)

보성의 임계영 박광전의 창의

"전라도 보성 전 현감 임계영 박광전 등은 능성현령 김익복 등과 더불어 삼가 두 번 절하며 … 국가의 일이 너무도 위태하니 진실로 통곡 할 일인 동시에 이야 말로 의사의 분발할 때입니다 … 한번 기회를 놓치면 후회한들 무슨 소용이 있겠습니까 … 모두 시종을 생각하여 창의 할 것을 여러분은 도모하시라"(난중잡록 임진년 7월 10일)

순천 의병장 강희열의 거병

"순천무사 강희열이 군사 200명을 모아서 飛字로 軍票로 삼아 거느리고 남원으로 와서 적이있는 처소로 향하였다"(난중잡록 임진년 9월 22일)

남원 변사정의 거병

"남원 전 참봉 변사정이 本府의 父老 박계성과 흩어진 군사를 모았는데 군읍의 관군이 와서 붙는자기 매우 많아서 수십일 안에 2천명을 얻었는데 敵愾라는 두 글자로 군표를 하였다."(난중잡록 임진년 9월 28일)

해남 雷震의병장 성천기의 거병

"해남 전 판관 성천기가 본현에서 군사를 모아서 진뢰군이란 석자로 군표를 삼고 근왕하려고 북쪽을 향하여 …"(난중잡록 임진년 10월 6일)

태인 의병장 민여운의 거병

"태인 전 主簿 민여운이 향병 200여명을 모집하여 熊자로서 군표를삼고 기계와 양식을 마련하여 영남으로 향하였다"(난중잡록 임진년 10월 10일)

남원 진사 방처인의 거병

"남원 진사 방처인이 군사를 모집하여 광양의 陶灘(진주와의 접경)에

매복을 설치하고 '陶灘義伏'이란 네 글자를 군표로 삼았다"(난중잡록 임진년 12월)

繼義將 최경장의 거병

"전라우도 의병 및 복수병과 선비들이 남은 군사 수백명을 수습하여 전 提督화순의 최경장을 추대하여 장수로 삼았는데 경장은 경회의 형이다. '繼義'라는 두 글자로써 幸標를 삼았다"(난중잡록 계사년 8월 22일)

영광 의병장 심우신

"…田宅과 가재를 모두 팔아서 군량과 군기를 준비하여 의병을 일으켰다.여러 곳에서 적과 싸워 많은 적을 잡고목을 베어 현저한 군공을 세웠다…"(선조실록 무술년 정월 임자)

우리가 흔히 임난을 말 할 때 "若無湖南 是無國家"라는 표현을 곧 잘 인용하고 있다. 이말은 호남이 보전되었기에 나라가 지켜졌다는 말이라고 하지만, 달리 이야기 한다면 호남정신이 나라를 구했다고도 할 수 있을 것이다. 여기에서 호남정신이란 그 기저가 바로 호남의병정신이라 할 수 있을 것이다.

선조가 "오늘날 그나마도 믿고 나라다운 것은 湖南이있기 때문이다."[45] 라고 한 것은 당시의 상황을 잘 설명하는 것이라고 생각 할 수 있다.

또한 어느 시대든지 정부의 특혜를 받는 자들보다는 이름 없는 일반 민중들이 나라를 지키는데 앞장서 왔다면 壬亂의 의병도 그런 의미에서 높게 평가되어야 된다고 본다.

---

45) 『선조실록』 27년 6월조.

〈토론문〉

임진왜란과 호남의병에 대한 토론문

김 인 덕*

나종우교수님의 토론을 맡은 김인덕입니다. 전공도 다른 제가 임진전쟁 때 의병에 대해 토론을 하게 되어 죄송할 다름입니다. 여수지역사에 관심을 갖고 공부를 하고 있어 감히 토론에 임해 봅니다.

* 선생님은 의병활동은 주로 戚臣政治 그 자체에 대해 비판적이던 각지의 사림들에 의해 주도되었고, 士林이 주도한 의병활동은 전국 각처에서 혁혁한 전과를 올렸다고 합니다. 특히 호남의병은 의병활동의 힘의 공급원이 되는 전라일대를 공략하려는 일본측의 의도를 분쇄시켰다면서 호남의병의 활동은 매우 큰 역사적 의의를 지닌다고 했습니다.

그리고 의병은 그 출현 배경이 鄕保性과 勤王性으로 크게 나뉜다는 일반적인 견해를 지적해 주셨습니다. 직접적인 적의 침입을 받은 지역에서 향리를 보위하기 위하여 결집된 의병을 향보성 의병이라고 한다면, 아직 적의 침입을 당하지 않았다 하더라도 국가가 위급에 처했을 때 근왕의 旗幟를 높이 들고 참전한 의병을 근왕성 의병이라고 정리해 주셨습니다.

아울러 임진전쟁 초기 호남 일대는 적의 침입을 면했던 지역이었음에도 불구하고 이 지역에서 高敬命·金千鎰 등을 위시로 한 많은 의병들이

* 성균관대학교 연구교수

봉기하였다. 그러기 때문에 이들의 출병은 향보성 보다는 근왕성에 보다 더 많은 비중을 차지하고 있다고 했습니다.

선생님은 1차 사료에 입각하여 의병들의 실질적인 전투 상황 보다는 당시 호남의병의 조직, 성격, 관군과의 관계 등을 위주로 구체적으로 언급해 주셨습니다.

그리고 임진전쟁을 말할 때 "若無湖南 是無國家"라는 표현이 호남을 상징하는 것으로, 호남정신이 나라를 구했다고 지적하며 이 호남정신이란 그 기저가 바로 호남 의병정신이라고 해 주셨습니다. 사족이지만 다음의 질문을 드리고자 합니다.

1. 선행 연구에서 의병의 개념과 호남의병의 모습을 어떻게 보고 있고, 보는 것이 좋을지에 대한 선생님의 고견을 여쭙고자 합니다.

2. 의병 발생의 직접, 간접적인 배경을 설명해 주시면서 호남의 경제적 배경을 언급해 주셨는데 여러 다른 요소를 부가해 설명해 주시면 청중의 이해가 더 쉬울 것 같습니다.

3. 의병의 조직 구성의 호남적 특성에 대해 한 말씀 부탁합니다. 상층부의 재지사족 중심의 경향과 하층부의 노비, 양민, 잡류 등의 구분에서 더 나아갈 수 없는지요. 부탁드립니다.

4. 여수지역 임진전쟁과 관련하여 주목되는 의병은 의승수군이라고 할 수 있습니다. 흥국사 소속 승려들의 활동이 그것입니다. 승병장 표호별도장 삼혜는 기암대사와 함께 흥국사에서 승군 300여명을 양성하여 많은 활약을 했다고 합니다. 이들의 호남의병 가운데 위상을 자리매김하는 것이 가능할지요. 도움을 청해 봅니다.

제2부

전라좌수영과 거북선

2층 구조의 전라좌수영 거북선 박재광

임란기 거북선의 구조 정진술

2층 구조의 전라좌수영 거북선

박 재 광*

1. 머리말

거북선은 종래의 판옥선을 개장하여 덮개를 씌우고 용머리를 붙인 돌격선이다. 따라서 기본적으로 판옥선과 같은 구조를 지니고 있으며, 전·후진이 자유롭고 旋回가 뜻대로 되었으며, 뛰어난 기동력을 보였다. 거북선의 전투능력은 외형보다 내부구조에서 나온다고 할 수 있는데, 판옥선 위에 개판을 설치하여 격군과 전투원 모두를 개판 밑에 수용하여 보호하였기 때문에 적진 속으로 돌진하여 좌충우돌 적 전열을 흐트러트릴 수 있었다. 이러한 특성을 고려하여 거북선은 선제기습전술, 당파전술, 함포전술 등을 구사함으로써 조선 수군이 연전연승하는데 결정적인 역할을 하였던 것이다.

지금까지 많은 연구자들이 임진왜란기 거북선의 원형과 실체를 밝히기 위하여 꾸준히 노력해 왔다. 이들 중에는 정통 사학자도 있었고, 공학을 전공한 이들도 있었으며, 군인도 있었고, 민간 연구자들도 있었다. 이들은 문헌 고증과 조선 공학적 기법, 군사학적인 지식 등 다양한 연구방법을 도입하여 가장 원형에 가까운 거북선을 도출해내고자 했다.

---

* 전쟁기념관 교육팀장

지금까지의 연구성과에서 거북선이 대체로 판옥선에 지붕을 씌운 배라는 점, 거북선도 다른 많은 한국 전통 배와 마찬가지로 한국식 노를 사용한다는 점에 대해서는 여러 학자들 사이에 큰 이견이 없으나, 거북선의 크기나 내부의 구체적인 구조와 관련해서는 아직까지도 의견이 분분한 실정이다.

따라서 필자는 지금까지의 거북선 연구의 시대별 경향과 현재 추진 중에 있는 2층 구조의 전라좌수영 거북선에 대해 정리해보고자 한다.[1]

2. 거북선 연구의 시대별 경향

근대 이후로 이순신과 거북선에 대하여 가장 먼저 논문을 발표한 이는 외국학자인 언더우드(Underwood)이다. 그는 『Korean Boats and Ships』 제6장에서 임진왜란에서 이순신 장군의 활약부터 거북선에 대한 고증, 이순신 장군과 영국 드레이크 제독과의 비교, 이순신 장군의 인격까지 자세히 서술하고 있다.[2] 이 논문은 『왕립아시아학회지(Transactions of the Royal Asiatic)』의 한국판에 실려 서구사회에 거북선을 널리 알리는 계기가 되었고, 이후 거북선 연구에 대한 기초와 방향을 제시했으며 많은 연구자들에 의해 수정·발전되었다.

언더우드가 추정한 거북선은 이전의 판옥선에 외부 덮개로 씌워 내부

---

1) 이 글은 기존에 발표했던 필자의 졸고, 2009, 「임진왜란기 거북선의 구조와 역할」(『조선시기 여수 좌수영의 거북선』, 전남대 이순신해양문화연구소)과 전남대학교 이순신해양문화연구소, 2011, 『1592년 전라좌수영 거북선 고증조사 및 기본학술용역』의 내용을 중심으로 재정리하였음을 밝혀둔다.

2) Underwood, Horace H., 1934, 「Korean Boats and Ships」『Transactions of the Royal Asiatic Society, Korea Branch』Vol.23(최재수 역, 1992, 「임진왜란과 이순신장군의 해전」『해군대 해양전략』 75, 106~142쪽)

의 전투요원을 보호할 수 있도록 되어 있고, 내부 구조는 2층으로 나누어져 1층에는 노를 젓는 격군이 2층에는 전투원들이 배치되었다고 하였다. 또 거북등과 같은 지붕 선미 쪽에는 1.5피트 너비의 구멍을 뚫어 돛을 신속히 내리고 올리는데 유용하게 만들었다고 하였다. 등 위에는 뾰족한 송곳이나 칼 등을 무수히 꽂아 놓았고, 선수부 거북 머릿속에 유황과 硝石(Saltpeter)을 섞어서 태움으로써 짙은 안개와 같은 연기를 뿜어내게 하는 연막전술을 썼다고 했다. 거북선의 성능과 특징에 대해서는 당시 조선의 군선 중에서 가장 큰 선박으로 크고 튼튼하며 왜선보다 속도가 빠르고, 당시로서는 유례가 없는 많은 총포와 활과 화살 등을 갖추고 있다고 했다.

거북선에 대한 국내에서의 본격적인 연구는 1950년대 말부터 시작되었다. 당시 연구는 최영희[3], 조성도[4], 김재근[5], 최석남[6]에 의해서 이루어졌는데, 주로 거북선의 형태와 특징에 관한 것을 중심으로 이루어졌다. 이들은 기존 언더우드(Underwood) 논문[7]에서 참고했던 『충무공전서』의 거북선은 18세기 말 정조대 거북선으로 임진왜란 당시의 거북선과는 차이가 있음을 밝혔다. 조선 태종대에 '龜船'이란 명칭의 전함이 이미 건조되었고, 이를 이순신이 더욱 개량 발전시켰다는 내용이다. 아울러 기존에 거북선이 철갑선이라는 주장에 대해 비판적인 검토와 함께 거북선의 속력이 일본 수군의 전선보다 빨랐다는데 주목하였다.

이후 강만길, 김용국 등은 거북선의 구조와 성능이 당시 조선의 군선들과 유사하며 거북선 못지않게 우수한 성능을 지녔던 조선 전기의 전선이 있었음을 부각되었다.[8]

3) 최영희, 1958, 「귀선고」『사총』 3, 고려대 사학회.
4) 조성도, 1965, 「귀선고」『연구보고』 2, 해양사관학교.
5) 김재근, 1977, 『조선왕조 군선연구』, 일조각.
6) 최석남, 1964, 『한국수군사연구』, 명량사.
7) Underwood, 앞의 책.

1970년대에 들어서서 거북선에 대한 연구는 더욱 활발하게 진행되었다. 1976년 6월, 한국과학사학회에서 거북선의 구조에 대해 중점적인 검토가 이루어졌다. 이때 논의의 중심은 거북선의 내부 구조와 櫓의 형태와 위치 문제였다. 내부구조와 관련하여 김재근은 2층 구조설을 주장하였고,[9] 남천우는 3층 구조설을 주장하였다.[10] 그리고 櫓가 언더우드가 설계한 서양식인가 아니면 한국식인가 하는 점, 노의 위치가 갑판의 아래에 위치해 있었는가, 갑판 위인 상부에 있었는가가 등이 논의되었다. 김재근은 이전에 한국식 노로 상장 아래에 위치한다고 판단했는데, 이후 견해를 수정하여 노의 위치가 갑판 위인 상장이라고 주장하였다. 이와 함께 남천우도 노의 형태는 한국식 노, 상장 1층에서 노 젓기가 이루어졌다고 하였다.

1980년대에 들어서 김재근은 「우리 배의 歷史」라는 제목으로 20회에 걸친 연재를 통하여 고려 초기의 배부터 조선 후기의 군선까지 龜船을 포함하여 조금 생소한 鎗船, 海鶻船에 이르기까지 한국 선박사를 정리하였다.[11] 그리고 1980년대 중반 박혜일은 거북선이 철갑선이었음이 다시 주장하여 거북선의 철갑선 여부가 화두가 되었다.[12]

1990년대 이후 거북선 연구는 다각적인 측면에서 이루어져 가시적인 성과도 이루어졌다 고 할 수 있다. 가장 구체적인 성과는 이원식에 의해

8) 강만길, 1968, 「이조조선사」『한국문화사대계3 ; 과학·기술사』, 고대민족문화연구소.
   김용국, 1968, 「임진왜란후 귀선의 변천과정」『학술원논문집』 7.
9) 김재근, 앞의 책.
10) 남천우, 1976, 「귀선구조에 대한 재검토」『역사학보』 71, 역사학회.
11) 김재근, 1983~85, 「우리 배의 역사 1~20」『해양한국』 121~140, 한국해사문제연구소.
12) 박혜일, 1979, 「이순신 군선의 철장갑과 이조철갑의 현존원형과의 대비」『한국과학사학회지』 1-1, 한국과학사학회 : 1982, 「이순신 군선의 철장갑에 대한 유보적 주석」『한국과학사학회지』4-1, 한국과학사학회 : 1985, 「이순신 귀선(1592)의 철장갑과 경상좌수사의 鱗甲 기록」『경희사학』16·17합, 경희대.

이루어졌다. 이원식은 조선공학 이론을 활용하여 1952년 당시 거북선의
설계와 구조를 추정하며 거북선 복원을 위한 논문을 꾸준히 발표하였
다.[13] 그는 산재하여 있는 문헌자료를 분석하여 1592년식 귀선과 관련되
는 기록을 탐색하고 현대의 조선학적 이론과 설계기법을 원용하여 주요
치수를 추정 도출하고 이를 토대로 하여 선체 복원의 기본이 되는 선형
의 線圖와 선체 구조설계도를 작성하였다.

한편 김재근은 임진왜란 당시 조선·일본·명나라 군선의 특성에 대한
종합적으로 비교 논문으로 기존의 자신의 학설을 더욱 공고히 하였다.[14]
반면 장학근은 기존 연구자들이 주장하는 거북선의 2층 구조, 한국 전통
식 櫓에 대해 문헌자료의 고증을 통해 이의를 제기하였다. 즉, 이순신은
전투요원의 전투능력을 최대로 발휘할 수 있도록 거북선의 구조를 3분
하여 운용되도록 했는데, 1층인 선체는 군량·무기창고와 군졸의 침실로,
2층인 갑판은 노군과 사수의 전투장소로, 3층인 상갑판은 포수들의 전투
장소로 운용했다고 했다. 반면 노는 동양식 노가 아닌 서양식이었으며,
노를 젓기 위한 좌우의 뱃전에 난간도 설치되지 않았다고 주장했으나 후
에 수정되었다.[15]

이외에도 임진왜란 당시의 거북선 복원과 관련한 논문을 비롯하여 선

13) 이원식, 1994, 「임란시 전함의 특성과 귀선의 구조 분석」, 해군사관학교, 해군충
무공해전유물발굴단 : 1998, 「거북배(龜船)에 대한 소고」 『대한조선학회지』
35-2 : 2003, 「이순신 창제 귀선의 설계 구조와 복원에 대한 고찰」 『대한조선학
회지』 40-1 : 2004, 「1592년식 이순신 창제 귀선의 설계 복원 연구」 『대한조선
학회지』 41-3 : 2006, 『1592년 이순신 창제 귀선의 주요치수 추정에 관한 연구』,
공학박사학위논문, 한국해양대학교대학원.
14) 김재근, 1993, 「임진왜란중 조·일·명 군선의 특성」 『임란수군활동연구논총』, 해
군군사연구실.
15) 장학근, 1995, 「군선으로서의 원형귀선 ; 귀선개조론을 中心으로」 『창원사학』
2, 창원사학회 : 2004, 「전장환경과 거북선 선형변화」 『군사』 51, 국방부 군사편
찬연구소 : 2008, 「거북선 3층 구조─1592년 거북선 복원을 위한 제안」 『1592년 거북
선 구조 심포지움』, 경남발전연구원.

박 공학적인 측면에서 거북선의 선형 저항과 조종 성능에 대한 분석, 무기체계 발전과정 속에서의 거북선의 역할, 거북선의 전술과 선체 구조를 분석한 논문 등이 있다.[16]

특히 김주식은 거북선의 선체구조와 돌격전술, 당파전술, 함포전술 등 해전술과의 연관성을 심도있게 고찰했는데, 3층 구조설은 총통을 조작하고 발사하기 위해 주갑판과 같거나 긴 상갑판 높이를 필요로 하기 때문에 『충무공전서』의 귀선도에 대한 면밀한 재해석도 동시에 이루어져 한다고 전제하고 조선공학적 측면에서 문제가 발생할 소지가 없는지 정밀한 실험과 조사가 필요하다고 하였다.[17] 아울러 2층 구조에서도 활을 쏘고, 총통을 발사하며, 노를 젓는 세 가지 행위가 동시에 이루어질 수 있다고 했다.

한편 최근 경상남도에서 이순신 프로젝트의 일환으로 경남발전연구원에 의뢰하여 연구된 『거북선 등 군선제작 타당성조사 및 기본계획』에서는 3층 구조설을 주장하였다.[18] 연구에 참여한 필자도 다음과 같은 몇 가지 이유에서 3층설에 동조하고 있다. 먼저 거북선은 판옥선을 개량한 전함으로, 거북선의 전투력이 극대화되기 위해서는 격군·사수·포수가 전투시 서로 방해받지 않고 각자 임무를 수행할 수 있는 충분한 공간이 형성되어야 한다는 점이다. 따라서 비전투원인 격군과 전투원들의 공간이 구분된 형태의 3층 구조여야 한다. 둘째, 거북선이 판옥선의 기본적

16) 최두환, 1999, 「임란시 원형 거북선에 관한 연구」『해양연구논총』 22, 해군해양연구소 ; 박원미, 2003, 「거북선 선형의 저항 및 조종성능에 관한 연구」, 조선대학교 석사논문 ; 김철환, 2004, 「무기체계 발전과정에서 거북선의 위상」『이순신연구논총』 3, 순천향대 이순신연구소 ; 제장명, 2006, 「거북선 복원에 관한 소고」『이순신연구논총』 6, 순천향대 이순신연구소 ; 김주식, 2007, 「거북선의 철갑론에 대한 검토」『STRATEGY 21』 19, 한국해양전략연구소.

17) 김주식, 2008, 「거북선의 건조와 운영」『조선시기의 거북선과 선소』, 전남대 이순신해양문화연구소

18) 경상남도·경남발전연구원, 2008, 『거북선 등 군선제작 타당성조사 및 기본 계획』

구조를 가지고 개장을 했다면 굳이 판옥선의 2층 갑판을 제거할 필요가 없다는 점이다. 판옥선의 2층 갑판 위에 개판을 설치했을 가능성이 높다는 것이다. 셋째, 『충무공전서』에 거북선의 좌우 방패의 포구와 별도로 개판(등판)에 포구가 있다(蓋版砲口)는 기록이 있는데, 이는 2층과는 별도의 다른 층이 존재하고, 그곳에서 포를 쏘았다는 것을 의미한다. 넷째, 이순신의 당포해전 장계에 "용의 입으로 현자 철환을 치쏘게 하고" 라고 거북선의 龍口放砲의 기록이 있는데, 용머리에서 포를 발사했다면 위치상 그곳은 3층이었을 가능성이 높기 때문이다.[19)]

반면 정진술은 『충무공전서』에 나타난 거북선의 내부구조에 대한 새로운 해석을 내놓았다. 1795년 거북선은 3층 구조임은 틀림이 없지만 3층 갑판이 전통 형식의 갑판이 아니고 노군들이 노질을 하는 머리 윗부분은 갑판이 비어있는 것으로 추정했다. 만일 전통 형식의 3층 갑판이라면 『충무공전서』에 나타난 노군들이 활동하는 2층 높이는 『충무공전서』의 4.3자보다 높아야 한다고 했다.[20)]

3. 2층 구조의 전라좌수영 거북선

1) 내부구조

거북선의 전체 구조를 살펴보면 노를 설치한 갑판부분을 경계로 밑부분인 하체는 '선체', 그 윗부분인 상체는 '상장'이라고 불리는 상부구조로 이루어졌다. 지금까지 지속되고 있는 거북선의 내부구조와 관련한

---

19) 졸고, 「임진왜란기 거북선의 구조와 역할」 참조.
20) 정진술, 2009, 「조선후기 거북선의 구조」 『조선시기 여수 좌수영의 거북선』, 전남대 이순신해양문화연구소.

논란의 핵심은 과연 거북선의 선체 내부가 몇 개의 층으로 구분되어 있었고, 각층에 선실, 노와 격군, 전투원 등이 어떻게 배치되어 있었는가에 관한 것이라고 할 수 있다. 거북선이 기본적으로 판옥선을 기초로 해서 위에 개판을 덮었다는 점에서 전투원과 비전투원이 구분되어 있는 판옥선과 같은 구조였을 것이고, 또 2층 구조와 같은 구조에서 격군과 포군이 전투를 원활히 수행할 수 없기 때문에 거북선의 전술적 운용에 큰 문제가 있었다는 점에서 3층 구조설이 점차 확산되고 있는 실정이다.

참고로 거북선의 내부구조와 관련한 지금까지의 연구경향을 정리해 살펴보면 크게 세 그룹으로 구분된다.

① 2층 구조설은 언더우드가 처음 제기하고 그 뒤 김재근, 이원식 등이 주장하는 구조이다. 언더우드의 경우 한국식 노에 대한 지식이 부족하였기에, 1층에서 노를 젓는 격군들이 서양식 노를 젓고 2층에서 전투원들이 전투에 임하였다고 주장[21]하였다. 김재근[22], 이원식[23] 역시 처음에는 이러한 주장에 동의하였지만, 훗날 판옥선과 거북선에 사용된 노가 한국식 노였다는 사실이 드러나면서 1층에 선실, 2층에 격군과 전투원을 함께 배치한 새로운 2층 구조설을 내세우게 되었다. 이 경우 거북선의 방패에 뚫려 있는 포 구멍의 위치를 설명할 수 있지만, 격군과 전투원을 2층에 함께 배치한 것은 사실상 판옥선 이전 시대로의 퇴보라는 비난을 받게 된다. 그리고 이처럼 불편한 구조였기에 임진왜란 당시 거북선은 3~5척 정도밖에 제작되지 않았다고 김재근은 주장하였다. 최근 변동명[24]도 거북선은 돌격용 특수 전함이었기 때문에 기동성이 있어야 함으로 둔중한 3층 구조 보다는 가벼운 2층 구조였을 것이라고 하였다.

이 설은 노를 젓는 공간과 포를 쏘는 전투 공간이 구분되지 않으면

---

21) 언더우드, 앞의 논문.
22) 김재근, 앞의 책.
23) 이원식, 앞의 논문.
24) 변동명, 2010, 「1592년 전라좌수영의 거북선 구조」『海洋文化硏究』 4, 39~40쪽.

순간적인 배의 기동성과 민첩한 발포가 승패를 가르는 실제 전투 상황에서는 매우 불편하고 비효율적이라는 단점을 드러낸다고 할 수 있다. 그래서 격군과 전투원을 2층에 함께 배치한 것은 전술적 가치가 매우 떨어진다는 비판을 받고 있다.

② 3층 구조설은 거북선이 판옥선을 기본으로 하여 개발된 배이기에, 거북선이 판옥선보다 퇴보한 내부 구조를 가졌을 리 없다고 전제하고 상부 구조가 2개 층으로 구성되어 밑층에서 격군이 노를 젓고, 상층에서 전투원이 활동한다는 것이다. 남천우가 한국식 노의 사용과 함께 처음 주장했고, 이후 최두환, 장학근 등에 의하여 보완되었다. 세부적인 구조와 관련하여 남천우는 2층에 선실과 격군, 3층에 전투원이 배치되었다고 주장[25]하였고, 최두환·장학근은 1층에 선실, 2층에 격군, 3층에 전투원이 배치되었다고 주장[26]하였다. 특히 장학근은 거북선의 내부 구조가 세 부분으로 나누어진 것은 군사 전술적인 측면을 고려하여 전투원의 전투능력을 최대한으로 발휘할 수 있게 하기 위한 조치였다[27]고 하였다. 3층 구조설은 한국식 노의 사용을 입증하고 판옥선과 거북선의 연속성을 찾으려고 하였다는 점과 전투원과 격군의 활동 공간이 구분되어 거북선의 위력을 극대화할 수 있는 전술적 구조를 고려했다는 점이 특징이라 하겠다.

한편 2층 구조설과 3층 구조설이 맞서는 가운데 2004년 8월 뉴욕에서 채색 거북선 그림이 공개되면서 3층 구조설에 보다 힘이 실리게 되었다. 이 그림은 『충무공전서』가 편찬된 이후인 19세기 초에 그려진 것이다. 그림에는 판옥선과 거북선 등이 그려져 있는데, 그 중 거북선 상체 1층 부분의 덮개가 꽤 높게 그려져 있다는 사실이 주목된다. 특히 거북선의 상체 덮개가 충분히 포를 장착하고 활을 쏠 수 있는 전투공간을 마련할 만큼

---

25) 남천우, 앞의 논문.
26) 최두환·장학근, 앞의 논문.
27) 장학근, 앞의 논문, 74쪽.

높게 덮여 있다. 또한 거북선 중 하나에는 열어젖힌 문 안으로 대포를 장착하고 무언가 작업을 하는 전투원의 모습도 보이는데, 그 위치가 노를 젓는 공간의 위층임이 분명하게 드러난다. 따라서 거북선의 상부구조가 노를 젓는 공간과 전투 공간이 상하로 분리된 복층 구조였을 가능성이 높다.

③ 반 3층 구조설은 2층설과 3층설을 절충한 주장으로, 2층과 3층을 구분하는 제2 갑판이란 선체 위를 완전히 덮었던 것이 아니라 전투원들이 딛고 서 있을 수 있는 발판 정도의 것이었다는 것이다. 이것은 정광수가 주장한 것으로, 1층에서 격군들이 서양식 노를 젓고, 2층과 반 3층에서 전투원들이 전투에 임하였다고 주장하였다.

이와 관련하여 최근 김주식은 3층 구조설에 대해 조선공학적 측면에서 정밀한 실험과 조사가 필요하다고 하면서 2층 구조에서도 전투 행위와 노를 젓는 행위가 가능하다고 했다.[28] 또 정진술도 1795년 거북선의 경우 3층 구조가 분명하지만 3층 갑판은 전통 형식의 갑판이 아닌 노군들이 노질을 하는 머리 윗부분은 갑판이 비어있는 것으로 반 3층설에 가까운 주장을 했다.[29]

최근 경상남도에서 진행되고 있는 거북선 복원은 3층설에 토대를 두고 진행되고 있으며,[30] 여수에서는 2층 구조설을 토대로 거북선 복원계획을 진행중에 있다. 본고에서는 여수에서 진행된『1592년 전라좌수영 거북선 고증조사 및 기본학술용역』(이하『전라좌수영 거북선』)을 토대로 2층 구조의 거북선을 정리하고자 한다.

『전라좌수영 거북선』에 의하면 3층 구조의 거북선에 대한 문제점으로 다음과 같은 점을 제시하고 있다.[31]

28) 김주식, 앞의 논문.
29) 정진술, 앞의 논문.
30) 경상남도·경남발전연구원, 2008,『거북선 등 군선제작 타당성조사 및 기본 계획』
31) 전남대학교 이순신해양문화연구소, 2011,『1592년 전라좌수영 거북선 고증조사 및 기본학술용역』

첫째, 임진왜란 당시 주전함은 판옥선이었으며, 거북선은 돌격용 특수 전함이었다. 거북선이 돌격용 특수전함이라고 한다면 여타 전선보다는 기동성이 탁월해야 했을 것인데 거북선이 둔중한 3층 구조였다면 기동성에 문제가 있어 돌격용 전함으로 기능을 하지 못했을 것이다. 거북선이 좌우 종횡으로 움직이는 것이 마치 배 짜는 북, 그리고 물오리 같다고 했었던 것이나, 역풍이나 썰물 때에도 마음대로 전진할 수 있다는 기록은 거북선이 기동적인 면에서 얼마나 탁월했던 것인가를 잘 알려주는 것이며, 달리 말하자면 거북선이 판옥선과 같이 둔중하지 않았음을 단적으로 보여준다.

둘째, 거북선이 3층 구조였다면 3층의 판옥선 구조 위에 덮개까지 씌운 구조였을 것인데, 순전히 인력만으로 움직일 수밖에 없었던 거북선이 전장에서 신속성과 안정성을 아울러 갖춘다는 것은 불가능해 보인다.

셋째, 임진왜란 당시 전투 중에 판옥선이 서로 부딪쳐 상갑판(상장)의 방패가 부서지자 그것을 보호막으로 싸우던 사졸들이 적탄을 피하려다 한편으로 몰리는 바람에 판옥선이 균형을 잃고 전복되고 말았는데(『충무공전서』 권3 장계2 討賊狀, 通船一艄傾覆後待罪狀), 이처럼 상갑판 전투원의 쏠림만으로도 판옥선이 쉽게 전복되었다면 이 당시 거북선이 3층 구조인 판옥선에 덮개까지 씌우고 무거운 포까지 장착하였을 경우 전복될 위험성이 매우 높아 전함으로 기능을 수행하기 어려웠을 것이다.

이와 함께 기존 연구에서 제시된 2층 거북선의 문제점에 대한 반론도 제기하였는데, 그 내용은 다음과 같다.

첫째, 거북선이 2층이라면 사·포수와 노군이 같은 층에서 활동하는 불편 때문에 전투 수행에 큰 지장이 초래된다는 지적에 대해서 2층에서 격군과 사·포수가 같은 층에서 활동했을 경우 약간의 불편한 점은 있었겠지만 전투력을 발휘하는 데에는 별다른 지장이 없었을 것이라고 했다. 주갑판(2층)의 폭은 선체보다 폭이 넓어 격군과 사·포수가 활동하기에 절대적으로 좁은 공간이 아니며 2층의 공간을 충분이 활용한다면 격군과 사·포수가 활동할 수 있는 충분한 공간을 확보될 수 있다는 것이다.

둘째, 거북선이 3층의 상갑판의 높은 곳에 총통을 거치해서 발사해야 명중률이 높다는 견해에 대해 거북선은 전술적으로 적진으로 돌진하여 적선과 근접전을 펼치는 돌격용 전함이었기 때문에 반드시 원거리 사격을 고민해야 할 필요는 없다는 것이다.

셋째, 『충무공전서』권수 도설에 의하면 거북선은 좌우 개판에 총구가 12개가 있다고 하였는데 이는 2층과는 별도의 다른 3층이 있어 그곳에서 포를 쏘았다는 것을 의미한다는 견해에 대해『충무공전서』권수 도설의 내용은 1795년의 거북선에 해당된 것이며, 1592년 거북선의 개판에 총구가 있다는 기록은 어느 곳에도 찾아지지 않는다는 것이다.

『전라좌수영 거북선』에서는 이러한 논증을 통해서 1592년 거북선의 2층 구조에 대해 다음과 같은 당위성을 주장하였다.

첫째, 1592년 거북선의 층 구조와 관련된 논의에서 가장 중요한 것은 승선인원 보호 능력이 탁월한 판옥선의 존재에도 불구하고 거북선을 제작해야만 했던 이순신의 고민을 이해할 필요가 있다. 이순신이 거북선을 건조한 이유는 판옥선이 속력이 그리 빠르지 않은 데다 근접전에서 승선을 보호하는 데에도 한계가 있었던 전함이었기 때문이었을 것이다. 따라서 그는 판옥선보다 빠르면서 승선을 보호할 수 있는 기능을 두루 갖춘 전함이 필요했을 것이며, 한편으로 그러한 전선을 건조했던 것인데 그것이 3층인 판옥선의 둔중함을 보완한 2층 구조의 거북선이었던 것이다.

둘째, 임진왜란 당시 거북선의 역할은 돌격선이었기 때문에 그 임무를 원활히 수행하려면 기동력이 뛰어나야함으로 둔중한 3층 구조보다는 2층 구조여야 한다.

셋째, 임진왜란 당시 3층 구조였던 판옥선의 상갑판에서 사졸들의 쏠림에 판옥선이 전복되기에 이르렀는데, 거북선이 판옥선의 3층 구조에 더하여 개판까지 씌웠다면 전복될 가능성은 더욱 높기 때문에 3층보다는 2층 구조였을 것이다.

넷째, 임진왜란 당시 거북선의 덮개는 적의 등선육박전에 대비해서 쇠꼬챙이를 촘촘히 박았다. 그런데 판옥선의 경우 왜선보다 크고 높아서 왜적의 등선육박전이 어려웠다고 한다. 만약 거북선이 3층 구조로서 판옥선 위에 지붕을 씌운 형태였다면 그 높이는 판옥선보다 더 높았을 것이며, 자연히 왜적의 등선육박전은 아예 불가능 했을 것이다. 때문에 거북선의 덮개에 군이 쇠꼬챙이를 박고 또한 전투시에는 그것을 감추고자 거적과 같을 것으로 덮어 위장했을까 의문이 든다. 이를 보면 거북선이 기존의 판옥선보다 높이가 높을 가능성은 매우 낮으며 오히려 더 낮았을 가능성이 있기 때문에 당시 거북선은 2층 구조였다는 것이 더 타당하다고 하였다.

2) 거북선의 크기

거북선의 크기와 관련하여 기존의 연구 성과를 살펴보면 남천우[32]는 『충무공전서』의 내용을 토대로 거북선의 추정치수를 113척으로 하였으며, 최두환은 1795년식 거북선의 치수를 113척로 산출한 뒤 이를 토대로 1592년식 거북선의 길이를 93.4척으로 추정하였다. 또한 김재근도 『충무공전서』에 기술된 내용을 토대로 1795년식 거북선의 길이를 113척으로 산정하였다. 최근의 많은 연구 성과를 낸 이원식은 문헌사료 여러 곳에 산재하여 있는 거북선 기록을 토대로 임진왜란 때의 거북선이 정조때의 거북선에 비해 크기가 적었음을 밝히고, 이를 토대로 1592년식 거북선의 구조와 주요치수를 추정하여 1592년식 귀선의 추정치수를 84.1척으로 하였다.

임진왜란 당시 거북선의 크기를 추론하기 위해서 몇 가지 기본적인 문헌을 참고할 필요가 있다. 1615년 권반이 작성하여 반포한 절목의 치

---

32) 남천우는 배의 안정성을 고려하여 귀선의 비대화는 없을 것이며 1592년식 귀선과 이충무공전서에 나오는 1795년식 귀선의 치수는 동일한 것으로 추정하였다.

수와 그로부터 70여년이 흐른 뒤인 1687년의 『비변사등록』 기사33)가 그
것인데, 임진왜란 당시 통제사나 수사가 승선한 대형 전선은 14파였으나
14파 반으로 커졌고, 그 다음 중형 전선은 11파에서 12~13파로 커졌으
며, 마지막 소형 전선은 10파(9.5파)에서 12~13파(11.5~12.5파)로 커졌
다고 하고 있다. 다만 이 기록에 임진왜란 당시의 거북선이 중형 전선을
개장한 것인지 아니면 소형 전선을 개장한 것인지가 분명하지 않다. 다
만 표 134)에 제시한 바와 같이 조선 후기 전선이 점차 커진 것은 분명하
다고 할 수 있다.

전선 및 귀선의 본판장 치수의 비교표 (단위 : 尺 / 把)

구분	1615년(광해군7) 권반의 절목	1687년(숙종13) 김수항 장계	1787년(정조11) 전라우수영지	1795년(정조19) 충무공전서	1800년(정조24) 각선도본
大船 (上船)	70척 (14파)	72.5척(14.5파) [李舜臣所定式者] (14把)			90척 (18파)
次船	55척 (11파)	65~60척 (12~13파) [李舜臣所定式者] (11把)	73.0-70.0척 (14.5-14파)		
之次船 (邑鎭)	50척~47.5척 (10파~9.5파)	65~57.5척 (13~11.5把) [李舜臣所定式者] (10~9.5把)			65척 (13파)
之次船 (龜船)	50척~47.5척 (10파~9.5파)	50~47.5척 (10~9.5파) [李舜臣所定式者] (10~9.5파)		64.8 → 65척 (12.96 → 13파)	

33) 乙卯年 巡檢使權盼 按檢三南舟師時 與統制使三道諸將老卒輩 相議 一船所載
  軍器什物 船之長短廣狹 一一勘定書啓後 頒布節目 統制使水使所騎 大船本板
  卽詳定十四把 而今加半把 次船卽十一把 而今加一二把 之次船卽十把 或以九
  把半 而今 加二三把 各加把數 其大有漸 … 乙卯巡檢在於經難 二十余年之後
  其時必備講利害 詳定節目(『비변사등록』41책, 숙종 13년 1월 1일조)
34) 이원식, 2008, 「1592년 이순신 창제 귀선의 실체」『1592년 거북선 구조 심포지
  움』, 경남발전연구원, 29쪽.

그렇지만 거북선이 중소형의 판옥선을 개장했다고 가정할 때 임진왜
란 당시의 거북선 치수는 중형일 경우 11파이고, 소형 전선을 개장했을
경우는 10파일 가능성이 높다고 할 것이다. 그러나 저판장을 기준으로
10파와 11파의 차이로도 저판의 길이가 5자, 약 1.5m나 차이가 나기 때
문에 거북선 전체 크기를 생각한다면 적지 않은 차이라고 하겠다. 이와
관련하여 이순신 종가 귀선도[35]에 기술된 '귀선송'에는 "전라좌수영에서
거북선을 꾸몄으니, 본판장의 길이는 10파요, 배의 너비는 약 5파요, 선
체의 길이는 13파요, 원문(방패문)은 26이요."[36] 라는 내용이 나오고 있
어 임진왜란 당시 거북선의 저판장은 10파(50척)로 계산하여 전체 길이
를 산정하는 것이 타당할 듯하다. 따라서 이원식의 논리가 더 설득력이
있다고 하겠다.

다음은 배의 전체 넓이에 대한 부분이다. 남천우는 도해사신선 설계
도를 바탕으로 37.5척으로 추정하였고, 이원식은 1795년식 귀선을 30척
으로 추정한 뒤에 이를 토대로 임진왜란 때의 거북선의 너비를 비율대로
축소 산정하였다.

거북선의 높이는 내부 구조와도 관련성이 있는데, 남천우와 최두환의
경우에는 3층 구조의 거북선을 주장하고 있고, 이원식과 김재근의 경우
에는 2층 구조를 주장하고 있는 상황이기 때문에 남천우와 최두환이 산
정한 높이가 더 크다고 하겠다. 『충무공전서』에도 선체의 높이와 너비
등 주요 치수는 분명치 아니하고, 舳艫에서부터 牌欄까지의 높이 4.3척
만 기술되어 있다. 이 치수를 근거로 김재근을 비롯한 거북선 연구가들
은 나름대로 높이를 추정했지만 다소 타당성이 떨어진다고 하겠다. 이와
관련하여 주목되는 조선후기 고문서가 있는데, 그 문건에 의하면 거북선

35) 『이충무공순신종가귀선도』는 충무공의 종손 이재훈이 1976년에 제공한 것으로
서 제작년대는 확실하지 않으나, 이충무공전서 귀선도의 화법과 근사하므로
1800년경에 제작된 것으로 추정한다.
36) 濫叩梅營 敢粧龜船 長本十把 廣幾五把 體長十三 轅門二六

의 본판장 길이가 12파이고, 높이 14척으로 기술되어 있다. 이는 향후 거북선의 높이를 추정하는데 근거자료로 활용될 수 있다고 하겠다.

거북선의 높이와 관련하여 반드시 고려해야 할 점으로 당시 조선 병사들의 키라고 할 수 있다. 당시 船匠들도 이러한 요소를 고려하여 거북선의 높이를 설정했을 것이기 때문이다. 조선시대의 병사들의 키와 관련하여 유성룡이 임란 당시 평안도 영변부 진관 관병 408명의 키를 정리한 자료에 의하면 당시 병사들의 평균 키는 152.7cm였다.[37] 또 토지박물관에 소장된 숙종대의 병적기록부에 의하면 제주 속오군 병사들의 평균 키는 146.54cm이다. 따라서 거북선의 내부 높이는 이를 고려해야 하는데, 『충무공전서』의 4.3척은 적용이 불가능하기 때문이다. 따라서 이를 고려하여 내부공간의 높이를 산정할 필요가 있다.

『전라좌수영 거북선』에 의하면 여수에서 진행되고 있는 1592년 전라좌수영 거북선의 주요치수는 다음과 같은 기준을 가지고 산정되었다.[38]

첫째, 『충무공전서』 권수 도설에서 1795년식 거북선은 1592년의 거북선과 비교했을 때 치수에 있어서는 약간의 차이가 있지만 1795년 거북선이 1592년 거북선의 구조와 형태에서 유래되었다고 했으니 두 거북선은 거의 동일한 것으로 볼 수 있다. 그리고 1800년경의 읍진전선급과 조선후기 조선통신사선의 중급 거북선과 구조나 형태면에서 거의 동일하다는 기존의 연구 성과를 통대로 이미 기록으로 나타난 1795년식 거북선, 조선통신사선의 중급 그리고 1800년경의 읍진전선의 주요치수를

---

37) 이진갑, 「1590년대 이조진관관병의 신장 및 근력에 관한 연구」『안동문화』 5. 조선군 병사들의 평균 신장과 관련하여 정진술은 이사벨라 비숍의 기록을 토대로 163.8cm로 판단했으나 이는 19세기의 자료로서 이진갑이 분석한 자료가 더 정확하다고 생각한다.

38) 1592년 거북선의 주요치수는 이원식, 2007, 「1592년 龜船의 主要 値數 推定에 關한 연구」, 한국해양대학교 대학원 박사학위논문, 116~130쪽을 토대로 작성하였음.

1592년 거북선의 주요치수를 추정하는 기본 자료로 활용하였다.

둘째, 본판장(저판장)은 거북선을 건조하는데 가장 기본이 되는 치수
이므로 이미 추정해 놓은 1592년 거북선의 본판장 50척을 1795년 거북
선의 본판장 64.8척, 1800년경 읍진전선급 본판장 65척, 조선통신사선
중급 본판장 67.5척에 각각 대입시켜 그 비율을 산정하되, 이 비율을 이
미 기록에 나타나 있는 1795년 거북선, 1800년경 읍진전선급, 조선통신
사선의 주요치수에 대입하여 산출한 다음 가장 적절한 치수를 1592년
거북선의 주요치수로 확정하였다.

셋째, 1795년식 거북선과 조선통신사선 그리고 1800년경의 전선(판
옥선)도 구조와 형태면에서 거의 동일함으로 본판장의 길이를 대비시켜
그 비율을 산정한 다음 이미 기록에 나타나 있는 조선통신사선과 1800
년경의 전선에 대비시켜 1592년 거북선의 주요치수를 산정하였다.

넷째, 거북선과 전통한선은 동일한 구조와 형태를 가지고 있고 또한
각 부분의 수치가 서로 일정한 비율이 적용된다는 것이 확인 되었으므로
이미 기록에 나타나 있는 1795년식 거북선에 이러한 비율을 적용시켜
누락된 수치를 산정하였다.

다섯째, 조선통신사선 등에 대비시켜 산출해낸 수치 중 가장 적합한
수치를 선정한 후 1795년식 거북선의 누락된 주요 수치로 확정할 것이다.

이러한 기준에 의거하여 산출된 1592년식 거북선의 주요 치수는 다
음 표와 같다

1592년식 거북선의 주요치수

번호	주요치수 요목		『충무공전서』	1592년식 거북선 추정치수	
	통신사선	거북선		척	m
1	전장	전선장	109.0	84.1	26.27
2	상장	선체장	88.0	68.0	21.24
3	상두광	선두광	17.0	13.1	4.09

번호	주요치수 요목		『충무공전서』	1592년식 거북선 추정치수	
	통신사선	거북선		척	m
4	상요광	선요광	29.3	22.6	7.06
5	상미광	선미광	14.5	11.2	3.50
6	상두광	선두고	10.1	7.8	2.44
7	상요고	선요고	8.5	6.94	2.17
8	상미고	선미고	10.8	8.3	2.59
9	축판고	축판고	7.5	6.15	1.92
10	삼고	현고, 선심	7.5	6.15	1.92
11	원고	선요고	8.5	6.94	2.17
12	본판장	저판장	64.8	50.0	15.62
13	저판두광	저판두광	12.0	9.3	2.91
14	저판요광	저판요광	14.5	11.2	3.50
15	저판미광	저판미광	10.6	8.2	2.56
16	저판 후	저판 후	1.0	0.79	0.25

3) 외부 장갑(철갑선)

거북선의 외부 형태가 철갑선인가에 대해서는 논란이 있었다. 거북선이 철갑선이라는 기록은 주로 일본 측 사료인 소토오카 진자에몬(外岡甚左衛門)의 회고록 『高麗船戰記』[39]나 가와구치(川口長孺)가 펴낸 『征韓

---

39) 구키(九鬼嘉隆)와 가토(加藤嘉明)는 와키자카(脇坂安治)가 전공을 세운 것을 듣고, 같이 6일에 부산포로부터 나와 바로 해협 입구에 이르러, 8일에는 안골포의 烏島라는 港에 들어갔다. 그리하였더니 9일(朝鮮曆 10일)의 辰時부터 적의 대선 58척과 소선 50척 가량이 공격해 왔다. 대선 중의 3척은 盲船이며, 鐵로 要害하여 石火矢, 棒火矢, 大狩鉢 등을 쏘면서 酉時(오후 6시경)까지 번갈아 달려들어 쏘아대어 다락에서 복도, 테두리 밑의 방패에 이르기까지 모두 격파되고 말았다. 석화시라고 하는 것은 길이가 5척 6촌의 堅木이며, (중략) 또 봉화시의 끝은 철로 둥글게 든든히 붙인 것이다. 이와 같은 큰 화살로 다섯 칸, 또는 세 칸 이내까

偉略』에서 보인다. 당시 일본에서는 거북선이 鐵船이라는 믿음이 널리 퍼져 있었으며, 이는 일본인 학자나 영국인 학자들에 의해서 알려졌다. 헐버트(H.B. Hulbert)는 1899년 영국 잡지인 『Review of Review』에 거북선이 세계 최초의 철갑선이라고 주장하고, 1906년에 출간된 자신의 책인 『The Passing of Korea』에서도 '이순신이 거북모양의 철갑선을 발명했다'고 썼다. 아울러 그는 철갑선설이 민간설화로서 구전되어 오고 있기 때문에 철갑선의 진위여부를 떠나 설화의 전승에도 의미가 있다고 하였다. 그리고 일본에서는 1908년 일본의 해군 대좌였던 사토데츠타로(佐藤鐵太郞)가 1908년 해군대학 강의 교재였던 『帝國國防史論』에서 이순신이 장갑함[거북선]을 창조하였다고 했다. 또 1921년 영국의 해군중장이었던 G. A. Ballard도 자신의 저서에 거북선은 철갑선이라고 기술하고 있으며,[40] 미 해군 대령 George M. Hgerman도 United States Naval Institute 『Proceedings』에서 거북선을 세계 최초의 철갑선으로 소개하고 있다.[41]

국내 인물로는 신채호가 한말 암울한 상황 속에서 구국의 혼을 일깨우기 위해 역사상 빛나는 조상의 업적을 기술했는데, 그 중 하나로 이순신의 철갑선을 사례로 들었다.[42]

철갑선에 대한 본격적인 논의는 해방 이후 국내 역사학자와 선박연구자들 사이에서 벌어졌다. 1957년 김재근이 『대학신문』에 철갑선설에 이의를 제기했고, 이듬해인 1958년에 최영희는 「귀선고」에서 문헌 고증을 통하여 철갑선 주장은 일본 측에서 나온 것이며 국내에서 관련 문헌자료를 찾지 못했다고 하였다. 그는 蓋板의 재료는 목재이며 일본측 사료에

지 다가와 쏘아대는 것이다.(『高麗船戰記』, 鍋島家 소장 筆寫原本)

40) G. A. Ballard, The Influence of the Sea on the Political History of Japan(New York : E. P. Dutton & Co., 1921) 51쪽.

41) George M. Hgerman, 「Lord of the Turtle Boats」 『Proceedings』 vol.83 (Annapolis, Maryland : United States Naval Institute, July 1957) 67쪽(정진술, 앞의 논문에서 재인용)

42) 신채호, 1989, 『을지문덕·이순신전·최도통전』, 독립기념관 한국독립운동사연구소.

서 "철로서 要害한", "全鐵裝者"는 어떻게 해석되어야 할 것인가에 대해서는, 龜船上의 개판이 외견상 철로서 덮어져 있었다고 하였다. 귀선이 적탄을 방어하고 적병의 육박전을 방어하기 위하여 船上을 厚板으로 덮고 그 위에 鐵錐를 꽂았기 때문으로 보았다. 다른 하나의 가능성으로 목판인 개판 위에 철판을 씌웠을 지도 모른다고 하였다.[43]

이후 1977년 김재근은 거북선이 철갑선이라는 것은 신화에 불과하다는 주장을 내놓았다. 남천우도 이에 대하여 동의하였다. 그들의 공통된 견해는 거북선의 등판에 칼이나 송곳 등을 꽂았다고만 되어 있지 철갑을 입혔다는 기록은 전혀 없고, 거북 등판에 철갑을 입히면 거북선이 지나치게 무거워지고 또한 전복되기 쉬워진다는 것이다.

그러나 1980년대 초반 박혜일은 여러 논문을 통하여 거북선이 철갑선이 아니라면 화공을 건디지 못했을 것이라는 가정을 세우고 그 증거로 국내 전승 이야기와 해군사관학교 박물관에 소장된 그림 「龜船紋圖」, 1748년(영조 24) 당시 경상좌도 수군절도사의 글인 「鱗甲記錄」을 찾아내 거북선의 철갑이 얇은 형태의 비늘과 같은 철판이라고 주장하였다.[44]

철갑선의 정의를 어떻게 규정하느냐에 따라 의견이 달라질 수 있으나 역사상 진정한 의미의 철갑선은 19세기 중엽에 등장한다고 할 수 있다. 따라서 최근 연구자들의 경향은 철갑선이 아닌 단순 장갑으로 이해하고 있는 실정이다.

4) 용두

거북선에 용머리는 기본적으로 화포 공격이나, 유황과 염초를 태워 연기를 내뿜어 적을 혼미하게 하기 위한 일종의 화생방 공격, 용머리를

---

43) 최영희, 앞의 논문.
44) 박혜일, 앞의 논문.

이용한 당파 공격으로 알려져 있는데, 용머리가 설치된 위치와 형태 등을 둘러싸고 다소 논란이 있다.

『충무공전서』와 조선 후기의 삼도수군훈련도 등의 그림에 묘사된 거북선의 용머리[龍頭]의 용도를 화생방 공격으로 묘사하고 있다. 또 「1592년 예수회 연례 보고서」에도 "그들의 배는 매우 견고하고 거대하며 윗부분을 덮은 배들을 갖고 있는데 이 배들은 접전시에는 불을 내뿜는 장치를 하고 있었다."[45] 라 하였다. 이를 토대로 이것이 현대 해전에서의 연막전술의 시초였다는 주장도 있다.

한편 이순신의 장계와 이분의 행록에는 용머리의 입으로 대포를 쏘았다[龍口 放砲]는 기록이 있다. 이순신이 거북선을 실전에 투입한 첫 전투인 1592년 5월 29일의 당포해전에서 승리한 이후 조정에 올린 장계에서

> 신이 일찍부터 왜적들의 침입이 있을 것을 예측하고 거북선을 만들었는데, 앞에는 용머리[龍頭]를 붙여 그 입으로 총통을 쏘게 하고, 등에는 송곳 칼[錐刀]을 꽂았으며, 안에서 밖을 볼 수 있지만 밖에서는 안을 볼 수 없게 만들어 비록 적선 수백 척이라도 쉽게 돌입하여 포를 쏠 수 있습니다. 이번 출전에는 돌격장이 거북선을 타고 나왔습니다. (중략) 신은 먼저 거북선을 왜적의 樓閣船 아래로 곧바로 다가가게 하여 용의 입으로 현자 철환을 치쏘게 하고 또 天·地字 총통으로 大將軍箭을 발사하여 그 배를 부수어 침몰시키자 뒤따르던 여러 전선들도 철환과 화살을 번갈아 쏘았습니다.[46]

라고 하여 거북선 용머리에서 포를 쏘았다는 사실이 기록되어 있는데, 이런 내용은 당항포해전 장계에도 나오고 있다.[47]

결국 임진왜란 당시 거북선은 돌격선 임무를 수행하기 위해 진형을

45) 박 철, 1987, 「서구 선교사들이 본 16세기 한국의 모습」 『세스뻬데스』, 서강대학교출판부, 235쪽.

46) 『충무공전서』 장계 唐浦破倭兵狀

47) 諸船圍立 先使龜船突入 放天地字銃筒 貫徹大船 突擊將所騎龜船 又衝層閣之下 仰放銃筒 撞破其閣(『충무공전서』 장계 唐項浦破倭兵狀)

갖추고 있던 적 함대 속으로 돌진하면서 용머리를 통해서 포를 쏘았던 것이다. 용의 입으로 포를 쏘았다[龍口放砲]는 사실은 거북선의 외형을 판단하는데도 중요한 요소라 할 수 있는데, 용머리에서 포를 쏘기 위해서는 통제영 거북선과 같이 용머리가 거북선 蓋版 전면을 향해야 한다. 따라서 임진왜란 당시 거북선의 용머리는 『충무공전서』의 통제영 거북선처럼 전면을 향하고 그 안에는 화포가 장착되었을 가능성이 높다.

『전라좌수영 거북선』에서는 용두는 거북 등 아래에서 머리를 내민 상태이고, 설치 각도는 30~35° 상향일 것이라고 판단했다.

4. 맺음말

거북선은 종래의 판옥선을 개장하여 덮개를 씌우고 용머리를 붙여 만든 전함이기 때문에 기본적으로 판옥선과 같은 구조를 지니고 있으며, 전·후진이 자유롭고 旋回가 뜻대로 되었으며, 기동성을 보였다. 특히 거북선의 전투능력은 외형보다 내부 구조의 특성에서 기인한다고 할 수 있다. 즉 판옥선 위에 개판을 설치하여 격군과 전투원 모두를 개판 밑에 수용하여 보호하였기 때문에 적진 속으로 돌진하여 좌충우돌 적 전열을 흐트러트릴 수 있었다. 따라서 거북선은 이러한 특성을 잘 살려 선제기습전술, 당파전술, 함포전술 등을 구사함으로써 조선 수군이 연전연승하는데 결정적인 역할을 했던 것이다.

지금까지 많은 연구자들이 임진왜란기 거북선의 원형과 실체를 밝히기 위하여 꾸준히 노력해 왔다. 이들은 문헌 고증과 조선 공학적 기법, 군사학적인 지식 등 다양한 연구방법을 도입하여 가장 원형에 가까운 거북선을 도출해내고자 했다.

하지만 지금까지의 연구 성과를 살펴보면 어떤 공통점보다는 오히려 서로 모순된 점들만이 눈에 띄어서 혼란이 심해진 점도 없지 않다. 이는 사료의 절대 부족과 사료간의 모순도 들 수 있지만, 연구자들 간의 상호 학술교류가 미비하다는 점 역시 지적하지 않을 수 없다. 새로이 발견된 사료를 개방하여 공유하지 않고, 다른 분야 혹은 다른 의견을 가진 이들과 교류하지 않다 보니, 저마다의 일방적인 주장만이 난무할 뿐 어떠한 합의점에도 이르지 못하고 있는 실정인 것이다.

최근 여수에서는 2012여수세계박람회 개최에 즈음하여 거북선과 판옥선의 원형을 복원함으로써 사실적인 역사문화를 기반으로 우리의 선진해양문화와 창의적인 조선기술을 세계에 널리 알릴 수 있는 토대를 마련하고자 사업을 추진하였고, 기존 연구성과를 토대로 2층 구조의 전라좌수영 거북선 복원계획을 마련하였다.

『전라좌수영 거북선』에서는 다음 몇 가지 점에서 1592년 거북선의 2층 구조의 당위성을 설명하였다.

첫째, 이순신이 거북선을 건조한 이유는 판옥선이 속력이 그리 빠르지 않은 데다 근접전에서 승선을 보호하는 데에도 한계가 있었던 전함이었기 때문에 판옥선보다 빠르면서 승선을 보호할 수 있는 기능을 두루 갖춘 전함이 필요했을 것이다. 따라서 3층인 판옥선의 둔중함을 보완한 2층 구조의 거북선이 필요했을 것이다.

둘째, 거북선은 돌격선이었기 때문에 그 임무를 원활히 수행하려면 기동력이 뛰어나야함으로 둔중한 3층 구조보다는 2층 구조여야 한다.

셋째, 당시 거북선이 판옥선의 3층 구조에 더하여 개판까지 씌웠다면 병사들의 쏠림 현상으로 전복될 가능성은 더욱 높기 때문에 3층보다는 2층 구조였을 것이다.

넷째, 판옥선은 왜선보다 크고 높아서 왜적의 등선육박전이 어려웠기 때문에 거북선이 판옥선에 지붕을 씌운 3층 구조였다면 그 높이가 판옥선보다 더 높아 적의 등선육박전은 아예 불가능 했을 것이다. 따라서 거북선의 덮개에 군이 쇠꼬챙이를 박고 또한 전투시에는 그것을 감추고자 거적과 같을 것으로 덮어 위장했을까 의문이 든다. 결론적으로 임진왜란 당시의 거북선은 2층 구조였다는 것이 더 타당하다.

이러한 논지를 통해서 『전라좌수영 거북선』은 2층 구조 전라좌수영 거북선 구조를 세부적으로 도출·정리했는데, 구체적인 치수는 이원식의 연구성과를 반영하였다.

임진왜란 당시의 거북선은 지금까지 여러 선행 연구자들의 의견의 불일치와 오해, 고정 관념에도 불구하고 세계사적으로도 대단히 독창적이고 강력한 전함이었다는 점, 임진왜란 이후에도 오랫동안 조선의 海防을 책임져 온 핵심전력이었다는 점에는 모두가 공감할 것이다.

향후에 한국사에서 중요한 위치를 차지하고 있는 거북선의 실체가 연구자들 간의 폭넓은 학술 교류와 사료 공유 등을 통하여 점차 밝혀질 그 날을 기대해 보며 몇 가지 고려해야 할 점을 제시해보고자 한다.

먼저, 지금까지의 연구 성과를 토대로 다양한 학제간 연구가 활성화될 필요가 있다. 거북선과 판옥선의 기본 선형을 비롯하여 전체 무게와 속도·복원력 등을 조선 공학적 측면에서 분석하여 실제 견고한 선체와 평저선형이 판옥선·거북선의 전투력과 어떠한 상관관계가 있는지 밝혀내야 한다.

두 번째는 임진왜란 당시의 거북선의 크기는 조선후기의 거북선에 비해 작았다는 점은 대체로 모두가 인정하고 있다. 다만 세부적인 치수에 있어서는 고려해야 할 점도 많이 있기 때문에 이를 구체적으로 점검해볼 필요가 있다.

세 번째는 내부 구조는 전술적인 측면을 고려해야 한다. 거북선은 돌격선으로서 전투력이 필수요소이기 때문에 내부에서 전투가 용이하지 못하다면 전함으로서 효용가치가 떨어질 수 밖에 없다. 내부 구조가 몇 층이냐도 중요하지만 한 층의 공간에서 병사들이 활동한다는 전제하에 공간의 폭과 높이, 포·노의 위치 등이 구체적으로 분석되어야 한다.

네 번째는 거북선 내부의 조명·지휘통신·후진 등 여러 조건 등도 고려되어 구체적인 검토가 이루어져야 한다는 점이다. 신호수단도 육상의 경우에는 용이하지만 해상의 경우에는 많은 한계를 지니고 있고, 조명 문제도 중요한 고려 조건이라고 할 수 있다.

최근 경상남도와 여수에서 각각 다른 구조의 거북선을 제작하고 있다. 따라서 일반인의 입장에서 본다면 난감해 할 수 있는 상황이라고 할 수 있다. 이는 거북선 복원을 통해서 우리의 선진 해양문화와 창의적인 조선기술을 세계에 널리 알릴 수 있는 토대를 마련하고자 하는 사업에 걸림돌이 될 수도 있다. 따라서 연구자들이 상호 이해의 폭을 넓히고 체계화하여 임진왜란 당시의 거북선의 실체를 규명하기 위한 다양한 노력이 요구된다고 하겠다.

≪도판 자료≫

■ 언더우드 거북선

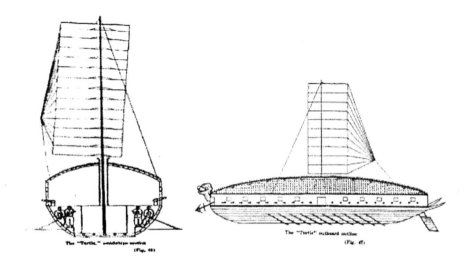

The "Turtle" amidship section
(Fig. 46)

The "Turtle" outboard outline
(Fig. 47)

* 출처 : Horace Underwood H, 1934, 「Korean Boats and Ships」 『Transactions of the Royal Asiatic Society, Korea Branch』 23.

▣ 이원식 거북선

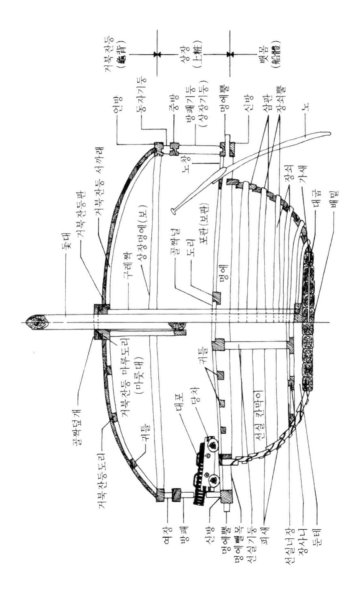

* 출처 : 이원식, 2003, 『한국의 배』, 대원사.

▣ 남천우 거북선

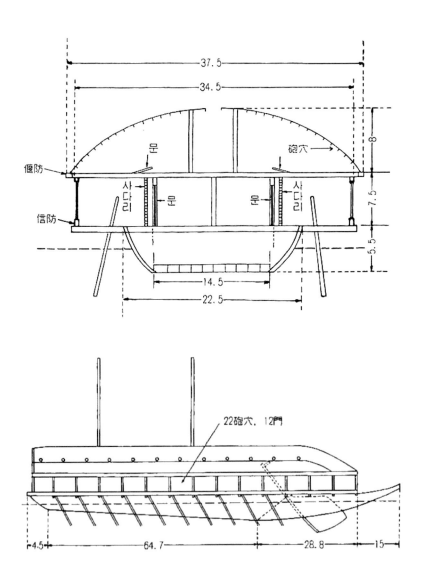

* 출처 : 남천우, 1976, 「귀선구조에 대한 재검토」『역사학보』 71.

▣ 장학근 거북선

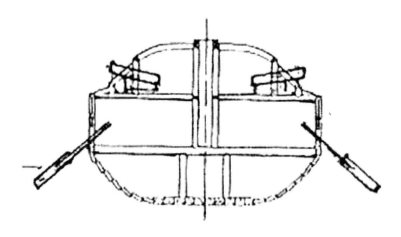

* 출처 : 장학근, 1995, 「군선으로서의 원형 귀선」『창원사학』2.

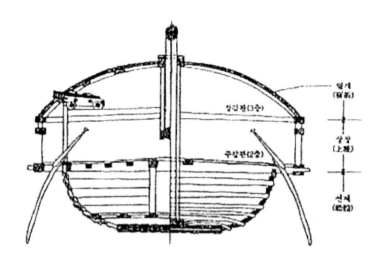

* 출처 : 장학근, 2004, 「전장환경과 거북선 원형변화」『군사』51.

■ 경상남도 거북선

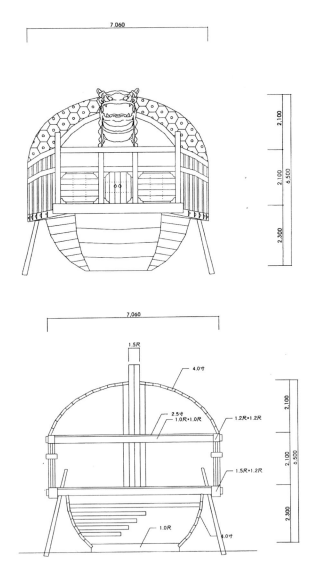

* 출처 : 경상남도, 2008 『거북선 등 군선제작 타당성조사 및 기본 계획』.

■ 정광수 거북선

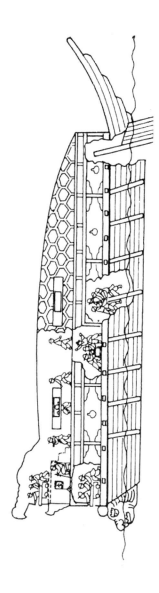

* 출처 : 정광수, 1990, 『삼가 적을 무찌른 일로 아뢰나이다』, 정신세계사.

■ 여수 1592년 전라좌수영 거북선 예상 복원도

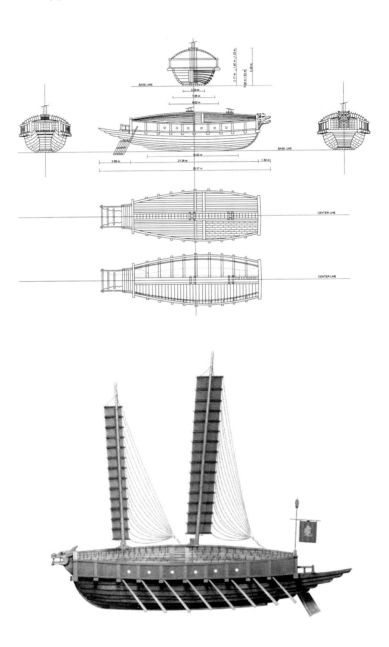

■ 1592년식 전라좌수영거북선 선도

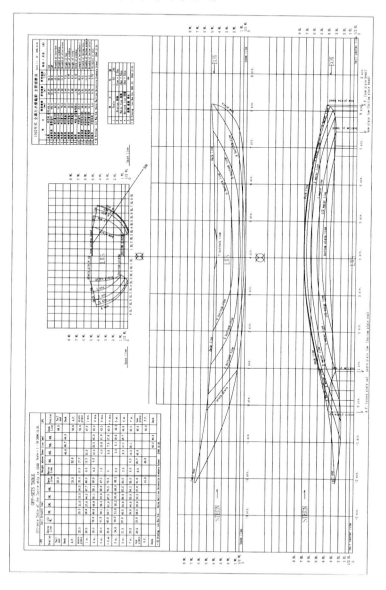

* 출처 : 전남대학교 이순신해양문화연구소, 2011, 『1592년 전라좌수영 거북선 고증조사 및 기본
  학술용역』.

〈토론문〉

2층 구조와 전라좌수영 거북선

김 병 호*

1. 한국식 노의 문제

우리나라 전통 선박의 3요소는 '노, 돛, 키'를 말한다. 이 중에서 노의 종류는 거북선의 구조를 밝히는 중요한 단서가 된다. 흔히 노의 종류를 한국식 노와 서양식 노로 분류하는데 어떤 종류의 노를 사용하느냐 하는 것은 그 선박의 형태와 밀접한 관계가 있다. 다음은 중국의 문헌을 정리한 선형에 따른 분류이다.

17개 선형의 분류[1]

선저 형태	노의 종류	선형	지역
평저	櫓형	沙船	강남북 및 절강성
첨저형	노형	대복선, 초삼선, 해창선, 어선, 망준선	복건성
	겸형	광동선, 첨미선, 대두선, 팔장선, 개량선, 동교선	광동선
	櫂형	오공선, 양두선, 웅선	광동선

---

* 진남제 기획연구위원장
1) 김성호, 1996, 『중국 진출 백제인의 해상활동 천오백년』, 맑은소리출판사, 36쪽.

위 표에서 사선은 평저선이며 우리나라의 모든 전통 선박을 포함하고 있으며, 櫓란 한국식 노를 말하며, 櫂란 서양식 노이다. 櫓는 우리나라에서만 사용하는 것이 아니고 중국과 일본, 우리나라가 똑 같이 사용하고 있고 명칭도 모두 櫓라고 한다.

2. 2층 구조에서 활을 쏘고, 총통을 발사하며, 노를 젓는 세가지 행위가 동시에 이루어 질 수 있는가?

「호좌수영지」에 수록된 宿字 제2호 거북선의 경우 본판장이 47척(약 14m)인데 승선 인원이 155명이다. 이 가운데 능노군이 96명이다. 능노군이 96명이라는 것은 노가 16척으로 노 1척당 6명씩이 담당했다는 것이다. 2교대로 노를 저을 경우라 하더라도 3명씩(3×16)이 노를 젓고 있다는 것이다. 포군과 화포장을 합해서 34명이 한 쪽에 17명씩 그리고 사부 15명이 창에서 활을 쏘게 되면 한 쪽 현판에 48명의 전투원이 배치되어 노를 젓고 포를 쏘고 활을 쏘면서 전투를 수행해야한다.

4. 거북선은 2층 구조인가?

「호남여수읍지」의 事實條에

> 좌우 뱃전에는 난간을 설치하고 난간 머리 앞에는 횡량을 만들었는데, 바로 뱃머리 앞에 닿게 되어 소와 말의 가슴에 멍에 맨 것과 같다. 난간을 따라서 판자를 늘어 놓았고 둘러서 패를 꽂았으며, 패 위에 또 난간을 설치하였는데 뱃전의 난간으로부터 패의 난간까지는 높이가 4척 3촌이다. 패의 난간 좌우에 각각 11개의 덮개 판자를 사용하여 고기비늘이 차례로 향하듯이 덮고…

5. 거북선의 높이는?

「호좌수영지」에 수록되어 있는 海鶻船[2]을 보면 **'배 가운데 양층을 합하여 높이가 2발 반(약3m 70cm) …'**이라는 기록이 보인다. 해골선 역시 거북선과 마찬 가지로 판자로 덮은 배이다. 당시 군사들의 키가 150㎝ 정도였으니까 복원성과 안정성을 고려한 최소한의 높이가 아닌가 생각된다.

6. 2004년 공개된 거북선은 믿을 만한가?

3층 구조의 거북선을 잘 보여 주는 그림으로 2004년 미국에서 공개된 그림이 회자된다. 또 하나의 그림이 '조선전역해전도'이다. 이 그림은 1940년을 전후해서 구일본해군의 요청으로 역사화가인 오오타 텐요오가 그린 것으로 3층 구조의 거북선과 전선, 병장기들이 비교적 잘 고증되어 있다.

거북선에 대한 좌수영의 마지막기록은 1891년 김동운 수사의 시에 '거북선을 어루만지며'라는 기록인데 아마 1895년 좌수영이 혁파 될 때까지 거북선은 존재 했던 것 같고 1894년 여수에서 활동한 스쿠바함대는 거북선에 대한 정보를 확보 했을 것이고 이러한 정보는 일본 해군을 통해 오오타 텐요오에게 전해져서 '조선전역해전도' 같은 그림이 그려졌을 것으로 사료된다.

---

2) 1740년 전라좌수사 전운상이 중국의 병서 「무경총요와 」와 「무경절요」를 참고로 만든 특수 군선.

임란기 거북선의 구조

정 진 술*

1. 머리말

거북선은 임진왜란 때의 활약으로 인해 이순신의 이름과 함께 우리 민족사에 크게 빛나고 있다. 또한 거북선에 대한 국민들의 관심도 끊임없이 계속되고 있으며, 국가적인 사업으로 그 복원이 이루어지기도 했다.

1980년에 해군이 처음으로 실물크기의 거북선을 복원하여 해군사관학교 앞바다에 전시하였다. 당시 대통령의 지시로 이루어진 복원사업에는 대부분의 명망있는 국내 학자들이 고증자문위원으로 참여하였다. 해사의 복원 거북선은 당시까지 이루어진 거북선 연구결과가 총망라되어 나타난 결과라 해도 과언이 아닌 것이다. 이후 해사의 복원 거북선은 많은 국민들의 관심과 사랑을 받아왔으며, 동일한 설계도면으로 국내 여러 곳에서 같은 규모의 거북선이 복원 전시되기도 했다.

해사의 복원 거북선은 국민적인 관심이 컸던만큼이나 그 구조에 대해서도 이후 여러 학자들의 다양한 문제 제기가 있어 왔다. 제기된 여러 가지 내용 중에서도 거북선은 2층이 아니라 3층 구조라는 주장 그리고 현재와 같이 2층에서 포를 발사하는 것은 노질 때문에 지장이 있으므로

* 경상남도 역사문화관광자문위원

3층에서 포를 발사했을 것이라는 주장은 아직도 진행중인 주요 논쟁점이라 할 것이다. 이 외에도 거북선은 철갑이 아니라 판자 위에 쇠못을 꽂았을 것이라는 주장을 비롯하여 여러 가지 쟁점들이 있으나 본고에서는 지면관계로 모두 다루지는 못한다.

사실 이러한 주장들에 대한 견해가 정리되지 않고는 조선 후기의 거북선은 물론이거니와 임란기의 거북선에 대한 진정한 복원은 이루어지기 어렵다. 그런데 거북선에 대한 관심은 주로 임란기에 활약했던 이순신이 만든 거북선에 집중되어 있는듯하다. 잘 알려진 바와 같이 임란기의 거북선은 남아 있는 자료가 매우 적어 그 참모습을 파악하기가 어려운 실정이다. 다행히도 시기는 늦지만 정조 19년(1795)에 편찬된『이충무공전서』의 龜船圖說에 거북선의 규모와 모습이 자세히 나와 있어 우리는 조선시대 거북선의 형체를 파악할 수 있다. 귀선도설에는 2개의 거북선 그림 즉 통제영 거북선과 전라좌수영 거북선이 그려져 있고, 선체 구조에 대한 상세한 치수가 기록되어 있다. 그런데 귀선도설의 거북선 제도는 임란 당시의 거북선 기록과 몇가지 점에서 약간 상이하다. 거북선은 시대별로 약간씩 다르게 나타날 수도 있는 것이다.

이러한 측면에서 필자는 2장에서 임란 후 거북선의 변천사를 언급하고, 3장에서는 거북선의 구조와 관련된 주요 논쟁점에 대해서 살펴보고자 한다.

한편, 귀선도설의 거북선 구조에 대해서도 우리는 아직 완전한 의견 일치에 이르지 못하고 있다. 그렇기 때문에 임란 때의 거북선 구조에 대한 합의점을 찾기까지에는 앞으로도 많은 시간이 걸릴 것이다. 어쩌면 끝내 합의점에 도달하지 못할 수도 있다. 임란기의 거북선에 대해서는 그만큼 자료도 부족하고 다양한 해석의 여지가 있기 때문이다. 현 시점에서 정답을 찾기가 어려운 것이다. 그럼에도 불구하고 필자가 4장에서 임란기 거북선의 선체 규모에 대해 개략적인 접근을 시도하게된 것은 1980년 이후에 상당한 연구성과가 축적되었다고 보기 때문이다.

2. 임란 후 거북선의 변천

임란 후 남쪽의 해상군비를 재정비하고자 광해군 7년(1615)에 吉川君 權盼을 巡檢使로 임명하였다. 그는 전란에 참전하고 또 함정 건조의 일을 잘 아는 양남지방의 수군장병들을 통제영으로 불러모아 전선의 규격을 물어 정하고 이를 조정에 보고하여 제도화시켰다. 그때 규정된 선제는 본판(저판)의 길이가 통제사나 수사가 타는 대선은 14파(70자), 次船은 11파(55자), 之次船은 9.5~10파(47.5-50자)였다.[1]

권반의 선제 규정이 있은 지 70여년 뒤인 숙종 13년(1687)에 영의정 金壽恒이 임금에게 보고한 바에 의하면, 본판의 길이가 통제사와 수사가 타는 대선은 반 파, 차선은 1~2파, 지차선은 2~3파씩 증가되었다고 한다.[2] 이처럼 선제가 커지자 바람이 없을 때에는 움직이지 못하고, 바람이 있으면 제어하기 어려우며, 조수가 물러갈 때나 물이 얕은 곳에서는 운용할 수 없을 뿐만 아니라 앞으로 재목을 조달하기도 어렵다는 의견이 대두되기도 하였다.[3]

전선의 규격이 이렇게 커지게 된 이유는, 첫째는 조선할 때마다 이전 것보다 작아질 것을 염려하여 치수를 약간씩 증가하였고, 둘째는 통제사를 위시한 수사 첨사 등 수군 장령들이 자기가 타는 배의 위세와 미관을 위하여 다투어가며 높고 크게 만들었으며, 셋째는 우리의 대선으로 적의 소선을 겁낼 것이 없다는 말이 있는 것처럼 전선은 큰 것이 해롭지 않다는 의견이 우세하였기 때문이다.[4]

---

1) 『備邊司謄錄』, 숙종 13년(1687) 1월 1일.
   『增補文獻備考』, 卷120, 兵考, 舟師.
2) 『備邊司謄錄』, 숙종 13년(1687) 1월 1일.
3) 『備邊司謄錄』, 숙종 21년(1695) 1월 23일.
4) 金龍國,「壬辰倭亂後 龜船의 變遷過程」,『國防史學會報』, 1976年度 論文集, 152쪽.

그런데 권반 이후에 많은 사람들에 의하여 전선의 선제 규정이 자주 논의되고 있으나 거북선의 규격에 대해서는 언급이 없다. 상기 김수항의 보고 내용에서도 거북선의 규격은 순검사 권반의 선제에도 규정되어 있지 않고 또 거북선이 옛날의 제도를 벗어난 지의 여부를 알 수 없으므로 아직은 그대로 두는 것이 좋을 것 같다라는 것이었다. 여기에서 알 수 있는 사실은, 첫째는 거북선의 규격이 권반이래 준행되던 선제 중에도 정해져 있지 않았고, 둘째는 숙종 당시에 이미 전에 비해 커진 전선을 권반이 정한 선제에 따라 개조하기로 할 때에도 거북선의 구조는 당시의 현상 그대로 두게 하였다는 점이다.[5]

이와 같이 전선에 대한 선제 규정이 이루어지고 있음에도 불구하고 거북선은 제외되고 있다. 이러한 현상은 임란 해전의 승리에 큰 기여를 한 것으로 알려져 있는 거북선이 우리가 일반적으로 인식하고 있는 바와는 다르게 임란 후 海防의 요건에서 일시 도외시된 감이 있다.

선조 39년(1606)에 나대용이 올린 장계에 의하면, 거북선이 전쟁에 쓰기는 좋지만 사수와 격군의 숫자가 판옥선의 125명보다 적게 수용되지 않고 활을 쏘기에도 불편하기 때문에 각 수영에 한 척씩만을 배치하고 더 이상 만들지 않았다고 한다. 이리하여 통제사 예하의 5개 수영에만 거북선을 1척씩 배치하였으며, 이 5척의 숫자는 1세기가 경과한 숙종 42년(1716) 때까지도 그대로 유지되고 있었다.[6] 그뿐만 아니라 거북선에 대해서는 사수, 포수, 격군 등의 수효도 일정하게 정해지지 않았으며,[7] 상기 권반의 규정에도 아무런 내용이 포함되어 있지 않았다. 이처럼 거북선이 예외 취급되고 있는 것은 거북선의 구조가 전선과 유사하고 또 그 수효도 거우 5척뿐이었던 사정에 기인되었을 것으로 추정된다.

---

5) 상게서, 158쪽.
6) 『備邊司謄錄』, 숙종 42년(1716) 8월 24일.
7) 『備邊司謄錄』, 인조 16년(1638) 2월 26일.

거북선에 대한 규정이 처음으로 나타나는 것은 숙종 42년(1716)이다. 그때 반포된 「양남수군변통절목」에 戰·兵船과 함께 거북선의 승조원과 일년동안 사용하는 물품의 비용이 포함되어 있다. 즉 거북선 1척의 정원은 보통 148명이며 통제영 거북선은 거기에 10명을 더하여 158명으로 정해져 있다. 그것을 직무별로 보면, 선직 2명, 무상 2명, 타공 2명, 요수 2명, 정수 2명, 사부 14명, 화포장 8명, 포수 24명, 좌우포도장 각 1명, 노군 90명(통영은 +10)이다. 또 거북선 1척에 소용되는 일년동안의 물품 비용으로 포목 42필 34자 6치가 규정되어 있다.8) 그동안 예외로 취급되어 온 거북선이 숙종대에 와서는 이처럼 그 대체적인 관리규정이 정해졌던 것이다. 이로 미루어 볼 때, 그후 약 80년이 지나서 『이충무공전서』가 편찬되던 정조 19년(1795) 때의 거북선도 실제로는 숙종대에 정비되었던 거북선의 모습으로 추정될 수 있다.

이렇게 숙종대에 거북선의 관리 규정은 정해졌으나 거북선의 규격은 일정하게 통일되지 않았다. 따라서 처음부터 통일된 표준이 없었기 때문에 그 변천과정에서도 규격이 정하여진 다른 전선보다 신축성이 있었을 것이다. 숙종 42년(1716)의 「양남수군변통절목」 또는 『전라우수영지』 등에 거북선의 정원이 여러 가지로 나타나는 것도9) 그러한 이유때문이었을 것이다. 더욱이 건조하는 감독관 또는 기술자에 의하여 거북선의 길이와 폭이 변동될 수도 있었을 것이다. 실제로 같은 시대의 거북선이지만 『이충무공전서』 중의 통제영 거북선과 전라좌수영 거북선의 모습에 차이가 있는 것으로도 그것을 알 수 있다. 이와 같이 거북선의 제도가 각 수영별로 반드시 동일하지는 않았으며 다만 통제영 거북선은 다른 어느 곳의 거북선보다도 제도가 간략하여 건조하기에 편리하였다 한다.10)

---

8) 『備邊司謄錄』, 숙종 42년(1716) 8월 24일.
9) 金在瑾, 1991, 『朝鮮王朝軍船硏究』, 서울: 一潮閣, 179~180쪽.
10) 『備邊司謄錄』, 숙종 36년(1710) 11월 13일.

임란후 정조대에 이르기까지 거북선이 변화된 실태를 종합하면 다음과 같다.[11]

첫째는 선체가 커졌다는 점이다. 영조 27년(1751)에 영남균세사 박문수는 거북선의 포혈이 8개로서 이순신 때의 6개보다 많으며, 선체도 지나치게 커져 개조하지 않을 수 없다고 했다.[12] 또 龍頭가 龜頭로 바뀌고 전에는 용두의 입으로 포환을 발사하였는데 후에는 귀두의 입에서 연기를 내뿜기도 하였다.

둘째는 화력의 현저한 증강이다. 임란 당시의 거북선은 포혈이 14개밖에 되지 않았다. 그러나 정조대의 거북선은 그 포혈이 엄청나게 많아졌다. 즉 통제영 거북선이 72개, 전라좌수영 거북선이 36개의 포혈을 갖고 있다. 포혈의 이러한 증가는 조총의 도입에 따른 것이며, 당시는 군선에서도 조총이 보편적으로 사용되던 시기였다. 다만 임란 때 거북선은 거북꼬리 밑에 포혈이 있었으나 정조대의 거북선에는 그것이 없어졌으며, 또 정조대의 거북선은 임란 때보다 선수에 포혈이 증가되었다. 이것은 돌격선으로 활용되는 거북선에게 선미보다는 선수의 화력이 더 필요했을 것이라는 실용적인 이유때문으로 추정된다.

셋째는 개판의 변화이다. 임란 때의 거북선은 개판에 쇠못을 꽂고 다만 중앙에 십자세로를 내었을 뿐인데, 정조대의 거북선에는 쇠못이 보이지 않는다. 특히 전라좌수영 거북선에는 귀갑문양을 하였다. 이와같은 거북선의 변화 양상을 요약하면 <표 1>과 같다.

임란 후 거북선의 변천 경위와 실태를 되돌아 볼 때 대체로 선체의 크기에서 변화가 크다는 것 외에 선체 형태가 근본적으로 변형되었다는 징후는 감지되지 않는다. 우리는 임란기 거북선과 정조대 거북선을 대개 별개로 생각하는 경향이 있다. 심지어는 임란기 거북선에 대한 자료 부족

---

11) 金龍國, 1976,「壬辰倭亂後 龜船의 變遷過程」『國防史學會報』, 166~170쪽.
12) 『英祖實錄』, 27년 2월 21일.

을 이유로 삼아 두 시대의 거북선을 전혀 다른 형태로 인식하려는 경향도
있다. 그렇지만 상기 변천사에서 살펴본 바와 같이 그것은 전혀 다른 거
북선이 아니며 다만 시대와 장소에 따라 약간씩 변화되었을 뿐이다.

우리는 조선 후기의 거북선은 물론이거니와 임란기의 거북선을 복원
하고자 할 때 상기와 같은 거북선의 변천사를 염두에 두어야 할 것이다.

〈표 1〉 임란 이후 거북선의 변화 양상

구분	임란기 거북선	박문수 관찰 거북선(1751)	정조대(1795) 거북선
선수	용 머리를 달고 입은 총혈		- 거북머리를 달고 입은 연기를 토출. - 좌수영 거북선은 거북머리 밑에 귀신머리 부착
선미	거북꼬리가 있고 그 아래에 총혈		- 쌍익미가 있고 총혈이 없음
포혈	좌우 각 6, 전후 각 1, 합계 14	좌우 각 8	- 통제영 거북선의 포혈 : 좌우방패 각 22, 좌우 개판 각12, 선수 4, 합계 72 - 좌수영 거북선의 포혈 : 좌우방패 각 10, 좌우 개판 각6, 선수 2, 좌우현판 각 1, 합계 36
개판	십자세로 외에 모두 쇠못		- 통제영 거북선 : 쇠못과 십자세로가 없고, 돛대 세우고 뉘는 통로가 있으며 그 좌우에 각각 12 개의 총혈 - 좌수영 거북선 : 개판을 전부 귀갑문양으로 장 식하고 좌 우에 각각 2개의 문과 6개의 총혈

3. 거북선의 구조에 대한 주요 논쟁점

1) 2층 구조인가 3층 구조인가

(1) 연구사적 검토

거북선이 2층 구조인가 3층 구조인가라는 논쟁은 아직도 해결되지 아

니한 현재진행형이다. 이 논쟁의 역사는 거북선 연구의 초기까지 거슬러 올라간다. 거북선이 몇 층 구조로 되어 있는가에 초점을 맞춰 그 연구사적 검토를 해보고자 한다.[13]

언더우드(Horace H. Underwood)는 1934년에 거북선의 중앙단면도를 <도 1>처럼 추정하였다. 그는 거북선의 구조를 1층의 노역 공간과 2층의 전투원 공간으로 파악하였다. 1층의 노군들은 저판 위에 발디딤판을 만들어 서양식 노를 갤리식으로 저으며, 2층은 전투원들만 활동하는 공간으로 여기에는 포를 배치하였다.[14] 이러한 거북선 2층 구조설과 갤리식 노질에 대한 그의 견해는 그 후로도 상당 기간 동안 정설로 받아들여졌다.

1974년에 김재근은 <도 2>와 같은 거북선 구조도를 발표하였다. 그는 거북선의 내부 구조를 언더우드와 같이 2층으로 파악하였으며, 역시 1층에서는 서양식 노를 젓고, 2층에서는 전투요원이 활동했을 것으로 보았다. 만약 鋪板上 곧 2층에서 노역을 한다면 그것은 노를 젓는 노역, 포를 쏘며 활을 당기는 전투행위 등 모든 활동이 포판상 蓋板下 그 한 장소에 집중된다는 것을 뜻하므로, 150명 내외의 승조원이 한 곳에 모여 혼잡을 이루게 되어 효율적인 전투는 불가능하게 될 것이라고 그는 이해했다.[15] 김재근의 이러한 주장은 기본적으로 언더우드의 견해와 같다고 할 수 있다.

---

13) 이하 연구사는 김주식의 다음 논문을 주로 참고하였다. 「거북선의 건조와 운영 −해전술을 통해 본 거북선의 구조를 중심으로」『조선시기의 거북선과 선소』, 전남대학교 이순신해양문화연구소 학술대회 발표집, 2008. 6. 26.

14) Horace H. Underwood, Korean Boats and Ships (Seoul : Transactions of the Korea Branch of the Royal Asiatic Society, 1934), p.78.

15) 金在瑾, 1974.9,「龜船의 造船學的 考察」『學術院 論文集 − 人文·社會科學篇』 第13輯, 34·48∼49쪽.

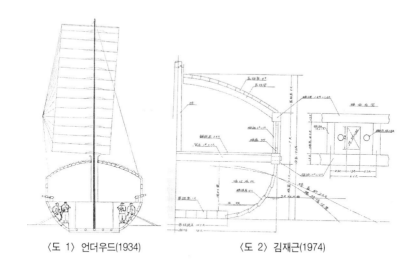

〈도 1〉 언더우드(1934)   〈도 2〉 김재근(1974)

　　1976년에는 상기의 견해들과 전혀 다른 주장이 남천우에 의해 제기
되었다. 그는 거북선이 3층 구조이며, 선체 측면 쪽으로 돌출되고 확대된
2층 갑판 위에서 한국식 노로 노역이 이루어졌고, 3층에서 포가 발사되
었다고 주장하였다(<도 3>). 그는 거북선이 이와 같이 3층 구조였다는
사실은 귀선도설의 거북선 그림에서 개판 중앙의 좌우양측에 각각 포혈
이 뚫려 있는 것으로서 명백하다고 하였다.[16]

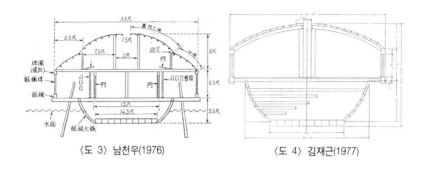

〈도 3〉 남천우(1976)   〈도 4〉 김재근(1977)

16) 南天祐, 1976.9,「龜船構造에 대한 再檢討」『歷史學報』第71輯, 141～177쪽.

1977년에 김재근은 앞서 <도 2>와 같이 제시했던 거북선의 노역 위치를 변경하였다. 즉 노역 위치는 1층이 아니고 2층이며, 그에 따라 2층 板屋上粧의 폭을 주선체보다 크게 잡고 駕木을 좀 더 길게 잡아야 한다는 것이었다.[17] 그 수정된 도면은 <도 4>와 같으며, 이것은 노역 장소가 남천우의 <도 3>과 같다. 그렇지만 김재근은 그의 2층 구조에 대한 앞서의 주장은 변경하지 않았다.

1980년에 해군이 거북선을 복원하였는데 기본적으로 김재근의 <도 4>를 그대로 수용하면서 부분적으로 3층 갑판을 설치하였으며, 그 복원 단면도는 <도 5>와 같았다.

1989년에 정광수는 거북선의 내부구조를 <도 6>과 같이 주장하였다. 그는 2층의 높이가 낮아 사람이 똑바로 설 수가 없기 때문에 3층의 바닥 가장자리 쪽이 터져 있어야 한다고 했다.[18]

1990년에 이원식은 통제영 거북선의 중앙단면도를 <도 7>과 같이, 전라좌수영 거북선의 중앙단면도를 <도 8>과 같이 제시하였다. 그는 거북선의 골격을 기본적으로 3층으로 인식한 것 같으나 3층에는 보(상장 가목)만 설치하고 판자를 깔지 않았다. 즉 거북선의 2층에서 노도 젓고 포를 쏘는 것으로 이해하였다.[19]

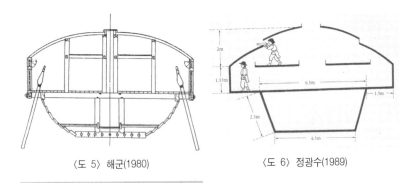

〈도 5〉 해군(1980)   〈도 6〉 정광수(1989)

---

17) 金在瑾, 1977, 『朝鮮王朝軍船硏究』, 서울: 一潮閣, 129~130쪽.
18) 정광수, 1989, 『삼가 적을 무찌른 일로 아뢰나이다』, 서울: 정신세계사, 342~343쪽.
19) 이원식, 1990, 『한국의 배』, 서울: 대원사, 48~51쪽.

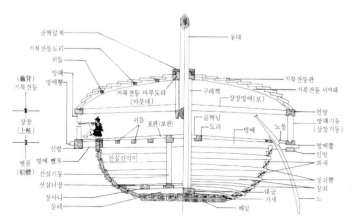

〈도 7〉 이원식 통제영(1990)

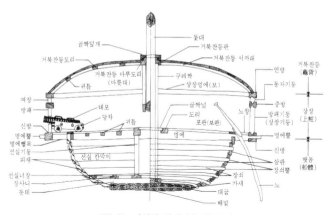

〈도 8〉 이원식 전라좌수영(1990)

1994년에 이원식은 임진왜란 당시의 거북선 중앙단면도를 <도 9>와 같이 제시하였다.[20] 그 중앙단면도는 1990년에 제시했던 통제영 거북선의 중앙단면도(<도 7>)와 동일한 형태이며, 2층에서 노를 젓고 포를 쏘는 구조였다. 그는 2004년에 발표한 논문[21]에서도 임진왜란 때의 거북

---

20) 이원식, 1994.11, 『壬亂時 戰艦의 特性과 龜船의 構造分析』, 해군사관학교 해군충무공해전유물발굴단.

선을 <도 9>와 동일하게 제시하였고, 또 2007년의 박사학위 논문에서
도 역시 동일한 도면이었으며, 그것은 골격은 3층이나 2층에서 노를 젓
고 포를 쏘는 구조 그대로였다.[22] 이와 같이 이원식의 거북선 구조는 모
두 골격은 3층이나 실질적으로는 2층으로 되어 있다.

1995년에 장학근은 임진왜란 당시의 거북선이 2층에서 노를 젓고 3
층에서 포를 쏘았다는 <도 10>과 같은 도면을 제시하였다. 이것은 전체
적인 모습이 언더우드의 제안과 같은 형태이며, 다만 상장이 2개의 갑판
으로 완전히 구분되어 있고, 또한 3층에는 포가 2층에는 노가 배치되어
있다는 점이 다르다.[23]

2004년에 장학근은 <도 11>과 같은 새로운 그림을 제시하였다. 그는
좌우 뱃전에 난간을 설치하고 서양식 노를 동양식 노로 바꾸며, 2층에서
노를 젓고 3층에서 포를 쏘았다는 3층 구조설은 그대로 유지하였다.[24] 변
경된 장학근의 견해는 남천우의 <도 3>과 비슷한 구조로 파악된다.

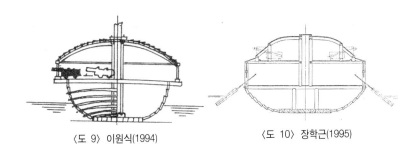

〈도 9〉 이원식(1994)   〈도 10〉 장학근(1995)

21) 李元植, 2004, 「1592年式 李舜臣 創制(거북배)의 設計 復元 硏究」『大韓造船
學會誌』第41卷, 第3號, 52쪽.
22) 李元植, 2007, 『1592年 龜船의 主要 値數 推定에 關한 硏究』, 한국해양대학교
공학박사 학위논문, 138쪽.
23) 張學根, 1995, 「軍船으로서의 原型龜船 – 龜船改造論을 中心으로」『昌原史學』
第2輯, 300쪽.
24) 張學根, 2004, 「戰場環境과 거북선 船型變化」『軍史』第51號, 國防部 軍史編
纂硏究所, 55~58쪽.

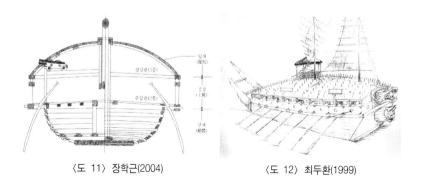

〈도 11〉 장학근(2004)   〈도 12〉 최두환(1999)

1999년에 최두환은 임진왜란 때의 거북선에 대해 <도 12>와 같은
도면을 제시하였다. 그는 거북선이 3층 구조이며, 2층 갑판에서 노를 젓
고 3층 갑판에서 포를 쏘았다고 했다.[25]

(2) 『이충무공전서』 거북선 그림의 올바른 이해

상기의 연구사에서 보는 바와 같이 거북선의 내부 구조가 2층인지 3
층인지는 포를 쏘는 갑판과 맞물려 아직도 논의가 분분한 실정임을 알
수 있다. 그러므로 거북선의 내부 구조를 추정하기 위해서는『이충무공
전서』의 거북선 그림에 대한 올바른 이해가 무엇보다도 절실하다. 사실
거북선이 2층인가 3층인가 하는 논란은 그 원인이『이충무공전서』의 거
북선 그림에 대한 해석이 잘못된데서 출발한 것으로 보여지기 때문이다.
먼저 통제영 거북선(<도 15>)이 3층으로 구성되어 있음은 개판 위의
총구멍으로 알 수 있다. 2층의 방패에도 총구멍이 열지어 있고 3층의 개
판에도 총구멍이 열지어 배치되어 있다. 방패의 총구멍과 개판의 총구멍
은 동일한 갑판에 배열될 수 없으므로 서로 다른 층임을 알 수 있는 것이
다. 전라좌수영 거북선(<도 16>)도 방패의 포구멍과 개판의 총구멍이

---

25) 崔斗煥, 1999,「임란시의 원형 거북선에 관한 연구」『海洋硏究論叢』第22輯,
     海軍士官學校 海軍海洋硏究所.

동일한 갑판에 있을 수 없으므로 역시 3층 구조임을 알 수 있다. 그러므로 조선 후기의 거북선, 구체적으로는 1795년 『이충무공전서』의 거북선이 3층 구조임은 재론의 여지가 없이 확실하다고 말할 수 있다.

그런데 1795년의 거북선이 3층으로 구성되어 있고 2층은 물론이거니와 3층도 全通갑판이라면, 舷欄에서부터 牌欄까지의 높이 즉 2층의 높이가 4.3자(약 129cm)라는 『이충무공전서』의 기록은 이해될 수 없다. 동양식 노는 노군들이 서서 노질을 해야 하며, 조선 말기에 남자들의 평균 신장 실측치 163.8cm를[26) 고려해 볼 때, 4.3자 높이에서는 노군들이 자유롭게 노질을 하는 것이 불가능하기 때문이다.

이 어려움 때문에 필자는 1795년 거북선의 3층 갑판이 전통갑판으로 되어 있지 않고 노군들이 노질을 하는 머리 위 부분은 갑판이 비어 있는 것으로 추정하고자 한다. 이러한 판단하에 1795년 거북선의 내부 구조를 그림으로 표현하면 <도 13>과 같다. 1795년 통제영 거북선은 <도 13>에서 방패 위의 여장이 생략된 구조이며, 전라좌수영 거북선은 <도 13>에서 돛대를 세웠다 뉘웠다 할 수 있는 개판 중앙의 통로가 막혀있는 즉 돛대가 없는 구조로 이해된다.

---

26) 李鎭甲은 1984, 「1590年代 李朝鎭管官兵의 身長 및 筋力에 關한 硏究」 『안동문화』 5, 121쪽에서 1590년대 영변부진관관병의 신장이 12~19세는 137.8cm, 20~29세는 151.5cm, 30~39세는 157.6cm, 40~49세는 158.4cm, 50~57세는 156.9cm이며, 이들 전체 평균치는 152.7cm로 추정하였다. 여기서 그가 사용한 척도는 1周尺 =21.04cm이었다.
조선시대 사람들의 키에 대한 정확한 실측치는 Bishop, Isabella S. Bird, *Korea & Her Neighbours*, Vol. 1. (London : John Murray, 1898), p.23.에 나와 있다. 그 기록에 의하면, A. B. Stripling이 1897년 1월에 서울에서 남자 1060명을 대상으로 키를 측정한 결과, 최대키는 5ft. 11 1/4inch(180.98cm), 최저키는 4ft. 9 1/2inch(146.05cm), 평균키는 5ft. 4 1/2inch(163.83cm)였다.

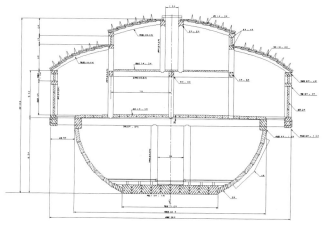

〈도 13〉 1795년 거북선의 중앙단면도

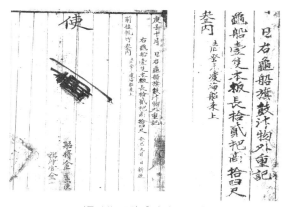

〈도 14〉 조선 후기 수군 문서

　　만약에 1795년 거북선의 3층 갑판이 전통갑판이었다면, 노군들이 활동하는 2층의 높이는 『이충무공전서』의 4.3자보다 더 높아야 한다. 이것은 『이충무공전서』의 기록 자체를 부정하는 것이 되므로 받아들일 수 없다. 그런데 통영에서 발견된 <도 14>와 같은 조선 후기의 수군 문서에 의하면,[27] 본판장(本板長) 길이가 12파(把, 1파는 영조척 5자)인 거북선의 높이가 14자로 나와 있다. 이것은 선체의 높이가 나와있지 않은『이충무공전서』의 龜船圖說을 보완해주는 매우 중요한 자료이다.

『이충무공전서』 거북선의 본판장은 64.8자이며, 전체 높이는 알 수 없으나 1층의 높이 곧 현판의 높이는 7.5자이고, 2층의 높이는 4.3자이다. 그런데 <도 14>의 수군 문서에 기록된 거북선은 본판장이 60자(12파)로『이충무공전서』거북선과 큰 차이가 없다. 그러므로 수군 문서 거북선의 높이 14자를『이충무공전서』거북선에 적용한다면 1층을 제외한 2층과 3층의 높이는 6.5자(14자~7.5자)가 된다. 이것은 곧『이충무공전서』거북선의 1층을 제외한 2층과 3층의 높이가 대략 6~7자로 추정될 수 있음을 의미한다. 또한 이 추정치는 조선 후기 거북선의 상장 높이가 매우 낮았음을 암시하고 있다.

이것으로 보더라도『이충무공전서』거북선의 2층 방패 높이 4.3자는 신뢰할 수 있는 치수임이 분명하다 하겠다. 이러한 사실은 필자가 제시한 1795년 거북선의 중앙단면도인 <도 13>의 타당성을 입증해 주는 하나의 근거자료가 될 수도 있다.

2) 포 설치 위치

앞서 연구사적 검토에서 3층 구조설을 주장하는 연구자들 대부분은 임란기 거북선이 2층에서 노를 젓고 3층에서 포를 쏘았다는 주장을 폈다. 그러나 이들의 주장은『이충무공전서』귀선도설의 거북선 그림과 모순된다.

『이충무공전서』귀선도설에 의하면, 통제영 거북선은 礮穴의 총수가 72개이며 귀선도설 해설문의 이러한 포혈 숫자는 <도 15>에서도 그대

---

27) 朴惠一, 1999.6, 「'통영 고옥에서 수집된 수군 고문서(1979년 발견)'에 대한 몇 가지 추론적 소견」『한국과학사학회지』제21권 제1호, 한국과학사학회, 101쪽.

로 확인된다. 그리고 전라좌수영 거북선은 포혈의 총수가 36개이며 이 숫자도 역시 <도 16>과 일치한다. 이러한 사실은 『이충무공전서』 귀선도설의 거북선 그림들이 2층은 물론이고 3층에도 포혈이 있음을 명백히 보여주고 있다. 이것은 3층에서만 포를 쏘았다는 상기 연구자들의 주장과는 전혀 다르다. 그들은 곧 임란기 거북선과 1795년 거북선을 서로 다른 구조로 파악하고 있는 셈이다. 그러나 앞서 변천사에서도 살펴보았듯이 양 시대의 거북선을 전혀 다르게 볼 수는 없다고 생각된다.

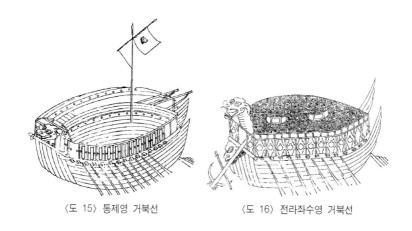

〈도 15〉 통제영 거북선   〈도 16〉 전라좌수영 거북선

3층 구조설을 처음으로 주장했던 남천우는 "진짜의 좌우측면의 포혈은 개판에 뚫려져 있는 포혈들 뿐이라는 점이며, 그 밑에 있는 舷欄牌의 포혈들은 말하자면 假字의 포혈이라는 점이다. 즉 그곳에서는 간혹 궁시를 쏘기는 하였을 것이나 실제에 있어서는 그것들은 위장을 겸한 통풍창구에 불과하다고 말할 수 있으며 화포를 그곳에서 쏠 필요는 없다"[28]라고 하며, 귀선도설 거북선 그림들에 나타나는 2층 방패의 포구멍을 완전히 부정하였다. 장학근도 "거북선의 무장이 이처럼 엄청나다는 것은 기

---

28) 南天祐, 1976.9, 「龜船構造에 대한 再檢討」 『歷史學報』 第71輯, 170쪽.

록상의 오류임이 분명하다"[29])거나 "신방 혹은 패란 안에 설치된 갑판은 노군과 사수들의 활동장소이다"[30]라며 2층 방패의 포구멍을 부정하였고, 최두환도 "포구멍은 현란에 있는게 아니라 여장에 설치되었다"[31]라며, 2층 방패의 포구멍을 역시 부정하였다.

3층설 주장자들이 이와같이 귀선도설의 2층 포구멍을 부정하는 근거는 노를 저으면서 동시에 포를 쏠 수가 없기 때문이라는 이유에서였다. 그렇기 때문에 귀선도설의 거북선뿐만 아니라 임란기 거북선도 2층에서 노를 젓고 3층에서 포를 쏘았다는 것이 그분들의 한결같은 주장이다. 이러한 주장이 과연 설득력 있는 올바른 주장인가를 살펴보지 않을 수 없다.

잘 알려진 바와 같이 임란기 거북선의 포혈은 이분이 쓴 이순신의 「행록」에 선수 용머리 입과 선미의 꽁지 아래에 각각 한 개 그리고 좌우에 각각 6개로 되어 있다. 여기서 선수미의 포혈 위치는 확실히 알 수 있지만 좌우의 포혈 위치는 구체적인 언급이 없으므로 2층 방패인지 혹은 3층 蓋板인지 알 수 없다. 이것을 밝히기 위해서는 임란 당시의 해전 기록을 살펴볼 필요가 있다.

임진년 해전에서 거북선의 사상자 통계를 보면 <표 2>에서 보는 바와 같이 노를 젓는 格軍의 사상자가 23명으로 그 피해가 상당히 컸음이 드러난다. 이것은 명백히 방패로 보호된 2층에서 활동하는 거북선의 격군들이 적의 탄환 및 화살에 적지않은 피해를 입은 사실을 나타내고 있다. 그 까닭을 방패의 불완전 즉 판자를 서로 이어 붙여 만든 부분에 탄

---

29) 張學根, 1995, 「軍船으로서의 原型龜船 – 龜船改造論을 中心으로」 『昌原史學』 第2輯, 288쪽.

30) 張學根, 2004, 「戰場環境과 거북선 船型變化」 『軍史』 第51號, 國防部 軍史編纂研究所, 59쪽.

31) 崔斗煥, 1999, 「임란시의 원형 거북선에 관한 연구」 『海洋研究論叢』 第22輯, 海軍士官學校 海軍海洋研究所, 91쪽.

환이나 화살이 통과할 틈새가 있었다고 보기는 어렵다. 만약 그러한 틈새가 있었다면 그것은 방패라 부를 수도 없고 또 방패로서의 본래 역할을 할 수도 없기 때문이다. 그렇다면 임진년의 거북선에서 많은 격군의 사상자가 발생한 것은 방패를 뚫고 들어올 수 있는 구멍이 있었고, 그 구멍은 포를 발사하는 구멍으로 판단하는 것이 순리적인 추론이 아닐가 보여진다. 즉 격군이 배치된 2층 방패에 포 구멍이 있었을 것으로 추정하는 것이 합리적인 해석이라 여겨진다.

이러한 추정에 따라서 우리는 임란기 거북선은 격군의 노질 공간과 대형화기의 발사 공간이 동일한 2층에 위치하였음을 간취할 수 있다.

〈표 2〉 임진년 해전 시 거북선의 사상자 통계표[32]

구분	格軍(格括軍)		射夫	
	전사자	부상자	전사자	부상자
제2차출전				
제3차출전	2	16		
제4차출전		5		1
합 계	2	21		1

한편, <표 2>에서 활을 쏘는 사부와 노를 젓는 격군의 피해 정도가 현저하게 다른 것으로 보아 그들의 활동 공간은 서로 달랐을 것으로 추정된다. 그렇다면 2층에 위치한 격군과는 달리 사부는 3층에 위치했을 것으로 보는 것이 합리적인 추론이라 하겠다.

거북선의 사부가 3층에 위치했으리라는 이러한 추정은 다른 비교검토로도 유추될 수 있다. 이순신의 장계와 일기를 통해서 볼 때, 임란기 해전에서 사용된 각종 화기는 <표 3>과 같다. <표 3>에 의하면, 거북선은 천자, 지자, 현자, 황자총통 등을 사용하였다.[33] 거북선의 이들 대

---

32) 趙成都 譯註, 1973, 『壬辰狀草』, 서울: 同元社에 의해 작성함.

형화기는 활을 쏘는 사부와 동일한 공간에서 활동할 수 있었겠는가? 먼저 결론을 이야기 하면 그것은 어렵다는 것이다. 그 이유는 같은 방패면에 활을 쏘는 군사들이 사용하는 구멍과 대형화기를 발사하는 구멍을 각각 뚫어야 하기 때문에 방패의 방호 기능이 허약해지게 된다. 따라서 사부의 활동 공간과 대형화기의 발사 공간은 서로 달랐을 것으로 보지않을 수 없다. 물론 방패 위에 여장을 두어 그곳에서 활을 쏘면 되지 않았겠는가라는 생각을 할 수도 있다. 그러나 이것은 동일한 2층 갑판에서 활과 포를 쏘고 또 노도 저었다는 즉 거북선이 2층 구조로 되어있다는 의미가 되므로 수용되기 어렵다. 그리고 무엇보다도 <표 2>에 나타나는 사부와 격군의 현격한 사상자 차이가 설명되지 않는다. 그러므로 거북선의 사부는 2층의 격군과는 다른 3층에 위치했던 것으로 추정되는 것이다.

이상의 검토 결과로 임란기 거북선은 2층에서 노를 젓고 포를 쏘며, 3층에서 활을 쏘았을 것으로 판단된다.[34] 따라서 임란기 거북선의 포혈 위치는 2층 방패가 된다. 이것은 『이충무공전서』의 통제영 거북선과 전라좌수영 거북선의 포 구멍의 위치와 동일하다고 하겠다.

---

33) 朴哲晄은 1995, 「壬辰倭亂期 朝鮮軍의 火藥兵器에 대한 一考察」, 『軍史』 제 30호, 國防軍史硏究所에서 임진왜란 당시 조선군이 사용한 화기로 소총류는 승자총통, 차승자총통, 대승자총통, 중승자총통, 소승자총통, 별승자총통, 소총통, 쌍자총통을, 화포류는 천자총통, 지자총통, 현자총통, 황자총통, 별황자총통을 지적하였다.

34) 張學根은 2004, 「戰場環境과 거북선 船型變化」 『軍史』 제51호, 국방부 군사편찬연구소, 61쪽에서 거북선의 2층은 노군과 사수의 전투장소로, 3층은 총통을 발사하는 장소로 운용되었다고 추정했다.

〈표 3〉 이순신의 장계와 일기를 통해 본 임란기 조선 수군의 사용 화기

사용 시기	사용 주체	사용 화기	피사체	근거 자료
사천 해전	龜船	天, 地, 玄, 黃, 各樣銃筒		「唐浦破倭兵狀」
"	諸將		鐵丸, 皮翎箭, 火箭	"
"	"	天, 地字銃筒		"
당포 해전	龜船	玄字	鐵丸,	"
"	"	天, 地字	大將軍箭	"
"	諸船		丸箭	"
1592. 6. 2	"	大, 中勝字銃筒		『난중일기』壬辰
당항포 해전	龜船	天, 地字銃筒		「唐浦破倭兵狀
"	諸船	銃筒	箭丸	"
"	"		火箭	"
"	我船	地, 玄字銃筒		"
"	"		鐵丸, 蒺藜砲, 大發火	"
한산도 해전	諸將	地, 玄字, 勝字 各樣銃筒		「見乃梁破倭兵狀」
안골포 해전	諸將	天, 地, 玄字銃筒, 各樣銃筒		"
부산포 해전	諸將	天, 地字	將軍箭, 皮翎箭, 鐵丸	「釜山破倭兵狀」
웅포 해전			皮翎箭	「討賊狀」
"	輕完船	地, 玄字銃筒		"
"			震天雷	"
1593. 5. 12	我船	正鐵銃筒		『난중일기』癸巳
1593. 5. 30	"		火箭	"
1593. 9. 15	"	正鐵銃筒		"
1593. 8	我國	勝字, 雙穴銃筒, 正鐵鳥銃		「封進火砲狀」
1593. 9	龜船, 板屋船	地, 玄字銃筒		「條陳水陸戰事狀」
1593. 8			木箭	「登聞被擄人所告倭情狀」
1593. 11	戰船	地, 玄字銃筒		「請下納鐵公文兼賜硫黃狀」
1597. 9. 16	上船		炮丸	『난중일기』丁酉(1)
"	上船	地, 玄, 各樣銃筒		『난중일기』丁酉(2)

여기에서 많은 사람들이 의문을 제기하고 있는 문제를 거론하지 않을 수 없다. 그것은 곧 거북선의 2층 갑판에서 노질과 포의 발사 행위가 동시에 이루어질 수 있었겠는가?라는 점이다. 이러한 의문은 특히 현재의 해군사관학교 복원 거북선에서 느낄 수 있을 것이다. 즉 노를 설치하기 위해서는 櫓窓을 벗겨내어야 하는데 바로 바다가 드러나기 때문에 포를 탑재한 童車가 바다에 빠질 위험이 있다는 것이다.

그런데 이 문제는 그다지 궁금한 사항이 아니다. 원래 노질을 하는 곳이 해군사관학교 복원 거북선처럼 노창을 설치하여 닫았다 열었다하는 것이 아니고 판자가 고정되어 깔려 있다고 보면 된다. 귀선도설에 의하면, 난간을 따라 판자를 깔았다[35]고 했으므로 그 판자에 노를 출입할 수 있는 작은 구멍 한 개만 뚫어놓으면 된다.[36] 『軒聖遺稿』의 上粧式 그림에서 선수 좌우쪽에 3개씩 그려진 그 구멍을 볼 수 있다.[37] 이처럼 노를 출입하는 곳이 노창으로 되어 있지 않고 구멍이 뚫려 있다는 내용은 1719년에 통신사로 일본에 다녀온 바 있는 申維翰의 관찰 기록에서도 나타나며,[38] 또 일본인이 그린 통신사선의 그림과 그 설명문에서도 명확히 드러난다.[39] 그러므로 『이충무공전서』의 거북선 그림에 그려져 있는 그대로 동일한 2층 갑판에서 노질과 화포의 발사가 동시에 이루어질 수 있으며, 실제로 복원거북선을 오랫동안 운영해본 바에 의해서도 거기에 따른 별다른 문제를 느낄 수 없었다.[40]

---

35) 『李忠武公全書』, 卷首, 圖說, "沿欄鋪版".
36) 김주식은 2008.6.26, 「거북선의 건조와 운영－해전술을 통해 본 거북선의 구조를 중심으로」『조선시기의 거북선과 선소』, 전남대학교 이순신해양문화연구소, 23쪽에서 그 구멍의 크기를 지름 30cm로 추정하였다.
37) 金在瑾, 1991, 『朝鮮王朝軍船硏究』, 서울: 一潮閣, 248쪽.
38) 申維翰, 1975, 「海游錄」『海行摠載』第1輯, 민족문화추진회 "東西檻頭 立旗 纛節旌劍劍 檻下兩傍 鑿穴藏櫓各十二".
39) 金在瑾, 1994, 『韓國의 배』, 서울대학교출판부, 282쪽, 南波所藏 正使船의 附箋文, "櫓ヲタツル穴", "楫の穴".
40) 김주식, 전게서 22~23쪽.

노를 저을 때마다 노창을 들어 올리게 되면 불편하기도 하거니와 전투 시에는 그 공간을 통하여 아군의 노군들이 적의 공격에 노출될 수 있는 위험도 도사리고 있다. 해군사관학교 복원 거북선이 노창을 설치하여 노를 설치할 때마다 열었다 닫았다 할 수 있게 만든 것은 거북선을 부두에 계류할 때 선체 위에는 계류훗줄을 맬 곳이 마땅치 않았기 때문에 이렇게 노창을 만들어 현란의 가목을 훗줄걸이로 이용하고자 했던 것이다. 물론 옛날에는 부두가 없었기 때문에 오늘날과 같이 부두에 현측계류를 하지 않았다. 따라서 닻을 이용하여 해안 가까이에 투묘 정박하거나 해안에 배를 직각으로 닿게 정박하는 방법을 이용했기 때문에 실제로는 노창이 필요없었던 것이다.

4. 임란기 거북선의 선체 규모

1) 임란기 거북선의 저판 길이

조선시대에 군선의 크기는 底板(本板)을 기준으로 삼았다는 것은 잘 알려져 있는 사실이다. 따라서 임란기 거북선의 구조를 알아보기 위한 제1보는 그 저판 길이의 탐구에 있다고 하겠다. 『이충무공전서』의 귀선도설에 나와있는 통제영 거북선의 저판 길이는 64.8자이다. 그러나 이 치수는 임란 때보다 군선의 규격이 커진 조선 후기 거북선의 저판 길이이므로 임란 때의 치수로 볼 수 없다는 것이 일반적인 견해이다.

임란 후 수군을 재건하면서 광해군 7년(1615)에 전선의 크기를 정하였는데 저판의 길이를 기준으로 大船은 70자, 次船은 55자, 가장 작은 소선인 之次船은 47.5~50자로 정하였다. 이것은 순검사 權盼이 아직도 살아 남아 있는 임진왜란 때의 수군장졸들과 충분히 상의하여 충무공 당시의 판옥선의 치수를 상고해 가며 절목으로 제정한 것이었다.[41] 김재근은 거북선이 전통적으로 소형 전선과 동일한 선체였으므로 임란 때 거북선의 저판 길이도 47.5~50자였을 것으로 판단하였다. 그는 숙종 42년(1716)에 제정된 各軍船制定額數에서 크기가 가장 작은 전선과 통제영 거북선의 인원이 비슷하다는 점을 그 이유로 들었는데 탁견이라 하겠다.[42] 그는 구체적으로 거북선이 제일 작은 판옥선과 같은 크기로 만들어졌기 때문에 그 저판 길이는 50자로 보아 틀림없을 것이라 하였다.[43]

임란 때 거북선의 저판 길이가 50자였다는 김재근의 주장은 이원식에 의해서 지지를 받았다. 이원식은 <표 4>와 같은 사료들을 그 근거로 제시하였으며,[44] 그 내용은 다음과 같다.

『湖左水營誌』(1847)에 의하면,[45] 전라좌수영의 宿字 제2호 거북선이 1756년에 불이 나서 새로 건조하였는데 그 저판 길이는 47자였다.[46] 또 1815년에 필사된 경주이씨 익제공파 소장본 『湖左水營誌』에 의하면,[47] 전라좌수영 제4귀선의 저판 길이가 10파(50자)로 되어 있다. 또 영조 때의 실학자인 여암 申景濬(1712~1782)이 각종 군선의 크기를 號數에 따라 통일할 것을 제의하였는데, 제3호선은 거북선으로 저판 길이가 50자가 되도록 해야 한다는 것이었다.[48] 이것은 임란 이후 전

---

41) 『備邊司謄錄』, 肅宗 13년(1687) 1월 1일.

42) 金在瑾, 1884, 『韓國船舶史研究』, 서울大學校出版部, 147쪽.
   金在瑾, 1992, 『거북선』, 서울: 正字社, 106~108쪽.

43) 金在瑾, 『거북선』, 106~108쪽.

44) 李元植, 2007, 『1592年 龜船의 主要 値數 推定에 關한 研究』, 한국해양대학교 공학박사 학위논문.

45) 許遷, 1992, 『湖左水營誌(國譯版)』, 全羅左水營 聖域化事業推進委員會, 25~26쪽.

46) 그 치수는 周尺으로 되어 있으나 사실은 營造尺의 착오로 보인다. 조선시대 선박의 치수는 營船尺(1把－營造尺 5자) 혹은 營造尺으로 표기되었다.

47) 『湖左水營誌』, 戰艦條(慶州李氏益齊公派 所藏 筆寫本), 李元植, 상게서, 72쪽에서 재인용.

48) 金在瑾, 1884, 『韓國船舶史研究』, 서울大學校出版部, 144·180쪽.

함을 새로 건조할 때마다 점차로 크기가 늘어나서 논란이 되어왔기 때문에 신경준이 옛날의 제도를 따를 것을 합리적인 치수로 제안한 것이라 한다.49) 이 외에도 이순신 종가에서 소장하고 있는 龜船圖에 의하면, 전라좌수영에서 건조한 거북선의 본판 길이가 10파(50자)로 나와 있다.50)

〈표 4〉 임란 때 거북선의 저판 길이 자료

연대	거북선의 저판(본판) 길이	출처
1615	10파(50자)-9.5파(47.5자)	『備邊司謄錄』제41책, 金壽恒의 狀啓에 포함된 權盼의 節目 중 之次船
1756	47자	『湖左水營誌』의 거북선 新造
1815	10파(50자)	『湖左水營誌』(경주이씨익제공파 소장 필사본)
18세기 후기	10파(50자)	『旅菴全書』
19세기	10파(50자)	이순신 宗家 龜船圖

임란 때 거북선의 저판 길이가 명시된 자료는 아직까지 나타나지 않았지만, 상기 김재근과 이원식이 추정한 내용으로 볼 때, 임란 때 거북선의 저판 길이는 50자였을 가능성이 매우 크다.

그런데 1631년부터 1633년까지 경기도 수군절도사를 역임했던 崔震立의 解由文書는 임란 때 거북선의 저판 길이에 한발 더 다가서게 한다. 그 문서에는 당시 경기도 수영에 소속된 각종 군선의 제원이 포함되어 있는데, 그것을 정리하면 <표 5>와 같다.

---

49) 李元植, 전게서, 75쪽.
50) 李元植, 상게서, 74~75쪽.

<표 5> 1633년 경기 수사 최진립의 해유문서에 나타나는 군선의 제원

구분	本板長	廣	櫓
第一(戰)船	11파	5파	좌우 18개
第二戰船	10파	4파반	좌우 18개
第三鼻字月串戰船	53척	19척	좌우 18개
統營來艨艟船(龜船으로 개조)	9파반(船長)	3파반	좌우 14개
全羅右水營來艨艟船(防牌船으로 개조)	8파	3파	좌우 12개 (3개 빈노)
也字兵船(防牌船으로 개조)	24척	9척 1촌	좌우 8개
公淸水營來艨艟船(防牌船으로 개조)	7파	3파	좌우 8개
防牌船	9파	2파	
列字月串兵船(卜物船으로 개조)	38척	23척	
全羅右水營來玉字小兵船	5파	2파반	3개
克字喬棟艨艟船(兵船으로 개조)	44척	6척 4촌	2개

* 1파(把) = 영조척 5尺

<표 5>에서 네 번째로 나타나는 군선이 거북선이다. 이 거북선은 戊辰年(1628)에 통영에서 艨艟船 1척을 가져와 1630년에 방패선으로 改槊하고, 1633년에 다시 거북선으로 개조한 것이었다.[51] 그런데 이 몽동선은 원래 배의 길이(船長, 본판장으로 추정됨)가 47.5자(9.5파)였다. 이것은 1615년에 반포된 권반의 절목 중 之次船 즉 소선에 해당된다.

이상과 같은 고찰 결과로 임란 때 거북선의 저판 길이는 47.5-50자로 보아도 틀림없을 것으로 판단된다.

---

51) 이왕무, 2003, 「조선후기 국경수비체계의 편성과 운영(解由文書를 통한 關防 연구를 중심으로)」『軍事史 硏究叢書』, 國防部 軍史編纂硏究所, 223~254쪽.

2) 임란기 거북선의 선체 규격

(1) 기 연구된 거북선의 선체 규격 검토

앞에서 임란기 거북선의 저판 길이가 47.5~50자로 밝혀졌지만 거북선의 선체 규격을 파악하기 위해서는 가장 기초적인 선체의 치수를 찾아내야 한다. 그 기초적인 치수는 저판과 鋪板[52]의 규격이며, 세부적으로는 각각의 길이와 頭廣(머리 너비), 腰廣(허리 너비), 尾廣(꼬리 너비)이다. 이에 대한 연구 결과가 근래에 발표된 바 있다.[53] 조선 공학에 대한 전문성을 갖고 있지 않은 필자가 감히 先學에 의해서 기 연구된 그 결과를 검토한다는 것은 어불성설이라 하겠다. 다만 후학의 호기심의 발로로 이해를 바랄뿐이다.

기 연구된 임란기 거북선의 선체 규격에 대한 주요 치수는 <표 6>과 같으며, 그 치수들은 『이충무공전서』의 1795년 거북선의 주요 치수를 추정한 다음에 그것을 기준으로 삼아 저판의 길이가 50자 되는 임란 때 거북선의 선체 규격을 산출한 것이다.

임란기 거북선을 복원하고자 할 경우에 <표 6>의 치수는 매우 중요한 자료이다. 다만 그 추정 치수에 따라 거북선을 실제 크기로 제작했을 때 수용인원이 임란 때의 조건을 충족시킬 수 있어야 한다.

임란기 거북선의 승조원은 羅大用의 상소문에 "거북선은 사부와 격군의 수가 판옥선의 125명보다 내려가지 않고"[54]라는 내용으로 볼 때, 125명으로 추정될 수 있다. 따라서 복원될 임란기 거북선은 최소한 125명을 수용할 수 있는 선체 면적이 확보되어야 한다.

---

52) 여기에서 필자가 사용한 '鋪板'은 양 舷板 최상단 폭을 기준한 2층 갑판의 넓이를 의미하며, 현판 밖으로 확장된 현란의 갑판은 포함되지 않는다.

53) 李元植, 2007, 『1592年 龜船의 主要 值數 推定에 關한 研究』, 한국해양대학교 공학박사 학위논문.

54) 『宣祖實錄』, 39년 12월 戊午(24일), "龜船 … 射格之數不下板屋船一百二十五名".

<표 6> 임란기 거북선의 기 연구된 주요 치수[55]와 선체 면적

선체 구분	제원	추정 치수	
		자(尺)	m *
저판	저판(본판) 길이	50	15.61
	저판 두광	9.3	2.90
	저판 요광	11.2	3.50
	저판 미광	8.2	2.56
	저판 면적	48.59㎡ **	
포판(鋪板, 갑판)	포판(上粧) 길이	68	21.22
	포판 두광(上頭廣)	13.1	4.09
	포판 요광(上腰廣)	22.6	7.05
	포판 미광(上尾廣)	11.2	3.50
	포판 면적	115.1㎡ **	
전체 면적		163.7㎡	

  * : 영조척 1자=0.3121m 기준으로 환산(朴興秀, 「李朝尺度에 關한 研究」, 『大
　　東文化研究』제4집, 1967)
 ** : 저판과 포판을 절반으로 나누어 각각 사다리꼴 면적의 계산방법으로 약산하여
　　산출함.[56]

　　거북선 승조원의 수용 가능 공간을 저판(1층)과 포판(2층)으로 가정
하여 약산하면 기 연구된 임란기 거북선의 경우에 그 전체 면적은 <표
6>에서 보는 바와 같이 163.7㎡가 산출된다. 실제 수용 가능 면적은
이 수치와는 다를 것이다. 왜냐하면 가룡목, 기둥, 계단, 통로, 창고 등

---

55) 상게서, 132쪽.
56) 저판을 중앙에서 선수부와 선미부로 잘라 각각 사다리꼴 면적의 계산방법을 응용
　　하여 전체 면적을 산출하면,
　　S1=[(2.9m+3.5m)×7.8m÷2]+[(3.5m_2.56m)×7.8m÷2]=48.59㎡ 이다.
　　포판을 중앙에서 선수부와 선미부로 잘라 각각 사다리꼴 면적의 계산방법을 응
　　용하여 전체 면적을 산출하면,
　　S2=[(4.09m+7.05m)×10.61m÷2]+[(7.05m+3.5m)×10.61m÷2]=115.1㎡ 이다.
　　그러므로 이원식이 제시한 임란기 거북선의 승조원 수용 면적은 S1+S2=163.69
　　㎡≒163.7㎡가 된다.

과 같은 수용불가한 공간과 상갑판과 같이 추가로 수용가능한 공간도 있었을 것이기 때문이다. 다만 이러한 공간을 고려하지 않더라도 저판과 포판의 면적만으로도 본고의 논리 전개에는 아무런 문제가 없다고 판단되기 때문에 여기서는 편의상 이 점을 무시하고 논리를 전개하고자 한다.

163.7㎡는 임란기 거북선의 승조원 125명을 수용하는데 합당한 면적이 될 수 있는가? 이 문제를 검토하기 위하여 조선시대의 군선으로서 저판과 포판의 치수 및 승조원 숫자가 동시에 나타나는 선박을 찾아보니 자료가 없었다. 그래서 비록 군선은 아니지만 통신사선의 자료가 있으므로 우선 그것과 비교해 보기로 하였다. <표 7>은 『계미신행록(癸未信行錄)』(1763)에 나타난 사신선의 선체 치수와57) 그 치수에 따라 약산한 저판과 포판의 면적을 기 연구된 임란기 거북선의 것과 비교한 것이다.

<표 7>에 의하면, 기 연구된 임란기 거북선의 승조원 1인당 선체 면적 곧 전체 면적을 승조원 수로 나눈 값이 1.310㎡로 통신사선들의 거의 절반 내지는 1/3에 불과하다. 통신사선이 외교사절의 임무를 띤 선박으로서 전투함인 거북선과 그 특성이 서로 다르다 할지라도 이렇게 큰 차이가 나는 것은 기 연구된 임란기 거북선의 치수에 결함이 있을 수도 있음을 암시한다.

그렇다면 이번에는 포판의 규격을 알 수 없어도 저판의 규격이 확실히 나타나며, 승조원 수도 알려져 있는 조선 후기의 군선들과 저판만을 가지고 서로 비교해 보기로 하자. <표 8>은 조선 후기의 군선들 가운데 저판의 규격이 분명히 나타나며 승조원 수도 알려져 있는 자료들을 기

---

57) 국립중앙도서관 소장, 『癸未信行錄』, 金在勝, 2004, 「1763年 對日通信使船의 建造－癸未隨槎錄을 중심으로」『海運物流研究』 제42호, 韓國海運物流學會에 계미년 통신사선의 제원과 구조에 대한 자세한 해설이 있다.

〈표 7〉 계미년(1763) 통신사선의 선체 제원과 기 연구된 임란기 거북선 비교표

선체구분	제원	正使 騎船	副使 騎船	從事官 騎船	正使 卜船	이원식추정 임란기 거북선
저판	길이, 尺(m)	71.25(22.24)	67.5(21.1)	65.75(20.52)	60.75(18.96)	50(15.61)
	두광, 尺(m)	10.5(3.28)	10.5(3.28)	10(3.12)	7(2.18)	9.3(2.9)
	요광, 尺(m)	12.25(3.82)	11.75(3.67)	11.5(3.59)	11.5(3.59)	11.2(3.5)
	미광, 尺(m)	10(3.12)	9.75(3.04)	7.25(2.26)	7(2.18)	8.2(2.56)
	저판 면적	78.35㎡	72.06㎡	64.43㎡	54.7㎡	48.59㎡
포판	길이, 尺(m)	97.5(30.4)	92(28.7)	90(28.09)	85.15(26.58)	68(21.22)
	두광, 尺(m)	17.5(5.46)	17.5(5.46)	17.5(5.46)	16.15(5.04)	13.1(4.09)
	요광, 尺(m)	31(9.68)	32.5(10.14)	30(9.36)	25.15(7.85)	22.6(7.05)
	미광, 尺(m)	20(6.24)	20(6.24)	20(6.24)	15.2(4.74)	11.2(3.5)
	포판 면적	236.06㎡	229.46㎡	213.7㎡	168.81㎡	115.1㎡
전체 면적		314.41㎡	301.52㎡	278.13㎡	223.51㎡	163.7㎡
승조원 수 *		147(118)	133(113)	116	25(55)	125
전체면적/승조원수, ㎡		2.139(2.664)	2.267(2.668)	2.398	8.941(4.064)	1.310

* : 승조원 수는 『계미신행록』의 것이며, ( )는 『辛未通信日記』(1811)에 기록된 승조원 인원임.[58]

연구된 임란기 거북선의 저판만을 가지고 서로 비교한 표이다.

여기에서 기 연구된 임란기 거북선의 저판 면적을 승조원 수로 나눈 값 곧 승조원 1인당 저판 면적은 0.389㎡로서 「各船圖本」의 각종 전선들이나 『이충무공전서』에 나타난 1795년 거북선의 승조원 1인당 저판 면적보다 매우 작다. 이것은 기 연구된 임란기 거북선의 저판 규모가 너무 작다는 것을 의미한다.

---

58) 金在瑾, 1994, 『續韓國船舶史研究』, 서울大學校出版部, 159~160쪽.

〈표 8〉 조선 후기 군선들의 저판 제원과 기 연구된 임란기 거북선 비교표

선체 구분	제원	「各船圖本」 통영상선	「各船圖本」 각읍진전선	「各船圖本」 병선	1795 거북선	이원식 추정 임란기 거북선
저판	길이, 尺(m)	90(28.09)	65(20.29)	39(12.17)	64.8(20.22)	50(15.61)
	두광, 尺(m)	15(4.68)	12.5(3.9)	4.5(1.4)	12(3.75)	9.3(2.9)
	요광, 尺(m)	18.4(5.74)	15(4.68)	6.9(2.15)	14.5(4.53)	11.2(3.5)
	미광, 尺(m)	12.7(3.96)	7.5(2.34)	4(1.25)	10.6(3.31)	8.2(2.56)
저판 면적		141.34㎡	79.17㎡	25.42㎡	81.49㎡	48.59㎡
승조원 수		194*	164*	17* (55)**	158*	125
저판 면적/ 승조원 수, ㎡		0.729	0.483	1.495(0.462)	0.516	0.389

* :『비변사등록』제69책, 숙종 42년(1716) 10월 24일,「兩南水軍變通節目」에 의함.
** : 1815년, 1847년에 각각 발행된『湖左水營誌』에 의함.

이번에는 1795년 거북선의 복원 자료를 이용해 보기로 하자. 그것은 저판의 치수가 명확하게 존재하며, 포판의 치수도 연구된 결과와 복원된 결과물들이 있기 때문이다. 연구자들이 제시한 추정치를 정리하면 <표 9>와 같다.

우선 <표 9>에서 1795년 거북선의 전체 면적을 승조원 수로 나눈 값 곧 승조원 1인당 면적을 살펴보자. 1795년 거북선의 정원을 158명[59]으로 간주하면, 해사 복원선의 승조원 1인당 면적은 1.662㎡이고, 이원식의 추정치는 1.74㎡로 두 값을 평균하면 1.7㎡가 산출된다. 즉 158명이 승선한 1795년 거북선의 승조원 1인당 면적은 1.7㎡로 추정된다. 이 값을 임란기 거북선에 그대로 적용해 보면, 승조원 125명을 수용하기 위한 거북선의

---

59) 1795년 당시에 거북선 1척의 정원이 명시된 자료는 없지만 1716년(숙종 42)에 반포된『備邊司謄錄』의 兩南水軍變通節目에 의하면, 통제영 거북선 1척의 정원이 158명으로 규정되어 있고, 그 후 이 규정이 고쳐진 사실은 없다. 그러므로 158명이란 숫자는 1795년 거북선의 정원으로 보아도 무방하다.

60) 1980년에 해군이 복원하여 현재 해군사관학교에 전시된 복원 거북선의 설계 치수.

〈표 9〉 1795년 거북선의 선체 규격 추정치

선체구분	제원	해사 복원선60)	김재근 추정치61)	이원식 추정치62)	비고
저판	길이, 尺(m)	64.8(20.22)	좌동	좌동	
	두광, 尺(m)	12(3.75)	"	"	
	요광, 尺(m)	14.5(4.53)	"	"	
	미광, 尺(m)	10.6(3.31)	"	"	
	저판 면적	81.49㎡	"	"	
포판	길이, 尺(m)	84(26.22)	90(28.09)	88(27.46)	
	두광, 尺(m)	18(5.62)	미추정	17(5.31)	
	요광, 尺(m)	28(8.74)	24-28(7.5-8.74)	29.3(9.14)	
	미광, 尺(m)	14.5(4.53)	14.5(4.53)	14.5(4.53)	
	포판 면적	181.13㎡	산출불가	193.46㎡	
전체 면적 합계		262.62㎡	산출불가	274.95㎡	
승조원 수		158(165*)		158(165*)	
전체 면적/ 승조원 수		1.662㎡ (1.592㎡)		1.74㎡ (1.666㎡)	평균치 : 1.7㎡ (1.629㎡)
포판 면적/ 저판 면적		2.22		2.37	평균치 : 2.3

* : 1787년에 간행된 것으로 추정되는 『全羅右水營誌』(金在瑾, 『朝鮮王朝軍船硏
究』, 180쪽).에 의함.

면적은 1.7㎡×125명 = 212.5㎡가 산출된다. 그런데 이 면적은 상기 <표
6>에서 기 연구된 임란기 거북선 치수에 따라 산출한 면적 163.7㎡와는

---

61) 金在瑾, 1994, 『韓國의 배』, 서울大學校出版部, 232쪽.
62) 李元植, 2007, 『1592年 龜船의 主要 値數 推定에 關한 硏究』, 한국해양대학교
   공학박사 학위논문, 102쪽.

매우 큰 차이가 난다. 즉 1795년 거북선의 승조원 1인당 면적을 기준으로 비교해 보았을 때, 기 연구된 임란기 거북선의 면적은 너무 작다는 것이다.

이러한 세 가지 비교 사례로 보건대, 기 연구된 추정치로 임란기 거북선을 복원했을 경우에 선체 규격이 작아서 125명의 인원을 수용하기가 어렵지 않을가 사료된다.

(2) 125명 수용 가능한 거북선의 선체 규격 산정

지금까지 저판과 포판의 면적에 대한 비교 검토에서 기 연구된 임란기 거북선의 선체 규격이 125명을 수용하기에는 너무 작다는 것을 살펴보았다. 그렇다면 125명을 수용할 수 있는 거북선의 선체 규격은 어떻게 산출해야 하는가?

우선 조선시대 군선을 기준으로 하여 저판과 포판의 면적 배분이 합리적인 선체 구조가 되도록 이루어져야 한다. 그 합리적인 선체 구조는 『이충무공전서』의 기록과 그 기록 내용의 연구결과에 따라 실제로 복원 건조한 거북선에서 구할 수 있다.

<표 9>에서 1795년 거북선의 저판에 대한 포판의 면적 비율을 산출하면, 해사 복원선이 2.22가 되고, 이원식의 추정치로는 2.37이 되어 두 개의 값을 평균하면 2.3이 된다. 즉 합리적인 거북선의 포판 넓이는 저판의 2.3배가 되도록 설계되어야 한다.[63] 그리고 앞서 살펴본 바와 같이

---

63) 『癸未信行錄』(1763)의 使臣船은 이 값이 3.15로 거북선의 2.3보다 더 크다. 대양을 항해하는 사신선은 바닷물의 저항을 줄이기 위해 저판을 유선형으로 해야하기 때문에 연안에서만 활동하는 거북선에 비해서 저판의 면적이 상대적으로 작을 수밖에 없다. 선체의 규모가 자세히 나와 있는 『癸未信行錄』(1763)의 치수에 따라 계산한 면적 비율은 다음과 같다(면적은 저판과 포판을 절반으로 나누어 각각 사다리꼴 면적의 계산 방법으로 약산하여 산출하였으며, 營造尺 1자를 0.3121m로 환산하여 적용하였음).
正使船: 포판 면적 / 저판 면적 = 236.06㎡ / 78.35㎡ = 3.01
副使船: 포판 면적 / 저판 면적 = 229.46㎡ / 72.06㎡ = 3.18
從事官船 : 포판 면적 / 저판 면적 = 213.7㎡ / 64.43㎡ = 3.32

1795년 거북선의 승조원 1인당 면적 1.7㎡를 기준으로 125명을 수용하기 위한 거북선의 면적은 212.5㎡(≒213㎡)가 되어야 한다. 따라서 125명을 수용하기 위한 거북선은 포판 넓이가 저판 넓이의 2.3배가 되고, 포판 넓이와 저판 넓이를 합한 전체 면적이 213㎡가 되도록 설계되어야 한다. 그러므로 다음과 같은 연립방정식이 성립된다.

$x/y=2.3$, $x+y=213$(포판 면적 : x, 저판 면적 : y)

이 연립방정식을 풀면 $x = 148.5$, $y = 64.5$가 산출된다. 즉 승조원 125명을 수용하기 위한 합리적인 거북선의 구조는 저판 면적이 64.5㎡, 포판 면적이 148.5㎡가 되어야 한다. 이것은 정원이 158명인 1795년 거북선의 1인당 면적을 적용하여 계산한 결과이다.

한편, 조선 후기에 전라우수영의 거북선 1척당 승조원이 165명이었다는 기록이 있으므로[64] 합리적인 면적을 산출하기 위해서는 이 경우로도 계산이 되어야 한다. <표 9>에 의하면, 165명 기준으로 전체 면적을 승조원 수로 나눈 값 즉 승조원 1인당 면적이 해사 복원선은 1.592㎡이고, 이원식의 추정치는 1.666㎡로서 두 값을 평균하면 1.629㎡가 된다. 이 평균값을 125명 기준으로 계산하면 1.629㎡×125명 = 203.6㎡가 산출된다. 즉 1795년 거북선의 정원을 최대 165명으로 간주했을 때 그 1인당 면적을 기준으로 임란기 거북선의 면적은 203.6㎡가 되어야 한다. 따라서 거북선의 포판 넓이가 저판의 2.3배가 되도록 하면서 125명을 수용하기 위한 선체 면적을 203.6㎡가 되도록 설계하기 위해서는 다음과 같은 연립방정식이 성립된다.

正使卜船 : 포판 면적 / 저판 면적 = 168.8㎡ / 54.7㎡ = 3.09 <u>전체 평균값 3.15</u>
『癸未信行錄』의 사신선 규격은 『增正交隣志』의 渡海船隻式에 나오는 사신선의 규격과 동일하다. 다만 副使船(中船)의 上腰廣이 32.5자(6파반)와 30.5자(6파1자)로 서로 다르고, 正使卜船(小船)의 上尾廣이 15.2자(3파4촌)와 15.15자(3파3촌)로 서로 다를 뿐이다.

64) 『全羅右水營誌』, (金在瑾, 1991, 『朝鮮王朝軍船研究』, 180쪽에서 재인용).

x/y=2.3, x+y=203.6 (포판 면적 : x, 저판 면적 : y)

이 연립방정식을 풀면 x=141.9, y=61.7이 산출된다. 즉 승조원 125명을 수용하기 위한 합리적인 거북선의 구조는 저판 면적이 61.7㎡, 포판 면적이 141.9㎡가 되어야 한다.

그런데 여기서는 125명을 수용하기 위한 거북선의 최소 면적을 산출해야하므로 158명 수용 기준치 213㎡보다는 165명 수용 기준치 203.6㎡을 채택해야 한다. 따라서 전체 면적이 203.6㎡인 거북선의 저판 면적은 최소 61.7㎡가 되어야 하고, 포판 면적은 최소 141.9㎡가 되어야 한다. 이 조건을 충족시키는 저판과 포판의 규격을 산출하여야만 125명을 수용할 수 있는 거북선이 복원될 수 있는 것이다.

먼저 그 저판의 규격을 찾아내기 위하여 1795년 거북선의 저판 규격을 95%에서 100%까지 적용하여 치수와 면적을 계산하면 <표 10>과 같다.

〈표 10〉 125명 수용 가능한 거북선의 저판 규격을 도출하기 위한 1795년 거북선의 저판 규격 적용율

제원	이원식 임란기 거북선 저판65)	125명 수용 가능 최소저판	1795 거북선의 저판 규격 적용율에 따른 저판 제원 치수			
			0.95	0.98	0.985	1.0
저판 길이 尺(m)	50(15.61)		50(15.61)	50(15.61)	50(15.61)	50(15.61)
저판 두광 尺(m)	9.3(2.9)		11.4(3.56)	11.8(3.68)	11.8 (3.68)	12(3.75)
저판 요광 尺(m)	11.2(3.5)		13.8(4.31)	14.2(4.43)	14.3 (4.46)	14.5(4.53)
저판 미광 尺(m)	8.2(2.56)		10.1(3.15)	10.4(3.25)	10.4 (3.25)	10.6(3.31)
저판 면적	48.59㎡	61.7㎡	59.79㎡	61.58㎡	61.82㎡	62.87㎡

* 영조척 1자=0.3121m 적용, 면적은 저판 중간을 선수 선미 부위로 잘라 각각 사다리꼴 계산방식 적용 산출

---

65) 李元植, 2007, 『1592年 龜船의 主要 值數 推定에 關한 硏究』, 한국해양대학교 공학박사 학위논문, 132쪽.

125명 수용 가능한 거북선의 최소 저판 면적은 61.7㎡이므로 <표 10>에서 그 조건을 충족시키는 값으로 61.82㎡가 찾아진다. 그리고 그 면적을 충족시키는 저판의 제원은 길이가 50자, 두광은 11.8자, 요광은 14.3자, 미광은 10.4자가 된다. <표 10>에서 이들 치수보다 크거나 작은 값은 조건에서 벗어나므로 당연히 채택될 수 없다.

다음으로 그 포판의 규격을 찾아내기 위하여 1795년 거북선의 포판 규격에 대한 지금까지의 연구 결과를 이용하고자 한다.

〈표 11〉 125명 수용 가능한 거북선의 포판 규격을 도출하기 위한
해사 복원 1795년 거북선의 포판 너비 적용율

제원	이원식 임란기 거북선 포판66)	김재근 임란기 거북선 포판67)	125명 수용가능 최소포판	김재근의 임란기 거북선의 포판 길이에 해사 복원 1795 거북선의 포판 너비 적용률68)			
				0.9	0.95	0.955	1.0
포판 길이, 尺(m)	68 (21.22)	70 (21.85)		70(21.85)	70(21.85)	70(21.85)	70(21.85)
포판 두광, 尺(m)	13.1 (4.09)	미추정		16.2(5.06)	17.1(5.34)	17.2(5.37)	18(5.62)
포판 요광, 尺(m)	22.6 (7.05)	24(7.49)		25.2(7.86)	26.6(8.3)	26.7(8.33)	28(8.74)
포판 미광, 尺(m)	11.2 (3.5)	미추정		13.1(4.09)	13.8(4.31)	13.8(4.31)	14.5(4.53)
포판 면적	115.1㎡	산출불가	141.9㎡	135.54㎡	140.06㎡	143.56㎡	150.58㎡

* 영조척 1자=0.3121m 기준으로 환산(朴興秀,「李朝尺度에 關한 研究」『大東文化研究』 제4집, 1967)

---

66) 李元植, 2007,『1592年 龜船의 主要 値數 推定에 關한 研究』, 한국해양대학교 공학박사 학위논문, 132쪽.
67) 金在瑾, 1994,『韓國의 배』, 서울大學校出版部, 236쪽.
68) 해사 복원 거북선의 포판 규격인 두광 18자, 요광 28자, 미광 14.5자에 각각 0.9, 0.95, 1.0을 곱한 값.

<표 11>은 기존 사료와 연구된 결과들을 참조하여 포판 면적을 산출한 것이다. 왼쪽부터 오른쪽으로 순서에 따라 첫 번째는 이원식에 의해 기 연구된 임란기 거북선의 치수에 따른 포판 면적 115.1㎡이고, 두 번째는 김재근이 추정한 임란기 거북선의 포판 치수인데 길이 70자와 요광 24자만 제시되어 있어 면적은 산출할 수 없다. 세 번째는 125명을 수용할 수 있는 거북선의 최소 포판 면적이 제시되어 있다. 네 번째는 김재근이 추정한 포판 길이 70자에 <표 9>의 해사 복원 거북선의 포판 너비를 90%에서 100%까지 적용하여 산출한 포판 면적이 산출되었다. 그런데 이들 값에서 125명을 수용할 수 있는 최소포판 면적 141.9㎡의 조건에 가장 근접한 면적은 143.56㎡이며, 이 치수에서 벗어난 값들은 채택될 수 없다. <표 11>에서 그 면적을 충족시키는 포판의 규격은 길이가 70자, 두광은 17.2자, 요광은 26.7자, 미광은 13.8자가 된다.

이상의 검토로서 125명을 수용하기 위한 거북선의 저판 규격은 길이 50자, 두광 11.8자, 요광 14.3자, 미광 10.4자이며, 포판 규격은 길이 70자, 두광 17.2자, 요광 26.7자, 미광 13.8자가 된다. 그리고 이 규격에 의한 선체 면적은 저판 61.82㎡와 포판 143.56㎡로서 합계 205.38㎡이다. 이 면적은 앞서 제시되었던 수용 기준치 203.6㎡와는 약간 차이가 있지만 거의 대동소이한 치수로 볼 수 있기 때문에 용납될 수 있다고 판단된다.

이들 치수를 기 연구된 임란기 거북선의 선체 규격과 비교하여 정리하면 <표 12>와 같다.

〈표 12〉 125명 수용 가능한 거북선과 기 연구된 거북선의 선체 규격 비교

선체 구분	제원	125명 수용 가능한 거북선의 선체 규격	이원식 추정 임란기 거북선의 선체 규격
저판	저판장(본판장), 尺(m)	50(15.61)	50(15.61)
	저판 두광, 尺(m)	11.8(3.68)	9.3(2.90)
	저판 요광, 尺(m)	14.3(4.46)	11.2(3.50)
	저판 미광, 尺(m)	10.4(3.25)	8.2(2.56)
	저판 면적	61.82㎡	48.59㎡
포판 (鋪板, 갑판)	포판 길이(上長), 尺(m)	70(21.85)	68(21.22)
	포판 두광(上頭廣), 尺(m)	17.2(5.37)	13.1(4.09)
	포판 요광(上腰廣), 尺(m)	26.7(8.33)	22.6(7.05)
	포판 미광(上尾廣), 尺(m)	13.8(4.31)	11.2(3.50)
	포판 면적	143.56㎡	115.1㎡
면적 합계		205.38㎡	163.69㎡

* 영조척 1자=0.3121m 기준으로 환산(朴興秀,「李朝尺度에 關한 硏究」『大東文化硏究』제4집, 1967)

* 여기서 포판은 舷板 상단을 기준으로 한 면임

한편, 125명 수용 가능한 거북선의 주요 척도를 문헌 기록에 나타난 다른 선박의 그것들과 비교하면 <표 13>과 같다.

<표 13>에 의하면, 임란기 거북선의 저판 장폭비는 3.50으로 旅菴 申景濬이 제안한 각종 선박과 근대 어선인 진도선 그리고 수중 발굴된 고려 완도선의 저판 장폭비와 비슷하며, 포판 장폭비는 2.62로 통영상선과 비슷하다. 또 포판과 저판의 길이 비율은 1.40으로 통신사선 소선과 동일하며, 너비 비율은 1.87로 해사 복원 거북선의 치수에 근접하는 수치이다.

〈표 13〉 125명 수용 가능한 거북선과 다른 선박과의 주요 척도 비교[69]

구분	저판 장폭비 (길이/요광)	포판 장폭비 (길이/요광)	포판 길이 / 저판 길이	포판 너비 /저판 너비
고려 완도선	3.94			
고려 십이동파도선	6.18			
고려 마도 1호선	4.53			
고려 달리도선	8.26			
고려 안좌도선	8.58			
봉래 3호 고려선	6.74(10.67)[70]			
통신사선 대선	5.82	3.15	1.37	2.53
통신사선 중선	5.74	3.02	1.36	2.56
통신사선 소선	5.28	3.39	1.40	2.19
「各船圖本」 통영상선	4.89	2.64	1.17	2.16
「各船圖本」 각읍진전선	4.33			
「各船圖本」 병선	5.65			
「各船圖本」 漕船	4.38			
「各船圖本」 北漕船	1.57			
1795 거북선	4.47			
旅菴의 卜物船	3.33			
旅菴의 伺候船	3.43			
旅菴의 梭船	3.33			
근대어선 진도선	3.45	3.29	2.03	2.13
1795 해사 복원 거북선	4.47	3.0	1.30	1.93
임란기 이원식 추정 거북선	4.46	3.0	1.36	2.02
125명 수용 가능 거북선	3.50	2.62	1.40	1.87

---

69) 이 표는 본고의 <표 6>~<표 12>와 아래 문헌을 참고하여 작성되었다.
　　金在瑾, 1991, 『朝鮮王朝軍船硏究』, 서울: 一潮閣, 131~139쪽.
　　金在瑾, 1984, 『韓國船舶史硏究』, 서울대학교출판부, 171쪽.
　　李元植·許逸, 2006, 「韓國發掘的高麗古船与蓬萊三号古船的比較硏究」, 『蓬萊古船國際學術硏討會文集』, 蓬萊古船國際學術硏討會組織委員會, 83쪽.
　　곽유석, 2010, 『高麗船의 構造와 造船技術 연구』, 목포대학교 박사학위 논문, 111쪽.
70) 이원식은 6.74로(상게서 83쪽), 곽유석은 10.67(상게서 111쪽)로 판단하였다.

고대선의 복원에서 선체 규모의 치수를 산정하는 것은 여러 가지 요소를 고려하여야 한다. 특히 승조원 수가 명확히 나타나 있을 경우에는 반드시 그 수용 면적을 고려하여 선체의 치수를 산정해야 한다. 그렇지 않고 각 제원의 길이만을 단순히 비율에 따라 가감하여 산출할 경우에는 착오가 나타나게 된다. 이것은 길이의 증가 비율과 면적의 증가 비율이 동일하지 않기 때문에 나타나는 현상이다.

5. 맺음말 – 임란기 거북선 복원의 기본 방향

임란기 거북선을 복원하고자 할 때, 먼저 염두에 두어야 할 것은 당시 거북선의 승조원 구성이다. 앞서 <표 3>에서 본 바와 같이 임란기 거북

71) 임란기 거북선 복원 시 고려사항으로 근래에 다음과 같은 제안들이 있다.
제장명은 「거북선의 復元에 관한 소고」『이순신연구논총』제6호 2006년 봄·여름호, 순천향대학교 이순신연구소, 189~195쪽에서 거북선 복원시 고려 요소로 세 가지 측면을 제시하였다. 첫째는 내부구조를 노군과 전투원을 분리한 3층으로 한다. 둘째는 용머리를 갑판보다 위쪽이 아닌 3층과 같은 높이에 둔다. 셋째는 개판을 철판이 아닌 목판에 쇠못을 꽂은 형태로 한다.
장학근은 2008.1.22, 「1592년 거북선 복원을 위한 제안」『1592년 거북선 구조 심포지엄』발표문집(주최 경상남도, 주관 경남발전연구원)에서 제안하기를, 첫째는 지휘통신 수단이 함선장비시스템으로 축조되어야 하며, 둘째는 선내 照明관계를 고려하여 설계하여야 하고, 셋째는 後進을 고려하여 설계해야한다는 것이다.
박재광은 2010.5.11, 「거북선 구조에 관한 諸학설」『현존 거북선의 구조적 문제점과 역사적 고찰』제12회 이순신학술세미나 발표문집, 순천향대학교 이순신연구소, 26~28쪽에서 거북선 연구에서 고려할 사항으로 여러 가지 측면을 제시하였는데 거북선 복원시 고려 요소만을 본다면 다음과 같다. 첫째는 임진왜란 당시의 거북선의 크기는 조선 후기의 거북선에 비해서 작았다. 둘째는 내부 구조는 전술적인 측면을 고려해야 하는데 한 층의 공간에서 병사들이 활동한다는 전제하에 공간의 너비나 높이, 포·노의 위치 등을 구체적으로 분석해야 한다. 셋째는 거북선 내부의 조명·지휘통신·후진 등 여러 조건도 고려해야 한다.

선에는 노를 젓는 격군과 활을 쏘는 사부가 있었다. 이외에도 포를 쏘는 放砲匠[72]과 사공들도 있었다. 이들 가운데 전투시 주요역할을 수행하는 사부와 방포장 그리고 격군은 임란기 거북선을 복원하고자 할 때 반드시 그 활동 위치가 고려되어야 한다. 앞서 3장 2절에서 검토된 바와 같이 임란기 거북선은 2층에 격군과 방포장이 3층에는 사부가 배치되었던 것으로 판단되었다. 임란기 거북선의 복원에는 이 점과 더불어 다음 사항들이 고려되어야 할 것으로 생각된다.

1) 임란기 거북선 관련 사료가 중심이 되어야 한다

거북선의 형태와 규모는 시대에 따라 약간씩 변화되어 왔다. 따라서 임란 당시의 거북선을 복원하기 위해서는 당시의 사료에 나타난 내용을 충실히 반영해야 될 것이다. 임란 당시의 사료에 의해서 반영되어야 할 사항은 다음과 같다.[73]

① 이물에는 龍頭를 달고 龍口에서 현자총통을 치켜 쏘았다.
② 고물은 거북꼬리처럼 되어 있고 꼬리 아래에서 대포를 쏘았다.
③ 좌우 방패에 각각 6개의 포혈이 있다.
④ 등은 판자로 덮고 그 위에 십자세로가 있으며 그 나머지는 鐵尖 혹은 刀錐를 꽂았다.

2) 『이충무공전서』의 통제영 거북선을 모델로 삼되 전라좌수영 거북선을 참고해야 한다

임란 당시의 거북선에 대한 자료가 부족하기 때문에 임란기 거북선의

---

72) 李舜臣, 「唐浦破倭兵狀」 『李忠武公全書』 卷2.
73) 이원식, 1994,『壬亂時 戰艦의 特性과 龜船의 構造分析』, 해군사관학교 해군충무공해전유물발굴단, 167쪽.

복원에는 자연히 조선 후기의 자료를 참고하지 않을 수 없다. 특히 『이충무공전서』의 귀선도설은 조선시대의 거북선에 대한 제1급 사료이다. 그 그림과 해설문이 있음으로써 오늘날 우리는 조선시대의 거북선에 대한 구체적인 정보를 알 수 있다.

『이충무공전서』의 귀선도설에는 통제영 거북선이 비록 치수의 가감은 있지만 충무공의 옛 제도에서 나온 것임을 명시하고 있다. 그러므로 임란 때의 거북선을 복원하기 위해서는 귀선도설의 통제영 거북선을 모델로 삼지 않을 수 없다.

한편, 귀선도설의 전라좌수영 거북선은 그 모습이 통제영 거북선과 상당히 다르면서도 거북선의 형태에 대한 많은 정보를 알려주고 있다. 전라좌수영은 실로 통제사 이순신의 본영이면서 거북선이 처음으로 건조된 곳이기도 하다. 그러므로 임란 때의 거북선을 복원하는데 전라좌수영 거북선도 참고하지 않을 수 없다.

요컨대, 임란 당시의 거북선을 복원하기 위해서는 통제영 거북선을 모델로 삼되 전라좌수영 거북선도 참고되어야 한다.

3) 125명의 승조원이 탑승 가능한 거북선 선체 규모가 되어야 한다.

임란기 거북선의 승조원수는 125명이다. 그러므로 임란기 거북선을 복원하고자 할 경우에는 125명을 수용할 수 있는 선체 규모가 되어야 한다. 그 조건을 충족시킬 수 있는 최소한의 선체 규모는 앞서 4장 2절에서 살펴본 바와 같으며, 그 저판과 포판의 규격을 여기에 새로이 부기하면 다음 <표 14>와 같다.

〈표 14〉 125명 수용 가능한 임란기 거북선의 선체 규모

구분	추정치(자)	비고
저판 길이(本板長)	50	
저판 두광	11.8	
저판 요광	14.3	
저판 미광	10.4	
저판 면적	61.82㎡	
포판 길이(上粧長)	70	鋪板 길이와 上粧 길이는 동일함
포판 두광	17.2	여기서 포판은 舷板 상단을 기준으로 한 면임
포판 요광	26.7	〃
포판 미광	13.8	〃
포판 면적	143.56㎡	
선체 면적 합계	205.38㎡	

정진술, 「임란기 거북선의 구조」에 대한 토론

이 상 훈[*]

　임진왜란기 거북선에 대한 여러 가지의 논란은 상당히 그 근원이 깊다. 또한 그만큼 연구에 대한 주장도 백인 백설에 이를 정도로 다양하다. 이러한 가운데서도 오늘 발표한 정진술 선생은 해군 현역장교로 복무하셨을 뿐 만 아니라 해군사관학교 박물관에서 삼십년 가까이 근무하시면서 수차 원형거북선의 건조와 운용의 현장에서 활약하신 경력의 소유자라는 점에서 주목되는 학자이다. 오늘 발표한 「임란기 거북선의 구조」는 선생의 현재까지 계속된 연구의 연장선상에서 이해되는 것이므로 주목되는, 주목할 수밖에 없는 것이라 하겠다.

　특히 이 논문은 지금까지의 거북선 복원의 쟁점과 주된 연구자의 주장을 일목요연하게 보여준다는 점에서도 가치가 있다. 또한 이 논문에서 결론으로 삼은 내용 즉,

> ① 임란기 거북선 관련 사료가 중심이 되어야 한다.
> ② 『이충무공전서』의 통제영 거북선을 모델로 삼되 전라좌수영 거북선을 참고해야 한다.
> ③ 125명의 승조원이 탑승 가능한 거북선 선체 규모가 되어야 한다.

---

* 해군사관학교박물관 기획실장

는 것에 대해 토론자도 이론의 여지없이 공감한다. 다만 전체 거북선 논쟁으로 볼 때 의문시되는 몇 가지 점에 대해 추가적인 설명은 필요할 것 같다. 물론 이 사항들은 직접 논문과 관련되지 않은 것들도 포함하고 있어서 논문 자체에 대한 아쉬움이나 보충 사항을 지적하는 것은 아니다.

첫째는 거북선의 선형에 관한 것이다. 연구사적 검토를 통하여 2층, 3층의 논란점을 풀어보려 했는데 반3층설의 경우에도 여전히 포의 위치와 키잡이의 위치에는 문제점이 명쾌하게 해결되지 않는다는 점이다. 아울러 최근 임기봉, 장학근 등에 의해 제기된 팔각단면의 거북선 구조에 대한 검토도 추가되었으면 한다.

둘째는 거북선 크기와 관련하여 '尺度'의 문제이다. 거북선을 비롯한 과거의 길이 단위는 寸, 尺, 把 등을 사용하였는데 시기나 용도에 따라 기준이 달라졌으므로 환산할 때는 논란이 되고는 했다. 이에 대한 명확한 기준이 필요하다고 본다.

셋째는 거북선의 크기에 관한 문제이다. 필자는 이에 대한 해결 방안으로 포판의 면적이 승선규모를 좌우한다는 점을 착안하여 이에 대한 해결책을 제시했다. 그런데 토론자의 입장에서 볼 때 선박이란 고금 어느 때나 공간을 가장 효율적으로 사용하는 구조물이고 생각한다. 이론 점에서 '3층 구조'를 가진 거북선에 굳이 125명의 승선인원이 동시에 모두 포판에 위치한 경우를 상정하여 크기를 추정해야 하는지에 대해서 좀 더 설명이 필요하다고 본다.

넷째로 대부분의 학자들이 다양한 거북선의 건조 가능성에 대해 공감하고 있는데 비해 오늘날에는 오히려 「이충무공전서」에 한정하는 경향이 있는 것 같다. 용두의 기능과 모양, 개판의 재질과 형태, 장대 설치 여부 등에 대해서도 여러 가지 검토가 있어야 할 것으로 본다.

제3부

조선성과 왜성

조선전기 남해안 지역의 성곽과 임진왜란

유 재 춘[*]

1. 머리말

성곽은 전근대시대의 국가방비에 있어서 가장 중요한 요소 가운데 하나이다. 특히 우리 민족은 일찍부터 농경·정착생활을 시작하였기 때문에 외부 침입으로부터 집단을 보호하기 위한 城柵을 발전시켰으며, 삼국시대의 오랜 전쟁과 후삼국의 패권 다툼, 고려시대의 수많은 外侵으로 인하여 많은 성곽이 전국 각지에 축조되었다. 이러한 성곽의 축조, 수리, 개축은 조선시대에 들어서도 계속되었으며, 우리나라에는 역대로 입지상 성곽이 山地에 위치하는 '山城'을 많이 축조하여 운용하였는데, 이는 우리의 특징적인 현상 가운데 하나이다.

조선초기 왜구 침입과 명나라와의 갈등, 16세기 초의 왜변, 그리고 임진왜란기를 거치면서 방어시설의 여러 변화가 나타나게 된다. 특히 세종대에 들어서 '北虜南倭'라고 하는 主敵槪念이 확고해짐에 따라 전국적인 읍성 건설이 강력히 추진되면서 산성은 상대적으로 퇴조하였으나 임진왜란시기 다시 산성유익론이 등장하여 많은 산성이 수축되는 계기가 되었다.

* 강원대학교 교수

우리나라의 성곽과 관련된 연구는 주로 城址와 관련하여 고대분야에서 많이 연구되어 왔으며, 중세이후의 성곽내지는 축성과 관련된 연구는 그다지 많지 않다. 특히 조선전기의 성곽사와 관련된 연구로는 1970년대 이전의 연구로 세종시대 兩界地域의 行城築造와 관련한 논문 이외에는 이렇다 할 연구가 없고[1], 1970년대 중반이후 비로소 연구성과가 점차 축적되기 시작하였다. 1970년대 중반이후 세종시대의 下三道 沿海邑城築造에 대한 연구를 비롯하여 고려말~조선전기에 이르는 對倭關防施設의 정비 과정, 그리고 축성의 사례에 대한 연구가 이루어졌다.[2] 또한 조선왕조 개국초기 漢陽으로 遷都한 직후부터 이루어진 都城의 축조와 補修, 그리고 南·北漢山城과 蕩春臺城 등 조선후기 都城 인근의 성곽에 관한 연구가 진전되었으며,[3] 그간의 연구를 바탕으로 통시대적이고, 포괄적이며 성곽 그 자체에 초점을 맞춘 저서가 나오기도 하였다.[4] 1990년대에 들어서는 고려·조선시대 읍성과 관련한 연구와 함께 충남지방에 현존하는 성곽유적에 대한 현장조사를 바탕으로 한 연구가 이루어졌으며,[5] 남해안에 위치한 여러 고대~조선시대에 이르는 城址에 대해 고고학적인 분석을 가한 연구가 나오기도 하였다.[6] 또한 壬亂中의 山城修築과 朝鮮

1) 宋炳基, 1967, 「世宗朝 兩界行城 築造에 對하여」『史學研究』18, 韓國史學會.
2) 車勇杰, 1975, 「韓國城郭의 史的 考察」『大學院 論文集』5, 忠南大 大學院
   : 1977, 「世宗朝 下三道 沿海邑城築造에 대하여」『史學研究』27, 韓國史學會
   : 1977, 「朝鮮 成宗代 海防築造論議와 그 樣相」『白山學報』23, 白山學會 :
   1981, 「朝鮮前期 關防施設 整備過程」『韓國史論』7, 國史編纂委員會 : 1981,
   「朝鮮後期 關防施設의 變化過程」『韓國史論』9, 國史編纂委員會 : 1988, 『高麗末·朝鮮前期 對倭 關防史 研究』, 충남대 대학원 박사학위논문 : 1989, 沈正輔編, 『壬辰倭亂 前後 關防史研究』, 文化財研究所.
3) 元永煥 外, 1987, 『서울六百年史』文化史蹟篇 第3章 城郭과 門樓, 서울市史編纂委員會.
4) 반영환, 1978, 『한국의 성곽』, 세종대왕기념사업회 ; 孫永植, 1987, 『韓國城郭의 研究』, 文化財管理局.
5) 沈正輔, 1995, 『韓國 邑城의 研究 - 忠南地方을 中心으로』, 學研文化社.
6) 沈奉謹, 1995, 『韓國南海沿岸城址의 考古學的 研究』, 學研文化社.

의 淸野戰略에 대한 연구7)와 조선전기에 편찬된『世宗實錄』地理志와
『新增東國輿地勝覽』에 실려있는 城郭關聯 기록을 분석한 연구,8) 그리
고 한일 양국의 성곽에 대한 비교연구와 治所城 문제, 조선전기 三浦지
역의 군사방어에 관한 연구 등이 있다.9) 이외에도 國防論이나 특정 성곽
에 관한 연구를 비롯한 여러 단편의 논문과 성곽유적을 조사한 보고서류
의 연구들이 나와 있으며, 건축이나 도시공학 분야에서 다룬 성곽관련
연구들도 있다.10)

　　조선전기 남해안 지역만을 대상으로 한 연구는 없으며, 개별적인 성
곽유적이나 포괄적인 관방사 측면에서 연구가 대부분이다. 본 논고에서
는 조선전기 동안 경상도·전라도 지역, 특히 남해안 지역의 성곽 현황과

7) 李章熙, 1995,「壬亂中 山城修築과 堅壁淸野에 대하여」『阜村申延澈敎授停
　　年退任紀念 史學論叢』, 일월서각.

8) 柳在春, 1995,「『世宗實錄』地理志 城郭記錄에 대한 檢討」『史學硏究』제50
　　호 : 1996,「朝鮮前期 城郭 硏究」~『新增東國輿地勝覽』의 기록을 중심으로~,
　　『軍史』33호, 國防軍史硏究所.

9) 유재춘, 1999,「14~17世紀初 韓日兩國 平地治所城 發達에 관한 比較硏究 - 城
　　郭의 治所·軍事機能의 分離와 統合을 中心으로」『사학연구』제57호, 한국사학
　　회 : 1999,「韓日兩國의 山城에 대한 比較硏究 - 14~17세기경을 중심으로」『韓
　　日關係史硏究』제11집, 한일관계사학회 : 1999,『近世 韓日城郭의 比較硏究』,
　　국학자료원 : 2000,「麗末鮮初 東界地域의 變化와 治所城의 移轉·改築에 대하
　　여 - 강원도 영동지방을 중심으로」『朝鮮時代史學報』15, 조선시대사학회 :
　　2003,『한국중세축성사 연구』, 경인문화사 : 2007,「『海東諸國紀』속의 三浦를
　　중심으로 한 군사방어에 대하여」,『韓日關係史硏究』27, 한일관계사학회 ; 차용
　　걸, 2006,「壬辰倭亂 이후 韓國 築城技術의 變化過程」『忠北史學』제16집, 충
　　북대학교 사학회.
　　※ 이외에도 많은 논저가 있으나 이하 생략함.

10) 趙楨基, 1989,「西厓 柳成龍의 城墩論」『龍巖車文燮敎授華甲紀念論叢 朝鮮
　　時代史硏究』, 圖書出版 新書苑 ; 金鎬逸, 1981,「梁誠之의 關防論」『韓國史
　　論』7, 國史編纂委員會.
　　※이외에 여러 편의 논문과 報告書類 등이 있으나 參考文獻에 기재되어 있으므
　　로 이하 생략함.

변천, 그리고 임진왜란의 발발과 새로운 축성사업의 전개에 대해 살펴보
고자 한다.

2. 조선전기 성곽시설 정비와 南道地域

1) 조선전기 축성 槪況

조선시대에 이르러서는 개국초기에 수도가 한양으로 옮겨지고, 북방
에서는 명나라가 확고한 위치를 갖게 되면서 변화에 따르는 방어체제 정
비가 이루어져 갔다.

도성은 태조의 천도와 함께 新都 漢陽에 축조되었다. 도성 축조는 태
조의 적극적인 추진에 의해 1396년 1월부터 2월까지 경상도·전라도·강
원도와 서북면 安州 이남, 동북면 咸州 이남의 民丁 118,070명을 동원하
여 축조하였다. 그후 그해 8월에는 경상·전라·강원도의 민정 79,400명을
징발하여 1차공사에서 완축하지 못한 부분과 여름철 장마로 무너진 곳
에 대한 축성이 이루어졌고, 기타 부실한 곳에 대한 보수가 이루어졌다.
이후 성문과 옹성 등 부가시설의 설비가 이루어 졌고, 세종대에는 재수
축공사가 있었다.

태조 5년(1396) 창축 당시의 미비점을 보완하여 세종 4년(1422)에 30
만여명의 인부를 동원한 대수축이 있은 후로도 도성의 보수는 수시로 있
었다. 이것은 전란으로 인한 파손보다는 대개는 地盤沈下나 風雨에 의한
자연적 퇴락에 대한 補修였다. 또한 세종 11년에는 강원도 등 여러 道의
民丁이 동원되어 보수공사를 하기도 하였고, 문종 1년(1451) 1월~3월
중에는 다시 경기·충청·전라도 3개 道의 船軍 등을 동원하여 도성의 무
너진 곳을 수축하게 하였는데,[11] 이 때에는 좌승지 鄭而漢이 공사관계의

일을 관장하였으며 주로 큰 돌을 사용하여 축조하였다.12) 또 이 해 6월
에는 충청도 船軍을 동원하여 사직단 북쪽 도성의 무너진 곳을 수축하기
도 하였으며,13) 이 때에는 경기·충청·전라도의 船軍을 1회에 1, 2천 명
씩 동원하였는데, 이것은 대개 麗末鮮初와는 달리 대일 관계가 이미 타
결되고 서남 해상의 방위에 다소 여유가 있었던 때문이라고 볼 수 있다.

그 후 성종 18년(1487)에는 繕工監 僉正 辛錫禧에 의하여 도성이 狹
窄하여 물려 쌓아서 넓게 하자는 건의가 있었고, 21년에는 特進官 尹孝
源으로부터 중국과 같이 벽돌을 구어서 석회와 벽돌로 성을 쌓게 하자는
건의가 있었지만14) 실현을 보지 못하였으며, 문종 1년에 수축한 후로는
선조조에 임진왜란이 있을 때까지 도성은 특별한 보수공사없이 유지되
었다.

漢陽都城 築造는 조선전기에 있었던 築城役事 가운데 가장 규모가
큰 공사 가운데 하나였다. 특히 조선 태조~세종초 사이에 있었던 都城
役事에는 당시로서는 최고의 축성기술이 적용되었을 것은 당연한 이치
이다. 조선초의 도성축조에는 전국적으로 많은 인력이 동원되어 축성의
경험을 축적하였을 뿐만 아니라 도성축조에 적용된 입지선정이나 성벽
축조법 등은 그후 전국 각지의 읍성축조에도 하나의 모범이 되었다고 보
아야 할 것이다.

산성은 태종 10년(1410)경을 전후하여 왜구뿐만 아니라 명나라의 타
타르 원정과 女眞에 대한 압박, 그리고 征倭說 등 동북아 지역에서의 여
러 긴장이 조성되면서 북방의 여러 거점 성곽은 물론이고 경상도·전라
도에 대규모 산성을 수축하였다. 또 태종 13년에는 各道의 각 고을 3,

---

11) 『文宗實錄』 卷5 文宗 元年 1月 戊午.
12) 『文宗實錄』 卷5 文宗 元年 1月 乙丑 ; 卷6 文宗 元年 2月 己丑.
13) 『文宗實錄』 卷8 文宗 元年 6月 戊寅.
14) 『成宗實錄』 卷204 成宗 18年 6月 己丑 ; 『成宗實錄』 卷239 成宗 21年 4月
    乙未.

4息안에 하나의 산성을 수축하고 軍倉을 설치하도록 하였다. 이러한 축
성책의 추진으로 조선초기에는 전국적으로 약 111개 정도의 산성이 있
었으며, 이는 8도 330개 행정구역 가운데 약 1/3 정도의 지역에 산성이
구비되어 있었다는 것이 된다. 그러나 세종대 이후 山城入保 방어체제가
퇴조하면서 산성은 점차 폐지되고, 16세기 중반경에는 전국적으로 41개
정도의 산성만이 남아있게 되었다. 그런데 임진왜란이 발발하면서 읍성
은 방어효능을 거의 발휘하지 못하였고 그 결과 전통적인 산성유익론이
다시 설득력을 갖게 되어 임진왜란 기간 동안 전국적으로 많은 산성이
수축되었다.

　읍성은 지방행정의 중심지인 治所에 축조하는 성곽으로, 조선전기 동
안 110~123개소 정도가 유지되었다. 상비군에 의한 충분한 보호조치가
어려웠던 당시로서는 불시에 일어나는 외부의 침입으로부터 주민들의
생명은 물론, 지방 관아의 각종 행정자료와 器物, 官穀 등을 보호하기 위
해서는 읍성의 축조가 반드시 필요하였다. 특히 항상 왜구나 야인의 침
입 위험이 있는 연해와 북쪽 변경지역의 경우는 그 필요성이 더하였다.
또한 연해지역 인구 증가에 따라 항구적인 안전조치가 더욱 요구되었고,
또 漕運穀의 보관이나 漕運路의 안전성을 확보하기 위해서도 연해지역
에 대한 방비시설의 완비는 시급한 문제였다. 특히 新王朝 권력이 안정
되어 가는 상황하에서 왕권의 분신인 지방의 관아가 위협받는 것은 왕권
이 위협받는 것과 같은 것이며 이는 왕권의 권위가 실추되는 것이기 때
문에 중앙정부 입장에서는 대책이 반드시 필요하였던 것이다. 특히 세종
대에 이르러 北으로는 女眞, 南으로는 倭人이라는 假想敵 개념이 보다
확고해 지면서 연변지역에 대한 읍성 축조가 적극 추진되어 대부분의 연
해변 지역에는 읍성이 구축되었다.

　行城이란 국경이나 적이 침입하는 요해처를 가로막아 쌓는 성으로,
세종대부터 변경지역 전구간에 대한 축성을 목표로 시작하였으나 성종

대에 이르기 까지도 완전한 행성구축이 이루어지지 못하였다. 행성축조 사업은 세종대에 추진될 당시부터 여러 측면에서 利害에 대한 논쟁이 계속되어 조선전기 동안 지속적인 사업추진이 이루어지지 못하였고, 결과적으로 북쪽 변경에 대한 완전한 행성구축은 이루어지지 못하였다.

營鎭堡城은 각도의 절도사나 절제사, 혹은 첨절제사가 주재하는 營鎭이나 그 아래에 소속된 작은 규모의 군사주둔지에 축성하는 성이다. 특히 堡는 읍성이나 진성에서 멀리 떨어진 곳으로써 인구가 밀집된 취약지대에 축조하여 지키게 하거나 거주민의 입보처를 삼았다. 한편 성종대에 와서는 그동안 船上勤務를 원칙으로 하던 수군에게도 변화가 일어나 寄港地 근처에 축성하고 수군의 군수물자를 보관하고 萬戶의 주재처로 삼도록 하였다. 특히 중종대의 삼포왜란은 이러한 연해 水軍浦口에 대한 축성을 더욱 촉진시켰다.

2) 南道地域의 성곽 정비 현황

(1) 읍성 정비

읍성은 크게 나누어 연해지역 읍성과 양계지역 읍성, 그리고 內地 읍성으로 나눌 수 있다. 연해지역의 경우에는 이미 고려후기에 수축된 읍성만도 29개소였으며 이 가운데 6개소를 제외한 23개소는 倭寇와 가장 가까이에 있는 경상도 지역에 축성되었고, 29개 읍성중 15개소는 禑王代에 축조된 것이다.[15] 그러나 이 당시의 읍성은 29개소 가운데 16개소가 土築으로 이루어졌고,[16] 또 조선시대보다는 응급적인 것이어서 성벽의 구조도 매우 粗惡한 것이었다.[17] 또 극심한 왜구의 침입로 연해지역의

---

15) 沈正輔, 1995,『韓國 邑城의 硏究』, 學硏文化社, 48쪽 ; 유재춘, 2003,『韓國中世築城史 硏究』, 경인문화사.

16) 沈正輔, 위의 책, 48쪽.

邑治는 移設되거나 폐지되는 경우도 있었다. 이에 연해지역 주민은 流亡
하게 되어 사회적인 문제가 되었을 뿐만 아니라 연변의 비옥한 토지는
방치되고 魚鹽의 수익도 감소되어 국가적으로 막대한 손실이 되고 있었
다. 이에 고려말 趙浚은 연해지역 城堡를 수축하여 流亡民이 돌아오게
함으로써 邊境州郡을 충실하게 할 것을 역설하였고,[18] 일부 지역의 읍성
이 축조되었으나 산성중시론이 우세하여 계획적이고 적극적인 읍성수축
은 이루어지지 못하였다.[19]

그러나 조선시대에 들어서면서 일단 왜구가 완전 종식되지는 않았지
만 상대적으로 대폭 감소하였고, 세종 원년에 있었던 對馬島 征伐 이후
그 침입횟수는 더욱 감소하게 되었다. 이에 따라 연해지역은 급속도로
안정되어 갔고, 종전에는 왜구의 위험성 때문에 空地가 되었던 연안지역
과 海島의 토지가 다시 개척되기 시작하였으며, 魚鹽이나 해조류 채취
등을 업으로 하는 이들도 점차 늘어나 연해지역의 인구는 두드러지게 증
가되었다.[20]

이러한 연해지역의 경제적인 유익성 증가는 중앙정부로 하여금 예전
의 방비책을 수정하게 하는 중요한 요인이 되었다. 즉 종전에는 주로 산
성입보 중심의 방비책을 견지하고 있었는데, 이는 확실히 避亂에는 효과
가 있었지만 邑治에서 상당 거리가 떨어져 있는 경우가 대부분이어서 유
사시 신속히 입보하는 것도 곤란할 뿐만 아니라 지방관아와 주민들의 거

---

17) 車勇杰, 1988, 「高麗末·朝鮮前期 對倭關防史 研究」, 忠南大博士學位論文,
   31쪽.
18) 『高麗史』 卷118 列傳 31 趙浚.
19) 고려후기에 축조된 읍성은 29개소인데, 이 가운데 23개소가 경상도에 건설되었
   으며, 절반이상인 15개소가 禑王代에 축조되었다. 그러나 29개소 가운데 16개소
   가 土築으로 축조되었다는 것으로 볼 때, 速成위주의 축성이 이루어진 것으로
   생각된다. (沈正輔, 1995, 『韓國 邑城의 研究』, 學研文化社, 48~49쪽 참조)
20) 『世宗實錄』 卷4 世宗 元年 7月 辛未 ; 『世宗實錄』 卷84 世宗 21年 3月 丁卯
   ; 『新增東國輿地勝覽』 卷32 慶尙道 巨濟縣 城郭 邑城 李甫欽記.

주지가 보호받지 못하는 치명적인 결점이 있었고, 산성 출입이 용이하지 못하여 군량·무기의 저장과 관리에 어려움이 뒤따랐다. 따라서 당국의 입장에서는 자연히 연해지역에 정착한 거주민을 왜구의 위협으로부터 보호하여 지속적으로 富盛시키기 위해 정책적인 대안을 강구해야 하였다. 이러한 상황속에서 1차적으로 그 정책적 대안의 핵심이 된 것은 연해지역에 대한 읍성 건설이었다.

그리고 邑城重視策이 등장하게 된 매우 중요한 이유 가운데 또 하나는 漕運路의 확보와 稅穀의 보호에 있었다. 세곡은 중요한 국가 財政源이었는 바, 왜구들의 습격이나 국내의 도적에 의한 탈취도 예상되었기 때문에 이에 대한 각별한 조치가 필요하였다. 또 수도까지 운반하기 위해서는 해로를 통해야 하기 때문에 이 해로의 안정성 확보, 또 육지에서의 경우는 조세수입의 안전한 보관이 필요하였다. 특히 조운되는 곡물자체가 연해지역을 통해 운송되기 때문에 결국 연해지역에 안전지대를 확보하는 것은 매우 중요한 일이었다.

한편 읍성축조는 兩界地域의 경우가 沿海地域보다 오히려 더욱 절실한 문제였다. 특히 변경지역의 경우는 봄~가을에는 出城하여 농사를 짓고, 겨울철에는 모든 가축과 穀食을 거두어 城안으로 들어가는 이른바 '淸野入保'가 연례화되어 있었기 때문에 읍성은 반드시 필요한 시설이었다.[21] 더구나 태조대에는 비교적 잠잠하였으나 태종대부터는 점차 변경지역에서 야인들의 侵寇가 격화되어 통치권 유지에 지역 거점이 되는 읍성이 반드시 필요한 상황이었다. 이외에 내륙지역에도 읍성이 수축되었는데, 이는 연해지역의 읍성과는 그 축조목적이 다소 다르다. 즉 내륙지역의 읍성은 首都로 연결되는 주요 거점지역에 축조함으로써 수도로 향하는 적의 침입을 차단하고자 하였던 것이다. 이러한 것은 진관체제와도 밀접한 관련이 있지만, 남북로상의 주요 거점지역을 설정하여 읍성을 수

---

21) 國史編纂委員會, 1981, 『한국사』 9, 탐구당, 184~185쪽.

축하고 수도를 중심으로 겹겹이 방어선을 구축할 수 있도록 한 것이다.

특히 세종 11년(1429)이후 본격적으로 읍성위주의 축성이 이루어지게 된 것은 朝鮮의 對外觀에 따르는 假想敵(國)의 개념이 대체로 확고해지면서 이것이 축성정책에 반영되었다. 즉, 북방으로는 對明 관계가 한층 안정화되면서 對野人 防備에 한층 주력하게 되고, 남방으로는 對倭寇 위주의 방비시설 정비가 이루어지게 됨으로써, 北方 邊地에서는 邑城·鎭堡城 건설과 함께 행성이 대대적으로 축조되었고, 남방 연해지역에는 邑城과 鎭堡城의 건설이 지속적으로 이루어지게 되었다.

그러나 세종 10년(1428) 까지는 여전히 방비시설면에 있어서 읍성이 주를 이루지는 않았고, 산성중시 내지는 산성·읍성 兼設政策이 유지되고 있었다고 할 수 있다. 이러한 상태는 세종 10년경을 고비로 크게 변화하게 되었으며, 이후로 10여년간은 개국이래 가장 중점적으로 읍성이 축조된 시기이다.[22]

세종시대 성곽에 대한 본격적인 정비가 시작된 시기는 세종 10년(1428)경부터이다. 세종 10년(1428) 7월 工曹參判 李蕆을 함길도에 보내 성터를 살피게 한 것을 비롯하여[23] 10월에는 黃喜와 申商을 평안도에 보내 도내의 城堡를 순찰하도록 하는 등 兩界地域에 대한 대대적인 성곽 점검에 들어갔고,[24] 이듬해 봄에는 許稠의 건의에 따라 경상도 연해 각 고을의 성곽을 농한기를 이용하여 수축하도록 하는 등[25] 전국적으로 성곽에 대한 대대적인 점검과 수축이 시작되게 되었다. 그런데 매우 중요한 사실은 이 시기의 축성정책이 下三道의 경우 읍성 위주로 전환되고 여타지역에 있어서도 산성이 점차 폐지되었다는 점이다. 이전에는 앞에

---

22) 이 시기의 읍성축조와 관방시설 정비에 대해서는 차용걸, 1981, 「朝鮮前期 關防施設의 整備過程」『韓國史論』7, 국사편찬위원회 참조.

23) 『世宗實錄』卷41 世宗 10年 7月 辛未.

24) 『世宗實錄』卷42 世宗 10年 10月 壬寅.

25) 『世宗實錄』卷43 世宗 11年 1月 壬申.

서도 언급한 바와 같이 산성과 읍성을 倂存시키는 경우가 많았지만 이
시기에 와서는 읍성을 위주로 하는 정책으로 전환하게 되었다. 앞서 서
술한 바와 같이 성곽에 대한 점검을 위해 朝官을 파견한 것도 이러한 정
책에 대한 기본 계획을 수립하고자 한 때문이라고 여겨진다.

여하튼 세종 10년 윤4월 세종대 축성정책의 가장 핵심부에 있었던 관
리중의 한사람인 최윤덕이 병조판서에 임명됨으로써 축성정책은 새로운
전기를 맞게 되었다. 특히 그가 이듬해 봄에 下三道 都巡撫使에 임명되
어 하삼도에 대한 축성사업을 입안하고 본격적인 추진을 시작하였다. 그
는 도순무사로 임명된지 6일만에 세종에게 성곽축조에 대한 기본 방침
을 보고하게 되었는데, 이를 보면 다음과 같다.

> · 下三道 각 고을의 성 중에서 그 방어가 가장 긴요한 沿邊의 고을들
>   은 山城을 없애고 모두 邑城을 쌓을 것이며, 읍성이 소용이 없을 듯
>   한 곳은 이전대로 산성을 수축하게 할 것.
> · 각 고을에서 성을 쌓을 때에는 각기 그 부근에 있는 육지의 州縣으
>   로 혹 3, 4邑 혹 5, 6읍을 적당히 아울러 정하여 점차로 축조하게
>   할 것.
> · 民戶의 수효가 적고 또 성을 축조할 만하지 않은 각 고을은 隣邑의
>   성으로 옮겨 함께 들어가게 할 것.
> · 각 고을에 쓸 만한 옛 성이 있으면 그대로 수축하고, 쓸 만한 옛 성
>   이 없으면 가까운 곳에 새로운 터를 잡아 신축하게 할 것.
> · 각 고을에 견실하지 못한 성이 있으면 각기 戶數의 다소를 참착하
>   여 혹은 물리고 혹은 줄여서 적당하게 개축하게 할 것.
> · 각 고을의 성을 일시에 다 쌓을 수는 없는 것이므로 각기 성의 대소
>   를 보아서 적당히 연한을 정하여 견실하게 축조할 것.26)

이 내용을 보면 방어가 긴요한 下三道 연해지역의 경우는 기본적으로
산성을 없애고 읍성을 수축하도록 하고 있으며, 예외로 읍성이 별로 효
용이 없는 곳은 예전대로 산성을 수축하도록 하였는데, 이는 읍성의 基

---

26) 『世宗實錄』 卷43 世宗 11年 2月 丙戌.

地가 마땅치 않거나 아니면 연해지역이기는 하지만 왜구의 위험이 거의 없는 지역을 말하는 것으로 여겨진다. 그리고 功役을 줄이기 위하여 舊城이 있을 경우 그대로 수축하게 하면서도 각지역의 戶數를 헤아려 적절한 수용성을 갖도록 개축을 명시하고 있으며, 예전의 속성위주의 성곽수축에서 벗어나 시한을 가지고 견실하게 수축하도록 하고 있다. 이 최윤덕이 보고한 성곽축조에 대한 기본방침 설정이 세종대의 읍성, 특히 연해읍성 축조에 있어서 시기를 구분짓는 하나의 분수령이 되고 있다는 점에 대해서는 일찍이 車勇杰이 지적한 바 있다.[27] 筆者도 그에 대해서는 전적으로 동의하고 있으나 연해읍성이 아닌 전국적인 면에서 볼 때는 앞서 서술한 바와 같이 이미 세종 10년에 함길도와 평안도에 대한 성곽점검에 이어 하삼도에 대한 축성사업을 최윤덕에게 맡긴 것으로 생각되며, 그가 병조판서를 맡게 된 것도 세종 10년 윤4월인 것을 감안하면 세종 10년을 읍성축조 정책상의 중요한 변화가 온 시점으로 보는 것도 큰 무리는 없다고 여겨진다.

그런데 이 시기의 전국적인 읍성에 대한 점검과 대대적인 수축계획은 대략 10년간을 그 기한으로 잡아 추진하였던 것으로 보인다.[28] 즉 예전과 같이 상황에 따라 아니면 즉흥적으로 지방관의 보고에 따라 수축하던 것에서 벗어나 계획적인 읍성 수축을 추진하게 된 것이다. 이와 같은 읍성수축은 연해지역과 양계지역으로 나눌 수 있는데, 연해지역의 경우는 왜구에 대비한 것이며, 양계지역에서는 중국의 침략과 野人들의 侵寇에 대비한 것이다.

세종은 즉위초에 실시한 對馬島 征伐에서도 알 수 있는 바와 같이 왜구에 대해 강력한 무력응징정책을 추구하였다. 그러나 한편으로는 세종 8년(1426) 경상도의 3개 포구에 와서 왜인들이 평화적인 교역을 할 수

---

27) 車勇杰, 앞의 논문, 67쪽.
28) 『世宗實錄』卷51 世宗 13年 1月 辛巳.

있도록 허락하였고, 세종 18년(1436)에는 왜인들의 삼포 거주를 허가하는 등 회유정책도 병행하였다. 그러면서도 연해지역의 읍성 수축을 적극 추진하였던 것은 왜인들은 믿을 수 없다는 인식과 함께 연해지역에 대한 철저한 방비시설 구축만이 연해지역에 대한 보다 항구적인 안정을 얻을 수 있다는 생각에서 비롯된 정책이었다고 할 수 있다.[29] 이러한 인식은 梁誠之가 세종 32년(1450) 올린 「備邊十策」에서 "和親하는 일도 전쟁하는 일도 모두 병력을 쓰지 않을 수 없다"라고 하는 데서도 잘 나타나고 있다.[30] 즉 기본적인 武備가 없이는 和親하고 싶어도 할 수 없다는 인식이다.

세종 연간 중반기에는 가장 활발한 읍성축조가 이루어진 시기이지만 읍성수축은 그후에도 산발적으로 계속되었다. 당초 세종11년(1429) 읍성 위주의 축성이 본격적으로 시작되어 10년을 기한하고 완성을 보고자 하였으나 세종 18년(1436)과 19년에 연달아 큰 흉년이 들어 축성사업에 차질이 생겼고, 다음의 인용문과 같이 세종 21년에는 매우 긴급한 곳을 제외하고는 축성시기를 늦추도록 하는 조치가 이루어졌다.[31]

세종 연간 후반기에 읍성수축이 지연된 것은 이러한 사정 때문이며, 게다가 세종 22년(1440)부터는 행성축조가 본격화됨으로써 10년을 목표로 완성하려던 읍성수축계획은 일단 속히 완료되기 어렵게 되었다. 그런데 세종 24년에 이르러 긴급히 경상도 泗川·固城·寧海의 읍성을 축조하도록 하면서, 甕城·敵臺·池濠는 점차적으로 축조한 것을 보면 성곽의 시설보강작업을 추진한 것으로 판단되며, 하삼도 연변 각 고을의 축성이 끝난 후에 內地의 읍성을 차례로 축조하도록 하였다.[32] 그러나 내지의 읍성 축조는 세종시대 후반기에는 北邊事가 많아지고, 특히 행성축조가

29) 『世宗實錄』卷54 世宗 13年 11月 己巳.
30) 梁誠之, 『訥齋集』卷 1 備邊十策.
31) 『世宗實錄』卷84 世宗 21年 3月 丙辰.
32) 『世宗實錄』卷97 世宗 24年 7月 戊寅.

대대적으로 실시됨으로써 내지에 대한 축성계획은 실행되지 못하였고, 단지 세종 26년(1444)경 긴급한 연해지역의 읍성수축은 어느 정도 마무리 되었다.[33]

또한 이 시기에는 여러 성곽 시설의 개선이 점차 이루어져 갔다. 甕城·敵臺·池濠를 기본적으로 갖추도록 하고, 성 안쪽에 흙을 메워 쉽게 登城할 수 있도록 하고,[34] 중국제도에 의거하여 城上에 哨軍이 야간에 의지할 수 있는 城上屋宇의 建造,[35] 袖城의 축조[36] 등 체성 및 부대시설에 대한 개선책이 취해졌다. 특히 세종 25년에 11월 兼成均注簿인 李甫欽이 올린 上疏중에 「蓋自戊午年 築城新圖頒降以後」라는 대목이 나오는 것에서 '戊午年'인 세종 20년에 축성제도를 규식화한 '築城新圖'라는 것이 만들어져 축성에 있어서 하나의 기본지침이 만들어진 것으로 보인다.

한편 문종대에 들어서는 전국적으로 성곽에 대한 대대적인 점검을 시행하였다. 문종은 세종대에 大臣으로 하여금 축성사무를 관장하게 하였던 예에 따라 右贊成 鄭苯을 都體察使로, 成均館 司藝 金淳과 吏曹正郎 辛永孫을 從事官으로 삼아 下三道의 성곽을 점검하도록 하였다. 鄭苯은 1차적으로 전라도 각 지역의 성곽에 대한 상세한 점검결과를, 그대로 둘 곳과 퇴축할 곳, 개축할 곳 등 3개 종류로 나누어 보고하고 있는데,[37] 다음의 <표>에서 알 수 있는 바와 같이 전라도의 경우 그대로 둘 곳이 순천·낙안 등 11개 지역의 성곽이며, 개축할 곳은 고부·무장·부안·옥구 등 4개지역, 退築할 곳은 장흥·영광·나주·용안·흥덕 등 5개 지역이었다.

---

33) 車勇杰, 앞의 논문, 77쪽.

34) 『세종실록』권68 세종 17년 4월 갑인, 6월 무오.

35) 『세종실록』권78 세종 19년 8월 정축.

36) 『세종실록』권87 세종 21년 10월 계사. 袖城이란 城 밖으로 마치 소매처럼 길게 늘여 축조하는 城을 말하며, 주로 城內에 물이 부족할 때 주변의 물가까지 袖城을 쌓아 물을 사용할 수 있도록 하였다.

37) 『문종실록』권9 문종 원년 8월 병술.

1451년 都體察使 鄭苯이 보고한 전라도 읍성 (그대로 둘 곳)

순번	성명칭	둘레	높이	비고
1	순천부 읍성	3,383척	12척	여장높이 3척, 적대 6, 성문 4(옹성 2), 여장 514, 우물 4, 池 8, 해자 둘레 3701척.
2	낙안군 읍성	2,865척	8척5촌~9척	여장 높이 2척5촌, 적대 12, 未畢敵臺 8, 문 3, 여장 420, 우물 2, 小池 2.
3	보성군 읍성	3,000척	7척~8척	여장높이 2척, 문 3, 여장 539, 우물 2, 샘 2, 池 1.
4	영암군 읍성	4,369척	9~12척	여장높이 3척, 적대 6, 문 3, 여장 639, 샘 2.
5	광양현 읍성	1,812척	7척 6촌	여장높이 3척, 적대 9, 未畢敵臺 7, 문 3, 여장 374, 해자 둘레 1,995척.
6	홍양현 읍성	3,500척	9척4촌~12척	여장높이 3척, 적대 11, 문 2, 여장 574, 우물 5.
7	무안현 읍성	2,700척	11척	여장높이 3척, 적대 7, 문 3(옹성 1), 여장 427, 우물 2, 샘 2, 池1, 해자 둘레 2,893척.
8	강진현 內廂城	2,225척	10척8촌	여장높이 2척4촌, 적대 8, 문 4(옹성 4), 여장 443, 우물 4, 해자 둘레 2,597척.
9	만경현 읍성	2,820척	12척	여장높이 3척, 적대 4, 문 3, 여장 453, 우물 3.
10	임피현 읍성	3,095척	10척	여장높이 3척, 적대 9, 문 3(옹성 2), 여장 439, 우물 7, 池 2, 해자 둘레 3,075척.
11	함열현 읍성	3,485척	11척	여장높이 1척5촌(혹은 2척), 적대 16, 문2 (옹성 2), 여장 550, 우물 2, 小池 1.

※ 『문종실록』(권9 문종 원년 8월 병술)의 기록을 도표화한 것임. 이하 同.

1451년 都體察使 鄭苯이 보고한 전라도 읍성 (개축할 곳)

성명칭	둘레	높이	비고
고부군 읍성	1,803척	9척	여장높이 3척, 문 2, 여장 335, 우물 4, 小池 1.
무장현 읍성	1,470척	7척	여장높이 1척, 문 2(옹성 2), 여장 471, 해자둘레 2,127척.
부안현 읍성	1,500척	7척	여장높이 1척5촌, 문 2, 여장 250.
옥구현 읍성	1,511척	9척	여장높이 2척, 문 3, 여장 300, 샘 1.

1451년 都體察使 鄭苯이 보고한 전라도 읍성 (退築할 곳)

성명칭	둘레	높이	비고
장흥부 읍성	6,400척	4~10척	여장 높이 1~2척, 적대 2, 여장 916, 문 3(옹성 1).
영광군 읍성	2,712척	10척	여장 높이 1척6촌, 적대 2, 문 3(옹성 1), 여장 462, 샘 6.
나주목 읍성			새로 7,000척으로 고쳐 정함. 일찍이 북면주변을 600척 개축하였으나 내면에 흙을 메우는 것 등을 법식에 의하지 않음.
용안현 읍성			둘레 2,797척, 높이 4~8척으로 축성중에 있으나 거주민이 겨우 180호이므로 2,400척으로 줄여서 정함.
홍덕현 읍성	1,747척	6척8촌	여장 높이 1척 8촌, 문 2.

1451년 都體察使 鄭苯의 보고한 경상도 읍성(그대로 둘 곳)

순번	성명칭	둘레	높이	비고
1	경주부 읍성	4,075척	11척6촌	여장 높이 1척4촌, 적대 26, 성문 3, 여장 1,155, 우물 83.
2	김해부 읍성	4,418척	13척	여장 높이 2척, 적대 20, 문 4(옹성 4), 여장 931, 川 1, 우물 28, 해자 둘레 4,683척
3	창원부 내상성	3,775척	12척6촌	여장 높이 1척8촌, 문 4(옹성 4), 적대 12, 여장 635, 우물 7, 해자 둘레 4,060척.
4	곤양군 읍성	3,765척	7~12척	여장 높이 2척, 적대 12, 문 3(옹성 3), 여장 514, 우물 3, 샘 3, 해자 或有·或無.
5	기장현 읍성	1,527척	11척	여장 높이 2척, 적대 6, 문 3(옹성 3), 여장 383, 우물 1, 城外에서 引水하여 池를 만듦.
6	동래현 읍성	3,000척	12~13척	여장 높이 2척, 적대 12, 문 4(옹성 4), 여장 513, 우물 6.
7	고성현 읍성	3,011척	12척	여장 높이 2척, 적대 12, 문 3(옹성 3), 여장 575, 우물 4.
8	남해현 읍성	2,806척	12척	여장 높이 3척, 적대 13, 문 3(옹성 3), 여장 553, 샘 3, 小溝 1, 해자 둘레 3,037척.
9	하동현 읍성	2,943척	7~8척	여장 높이 3척, 적대 11(未畢 7), 문 3(옹성 3), 여장 588, 샘 5, 池 1.

※ 상기 내용은 그대로 둘 곳으로 보고된 읍성

1451년 都體察使 鄭苯이 보고한 경상도 읍성(개축·퇴축할 곳)

성명칭	둘레	높이	비고
울산군 내상성	3,732척	8척	여장 높이 3척, 적대 21(未畢 3), 성문 4(옹성 4), 여장 908, 우물 11, 샘 3, 해자 或有·或無.
사천현 읍성	3,015척	10척5촌~11척5촌	적대 15, 문 3(옹성 3), 여장 580, 우물 7.
진해현 읍성	1,325척	7척4촌	여장 높이 3척, 적대 6(未畢 3), 문 2(옹성 2), 여장 382, 우물 1, 城外에서 引水.
진주목 촉석성	3,000척이던 것을 2,000척 추가.		
밀양부 읍성	4,713척		
양산군 읍성	2,950척		
언양현 읍성	읍성 舊基 1,427척에 1,000척을 추가.		
칠원현 읍성	성터 남쪽 골짜기에 4,700척 審定.		

그리고 경상도의 경우는 그대로 둘 곳은 경주·김해·창원·곤양·기장·동래·고성·남해·하동 등 9개 지역이며, 改築이나 移築해야 할 곳은 울산·사천·진해·진주·밀양·양산·언양·칠원 등 8개 지역이었다. 경상도 읍성의 경우도 대체로 여장·적대·옹성·해자 등의 시설을 갖추고 있는데, 전라도의 경우와 비교하여 2가지 특징이 나타난다. 첫째는 전라도 읍성에 비해 대체로 여장이 촘촘히 설비되었다는 점이다. 전라도의 경우는 6.15尺마다 1개의 여장을 설치한 반면, 경상도의 경우는 평균 5.17尺마다 1개의 여장을 설치한 것으로 나타난다. 둘째는 경상도의 경우는 전라도와 달리 慶州府를 제외하고는 모든 성문에 옹성을 설치하였다는 점이다. 당시에 국가 방비면에서 경상도 지역에 더 비중을 두었다는 것은 이러한 성곽 시설을 통하여서도 알 수 있다.

下三道 지역의 읍성에 대한 상세한 점검과 조치는 세종 중반기 이후

건설된 하삼도 지역의 읍성에 대한 재정비를 뜻하며, 전라도 나주목 읍성이 城의 내면에 흙을 메우는 것 등을 法式에 의하지 않아 개축할 것을 보고하고 있는 것으로 보아 전과는 달리 축성법식의 적용을 보다 강화하고 있음을 알 수 있다.

이후에도 여러 크고 작은 축성사업이 있었지만 다음의 <표>에서 알 수 있는 바와 같이 15세기 초반의 상황에 비하여 약 100년 후인 16세기 초반에 이르러 읍성의 전체적인 수는 크게 변하지 않았다. 다만 전라도 지역에 7개소의 읍성이 추가로 생겨나 타도에 비하여 가장 큰 변화를 보이고 있다.

조선전기 지리지 所載 읍성수 비교

구분	경기도	충청도	경상도	전라도	황해도	강원도	함경도	평안도	계
세종실록 지리지	1	15	27	23	5	8	13	18	110
신증동국여지승람	1	17	30	30	5	9	14	16	122

그러한 가운데 선조 24년(1591)경 일본과의 전쟁 위기감이 고조되면서 조선에서는 嶺南·湖南지역 주요 요충지의 읍성을 대대적으로 수축하였다. 특히 경상도에서는 永川·淸道·三嘉·大丘·星州·釜山·東萊·晉州·安東·尙州 등 적이 돌입할 것으로 예상되는 지역과 首都로 연결되는 주요 大邑의 성곽을 증축, 혹은 수축하였다. 그런데 『宣祖修正實錄』에 "크게하여 많은 사람을 수용하는 것에만 신경을 써서 험한 곳에 의거하지 않고 평지를 취하여 쌓았는데 높이가 겨우 2~3장에 불과하였으며, 塹壕도 겨우 모양만 갖추었을 뿐 백성들에게 노고만 끼쳐 원망이 일어나게 하였는데, 識者들은 결단코 방어하지 못할 것을 알고 있었다"[38]라고 하는 것에서 알 수 있듯이 당시 읍성의 재정비가 철저하게 이루어 지지 않았다.

---

38)『선조수정실록』권25 선조 24년 7월 갑자.

조선시대에 와서 하삼도 지역에 축조된 읍성은 주로 소규모 집단으로 이루어진 왜구에 대비하기 위한 것이었다. 따라서 낮은 구릉이나 평지에 위치한 읍성을 지키기 위해서는 적어도 비슷한 전투력을 보유하지 않고는 수비하기가 어려웠다. 임진왜란 당시 대부분의 읍성이 지켜지지 못하거나 放棄된 것은 그러한 이유에서이다.

이로 말미암아 임진왜란은 조선시대 축성정책에 커다란 변화를 가져오게 되었다. 지속적이고 대규모 침입에는 읍성이 적절하지 못하다는 것이 입증되면서 세종대 이후 읍성위주의 정책은 수정이 불가피 해졌다. 이에 임진왜란을 계기로 읍성보다는 산성이 주로 수축되었으며, 읍성과 산성이 모두 있는 지역도 평시에는 읍성에 있다가 전란이 닥치면 산성으로 들어가 수비하도록 하였다.[39] 또 광해군 원년에는 전라·경상도 監司에게 "道內의 산성이나 읍성을 막론하고 형편이 지킬만한 곳을 가려서 하나의 큰 진을 만들어 성곽과 기계를 수선하여 군량을 쌓고 군사를 훈련시켜 후일에 반드시 지킬수 있는 곳으로 삼도록 할 것"을 지시하고 있다.[40] 이는 예전의 읍성이 군사·정치·행정·경제 등 복합적인 기능을 갖는 존재에서 군사적인 기능만을 강조하는 시대로 전환되었다는 것을 의미하며, 이로 말미암아 군사적인 측면에서 기능성이 떨어지는 지역의 읍성은 대체로 방치되게 되는 계기가 되었다고 생각한다.

그렇다면 임진왜란 당시 읍성이 성공적으로 수비되지 못한 것을 단순히 성곽의 부실만으로 설명할 수 있을까. 여기에는 한가지 무시못할 조선시대 군사운용의 구조적인 문제가 있다. 즉, 지역방어개념이 강한 鎭管體制가 붕괴되고 制勝方略 分軍法이 등장함으로써 事變이 발생하면 각지의 수령은 管內의 병사를 나누어 거느리고 약정된 지역에 가서 중앙에서 파견되는 지휘관을 기다려야 하기 때문에, 자연히 거주지 읍성은

---

39) 『선조수정실록』 권206 선조 39년 12월 정유.
40) 『광해군일기』 권17 광해군 원년 6월 임신.

군사력이 열세하게 되었고, 이러한 체제는 결국 주민들이 戰時에 성내로 들어가는 것을 꺼리게 하는 요인이 되었던 것이다. 임란 당시 읍성을 비워두고 軍官民이 모두 山谷으로 흩어져 버린 지역이 많았던 것도 그러한 이유에서이다. 즉, 제승방략 분군법은 각 지역의 군사력을 분산시킴으로써 지역방어의 구심점인 성곽을 지키기 어렵게 하는 요인으로 작용하였고, 읍성 자체가 대체로 형세상 지키기 용이한 곳이 아니었다.[41] 이는 임진왜란 당시 대부분의 읍성이 放棄되거나 지켜지지 못한 것에서도 알 수 있다. 조선전기 읍성은 오래도록 外侵이 없는 상태가 계속됨에 따라 주로 지방행정과 경제의 중심지로써 기능하였고, 군사적인 기능은 감소되었다고 평가될 수 있다.

(2) 산성의 축조와 정비

고려말에는 주로 왜구에 대비한 연해지역의 축성에서부터 시작하여 왜구의 침입이 있었거나 침입의 우려가 있는 내륙지역에 대한 축성이 대대적으로 이루어졌다. 특히 禑王代에 이르러 왜구가 더욱 극성을 부리자 各道의 요충지에 防護를 설치하고 流民을 막으면서 沿海州郡에 山城을 수축토록 하였다.[42] 당시의 산성수축은 우선 왜구의 피해를 줄이고자 邑城 등 평지성의 수축을 정지하면서까지 추진되었던 것으로,[43] 급한 현실적 필요성에 의해 이루어진 것이었기 때문에 다음의 『高麗史』 기사에서 알 수 있는 바와 같이 견고함을 추구하기 보다는 速成위주였다.[44]

---

41) 『선조실록』권206 선조 39년 12월 정유.
42) 『高麗史』권133 列傳46 辛禑1 3년 2월. 이하의 산성의 축조와 정비에 대한 서술은 필자가 저술한 『韓國中世築城史 硏究』(경인문화사, 2003)의 관련 내용을 수정·재정리한 것임.
43) 『高麗史』권82 兵志2 城堡 辛禑 3年.
44) 『高麗史節要』卷30, 辛禑 4年 12월;『高麗史』卷82, 兵志 2, 城堡, 辛禑 4年 12月 甲子.

이 당시의 이러한 성곽 수축이 어느 곳에서 어떤 城이 수축되었는지 확인할 수는 없지만 禑王 3년(1377) 7월 諸道에 관리를 파견하여 산성을 수축하게 하였다[45]는 것으로 보아 전국 대부분의 지역에 入保用 산성이 수축되었다고 여겨지는 바, 이러한 산성들은 예전에는 北方으로부터의 침입에 대비하였던 것으로 이 시기에 이르러서는 倭寇에 대비한 入保處로 변화하게 되었다.[46]

太宗代에 들어서 정권이 안정되면서 서북면·동북면의 주요 지역은 물론 전국적으로 방비시설의 구축과 점검이 강화되었다. 특히 변경지역의 邑城 축조가 진행되면서 산성에 대한 수축과 정비가 대대적으로 이루어지게 되었다. 1410년 2월에는 경상도·전라도 등지의 산성 12개소가 수축되었는데,[47] 이를 보면 다음의 <표>와 같다. 이러한 산성들은 『世宗實錄』 地理志에 기록되어 있는 산성 111개 가운데 63%인 70개소가 1,000步 이하였다는 점[48]을 감안하면 확실히 평균이상으로 규모가 큰 산성에 속하는 것들이다.

1410년(태종 10) 수축된 경상도·전라도의 산성

道	地域	城名稱	『世宗實錄』 地理志 記錄
경상도	昌寧	火王山城	火王山石城, 周回一千二百十七步 內有泉九池三 又有軍倉
	淸道	烏惠山城	烏惠山石城, 周回一千三百五十二步 內有川二池三井五 又有軍倉 密陽 慶山軍 倉幷入置
	安陰	黃石山城	黃石山石城, 周回一千八十七步 內有溪一 又有軍倉 咸陽軍倉幷入置

45) 『高麗史節要』 卷30 辛禑 3年 秋7月.

46) 車勇杰, 1989, 「高麗·朝鮮前期 築城의 例」 『壬辰倭亂 前後 關防史 硏究』, 文化財硏究所, 29～30쪽.

47) 『태종실록』 권19 태종 10년 2월 병인.

48) 柳在春, 1995, 「『世宗實錄』 地理志 城郭記錄에 대한 檢討」 『史學硏究』 제50호, 韓國史學會.

道	地域	城名稱	『世宗實錄』 地理志 記錄
	善州	金烏山城	金烏山石城, 高險 天作之險居其大半 周回一千四百四十步 內有 小池三溪一泉四 又有軍倉 開寧 若木軍倉併入置
	昌原	簾山城	簾山石城, 高險 周回一千七十三步 內有川一溪一
	雞林	夫山城	夫山石城, 高險 周回二千七百六十五步二尺 內有川四池一井泉 九 又有軍倉 永川迎日軍倉併入置
전라도	南原	蛟龍山城	蛟龍山石城, 周回一千一百二十五步 城內有泉六 又有小溪 冬夏 不渴 有軍倉
	潭陽	金山城	金城山石城, 周回一千八百三步 內有溪水 冬夏不渴 又有泉十二 其五則冬夏不渴 有軍倉
	井邑	笠巖山城	笠巖山石城, 周回二千九百二十步 內有溪水 冬夏不渴
	高山	伊訖音山城	-
	道康	修因山城	修因山石城(康津縣), 周回一千三百九十六步 內有泉六 冬夏不 渴
	羅州	錦城山城	錦城山石城, 周回一千九十五步 冬夏不渴 又有池 有軍倉

※『太宗實錄』(권19 太宗 10年 2月 丙寅)과『世宗實錄』地理志의 내용을 도표화
  한 것임.

이후 타타르와 明의 공방전으로 북방에서의 군사적 긴장이 높아지고,
명나라의 征倭說이 조선에 전해지면서 서북지역 뿐만 아니라 전국적인
산성 수축이 추진되었다. 이러한 산성수축은 태종 13년 7월에 이르러 각
도의 각 고을을 3, 4息안에 하나의 산성을 수축하고 창고를 설치하도록 하
는 조치로[49] 더욱 구체화되게 되어 邊境과 內地를 막론하고 산성을 중
심으로 한 入保防備體制의 完備를 지향하게 되었다. 이러한 태종대의 산
성수축 정책은 '고려말 왜구를 피하여 입보하였던 대규모 산성들에 대한
入保制를 다시금 강화하는 조처'[50]이지만 군사적 긴장의 주요인은 북방
에서의 혼란과 명나라에 대한 불신이다.

---

49)『태종실록』권26 태종 13년 7월 무술.
50) 車勇杰, 앞의 논문, 61쪽.

그러나 明의 정복 군주 영락제가 사망하면서 중국에 대한 의구심은 완화되어 갔고, 세종 11년 최윤덕이 성곽축조 조건을 마련하고 종전의 산성중심의 방비체제가 읍성위주로 전환되면서 점차 산성의 수축은 퇴조하게 되었다. 물론 읍성위주의 축성정책을 추구하였지만 이후로 전혀 산성수축을 하지 않은 것은 아니며, 산성과 읍성중 어느 城을 주로 운영할 것인가에 대한 여러 논란이 있었다.51) 그러나 세종 8년(1426)에 편찬된 『慶尙道地理志』와 예종 원년(1469)에 편찬된 『慶尙道續撰地理誌』에 기재되어 있는 산성에 관한 사항을 비교하여 보면 대체로 세종 16년을 고비로 산성이 점차 革廢되었다.52) 이러한 이 당시 산성 폐지는 평화시기가 이어지면서 산성의 유지 자체가 주민들에게 불편을 초래함으로써 각 지방에서 읍성의 유지를 선호하게 되었던 이유도 있다. 이후 산성은 일부를 제외하고 대부분 방치되어 갔다.53)

이후 문종대에 들어서 북방에서 蒙古 후예인 오이라트에 새 지도자 에센(也先)이 등장하면서 크게 세력을 떨치고, 그가 피살된 후에는 동북지역의 타타르가 흥기하여 북방의 정세가 불안정해 졌다. 이에 문종은 일단 평안도의 행성과 읍성의 수축은 일단 정지하고 읍성중 퇴락하고 부실한 곳을 시급히 수리하게 하고,54) 평안도·황해도·함길도 등 首都 以北지역의 산성을 대대적으로 살펴 수리·수축하도록 하였다.

그러나 이러한 조치들은 특수한 상황에서 취해진 것이며, 조선전기 후반으로 내려오면서 점차 방치되어 퇴락하게 되었다. 성종 5년(1474) 大司憲 李恕長이 상소한 내용에 바닷가 여러 고을의 城들이 수축하지 아니한 것이 많고, 內地의 山城도 또한 모두 폐기되어 허물어졌으며, 평안도 전체와 청천강 以西의 여러 고을은 엉성하여 堡障이 없다고 한 것을

51) 『세종실록』 권127 세종 32년 1월 신묘.
52) 車勇杰, 「高麗末·朝鮮前期 對倭 關防史 硏究」, 58~64쪽.
53) 『문종실록』 권4 문종 즉위년 10월 경진.
54) 『문종실록』 권2 문종 즉위년 7월 신유.

보아도 충분히 짐작할 수 있다.[55] 또한 명백히 산성의 수가 줄어들었음은 『신증동국여지승람』 등 지리지에 기록되어 있는 성곽기록에서도 확인된다.[56] 점차 단계적으로 산성이 폐지되고 읍성축조 위주로 변화하게 된 것이다.

『世宗實錄』地理志에 기록되어 있는 산성수는 총 111개이다. 이러한 산성은 숫적으로 본다면 경상도·충청도 지역에 가장 많이 설치되어 있었다. 이를 전국적으로 본다면 漢城府와 開城府를 제외한 八道 329개 府牧郡縣 가운데 32.8%인 108개 지역[57]에 산성이 설치되어 있었고, 이 가운데 25개 지역에는 읍성과 산성이 모두 설치되어 있었다.

『世宗實錄』 地理志에 나타난 八道의 산성 분포

분류 도별	府牧郡縣數	城郭이 없는 군현	山城만 있는 곳	邑城·山城이 모두 있는 곳
京畿道	41	35	5	
忠淸道	55	17	23	3
慶尙道	63	17	21	9
全羅道	56	26	6	5
黃海道	23	15	4	
江原道	24	8	10	5
平安道	47	20	7	1
咸吉道	21	2	7	4
計	330	140	83	27

한편 중종대에 발간된 『新增東國輿地勝覽』에 기록되어 있는 산성의 현황에 대한 각도별 통계와 현황을 보면 다음 <표>의 내용과 같은데, 한성부와 개성부를 제외한 전국 329개 행정구역(즉, 府牧郡縣을 말함) 가운데 12.4%에

55) 『성종실록』 권48 성종 5년 10월 庚戌.
56) 柳在春, 「朝鮮前期 城郭 硏究」, 92~97쪽.
57) 총 山城數는 111개이나 충청도의 沃川, 강원도의 인제, 함길도의 북청·단천은 각각 2개소의 산성이 있어서 지역별로 보면 결국 108개 지역에 산성이 있었다.

해당하는 41개 지역에만 산성을 갖추고 있었다. 그리고 이 가운데 읍성없이 산성만 갖춘 지역이 32개소이며, 산성과 읍성을 모두 갖춘 곳은 9개지역이다.

八道行政區域數와 산성 분포(『新增東國輿地勝覽』 所載)

분류 도별	행정구역수	성곽이 없는 군현	산성수	읍성은 없으나 산성은 있는 곳	읍성·산성이 모두 있는 곳
경기도	37	35	1	1	-
충청도	54	29	9	8	1
경상도	67	27	11	8	3
전라도	57	24	5	3	2
황해도	24	16	3	3	-
강원도	26	16	2	1	1
함경도	22	6	3	2	1
평안도	42	19	7	6	1
計	329	172	41	32	9

※ 漢城府와 開城府는 독립적인 행정구역으로 본 도표에는 포함시키지 않음.

『新增東國輿地勝覽』 所載 경상·전라도 산성

道	府牧郡縣	城名稱	城周	井泉	川溪	軍倉
경상도	경주부	당산성	3,600척	○	○	○
	양산군	성황산성	4,368척	○	○	○
	예천군	덕봉산성	4,080척	○	○	○
	영천군	구산성	1,281척	○	-	○
	예안현	북산성	1,149척	-	-	○
	용궁현	용비산성	871척	○	-	○
	현풍현	서산성	1,823척	-	-	○
	금산군	속문산성	2,450척	○	○	○
	함양군	사근산성	2,796척	-	○	-
	안음현	황석산성	2,924척	-	○	○
	단성현	동산성	2,795척	○	○	○
전라도	함열현	용산성	3,603척	○	○	-
	함평현	기산성	1,657척	○	○	○
	남원도호부	교룡산성	5,117척	○	○	○
	순창군	대모산성	780척	○	○	○
	흥양현	남양현산성	106척	-	-	○

(3) 營鎭堡城의 축조와 정비

營鎭堡城은 지방 陸水軍의 지휘관이라고 할 수 있는 節度使나 節制使, 僉節制使, 萬戶, 權管 등이 상주하는 곳에 축조한 城으로 절도사나 절제사가 있는 營의 경우는 조금 다르지만 첨절제사나 萬戶·權管이 지키는 鎭堡의 경우는 대부분 변경이나 연해지역에 위치하였다.[58] 鎭堡城은 조선시대에 와서 새로 축조된 것은 아니었다. 이미 고려시대 이전부터 沿邊지역에 다수의 鎭堡가 구축되어 北界地域은 城과 堡의 이중으로 짜여져 있었고,[59] 고려말에는 偰長壽가 왜구에 대비하여 연해지역에 대한 城堡를 만들 것을 주장하기도 하였다.[60] 이는 지역 사정에 따라 30리, 혹은 50리마다 200~300戶를 단위로 城堡를 축조하여 관리함으로써 연해지역민의 자체적인 방어수단이 될 수 있도록 하자는 것으로 형세가 平易한 곳을 택하여 축조하자는 것으로 볼 때 이러한 성의 성격은 대규모 來侵에 대비하려는 것이 아니라 소규모의 왜구 침입에 대비하려는 것임을 알 수 있다. 즉, 연해지역민이 쉽게, 신속히 入保할 수 있도록 하려는 것이었다.

鎭堡城이 절실히 요구되는 곳은 주로 下三道 연해지역과 兩界의 변방지역이었다. 연해지역의 경우 對馬島 정벌 직후 柳廷顯이 해변지역의 각 里에 30~40戶 단위로 屯을 만들고 屯城을 쌓아 주민을 入堡케 할 것을 제의하였고,[61] 세종 16년(1434)에는 각도 연변지역의 兵船이 정박하는 곳 외에는 30리를 넘지 않게 柵堡를 설치하여 대비하고 만일 적이

---

58) 이하 營鎭堡城의 축조와 정비에 대한 서술은 필자가 저술한 『韓國中世築城史研究』(경인문화사, 2003)의 관련 내용을 수정·재정리한 것임.
59) 車勇杰, 1988, 『高麗末·朝鮮前期 對倭 關防史 研究』, 忠南大學校 博士學位論文, 141쪽.
60) 『高麗史』 卷112 列傳 25, 偰遜 附 長壽.
61) 『세종실록』 권4, 세종 원년 7월 신미.

상륙하면 각 柵이 서로 구원하도록 하였다.[62] 그러나 당시는 읍성 축조가 한창 진행되고 있었던 시기인데다가 읍성도 아직 완전하게 구비되지 못한 상황에서 30리를 한계로 많은 柵을 만들지는 못하였을 것이다.[63] 그로부터 얼마되지 않은 세종 24년(1442)에는 연해지역의 柵堡에 대한 규식이 마련되었다.[64] 이러한 柵堡의 필요성은 兩界의 邊地에도 마찬가지였다. 특히 太宗代 이후 野人 침입이 격화되면서 변방지역 거주민의 보호를 위한 築城·設柵이 절실하였는데, 읍성·진성만으로는 광활한 지역의 거주민을 모두 보호할 수 없었기 때문에 야인이 침입하는 요충지나 기타 읍성에서 멀리 떨어진 곳에 柵堡를 축조하였다.

『세종실록』 지리지는 각지의 營鎭堡城에 대해서 기록하고 있는데, 이를 보면, 營城의 경우는 경상도의 左道營城(蔚山)과 兵馬節制使營城(昌原) 2개소만 기록으로 나타나며, 堡城으로는 下西知木柵(慶州)·海際木柵塗泥城(咸平) 등 14개소가 기록으로 나타난다.[65]

이 가운데 전라도 寶城郡의 南陽 陽江驛木柵塗泥城과 강원도 삼척도호부의 沃原城은 驛에 축조한 특이한 사례의 성인데, 기본적으로는 읍성에서 멀리 떨어진 취약지대의 거주민 보호와 驛을 통하여 운송되는 물자의 보호를 위한 堡의 성격을 갖는다고 할 수 있다. 『세종실록』 지리지에 기록된 營城과 堡를 보면 다음의 <표>와 같다.

다음의 <표>에서도 알 수 있는 바와 같이 조선초기의 堡는 대체로 木柵城이었다. 이는 목책은 공역을 적게 들이고 쉽게 설치할 수 있었기 때문이며, 양계 변지의 방어선이 유동적이고 완전한 안정을 정착시키지 못한 상황에서 많은 공역을 들여 석성을 축조하였다가 적에게 탈취 당하게 되면 성을 쌓아 적에게 주는 것이 되기 때문이기도 하였다.

---

62) 『세종실록』 권64 세종 16년 6월 갑자.
63) 車勇杰, 앞의논문, 143쪽.
64) 『세종실록』 권97 세종 24년, 8월 신묘.
65) 『세종실록』 권153 지리지 참조.

『世宗實錄』地理志 所載 營城 및 堡

道	府牧郡縣	城 名稱	둘레	備 考
경상도	울산군	左道營城	622步	1426년 郡治를 城內로 옮김
	창원도호부	병마절제사영성	588步	合浦에 있음
	경주부	하서지목책	730尺	
전라도	함평	해제목책도니성	143步 2尺	
	장흥도호부	두원목책도니성	80步	
	순천도호부	여수목책도니성	143步	
	보성군	양강역목책도니성	83步	南陽에 있음
황해도	옹진현	회산목책	136步	
	장연현	옹심리목책	122步	
강원도	삼척도호부	옥원역토성	181步	
평안도	벽동군	목책	571步	
	여연군	소보리구자목책	132步	
함길도	경원도호부	고랑기목책	166步	
		청암목책	300步	
		부리하목책	201步	
		용성목책	275步	

그러나 세종 연간에 이르러 점차 兩江을 경계로 하는 방어선이 고정화되고 보다 견고한 石堡를 축조하는 것이 필요하게 되었다. 세종 18년 兵曹에서는 변방의 안정을 기다려 점차 石堡로 改築할 것을 건의하여 시행하도록 하고 있으며,[66] 같은해 6월 4品이상이 올린 外寇에 대한 제어책에서도 속히 邊地에 石堡를 쌓을 것을 건의하고 있다.[67] 그해 7월부터 평안도 변지에 대한 石堡공사에 대해서 본격적인 논의가 적극 수용되었지만 여전히 그 필요성과 추진의 緩急에 대해서는 논란이 있었지만,[68] 점진적으로 추진되었고 특히 양계의 堡는 그후 행성을 축조하는 과정에

---

66) 『세종실록』 권72 세종 18년 6월 갑진.
67) 『세종실록』 권73 세종 18년 6월 계미.
68) 『세종실록』 권74 세종 18년 7월 임인 ; 『세종실록』 권85 세종 21년 6월 임인.

서 요충이 되는 지역을 중심으로 다수가 동시에 축조되었다.

한편 연해지역의 柵堡 설치는 양계 변지에 비해 적극 추진되지 못하였다. 세종 말년부터 泰安·巨濟島·울산·경주·웅천 등지에 柵堡의 축조가 추진되었으나 큰 성과는 없었고,[69] 이후 世祖代에 거제현의 助羅浦, 서쪽 場門과 울산 柳浦, 웅천 등 연해지역에 대한 石堡 축조가 부분적으로 이루어지게 되었고,[70] 성종 8년(1478)까지는 順天의 麗水石堡가 완성되었다. 이러한 15세기 후반의 石堡는 이전의 목책과 같은 임시·응급적 방비시설이 보다 견고한 석성으로 바뀐 것이었는데, 성종 9년 연해지역에 石堡를 증설하는 문제에 대하여 鄭昌孫, 韓明澮 등은 당초에 石堡를 만들게 된 것은 왜구가 돌입할 때 그 銳鋒을 피하고자 한 것이지 주변의 연해 거주민을 모두 入堡시키려는 것이 아니라고 하여 石堡 증설을 반대하고 있다.[71] 그렇지만 연해의 石堡가 읍성의 기능을 보완하는 측면이 있었던 것은 명백하다. 다만 위의 인용문에서도 지적하고 있는 바와 같이 石堡에는 本鎭에서 군사를 차출하여 배치함으로써 本鎭의 군세가 약화되는 결점이 있었고, 이미 한정되어 있는 軍額에서 별도의 군사를 증액하는 것은 간단한 문제가 아니었다. 세조대에 울산진의 柳浦石堡·熊川鎭의 石堡 등을 신설하면서 군사 4,395명을 증원하여 배치하게 됨으로써 각 고을에서는 군액을 충당할 수 없어 人吏·日守와 水陸軍의 자손을 군사로 정하게 되자 큰 사회적인 동요가 있었던 것에서도 그러한 문제점이 이미 명확히 노출되었다.[72]

한편 성종대에 들어서 뚜렷한 변화는 水軍營鎭에 대한 축성이었다.[73]

---

69) 車勇杰, 앞의 논문, 144~145쪽.
70)『세조실록』권9 세조 3년 9월 무자 ; 권14 세조 4년 10월 계해, 11월 계사.
71)『성종실록』권94 성종 9년 7월 기묘.
72)『세조실록』권14 세조 4년 11월 계사.
73) 이에 대하여 車勇杰은 육군에 의한 방어시설로써 邑城과 柵堡가 설치된 뒤에는 水軍에 의한 방어시설이 갖추어지는 단계로 이어졌다고 파악하였다(국사편찬위원회, 1995,『한국사』22, 193쪽 참조).

水軍은 원칙적으로 병선에 승선하여 해상에 왜적을 막아야 하였는데, 왜구가 점차 소멸되면서 이러한 원칙은 잘 지켜지지 않게 되었다. 이에 萬戶·千戶들이 營舍를 두는 폐단이 이미 15세기 전반에도 나타나고 있어서 수군의 鎭營에는 군량이나 소금을 보관하여 두는 작은 규모의 막사 이외엔 두지 못하게 하였고, 다만 軍器와 火藥 등을 보관하기 위한 城堡·木柵·土壘 등은 허락되었다.[74]

그러나 성종 5년(1474)에는 大司憲 李恕長에 의해 萬戶들이 船上에 있지 않고 불법인줄 알면서도 사적으로 營舍를 가지고 있는 현실을 인정하여 만호의 방어지소에 盧舍의 설치를 허락하자는 주장이 대두하였고,[75] 성종 15년(1484) 10월에 이르러서는 司憲府 執義 曹淑沂가 萬戶가 있는 곳에 城堡를 마련하자고 주장하자 洪應이 찬성하고 왕도 대신을 보내 긴급하고 요충이 되는 곳의 設堡處를 審定하는 것이 옳다고 함으로써 水軍萬戶 주재처에 대한 축성이 진전을 보게 되는 중요한 계기가 되었다. 물론 수군영진에 축성하는 것을 반대하는 관료도 있었지만 적극 추진되어 갔다. 성종 15년 11월에는 洪應을 보내 전라도·경상도의 연해 諸浦에 設堡할 곳을 살펴 정하도록 준비시켰고,[76] 성종 16년 1월에는 右議政 洪應을 경기·충정·전라·경상 등 4道巡察使로 삼아 경상우도와 전라좌도 지역 가운데 設堡할 곳을 살펴 수축하도록 하였다.[77] 이러한 水鎭에 대한 축성은 성종 16년 3월 이전에 이미 전라도 6개소와 경상도 9개소에서 役事가 시작되었으며,[78] 성종 17년~22년(1486~1491) 사이에 齊浦城을 비롯하여 23개소의 水軍鎭城이 완공되었다.[79] 그 상황을 보면

---

74) 車勇杰, 앞의 논문, 149쪽.
75) 『성종실록』 권48 성종 5년 10월 경술.
76) 『성종실록』 권172 성종 15년 11월 기축.
77) 『성종실록』 권174 성종 16년 정월 임진.
78) 『성종실록』 권176 성종 16년 3월 무술.
79) 성종 16년 洪應이 審定한 設堡處에는 巨濟의 永登浦까지 포함되어 있으나 실록 기사에는 영등포에 대한 축성사실이 나타나고 있지 않은데, 이에 대하여 車勇杰

다음의 <표>와 같다.

성종 17~22년간(1486년~1491년) 水軍鎭 築城 상황표

연대	성이름	당초예정둘레	둘레	높이
성종 17년 10월	薺浦城		4,316척 3촌	13척
19년 6월	巨濟水營鎭城	4,002척	2,620척	13척
19년 12월	泗川三天鎭城	996척	1,440척	15척
20년 2월	南海城古介鎭城		760척	13척
21년 4월	會寧浦城		1,990척	13척
21년 5월	鹽浦城		1,039척	15척
21년 6월	助羅浦城	2,240척	1,890척	13척
21년 6월	突山浦城	3,600척	1,313척	13척
21년 8월	富山浦城		2,026척	13척
21년 8월	玉浦城	1,440척	1,074척	13척
21년 8월	唐浦城	1,440척	1,445척	13척
21년 8월	加背梁城		883척	13척
21년 9월	平山浦城	1,720척	1,558척	9척
21년윤9월	赤梁城	1,500척	1,182척	13척
21년윤9월	知世浦城	1,840척	1,605척	13척
21년윤9월	固城蛇梁城	1,850척	1,252척	13척
21년윤9월	安骨浦城	1,866척	1,714척	13척
21년윤9월	鉢浦城		1,360척	13척
21년 10월	全羅左道營城		3,634척	13척
21년 10월	鹿道城		2,020척	13척
21년 11월	多大浦城	1,298척	1,806척	13척
22년 3월	呂島城	1,680척	1,320척	15척
22년 10월	蛇渡城		1,440척	15척

※ 車勇杰의「행성·읍성·진성의 축조」(『한국사』22, 국사편찬위원회, 1995. 195쪽)
에서 전재

이 당시의 축성은 경상우도와 전라좌도 관하 수군진영의 모든 萬戶營
에 이루어졌으며, 전라우도는 한 곳도 축성이 이루어지지 않았고, 경상

교수는『신증동국여지승람』에 巨濟縣 永登浦營에 石城이 축조되어 있는 것으
로 기록되어 있음을 지적하여 永登浦에 축성되지 않았다기 보다는 실록기사의
누락이라고 추정하였다. (車勇杰, 1988,『高麗末·朝鮮前期 對倭關防史 硏究』,
154쪽)

좌도의 경우는 왜인 선박의 기항지인 부산포·염포·다대포 등 일부 지역에 국한되었다.

성종 22년(1491) 1차로 계획된 남해안 지역의 성보축조가 완성된 후 이듬해에 서해안과 동해안까지 축성지역을 확대하고자 하는 움직임이 있었으나 이는 실현되지 못하였고, 중종대에 사량진 왜변과 삼포왜변이 일어나면서 또다시 수군영진에 대한 대대적인 축성이 이루어지게 되었다. 關防地에 대한 축성은 조선초부터 지속적으로 이루어져 왔으나 『新增東國輿地勝覽』 關防項에 축성연대가 표기되어진 것만을 보면 전체 관방지성 159개 가운데 43개소가 1500년을 전후한 시기에 축성되었다.

『新增東國輿地勝覽』 所載 1500년을 전후한 關防地 축성 현황

道 別	行政區域	關防名	周長(尺)	높이(尺)	築造년代
충청도	서천군	서천포영	1,311	9	1514
	서산군	파지도영	1,337	11	1516
	태안현	소근포진	2,165	11	1514
	남포현	마량진	1,371	9	1510
	보령현	수군절도사영	3,174	11	1510
	당진현	당진포영	1,340	9	1514
경상도	경주부	감포영	736	13	1512
	흥해군	칠포영	1,153	9	1510
	동래현	해운포영	1,036	13	1514
	기장현	두모포영	1,250	10	1510
전라도	영광군	다경포영	980	12	1515
		법성포영	1,688	12	1514
	제주목	명월포방호소	2,020	8	1510
		별방성	2,390	7	1510
	대정현	동해방호소	500	8	1510
	흥양현	백석포장성	1,611	6	1523
		풍안평장성	2,400	6	1523
강원도	삼척도호부	삼척진	900	8	1520
	양양도호부	대포영	1,469	12	1520
	울진현	울진포영	750	11	1512
함경도	삼수군	가을파지보	610	8	1500
		소농보	604	8	1500
		신방구비농보	1,250	8	1502

道 別	行政區域	關防名	周長(尺)	높이(尺)	築造년代
평안도		별해보	1,355	8	1501
		감파농보	428	7	1518
	길성현	덕만동소보	500	8	1513
	회령도호부	보을하진	3,612	-	1509
	온성도호부	황척파보	1,690	8	1523
	경흥도호부	아오지보	2,825	8	1488
	부령도호부	무산보	1,764	15	1509
	의주목	청수보	1,686	-	1493
		소곶보	7,712	-	1492
		고말성보	646	7	1500
		광평보	110	8	1500
		옥강보	744	5	1500
		송산보	855	8	1500
		성고개보	890	9	1500
	강계도호부	고합포	500	5	1518
		마마해보	807	5	1518
		황청보	720	6	1500
		종포보	700	-	1500
	위원군	직동성	1,000	18	1518
		남파보목책	55	18	1521

3. 임진왜란기 산성유익론과 성곽시설의 정비

1) 壬亂中의 山城有益論

조선전기의 산성수축은 태종대부터 세종연간 초반기까지 비교적 활발히 이루어졌으나 그후 읍성중심의 축성책이 추진되면서 점차 퇴조하였다. 그러나 간혹 전통적인 산성유익론이 제기되어 일부 산성이 수축되기도 하였으나 특기할 만한 것은 없었다.[80]

그러나 임진왜란이 발발하고 조선은 開戰초기에 패전을 거듭하면서

---

[80] 이하의 산성유익론과 임란중의 산성 수축에 대한 서술 내용은 『韓國中世築城史研究』(유재춘, 경인문화사, 2003)에 실린 내용을 부분적으로 수정한 것임.

방비체제의 문제점이 낱낱이 드러났다. 조선의 패전 원인은 여러 가지가 있겠지만 군사적인 측면에서 보면, 정규군과 방비체제의 부실, 그리고 방어시설의 부실을 주요인으로 지적할 수 있을 것이다. 특히 방어시설 측면을 보면, 주요 방비시설이었던 읍성은 조선전기 동안 성벽구조나 부가시설물 면에서 약간의 발전을 이루었으나 기본적으로 왜구집단에 대응하는 것을 주목적으로 축조된 것이기 때문에 大軍의 공격에는 여지없이 취약성을 드러냈던 것이다. 조총과 같은 새로운 개인 火器를 주축으로 하는 왜군 전술에 대부분의 읍성은 그 효능을 발휘하지 못하였다. 선조 26년(1593) 12월 비변사에서 선조에게 보고한 내용 가운데 "대저 적이 믿고서 승승장구하는 것은 오직 銃丸이 있기 때문입니다. 우리나라의 평지에 있는 성은 대부분 낮기 때문에 적이 飛樓를 타고 성안을 넘겨다 보면서 조총을 난사하여 지키는 군사로 하여금 머리를 내놓지 못하게 한 다음, 勇力있는 적이 긴 사다리와 예리한 칼을 가지고 성벽을 타고 곧바로 올라와 大鍬로 성을 파괴하여 성을 지킬 수가 없는데 晉州에서의 경우도 그러했습니다"[81]라고 하는 데서 그러한 실상을 알 수 있다. 또한 유성룡도 임진왜란 때 조선관군이 왜군에게 연패한 것은 弓矢보다 성능이 좋은 조총을 소지한 적을 우리가 산성을 버리고 平地城에서 맞아 싸운데 그 원인이 있다고 하였다.[82]

이렇게 개전초기에 조선의 방비상의 헛점이 명백히 드러나면서 종래의 방어체제에 대한 비판이 일어나게 되었으며, 그 결과 전통적인 산성 중시론이 다시 설득력을 갖게 되고, 전국 각지에 산성 수축이 이루어졌다. 조선으로서는 군사력이나 전술적인 측면에서 열세를 면치못하는 상황이었기 때문에 개방된 곳에서의 野戰은 사실상 거의 승산이 없었다.[83]

---

81) 『선조실록』 권46 선조 26년 12월 임자.
82) 柳成龍, 『西厓集』 卷14 雜著 戰守機宜十條 甲午冬.
83) 이는 선조 27년 선조가 왜적과 평야에서 대치하면 절대로 이길 수가 없으니 반드시 지형을 살펴 험준한 곳을 점거하여 산성을 쌓아야 한다는 것에서 잘 알 수

이에 조선은 군사적인 맞대결 보다는 持久戰과 기습, 그리고 보급로의
차단 등의 전략을 구사하는 것이 필요하였다. 그러기 위해서는 아군의
식량과 무기, 병력을 보존할 수 있는 거점이 확보되어야 하고, 산성에 의
지한 대응이 가장 이상적인 방향일 수밖에 없었던 것이다.

조선은 임란왜란 開戰初期에는 실상 응전에 급급하였을 뿐 방어체제
를 재정비할 겨를이 없었다. 더구나 선조의 西行과 중국으로의 피신 논
의 등에서 알 수 있는 것처럼 적극적인 抗戰意志도 없었다. 그러나 각지
에서 일어난 의병이 점차 조직적인 대응을 하고, 명나라의 원군이 도착
하여 평양이 수복되고, 권율의 행주대첩으로 전세를 회복하면서 향후 방
비문제에 대한 구도를 점차 정비하였다.

한편 유성룡은 임진왜란 기간중, 조선의 應戰과 방어조치 등 군사문
제와 대명외교 등 국정 전반에 걸쳐 가장 핵심적인 활동을 한 사람이
다. 그는 왜군이 평양에서 퇴각한 후, 도체찰사로서 軍中에서 해야할
事宜를 올린 書狀에서,[84] 우리나라는 성을 잘 수비하고 野戰에서는 서
투르니 거듭 여러 고을에 下命하여 성을 수비하는 계책을 세우게 할
것을 건의하였으며, 또 前日에 건의하여 시행하도록 한 성곽의 砲樓 제
도는 城을 수비하는데 매우 중요한 시설이나 각지에서는 대수롭지 않
게 여기고 시행을 지연시키고 있다고 지적하였다. 특히 그는 산성이 있
는 곳에는 곡식을 저축하여 백성을 보호하는 것이 시급한 일이니, 지켜
야할 곳에는 모두 형편에 따라 堡壘와 砲樓를 설치하여 백성들에게 무
사할 때는 나아가 농사를 짓게 하고 유사시에는 入保하게 할 것을 강조
하였다.[85] 이렇게 산성을 수축하여 두고 "無事耕作 有事入保"를 적극

있다.(『선조실록』권54 선조 27년 8월 경신)
84) 柳成龍이 書狀을 올린 사실에 대해서는 『선조실록』(권36 선조 26년 3월 계해)에
　　실려 있는데, 그가 건의한 내용은 비변사에서 대부분이 조치되고 있음을 알 수
　　있다.
85) 柳成龍, 『西厓集』 書狀 天兵退駐平壤後條列軍中事宜狀.

추진하게 된 것은 장기전에 대비하여 전열을 가다듬기 위한 필수적인 조치였다. 실상 軍士라고 하는 것이 대부분 농부인 상황에서 백성들에 대한 보호 없이는 戰力의 회복이란 불가능하기 때문이었다. 이에 대해서는 비변사에서도, 攻守를 원활히 하기 위해서는 반드시 웅거하여 보전할 만한 곳이 있어야 하며, 조선의 계책으로서는 험준한 지세에 의지하여 가능한 많은 營壘를 구축하였다가 유사시에 들어가 지키는 것이 가장 유리하니 이에 대한 事目을 만들어 시급히 시행할 것을 건의하였다.[86)]

특히 이러한 山城有益論은 선조 27년(1594)에 들어와서 강화교섭의 전망이 밝지 않은 데다가 8월에 잔유해 있던 明나라 劉綎의 군사마저 본국으로 돌아가서 왜군의 재침에 대한 위기의식이 고조되면서 적극적인 산성수축을 추진하였다.

산성 축조의 필요성은 전술·전략상 크게 두가지 점에서 크게 부각되었다. 첫째는 왜군의 전술을 무기력화 시키기 위해서는 반드시 산성이 필요하다는 인식인데, 이는 선조가 적들이 성을 공격하는 기구는 매우 凶巧하여 평지의 성곽은 결코 보전할 수 없다고[87)] 하는 데서도 알 수 있듯이 대체로 평지, 혹은 평산성 읍성은 수비할 수 없다는 인식이 확고하였고, 당시 柳成龍이 선조의 이러한 의견에 대하여

> 『紀效新書』를 보면 中原의 성 제도가 옛날과 다릅니다. 옛날의 성을 공격하는 것은 雲梯·衝車·地道일 뿐이었는데, 이 적은 鳥銃을 많이 쏘아 사람들이 감히 접근하지 못하게 하고 마음대로 공격하므로 지키기 어렵습니다. 『新書』의 城制는 대체로 왜를 방어하기 위하여 마련한 것입니다. 許儀後의 상소에 '關白이 먼저 土樓를 만들어 성을 공격하므로 가장 방어할 수 없다.'하였는데 그 말이 옳습니다. 이는 군인으로 하여금 흙을 져다가 쌓아올려 한 누대를 만들게 하여 성안을 굽어보고 그 위에 방패를

---

86) 『선조실록』 권45 선조 26년 閏11월 무신.
87) 『선조실록』 권53 선조 27년 7월 계사.

많이 설치하고서 鐵丸을 난사하기 때문에 지키기가 어렵습니다. 辛慶晉
이 떠날 때 砲樓의 제도를 시행하도록 하였으나 토루에는 대적하기가 어
렵습니다. 그러나 산성의 경우는 토루로 공격할 수 없고 조총도 위로 향
하여 쏘기가 어려우니 지키기에 쉬울 것 같습니다.[88]

라고 한 것에서 산성의 전술상 필요성은 더욱 명백하다. 이는 倭軍의
鳥銃을 이용한 攻城術을 무기력화 시키기 위해서는 산성에 의거한 전투
보다 더 효과적인 것은 없다는 인식이었다. 또한 그후에는 왜군의 대포
에 의한 공격이 예상됨에 따라 산성 수축의 필요성은 더욱 강조되었
다.[89]

둘째는 官倉이나 民家, 그리고 들판에 있는 양식을 모조리 치워버림
으로써 적이 내지로 침입하여 양식을 구할 수 없도록 하는 이른바 淸野
戰略을 위해서 반드시 산성이 필요하게 되었다.[90] 선조 27년 慶尙監司
洪履祥이 선조를 인견하는 자리에서 아뢰었던 다음과 같은 내용에서 그
러한 상황을 잘 알 수 있다.

　　비변사의 말은, 곡식이 익은 후에 적이 공격해 올 계획이 있을 것이니
들의 곡식을 깨끗이 수확해서 기다리라고 합니다. 신의 생각은 들을 깨끗
이 치우는 일도 쉽지 않다고 여깁니다. 가까운 곳에 山城이 있어야만 운
반해서 저장할 수가 있는데 영남에는 三嘉山城만 있고 달리 지킬 만한
곳이 없습니다. 창고의 곡식도 지금 바야흐로 거두어들이고 있는데, 둘
곳이 없으니 이것이 참으로 난처합니다.[91]

이에 대해 선조는 거듭 들을 깨끗이 치움으로써 적들이 양식을 취할
수 없게 할 것을 강조하고 있다.

---

88) 『선조실록』 권53 선조 27년 7월 계사.
89) 『선조실록』 권66 선조 28년 8월 임술.
90) 李章熙, 1995, 「壬亂中 山城修築과 堅壁淸野에 대하여」『阜村申延澈敎授停
　　年退任紀念 史學論叢』, 일월서각.
91) 『선조실록』 권54 선조 27년 8월 경신.

또한 선조 28년(1595)에는 비변사에서도 적병이 아무리 정예하다 하더라도 우리에게서 양식을 얻지 못하면 깊이 들어오기 어려울 것이니, 이에 대한 조치를 해야하는데, 민간의 곡식을 모두 官倉에 납입할 수 없어 적을 만나 매우 급하게 되면 반드시 적의 소유가 될 것이니 곳곳에 산성을 설치하여 兵禍를 피하는 곳으로 삼아 民心으로 하여금 미리 믿는 바가 있게 하면, 위급할 적에 자연 자기들이 소유한 것을 가지고 산성에 들어가서 보전하게 되어 이것이 가장 좋은 계책이라고 하여[92] 산성에 곡식을 모두 거두어 들이는 淸野戰略이 對倭防備策으로 적극 추구되고 있었다는 것을 알 수 있다. 이러한 淸野策은 그후에도 계속 강조되었다.[93]

2) 임란중의 산성 수축

산성의 수축 문제는 선조 26년 2월 寅城府院君 鄭澈에 의해서 제기되었다. 그는 선조에게 兩湖의 지도를 올리고, 茂朱의 裳城山과 長城의 笠巖, 그리고 潭陽의 金城과 同福의 瓮巖山城은 자연의 요새로써 수축하고 설비를 두루 갖춘다면 城이 없는 여러 고을이 위급시에 난리를 피하고 적을 막기에 충분하여 일찍이 관원을 정하여 수축하고자 하였으나 사세가 매우 다급하여 이에 미치지 못하였다고 하였다.[94]

이어 1593년 4월 일본군이 서울에서 철수하면서 내지에 대한 본격적인 방어대책이 강구되었다. 7월에는 황해도 해주가 水路로 남방과 가깝다고 하여 해주의 산성을 급히 수리하도록 하였는데,[95] 당시 선조가 "豊原府院君 柳成龍의 狀啓에 각 고을의 산성을 수축하라고 청했던 것이

---

92) 『선조실록』권66 선조 28년 8월 을사.
93) 『선조실록』권82 선조 29년 11월 계사.
94) 『선조실록』권35 선조 26년 2월 신해.
95) 『선조실록』권40 선조 26년 7월 경오.

은미한 뜻이 있는 것 같다"[96]고 한 것을 보면 그 이전까지는 산성수축에 적극적이 아니었음을 알 수 있다. 또한 선조 26년 8월에는 권율의 건의에 따라 각도에 下書하여 산성수축을 적극 독려하였다.[97]

그리고 그해 10월에는 柳成龍과 金命元이 大丘·仁同을 비롯한 三嘉·高靈·陝川의 伽倻山·安陰 등지의 산성을 수축할 것을 건의하였고, 이 시기에 전라도에도 산성 수축 지시가 내려졌다.[98] 그리고 12월에는 비변사의 건의에 의해 경상우도는 봄이 되면 편의에 따라 산성을 수축하고, 적세가 멀어지면 백성들로 하여금 出城하여 농사를 짓게 하고 적이 오면 산성으로 들어가 굳게 지키도록 하였다.[99] 특히 삼가·의령·단성·고령 및 낙동강 일대 지역에 적극 이를 조치하도록 하였는데,[100] 이는 왜군이 군량미 조달을 수로를 통하여 하게 됨으로써 주로 낙동강 인근 지역을 공략하였기 때문이었다. 그외에도 다음의 <표>에서 알 수 있는 바와 같이 해주의 수양산 산성을 비롯하여 경상도 대구·인동·삼가·고령·합천·안음 등 많은 성곽이 수축되었다. 특히 1593년 12월 경상도의 삼가·의령·단성·고령 및 낙동강 일대의 산성을 수축하도록 한 조치는 주목할 만하다. 이는 왜군이 낙동강을 따라 배로 이동하면서 내지를 공격하는 것을 염두에 둔 것이며 또 강을 따라 군수물자를 수송하는 것을 차단하면서 戰線을 가급적 낙동강 이남지역으로 국한시키기 위한 전략이라고 하겠다.[101]

---

96) 위와 같음.
97) 『선조실록』 권41 선조 26년 8월 정미.
98) 『선조실록』 권46 선조 26년 12월 경오.
99) 위와 같음.
100) 위와 같음.
101) 유재춘, 2010, 「조선전기 경상도의 지역거점 산성 연구」 『지역과 역사』, 부경역사연구소, 112쪽.

임란중의 산성 수축

年	月	日	干支	内 容
선조 26	2	26	신해	鄭澈이 兩湖의 지도를 입계하고 산성 수축 등의 일을 아룀.
	7	18	경오	해주의 산성을 수리하도록 함.
	9	11	임술	해주의 수양산 산성을 수리하고 곡식을 저장하도록 함.
	10	16	병신	대구·인동·삼가·고령·합천 가야산·안음의 산성을 수축하게 함.
	11	7	정사	경상우도의 삼가산성, 고령산성, 합천의 야로산성, 가야산의 금산산성, 안음의 산성 등 요해지의 성을 수축하도록 함.
	12	3	임자	남원의 교룡산성, 담양의 금성산성, 순천 건달산성, 강진의 수인산성, 정읍의 입암산성을 수축하여 지키게 하고 기타 同福 瓮城山城 등도 또한 순차적으로 수축하도록 함.
	12	19	무진	柳成龍이 의령의 조흘산성과 삼가의 산성을 지키게 할 것을 건의함.
	12	21	경오	경상도 삼가·의령·단성·고령 및 낙동강 일대의 산성을 수축하고 적세에 따라 입보하고 出城할 것을 지시.
27	2	27	병자	가야산의 용기산성, 지리산의 귀성산성은 惟政에게 맡겨 수축하도록 하고, 거의 수축을 마친 장성의 입암산성은 法堅에게 맡기도록 함.
	6	21	무진	산성 入保와 淸野策을 적극 독려하도록 함.
	7	19	을미	남원산성의 수축 상태를 살펴 조속히 완축하도록 함.
	9	19	갑오	경기관찰사가 수원의 독성산성 수축을 14일에 마쳤다고 함.
	11	5	기묘	울진의 산성을 수비하고, 요로를 방수하도록 함.
	11	17	신묘	영해의 우여산을 평해로 이속시키고 산성을 수축하여 둔전병을 두는 방안을 살펴 조치하도록 함.
	11	19	계사	경기 금천 부근의 屯田民을 산성에 들어가 살도록 하고, 武人으로 召募將을 삼도록 함.
28	2	13	병진	해주의 산성을 다시 견고히 수축하고 백성을 모집해 들이고, 곡식과 기계를 준비하도록 함.
	3	1	갑술	비변사가 승려 義嚴을 都摠攝으로 삼아 파사산성의 수축할 것을 계청함.
	6	2	계묘	해주의 산성 수축을 특별히 주의를 기울일 것을 지시.
	6	12	계축	월계산성을 摠攝僧 見牛와 屯田官 李貞吉로 하여금 함께 농사를 지으며 점차 수축하도록 함.

年	月	日	干支	內容
	8	5	을사	이미 수축한 성주의 龍起山城과 三嘉의 岳堅山城과 丹城의 東城山城에는 창고를 설치하여 官穀을 저장하도록 하고, 대구의 達城山城과 선산의 금오산성, 인동의 천생산성도 점차 편의에 따라 수축하도록 함.
	8	6	병오	산성을 수축하는데 법도대로 하지 않으니, 義嚴이 축성하는 파사성에 郞廳을 보내 기초설계도를 그려온 후 수축을 지시하도록 함.
	8	22	임술	축성때에 대포공격에 대비하도록 하고, 파사산성은 義嚴으로 하여금 遲速을 따지지 말고 견고하게 수축하도록 함.
28	8	23	계해	柳成龍이 형세가 좋은 安城의 무한산성과 竹山의 취봉에 축성하여 관방을 삼을 것을 청함.
	9	1	경오	水原 독산성에 기구를 갖추고, 죽산산성을 수축하기 위해 방어사를 차임도록 함.
	10	7	병오	關西의 군사들을 산성을 가려 들어가도록 함.
	10	10	기유	關西의 곽산 산성 인근의 침입이 우려되는 지역 창고의 곡식을 산성으로 들이도록 함.
29	1	12	기묘	求禮의 石柱山, 雲峯의 八良山, 錦山의 冬巨山을 수비할 계책을 세우도록 감사에게 이문하도록 함.
	1	17	갑신	各道 監司로 하여금 家率을 거느리고 지형이 좋은 곳을 택하여 營을 설치하여 입거하도록 하는 방안을 조치하도록 함.
	1	28	을미	삼각산 아래 中興洞의 형세를 살펴 산성을 수축하는 문제를 검토하도록 함.
	1	30	정유	오랑캐 형세가 심상치 않아 산성 수축과, 鎭堡의 정비를 지시함.
	2	9	병오	年前에 완성된 공주 산성에 포루 설치를 지시.
	2	16	계축	吏曹判書 金字顯이 方伯과 守令은 각각 처자를 거느리고 山城에 들어가 수비하도록 하는 조치를 재삼 엄히 신칙할 것을 건의.
	3	6	계유	서울의 중흥동 산성 공사를 뒤로 미룸.
	3	8	을해	申礚이 서북지역의 방비를 시급히 조치해야 함을 건의.
	4	2	무술	柳成龍이 노모를 만나고 돌아와 충주의 고모산성과 성주의 천생산성을 수축하고 있음을 보고.
	4	12	무신	義嚴이 役軍 부족과 중국 사신 왕래로 파사산성 역사가 지연되고 있으니 조치하여 줄 것을 상소함.

年	月	日	干支	內 容
	4	17	계축	용인·양지 사이에 있는 古城인 석성을 수리하여 수원 독성, 남한산성과 서로 형세를 이루도록 함.
	5	2	무진	비변사가 독성 산성은 대강 수축되었고, 파사성은 가을에 완료토록 하였음을 보고함.
	11	16	무신	창녕의 화왕산성을 수리하도록 함.
	11	20	임자	강원도 울진의 산성을 원주의 산성과 같이 조치하도록 함.
	11	21	계축	송악산에 목책을 설치하고 양식을 축적하도록 함.
	12	6	무진	葉遊擊이 대구·초계 등에 방어 시설을 갖출 것을 요청.
	12	8	경오	파사산성에 수성장을 배치하여 義嚴과 파수하게 하고, 惟政은 남한산성에 머무르게 하여 명년 봄의 산성수축에 대비하게 함.
	12	16	무인	황해도 연안성 밖의 산에 산성을 수축하도록 함.
30	1	27	무오	柳成龍이 수백리 지경에 산성 하나로는 불가하니, 각 고을에 산성을 만들어 농사를 지으면서 지킬 수 있도록 할 것을 건의.
	1	29	경신	柳成龍이 죽령과 조령사이에 德周山城이 있는데 李時發이 쁨으로 삼았다고 아룀.
30	2	25	병술	남한산성의 수리와 안성(서운산성)·죽산의 산성 수축 문제를 논의함.
	3	9	기해	京畿 三路에 있는 산성을 수축하여 서울의 방어를 도모하도록 하고, 궁벽한 곳에 위치한 산성으로서 적을 제압하기에 적합하지 않은 곳은 수축하지 말도록 함.
	3	15	을사	忠淸監司 金時獻이 오례산성 수축에 역군을 보내는 것과 군량을 충당하는 것이 매우 어렵다고 서장을 올림.
	4	21	신사	남원읍성을 수축하여 산성과 掎角之勢를 이루는 것에 대하여 논의함.
	6	5	갑자	兩界 이외의 감사로 하여금 家率을 거느리고 산성에 입거하도록 한 조치를 철회함.
	7	9	무술	楊總兵의 私處에 거둥하니 楊總兵이 남원 인근의 백성과 산성에 있는 양식과 馬草를 읍성으로 옮기게 할 것을 청함.
	8	14	임신	사헌부가 담양에 새로 쌓은 산성을 감사 유영으로 삼았으니 신속히 방수대책을 세워야 한다고 아룀.
31	1	19	을사	중국군이 둔전을 개간하면서 산성을 지키는 것에 대해 논의.

그러나 이러한 산성수축이 순조롭게 된 것은 아니었다. 전쟁으로 인하여 인명피해가 많았을 뿐만 아니라 많은 사람이 이미 군사로 징발되었고, 遊離逃散한 사람도 많아 산성 수축을 위한 역군의 동원이 쉽지 않았다기 때문이다. 산성수축은 전쟁으로 피폐해진 영남지역에서 특히 어려운 문제였다. 李元翼이 영남에 내려가 임무를 수행하고 있었는데, 일각에서 그가 급선무인 성곽 수축과 진영 설치에 힘쓰지 않는다고 비난한데 대해 李廷馨이 그가 힘쓰지 않은 것이 아니라 事勢가 그러하다고 한 것처럼 당시 실정이 그와 같은 일에 전념하기 어려웠던 것이다.[102] 이는 다른 지역에서도 비슷한 처지였으며, 이렇게 급박한 가운데서도 산성수축이 적극 시행되지 못한 것은 조정의 의논이 분분하여 일관성 있는 정책을 추진하지 못한데도 큰 요인이 있었다.[103]

이러한 가운데 선조 29년(1596) 1월에는 各道 監司로 하여금 家率을 거느리고 산성으로 入居하게 하고, 각 고을의 守令도 모두는 아니라고 할지라도 산성에 입거하도록 하는 획기적 조치가 내려졌다. 이는 각도의 산성 수축과 설비가 지지부진한 상황에서 나온 조치인 것으로 보아 신속히 산성을 중심으로 한 거점화를 시도한 것으로 생각되나 이 선조의 명령은 열흘이 지나 司憲府로부터 비변사가 이를 잘 조치하고 있지 않다고 논박하고, 또 한달 가량 되어서는 吏曹判書 金宇顒이 上箚하여 方伯과 守令은 각각 처자를 거느리고 山城에 들어가 수비하도록 하였는데 비변사가 즉시 거행하지 않으니 다시 엄히 신칙할 것을 건의하고 있는 것으로 보아 즉각 시행되지 못하였음을 알 수 있다. 이 문제는 그후로도 여러차례 지시가 있었지만 시행되지 못하였다.[104] 各道에서는 평상시 미리

---

102) 『선조실록』 권73 선조 29년 3월 무진.
103) 『선조실록』 권65 선조 28년 7월 계유.
104) 『선조실록』 권82 선조 29년 11월 신해.

監司가 산성에 들어가 거주할 경우 행정적인 처리나 기타 업무를 관장하는데 불편이 있어 시행되지 못하였음을 알 수 있다. 그후에도 이 조치가 시행되면서 감사들은 가솔을 거느리고 가기만 하고 산성에 입거시키지 않고 단지 첩과 여종만 데리고 산성에 들어가 책임만 면하려는 행태를 보이자 선조는 이는 감사가 가솔을 거느리고 가지 못하도록 한 常規에 어긋나니 시정하도록 하고 있으며,[105) 곧 家率을 거느리고 가는 조치는 철회되었다.[106)

한편 백성들의 산성에 대한 불신이 점차 확산된 것도 산성 수축에 큰 어려움이 되었다. 선조 25년(1592) 10월 金時敏이 晉州에서 승전하고, 다음해 2월 權慄이 행주산성에서 승리한 후로는 산성을 믿을만한 곳이라 하였으나 그해 6월에 진주성이 함락되자 산성에 대한 신뢰가 크게 저하되었던 것이다. 선조 27년 전라도에 내려가 도내의 산성을 巡審하고 돌아온 李恒福이,

> 晉州城이 함락되지 않았을 때는 民情이 다 산성에 들어가 보전하고자 하였으나 그 산성이 함락되었다는 소식을 듣고는 백성들이 다 말하기를 "진주성은 지세가 험하고 병력도 많았는데 또한 보전할 수 없었다"고 하면서 이로부터는 산성을 보기를 반드시 죽음의 함정이라 하였다.[107)

라고 한 데서 그러한 실상을 잘 알 수 있다.

이러한 가운데 선조 29년(1596) 8월에 이르러서는 종전의 시급한 축성보다는 점차 완급을 헤아리고, 형세를 살펴 추진하는 쪽으로 정책이 변화하게 되었다.[108) 이는 산성은 계속 수축되고 있었으나 民心離反은 뚜렷하여 산성이 있다하더라도 지키기 어렵다는 현실적인 판단과, 또 시

---

105) 『선조실록』 권88 선조 30년 5월 기미.
106) 『선조실록』 권89 선조 30년 6월 갑자.
107) 李恒福, 『白沙集』 권2 全羅道山城圖後叙 甲午 4月.
108) 『선조실록』 권78 선조 29년 8월 무술.

급히 추진됨으로써 적당하지 못한 곳에 민력만 허비하여 성을 쌓는 일을 방지하고자 한 것이다.

여하튼 산성수축은 실제 선조 29년(1596)이 되어서도 큰 진전은 보지를 못하였으며,[109] 비변사에서 "兵亂이 일어난 이래로 조정이 강구하고 사방이 獻策한 것이 이 한 가지 山城과 要害地를 설치하는 계책뿐이었는데도 아직 성취한 것이 없다"고 한 것은 그런 사정을 여실히 보여주고 있다. 당시 비변사에서 보고한 것을 보면 경상도의 경우 金吾山城과 天生山城, 富山山城(경주), 岳堅山城(三嘉), 公山山城, 龍起山城만이 거론되고 있으며, 昌寧의 火王山城을 수축할 필요성이 건의되고 있다.[110]

특히 식량 비축과 장수들의 수성의지 부족은 산성 수축을 추진하는데, 큰 걸림돌이 되고 있었다. 경상도 永川과 安康 사이에 있는 富山山城의 경우, 군량수급 문제로 인하여 추진이 지연되고 있으며,[111] 경기도의 禿城山城의 경우는 장수들이 들어가 지키기를 꺼려 양식이 없다고 하자 비변사로 하여금 攔奸하도록 지시하고 있다.[112]

또한 일을 직접 주관하는 都元帥나 都體察使를 비롯한 대신들간의 전략 구상도 일치하지 않아 갈등이 빚어짐으로써 방비체제의 구축에 장애가 되고 있었다. 體察使와 元帥가 방비조치에 대한 의견이 합치되지 않아 각기 다른 명령을 시달함으로써 將官과 수령들은 어느 쪽의 令을 따라야 할지 혼선을 빚고 있었다.[113] 특히 문제가 되었던 것은 도원수는 4~5만의 군사를 조발하여 군대를 편성하고자 하였고, 체찰사는 산성을 수축하고 淸野하는 전략을 구사하고자 하였던 것이다.[114] 이는 인적 자

---

109) 『선조실록』 권81 선조 29년 10월 무진.
110) 『선조실록』 권82 선조 29년 11월 무신.
111) 『선조실록』 권82 선조 29년 11월 무오.
112) 위와 같음.
113) 『선조실록』 권84 선조 30년 1월 무오.
114) 위와 같음.

원이 한정된 상황에서 군사로 많은 병력을 조발하게 되면 결국 산성 수축을 수축하고 방어장비를 구비하는데 쓸 역군이 부족하게 되기 때문에 서로 배치되는 조치였던 것이다.[115]

그런데 선조 30년(1597) 적의 재침 우려가 높아지고 전라도 지역의 방어의 중요성이 새삼 인식되면서 수성방식에 대한 변화가 나타났다. 즉 산성 중심의 수성책이 이제 지역에 따라 읍성도 함께 방어해야 한다는 쪽으로 기울어지게 되었다. 이는 읍성과 掎角之勢[116]를 이루겠다는 의도에서 추진되기도 하였지만[117] 그 보다 중요한 문제는 적이 와서 읍성을 차지하였을 경우 장기전이 되면 산성에 있는 쪽이 불리하다는 것 때문이었다. 이에 대해 柳成龍은 "산성만을 지키고서 적들이 오랫동안 본성(읍성)에 머물게 하는 것은, 비유하면 호랑이는 평지에 있고 사람은 산에 올라가 있는 것과 같아 지탱할 수가 없다"고[118] 하고 있다.

그러나 한 지역에서 두개의 성을 지키는 것은 매우 어려운 문제였기 때문에 조정에서는 이에 대한 확고한 방침을 추진하지 못하였다. 더구나 남원의 경우처럼 丁酉再亂시에 明軍은 읍성을 지키고자 하고 조선에서는 산성을 지키고자 하였으나 明軍의 주장에 따라 읍성을 지켰다가 함락되고 말았던 것은 그 하나의 사례이다. 당시 明의 楊總兵은 한 지역내에 두개의 성을 지키겠다고 하면 인심이 갈라지고, 적이 읍성을 점거하고 지구전을 펴면 산성에 들어가 있는 측은 스스로 무너지게 되며, 兵馬를 출전시켰다가 불리하면 들어와 지키고자 하기 때문에 읍성을 지켜야 한다는 것이었다.[119] 이에 대해 당시 接伴使로 있던 鄭期遠은 만약 읍성

---

115) 『선조실록』 권86 선조 30년 3월 을사.
116) "掎角"이란 앞과 뒤에서 서로 응하며 적을 견제하는 것을 말하며, 여기에서는 한 지역에 읍성과 산성을 모두 유지하며 적이 읍성을 칠 때에는 산성의 군사로 견제하고, 산성을 공격할 때는 읍성의 군사를 내어 견제하여 적이 어느 한쪽을 집중적으로 공략할 수 없도록 하는 것을 말한다.
117) 『선조실록』 권88 선조 30년 5월 무술.
118) 『선조실록』 권88 선조 30년 5월 정사.

고수 정책을 세웠다가 상황이 변하여 읍성을 지키지 못하게 되면 성을 쌓아 적에게 주는 것은 물론이고, 군량을 모두 대주는 것이 되므로 불가하다고 읍성고수책을 반대하였다.[120]

한편 이러한 산성을 중심으로 한 방어책도 정유재란이 일어나면서 여러 산성이 함락되자, 산성유익론도 점차 수그러 들게 되었던 것으로 보인다. 선조가,

> 한동안 산성에 대한 의논이 일어나 모두들 산성이 좋다고 하면서 是非하는 자가 없기에 형세를 가리지 않고 곳곳마다 산성을 수축하였었다. 그런데 하나의 산성이 함락당하자 인심이 놀라 선성도 지킬 수 없다고 하여, 이 때문에 더욱 무너지게 되었던 것이다. 우리 나라의 일 처리가 아이들 장난과 같을 뿐이니 참으로 마음이 아프다. 서울은 이구 동성으로 모두들 지킬 수 있다고 하는데, 지난번에 성을 순행할 때 처음으로 그 제도를 보고 나도 모르게 失笑하였다. 그렇게 하고서야 무슨 일을 이룰 수 있겠는가?[121]

라고 하는 것에서 그러한 실상을 알 수 있다. 뿐만 아니라 선조 31년 1월 홍문관에서 柳成龍의 削奪官職을 청하였는 바, 그에 대하여 山城과 砲樓를 설치하는 것은 마땅히 해야 할 일이었지만 지형의 便否를 분간하지 않고 사세의 難易도 헤아리지 않고서 일시에 독촉하기를 성화같이 하였으므로 공사가 부실하여 사방에 修築해 놓은 것이 위급한 때를 당하여 지킬 만한 곳이 없었다고 비판하고 있다.[122]

임란시 전국적으로 몇개의 성곽이 수축되었는지는 알 수 없다. 앞서 『朝鮮王朝實錄』에서 초록한 기사는 중요한 것들만 거론되었고, 전국 개개의 성곽 명칭을 모두 기록하지는 않았기 때문이다. 임란시의 산성 수

---

119) 『선조실록』 권89 선조 30년 6월 정축.
120) 위와 같음.
121) 『선조실록』 권92 선조 30년 9월 경자.
122) 『선조실록』 권106 선조 31년 11월 신축.

축은 왜군에 대항하기 위한 것이었기 때문에 주로 경상도와 충청도·전라도·경기도 등 서울 이남지역에 집중되었다. 특히 경기도의 산성 수축이 두드러진 특징 가운데 경기도는 하삼도 지역과는 달리 임란이전에는 거의 성곽이 설치되지 않았던 지역으로, 임란을 겪으면서 수도방위가 절실하다는 것이 인식되었기 때문에 취해진 조치로 여겨진다.

그리고 下三道의 성곽 배치에도 변화가 나타났다. 임란시 대부분의 성곽이 제구실을 하지 못하게 되자, 대규모 거점성 중심으로 방어전략을 바꾸고, 수도에 이르기까지 2중 3중으로 방어선을 구축하였으며, 왜군의 공격 가능성이 높은 낙동강 연변 지역에 특별히 많은 산성을 수축하였다. 특히 병력과 전술면에서 조선보다 우세한 왜군에 대적하기 위해서는 반드시 지형적인 유리함을 살릴 수 있는 곳을 지켜야 한다는 논의에 따라 요충이 되는 인근 지역에 산성을 수축하여 지키게 하였고, 또 왜군이 양식을 얻지 못하도록 淸野入保한다는 전략에 따라 곳곳에 산성을 수축하도록 하였다.

4. 임진왜란 전후 남해안지역의 성곽

임진왜란 이전의 남해안 지역의 성곽 현황은 정확하게 알 수 없다. 황윤길, 김성일이 일본에 다녀오면서 전쟁 위기감이 높아갔고 전국적으로 시급히 축성사업을 추진하였으나 남해안 지역의 정확한 실상을 알 수 있는 자료가 없다. 다만 중종대에 발간된『신증동국여지승람』에 실려 있는 내용과 큰 차이는 없을 것으로 여겨진다. 따라서 전쟁이 발발했을 당시 남해안 지역의 대략적인 성곽 설비 현황을『신증동국여지승람』의 '城郭', '關防'항에 실려 있는 내용을 통하여 정리해 보면 다음과 같다.

○동래현
·읍성 : 석축성, 둘레 3,090척, 높이 13척
·부산포진 : 좌도수군 첨절제사의 진영, 석축성, 둘레 1,683척, 높이
13척, 두모포·해운포·염포·감포·포이포·칠포·오포·축산포·다대포·
서생포 등 10개 水軍 浦口가 소속되어 있음.
·海雲浦營 : 중종 9년(1514) 석성 축조, 둘레 1,036척, 높이 13척, 수
군만호 1인
·多大浦營 : 석축성, 둘레 1,806척, 높이 13척, 수군만호 1인[123]

○곤양군
·읍성 : 석축성, 둘레 3,765척, 높이 12척

○남해현
·읍성 : 석축성, 둘레 2,876척, 높이 13척
·평산포영 : 석축성, 둘레 1,558척, 수군만호 1명.
·城古介堡 : 석축성, 둘레는 760척, 權管 배치⇒ 1522년 尚州浦堡
(둘레 985척)로 이전
·牛古介堡 : 석축성, 둘레 913척, 權管 배치⇒ 1522년 曲浦堡(둘레
960척)로 이전.
·彌助項鎭 : 성종 17년(1486) 설치하였다가[124] 왜변 당시 함락되어
1522(중종 17)에 다시 설치, 석축성, 2,146척, 높이 11척, 수군첨절제
사 1명.

---

123) 『신증동국여지승람』의 '성곽' '관방'항의 내용을 정리한 것임. 이하 동일함.
124) 『성종실록』을 보면 이 시기에 鎭을 설치하지 않은 것으로 판단된다. 즉, 성종
20년(1489)경에도 계속 미조항에 진을 설치하는 것이 타당한지에 대한 논의가
있는 것으로 보아 분명 그 시기까지도 鎭 설치가 확정되지 않았음을 알 수 있
다. 아마 이 『신증동국여지승람』의 기록 내용은 洪應이 1485년 미조항에 石堡
를 축조할 것을 건의하여 시행하고 있는데, 이 조치에 의해 石堡가 설치된 것을
이르는 것으로 여겨진다. 미조항에는 그 이듬해 10월에 왜적이 난입하여 戍卒
과 전투를 벌인 기록이 있는 것으로 보아 석보를 축조하고 戍卒을 두었던 것은
맞지만 鎭을 설치한 것은 아니었다.(『성종실록』 권176, 성종 16년 3월 병오;
『성종실록』 권196, 성종 17년 10월 기해)

○사천현
·읍성 : 석축성, 둘레 5,015척, 높이 15척

○하동현
·읍성 : 석축성, 둘레 1,019척, 높이 13척

○김해도호부
·읍성 : 석축성, 둘레 4,683척, 높이 15척
·金丹串堡 : 석축성, 둘레 2,568척, 權管 배치

○창원도호부
·읍성 : 석축성, 둘레 4,920척
·右道兵馬節度使營 : 옛 합포현에 있음, 석축성, 둘레 4,291척, 높이 15척

○거제현
·읍성 : 석축성, 둘레 3,038척, 높이 13척
·右道水軍節度使營 : 縣 남쪽 37리에 있음, 석축성, 둘레 2,620척, 높이 13척, 산달포에서 오아포로 이전.
·영등포영 : 석축성, 둘레 1,068척, 높이 13척, 수군만호 1명
·옥포영 : 석축성, 둘레 1,074척, 높이 13척, 수군만호 1명
·조라포영 : 석축성, 둘레 1,890척, 높이 13척, 수군만호 1명
·지세포영 : 석축성, 둘레 1,605척, 높이 13척, 수군만호 1명 ⇒ 본국 사람으로 일본으로 가는 자는 반드시 여기에서 바람을 기다렸다가 출발하여 대마도로 간다.
·栗浦堡 : 석축성, 둘레 900척, 높이 13척, 權管을 배치

○고성현
·읍성 : 석축성, 둘레 3,524척, 높이 15척
·蛇梁營 : 석축성, 둘레 1,521척, 높이 13척, 수군만호 1명
·加背梁戌 : 본래 水軍都萬戶營이었으나 거제현 옥포로 이전하였고 성종 22년(1491) 왜구가 자주 침입하여 다시 석성을 쌓음. 둘레 883척, 높이 13척, 권관 배치.
·所乙非浦戌 : 석축성, 둘레 825척, 높이 14척

·佐申浦, 惠叱伊串 : 방어시설 없고 巡邏하는 곳임.

○진해현
·읍성 : 석축성, 둘레 446척, 높이 9척

○웅천현
·읍성 : 석축성, 둘레 3,514척, 높이 15척
·薺浦鎭 : 右道水軍僉節制使營, 석축성, 둘레 4,313척, 관할하는 곳은 안골포, 사량, 당포, 영등포, 옥포, 조라포, 평산포, 적량 등 모두 8개 水軍 浦口
·안골포영 : 석축성, 둘레 1,714척, 높이 10척, 수군만호 1명

○장흥도호부
·읍성 : 석축성, 둘레 904척, 높이 8척, 長寧城이라고도 칭함
·會寧浦營 : 석축성, 둘레 1,960척, 높이 10척, 수군만호 1인

○진도군
·읍성 : 석축성, 둘레 3,400척, 높이 11척
·金甲島營 : 둘레 1,100척, 높이 8척, 수군만호 1인
·南桃浦營 : 둘레 1,233척, 높이 8척, 수군만호 1인

○강진현
·읍성 : 석축성, 둘레 2,850척, 높이 15척
·右道水軍節度使營 : 縣의 서쪽 67리에 있음
·於蘭浦營 : 수군만호 1인

○순천도호부
·읍성 : 석축성, 둘레 3,383척, 높이 15척
·左道水軍節度使營 : 內禮浦에 있음, 본래 만호가 배치되어 있었으나 성종 11년(1480) 만호를 없애고 절도사영을 배치함, 석축성, 둘레 3,365척, 높이 13척.
·돌산포영 : 1523년 만호를 없애고 權管을 배치, 석축성 둘레 2,313척, 높이 13척
·麗水石堡 : 석축성, 둘레 1,479척, 높이 10척, 절도사가 군사를 나누

어 防守하다가 1522년 돌산포로 이전함
·防踏鎮 : 1523년 鎭을 설치하고 僉使를 배치
·將軍島城 : 좌수영 앞 2리에 있음

○낙안군
·읍성 : 석축성, 둘레 1,592척, 높이 8척

○보성군
·읍성 : 석축성, 둘레 2,953척, 높이 9척
·兆陽縣城 : 석축성, 둘레 2,255척, 높이 7척, 軍倉 있음

○광양현
·읍성 : 석축성, 둘레 974척, 높이 13척

○흥양현
·읍성 : 석축성, 둘레 1,520척, 높이 15척
·南陽縣山城 : 석축성, 둘레 1,106척, 높이 10척, 軍倉 있음
·蛇渡鎭 : 수군첨절제사영, 관할하는 곳은 회령포, 달량, 여도(만호진),
    마도, 녹도(만호진), 발포(만호진), 돌산포 등 7개 水軍 浦口
·栗峴堡城 : 석축성, 둘레 535척, 높이 7척, 절도사가 權管을 보내 防守
·白石浦長城 : 석축성, 길이가 1,611척, 높이 6척, 1523년 축조
·豐安坪長城 : 석축성, 길이 2,400척, 높이 6척, 1523년 축조

이상은 경상도, 전라도 각 군현 가운데 연해지역만 한정해서 정리한
것이다. 경상도 東萊~전라도 珍島까지의 해안지역 郡縣중 바다와 직접
연접해 있는 곳은 동래, 곤양, 남해, 사천, 하동, 김해, 창원, 거제, 고성,
진해, 웅천, 장흥, 진도, 강진, 순천, 낙안, 보성, 광양, 흥양 등이다. 이
지역은 경상도가 11개 군현, 전라도가 8개 군현 등 총 19개 군현이 바다
와 직접 연접되어 있다.

이러한 19개 군현은 모두 읍성을 갖추고 있으며, 각 군현에 있는 水
軍 鎭堡는 군사적인 중요성을 감안하여 설치되었다. 그러나 이러한 鎭堡
는 여러 실제적인 전투나 새로운 전략적 필요성에 의해 이전되는 사례가

많았다. 남해안 沿海 州郡이 모두 읍성을 갖추고 있는 것은 앞서 서술한 바와 같이 세종~문종대에 강력하게 추진된 읍성 구축 정책에 의한 것이 대부분이며, 이는 항구적인 왜구 방비를 위한 조치였다.

그러나 이러한 연해지역 읍성이나 기타 營鎭堡城은 임진왜란이 발발하면서 왜군의 공격을 받은 지역은 거의 대부분 성공적인 방어를 하지 못하였다. 『선조실록』에 기록되어 있는 경상도 관찰사 金晬의 보고를 보면 "水營의 조라포·지세포·율포·영등포 등 진이 이미 텅 비었고, 巨濟縣令 金俊民만이 홀로 외로운 성을 지키며 死守를 기약하고 있습니다"[125] 라고 하는 것으로 보아 지세포성을 비롯한 수군진성이 개전 초기에 적극 대응하지 않고 성을 떠난 것을 알 수 있다. 이외에 부산포성, 동래성, 김해성 등 여러 읍성이나 鎭城도 제대로 수성이 이루어진 곳은 거의 없었다.[126]

이러한 것은 물론 당시 일본군이 조총을 활용한 攻城戰에 적절히 대응하지 못한 것도 있지만 연해지역 州郡의 읍성이나 기타 營鎭堡城이 기본적으로 大軍의 침입보다는 소규모 약탈행위나 침입으로부터의 안전을 확보하기 위한 것이었으므로 각 성곽이 가지고 있는 기본적인 군사방어력이 떨어졌기 때문이라고 할 수 있을 것이다. 또한 적절한 수성전을 전개할 수 있는 군사력의 확보라고 하는 측면에서도 문제점을 안고 있었기 때문에 임진왜란시 일부 지역의 성곽을 제외하고는 대부분 성공적으로 방어하지 못하였던 것이다.

앞서 서술한 바와 같이 전쟁을 치르면서 산성유익론이 적극 주창되고 전쟁의 장기화와 함께 많은 산성 수축이 이루어 지게 되는 것은 바로 일본의 공성술에 평지에 축성한 읍성이 대부분 방어력을 발휘하지 못하였기 때문이다. 경상도 지역은 門戶와 같은 지역이어서 많은 산성이 수축

---

125) 『선조실록』 권27, 25년 6월 병진.
126) 『선조실록』 권39, 선조 26년 6월 무자.

되어 방어태세를 갖추고자 하였고, 특히 낙동강 인근지역에 집중적으로
배치하여 낙동강을 따라 움직이는 왜군을 적극 견제하고자 하였다.[127]

임진왜란중 경상도 지역의 산성이 비교적 적극 수축되었던 것에 비해
왜군의 직접적인 공격을 대부분 받지 않았던 전라도 지역은 필요성에 대
해서는 계속 제기되었으나 1593년 순천의 건달산성, 강진의 수인산성,
동복의 옹성산성 정도가 거론되어 수축이 추진되었다.[128]

임란중 호남지역의 성곽 수축이 적극 추진되지 않은 것은 징발된 官
軍이 대부분 한양으로 올라가 있어서 성곽을 지킬 충분한 군사력이 부재
한 상황이었고,[129] 또한 전쟁중 주민 흩어지고 장정들은 징발되기 때문
에 축성 役事를 직접 담당할 노역종사자도 부족하기 때문이었다.

한편 전쟁이 장기적인 소강상태에 들어가면서 조선에서는 연해지역에
대한 복구와 신속한 방수체제 구축에 힘을 기울이게 된다. 『선조실록』에
보면,

> … 그 다음은 해변의 遺民 및 사로잡힌 사람들을 잘 무마하여 형편에
> 따라 수비할 만한 지역 곳곳에 모여 살면서 鎭堡가 되게 하고 한편으로
> 는 농사짓고 한편으로는 수비하게 하는 것입니다. 동래·부산으로부터 김
> 해·웅천과 전라도의 해변에 이르기까지 일체를 經理하여 변경의 백성이
> 安集되면 내지의 防守하는 군사도 점차 줄일 수 있을 것이고, 그 쌀과
> 포목으로 거두어 군량으로 삼으면 변경의 土兵이 족히 적을 막을 수 있
> 을 것이며, 內邑의 백성도 이로 인하여 숨을 돌릴 수 있을 것이니, 이 또
> 한 하나의 방책입니다.[130]

---

127) 유재춘, 2010, 「조선전기 경상도의 지역거점 산성 연구」 『지역과 역사』 제26
　　호, 부경역사연구소.
128) 『선조실록』 권46, 선조 26년 12월 임자.
129) 『선조실록』 권35, 선조 26년 2월 경술. 당시 도체찰사 류성룡의 보고에 의하면
　　호남과 충청도 지역은 사소한 의병이 있으나 관군은 모두 京都에 모여 있기 때
　　문에 兩湖는 텅 비어 적병이 곧바로 남하한다면 兩湖의 군현들은 결코 지탱할
　　형편이 못되니 작은 걱정이 아니라고 하고 있다.
130) 『선조실록』 제66, 선조 28년 8월 을사.

라고 하고 있다. 이는 內地의 방수를 위해 연해 지역의 복구와 방어체제 정비가 매우 중요하다는 것이며, 특히 곳곳에 모여살며 적절한 鎭堡를 만들어 운영하라는 것이다. 이러한 鎭堡 건설책이 불시의 침입이 있을 때 근처의 入保城에서 농성함으로써 왜군의 내륙진입을 저지 또는 늦추려고 하는 의도에서 였다. 경상남도, 전라남도 연해지역에 위치하고 있는 고진성지(남해), 옥기산성(남해), 금오산성(남해), 마로산성(광양), 중흥산성(광양), 호랑산성(여천), 철마산성(진도), 반암리성지(보성), 신기산성(여천), 건달산성(순천), 원산리성지(통영), 대독리성지(고성), 장치리성지(고성), 임진성(남해), 노량리성지(남해), 창선성(남해), 송문리 민보성(하동), 통정리성지(하동), 안계리성지(하동), 수인산성(강진) 등의 성터가 바로 임진왜란을 전후한 시기에 국가적인 성곽 수축책 또는 전쟁기간중의 지역주민 자체적인 방호를 위해 축조되어 운영된 성곽이다. 이러한 城址들은 대부분 축조시기나 연혁이 불분명하지만 口傳에 임진왜란 때에 축조한 것으로 전해오는 곳이 많은데, 그것은 바로 임진왜란 당시 특정한 목적에 의해 한시적으로 사용되었기 때문이다.

5. 맺음말

산성은 전근대 시기 가장 비중이 큰 방비시설이다. 조선왕조에 들어서 태조대에는 新王朝 건국 초기인데다가 漢陽都城의 건설로 많은 인력을 투입하고 있었기 때문에 外方에 대한 계획적인 방비시설의 정비에는 관심을 두지 못하였다. 그러나 태종 10년경을 전후하여 倭寇뿐만 아니라 明나라의 타타르 遠征과 女眞招撫, 그리고 征倭說 등 동북아 지역에서의 여러 긴장이 조성되면서 북방의 여러 거점 성곽 뿐만 아니라 경상도·전라도에 대규모 산성을 수축하는 등 전국적인 방비체제 정비가 추진되었다. 또 1413년(태종 13)에 이르러서는 各道의 각 고을 3, 4息안에 하나의 산성을 수축하고 창고를 설치하도록 하는 조치로 더욱 구체화되게 되어 변경과 內地를 막론하고 산성을 중심으로 한 입보방비체제의 완비를 지향하게 되었다. 이는 고려말 왜구와 홍건적의 침입, 공민왕의 반원정책 등의 혼란과 전시체제하에서 계속 추진되어 산성입보체제의 완비를 의미한다고 하겠다.

이러한 축성책의 추진으로 조선초기에는 전국적으로 약 111개 정도의 산성이 있었으며, 이 가운데 경상도 지역에는 30개, 전라도 지역에는 11개 정도의 산성이 있었다. 또 16세기경에 와서는 전체 우리나라 산성 41개소 가운데 경상도가 11개소, 전라도가 5개소로 조선초기에 비하면 유지관리되고 있는 산성수는 절반 이하의 수준으로 감소하였다. 대체로 경상도 지역 군현이 호남지역에 비해 많기는 하지만 산성의 수는 현격한 차이를 보여주고 있다. 이러한 것은 경상도 지역을 군사적으로 더욱 중요시 하였다는 것을 반영하고 있다.

한편 읍성은 조선초기에는 전국 팔도에 110개소 정도이다가 16세기경에는 모두 122개로 증가하였다. 이 가운데 경상도 지역의 경우 27개소에서 30개소로, 전라도 지역의 경우는 23개소에서 30개소로 증가하였다. 이 모두가 연해지역은 아니지만 남해안의 연해 州郡이라고 할 수 있는 동래~진도까지 19개 군현 가운데 읍성을 설비하고 있는 않은 군현은 한 곳도 없다

營鎭堡城은 營이나 鎭堡에 축조하는 城으로, 各道의 절도사나 절제사, 혹은 첨절제사가 주재하는 營鎭의 경우는 그 수가 많지 않고, 또 鎭將의 경우는 지방의 수령을 겸하고 있는 경우가 대부분이어서 읍성과 별도로 논할 수 없다. 그러나 萬戶나 權管, 혹은 戍卒이 파견되는 堡城의 경우는 다르다. 조선시대에 들어 국내외적 상황이 안정되고, 읍성이 축

조되어 각 연변지역도 점차 평온을 회복하게 되면서 鎭이나 邑에서 멀리 떨어져 있는 곳의 비옥한 토지가 많이 개척되고 그에 따라 인구도 점차 조밀하게 되었다. 또한 고려말 왜구로 인하여 내륙으로 이주하거나 산성에 入保하였던 연해지역의 주민들이 다시 鄕里로 되돌아가면서 비옥한 지역이 급속히 개척되자 읍성이나 鎭城만으로는 연변지역 거주민을 충분히 보호할 수 없어 읍성이나 진성에서 멀리 떨어진 곳으로써 인구가 밀집된 취약지대에 규모가 작은 堡를 마련하여 방수하거나 거주민의 입보처를 삼아야 했다. 이러한 堡城은 세종대에 북방 변경지역에 주로 축조되었고, 점차 연해지역에도 柵堡를 많이 축조하여 유사시에 주민들이 신속히 입보할 수 있도록 하였다.

한편 성종대에 와서는 그동안 船上勤務를 원칙으로 하던 수군에게도 변화가 일어나 寄港地 근처에 축성하고 수군의 군수물자를 보관하고 만호의 주재처로 삼도록 하였다. 성종대의 수군진영에 대한 축성은 1차적으로 왜인들의 왕래가 잦은 경상도·전라도 지역에서 실시되었고, 이것이 점차 서해안과 동해안으로의 확대 시행이 추진되었다. 특히 중종대의 삼포왜란은 이러한 연해 수군포구에 대한 축성을 더욱 촉진시켰다. 남해안 지역 가운데, 동래·남해·거제·고성·웅천·순천·흥양 등은 남해안 지역에서 수군 활동이나 방수체계와 관련하여 가장 중요한 지역이었다.

세종대 이후 山城入保 방어체제가 퇴조하면서 산성은 점차 폐지되고, 16세기 중반경에는 전국적으로 41개 정도의 산성만이 남아있게 되었다. 당시 경상도 지역은 전체 67개 郡縣 가운데 11개 지역에만 산성이 존치되고 있다. 이는 세종대의 수에 비하면 20개소가 감축된 것으로 세종대 이후 읍성 위주의 방어시설 정비책의 결과라고 할 수 있다.

그러나 임진왜란이 발발하면서 읍성은 방어효능을 거의 발휘하지 못하였고 그 결과 전통적인 山城有益論이 다시 설득력을 갖게 되어 임진왜란 기간 동안 전국적으로 많은 산성이 수축되었다. 이는 일본의 조직적인 공성술로 인하여 평지에 축성한 읍성이 대부분 방어력을 발휘하지 못하였기 때문이다. 왜군의 攻城戰術을 무력화 시키고, 적이 깊숙이 內地로 들어오는 것을 저지하기 위한 淸野戰略을 위해서 반드시 산성이 필요하였기 때문이다. 특히 임란시 대부분의 성곽이 성공적인 방어력을 발휘하지 못하게 되자, 대규모 거점성 중심으로 방어전략을 바꾸고, 수도에 이르기까지 2중 3중으로 방어선을 구축하였으며, 왜군의 공격 가능성이 높은 경상도 낙동강 연변 지역에 특별히 많은 산성을 수축하였다. 이는 왜군이 낙동강을 따라 배로 이동하면서 내지를 공격하는 것을 염두에 둔 것이며 또 강을 따라 군수물자를 수송하는 것을 차단하면서 戰線을 가급적 낙동강 이남지역으로 국한시키기 위한 전략이라고 하겠다.

그러나 이러한 산성을 중심으로 한 방어책도 그 便否에 대한 여러 논란이 있었고, 정유재란이 일어나면서 여러 산성이 함락되자, 산성유익론도 점차 수그러 들게 되었던 것으로 보인다. 이는 기본적으로 전란기에 신중한 전략적 고려를 하지 않고 긴급히 산성을 수축하면서 점차 그 문제점이 드러났기 때문이다.

한편 경상도 지역은 門戶와 같은 지역이어서 많은 산성이 수축되어 방어태세를 갖추고자 하였고, 특히 낙동강 인근지역에 집중적으로 배치하여 낙동강을 따라 움직이는 왜군을 적극 견제하고자 하였다. 임진왜란 중 경상도 지역의 산성이 비교적 적극 수축되었던 것에 비해 왜군의 직접적인 공격을 대부분 받지 않았던 전라도 지역은 필요성에 대해서는 계속 제기되었으나 1593년 순천의 건달산성, 강진의 수인산성, 동복의 옹성산성 정도가 거론되어 수축이 추진되었다.

임진왜란중 호남지역의 성곽 수축이 적극 추진되지 않은 것은 징발된 官軍이 대부분 漢陽으로 올라가 있어서 성곽을 지킬 충분한 군사력이 부재한 상황이었고, 또한 전쟁중 주민은 흩어지고 장정들은 대부분 징발되었기 때문에 축성 役事를 직접 담당할 노역종사자도 부족하기 때문이었다.

전쟁의 소강상태가 지속되자 조정에서는 대부분의 주민들이 流離해 버린 연해지역을 복구하기 위한 태책을 강구하고자 하였다. 이는 內地의 방수를 위해 연해 지역의 복구와 방어체제 정비가 매우 중요하다는 인식에서 비롯된 것으로, 곳곳에 모여살며 적절한 鎭堡를 만들어 운영하도록 하였다. 이러한 鎭堡 건설책이 불시의 침입이 있을 때 근처의 入保城에서 농성함으로써 왜군의 내륙진입을 저지 또는 늦추려고 하는 의도에서였다.

경상남도, 전라남도 연해지역에는 고진성지(남해), 옥기산성(남해), 마로산성(광양), 호랑산성(여천), 철마산성(진도), 반암리성지(보성), 임진성(남해) 안계리성지(하동) 많은 성터가 남아있는데 상당수가 축조시기나 연혁이 불분명하지만 口傳에 임란시 축조한 것으로 전해오는 곳이 많다. 이러한 성터가 바로 지역에서 자체적으로 만들어 운영하던 民堡城 형태의 것이라고 여겨지는데, 기록이 분명하지 않은 것은 임진왜란 당시 특정한 목적에 의해 한시적으로 사용되었기 때문이라고 여겨진다.

〈토론문〉

"조선전기 남해안 지역의 성곽과 임진왜란" 토론문

이 민 웅*

제45회 거북선축제와 함께 열린 "임진왜란과 전라좌수영, 그리고 거북선"을 주제로 한 국제심포지엄에 참가하게 된 것을 기쁘게 생각하고 불러주신 주최 측에 감사드린다.

필자는 35쪽에 달하는 발표문을 통해 조선시대 성곽의 변화 과정과 임진왜란 시기의 변화 양상을 개괄적으로 설명하였다. 전체적인 내용을 요약하면, 조선초기 태종 10년경에 명을 포함한 동북아 정세가 긴장 국면이 되면서 양남 지역에 대규모 산성을 수축하면서 전국적인 방어태세 정비가 이루어졌다고 보았다. 이후 세종 10년(1428)이후부터 읍성 위주의 축성이 이루어지는 변화가 일어났다고 보았다. 이와 동시에 읍성에서 멀리 떨어진 곳에 위치한 영진보성, 특히 양계와 연해지역의 진보에 축성이나 설책이 되었음을 자료를 통해 주장하였다.

그리고 성종대 이후 수군 진영에 축성이 이루어지는 과정이 있었고,

---

* 해군사관학교 교수

16세기 전반에는 연해 지역에 축성되지 않은 곳이 없을 정도로 축성이 진행되었음을 언급하였다.

임진왜란 시기에는 초기부터 읍성이 방어 기능을 수행하지 못했기 때문에 산성 축조론이 대두되었고, 실제 전쟁 중에 지역 방어를 위해 수축된 산성도 있었던 것으로 파악하였다. 그러나 제2차 진주성전투의 패배와 정유재란 시기 산성이 잇달아 함락되면서 이러한 산성유익론도 점차 수그러들었다고 보았다. 끝으로 전쟁이 소강상태에 빠지면서 연해 지역을 복구하기 위해 임란을 전후해서 다수의 축성이 이루어졌다고 정리하였다.

토론자는 이 분야의 문외한으로서 몇 가지 질문을 하는 것으로 토론에 대하고자 한다.

첫째, 필자도 지적한 바와 같이 조선초기 읍성은 처음부터 군사적 방어 능력이 다소 미약했는데, 이러한 방어력 부족 문제의 근본 원인은 무엇이라고 보시는지 궁금하다.

둘째, 발표문에 포함된 축성관련 여러 <표>에서 볼 수 있는 척(尺)은 어떤 척도를 이용했는지, 영조척이 사용되었다면 대략 1척은 오늘날의 몇 ㎝로 볼 수 있는지?

셋째, 조선후기 17~18세기의 경우 새로운 수군 진보의 창설은 연해나 도서 지역의 개발에 따른 관방의 설치 뿐 아니라 국가에 대한 조세, 치안, 행정 등의 역할까지 겸하기 위해 이루어진 것으로 판단되는데, 성종대 이후 수군 진영에 축성이 이루어진 원인으로 관방 이외에 다른 목적이나 의미는 포함되고 있지 않은지?

넷째, 임진왜란 시기 육전에서의 패전 원인은 국방태세 해이, 상비군 부재로 요약해 볼 수 있다. 때문에 읍성이나 산성이나 방어에 문제가 있기는 마찬가지가 아니었는지? 오히려 요해지(진주성, 행주산성)에 적정

병력으로 수성전을 벌여 승리한 예를 통해 보듯이 성곽이 문제가 아니라 시스템과 운영의 문제로 보는 것이 타당하지 않을지 궁금하다.

다섯째, 임진왜란 전쟁 중에 다수의 산성이 축조된 것으로 보았는데, 축성 논의가 있었던 것을 말하는지, 아니면 실제 축성된 실적이 확인되는지 궁금하다. 전쟁 중이었기 때문에 축성이 거의 불가했을 것으로 판단되기 때문에 드린 질문이다. 이상 감사합니다.

남해안지역의 倭城과 임진왜란

나 동 욱*

1. 왜성의 개요

1) 왜성의 개념

　　15세기 후반 서양세력의 동양진출에 따라 일본에는 유럽상인이 들어와 신흥 상업도시가 발달되어 재래의 봉건지배형태가 위협을 받기 시작하였다. 이 때 토요토미히데요시(豊臣秀吉)가 등장하여 혼란기를 수습하고 전국시대를 통일, 봉건적인 지배권을 강화하는데 전력을 기울이고 있었다. 국내 통일에 성공한 그는 오랜 기간의 싸움에서 얻은 제후들의 강력한 무력을 해외로 방출시킴으로써 국내의 통일과 안전을 도모하고 신흥세력을 억제하기 위하여 대륙침략을 기도하기에 이르렀다.　토요토미히데요시는 원정군을 편성하여 큐슈의 나고야(名護屋)에 대본영을 설치하고 이 곳에 집결하였고, 제 1진부대가 고니시유끼나가(小西行長)의 인솔 하에 잇끼(壹岐), 쓰시마(對馬)를 지나 선조 25(1592)년 음력 4월 14일 부산항에 상륙하여 침공을 개시하였다. 이 때가 壬辰年이었으며 明의 萬曆 20년, 일본의 분로크(文祿) 元年에 해당되고 재차 침입한 해가 선조

　*　부산근대역사관장

〈그림 1〉 남해안지역의 왜성터 분포도

30년 정유(丁酉)이며 명의 만력 25년, 일본의 게이쬬(慶長) 2년이었다. 이 것을 두고 우리나라에서는 '임진왜란과 정유재란'이라 부르고, 일본에서 는 '분로크케이쬬노에끼(文祿·慶長の役)'라고 한다.[1]

선조 25(1592)년 4월 13일 수많은 육군과 수군을 인솔한 왜장의 선봉 고니시유끼나가(小西行長)는 4월 14일 부산포에 상륙하였고 이어서 4월 17일에 2차로 가토오기요마사(加藤淸正)가, 4월 18일 3차로 구로다나가

---

1) 한국정신문화연구원, 『민족문화대백과사전』, 웅진출판사.

마사(黑田長政)가 안골포에 도착하였다. 왜군은 침략과 동시에 승승장구하여 경성, 평양까지 진출하였으나 이순신을 비롯한 수군의 활약과 각지에서의 의병의 봉기, 명의 조정의 원군 파병 등으로 한성 이남으로 철수하지 않으면 않되었고, 沈惟敬으로 하여금 강화조약을 맺게 하는 동시에 李如松으로 하여금 왜군과 대치하게 되었다. 이러한 동안에 왜군은 점령지를 수비하고 근거지를 확고히 하여 제군과의 연락을 도모하고 아군의 공격에 대비하기 위하여 남해안을 비롯한 곳곳에 30여성을 축성하였다 (그림 1 남해안의 지역의 왜성터 분포도[2]·표 1 왜성 일람표 참조)

  따라서 '왜성'이라고 하는 것은 토요토미히데요시가 선조 25(1592)년 임진왜란을 일으켜 우리나라를 침공하고 그 부하들이 남해안을 중심으로 그들의 근거지를 확보하기 위해서거나, 또는 왜군 내의 타군과의 연락, 아군의 공격에 대비코자 국내에 축성한 성[3]이라고 할 수 있다. 또한 임진왜란 때 당초 전선의 확장에 동반하여 보급로의 확보를 위해 축성된 성('繫城(傳城)')이라든지, 토요토미히데요시의 조선 행차에 대비해 평양, 한성부, 부산에 쌓았던 것으로 알려진 「고죠쇼(御座所)」, 일부 읍성 가운데 보이는 일본식 성벽[4]과 같은 것도 광의의 왜성에 포함될 수 있다.

2) 왜성의 축조 상황

(1) 임진왜란기(1592~1596)의 축성

  1592년 4월14일 부산진성과 다음 날 동래성을 함락시킨 왜군은 곧 바로 전선의 확보와 물자 보급을 위하여 부산왜성의 축조를 시작으로

---

2) 국립진주박물관, 1999, 『새롭게 다시보는 임진왜란』, 111쪽 수정 가필.

3) 城郭談話會, 1979, 『倭城の硏究』 I, II, III, IV, V에 유적 전체 수와 개별유적의 조사성과가 수록되어 있다.

4) 太田秀春, 平成13年, 「文祿·慶長の役における日本軍の築城觀の變遷について－朝鮮邑城の利用から倭城築城へ倭城遺構への科程を中心に」 『朝鮮學報』 81輯

선조 25(1592)년 11월경에는 고니시유끼나가가 평양 등지에 축성하고,
우키다히데이에(宇喜多秀家)는 한성 남산에 축성하였다. 그러나 선조
26(1593)년 1월부터 조, 명 연합군의 반격에 쫓기기 시작한 왜군은
1593년 5월경에는 그들의 상륙 엄호를 위하여 왜장 모리테루모토(毛利
輝元)이하 20여 장수로 하여금 부산 인근의 남해안 중요 지점을 기점으
로 해서 경상도 서생포에서 거제도에 이르기까지 왜성을 축조하기 이
르렀다. 이 때 축조한 성은 서생포왜성, 임랑포왜성, 기장 죽성리왜성,
동래왜성, 부산왜성, 부산왜성의 지성5)(자성대왜성), 동삼동왜성, 구포
왜성(감동포왜성), 죽도왜성(김해왜성), 죽도왜성의 지성(신답·마사왜
성), 가덕도왜성, 가덕도왜성의 지성, 안골포왜성, 웅천왜성, 웅천왜성
의 지성(소산성·명동왜성), 영등포왜성(거제 장목), 장문포왜성(거제 장
목) 등 20여성6)이다.

〈그림 2〉 서낙동강변에 위치한 김해왜성의 전경

---

5) 支城은 本城에 대비되는 개념으로 일본 사료상에서는 "端城", "繫きの城", "出
城"등을 총칭하는 용어로 한국 내에서는 지성이란 용어가 통용되고 있다.
6) 韓日文化硏究所, 1961, 『慶南의 倭城趾』.

〈표 1〉 왜성 일람표(손영식, 『韓國城郭의 研究』·城郭談話會(日本·大阪), 『倭城の研究』참고)

왜성명	築城 年代	築城者	所在地	備考
1. 서생포왜성	선조26(1593)년	加藤淸正	울산시 울주구 서생동	
2. 임랑포왜성	"	毛利吉成 등	부산시 기장군 장안읍	
3. 기장왜성	"	黑田長政	" 죽성리	일명 죽성리왜성
4. 동래왜성	"	吉川廣家 등	부산시 동래구 칠산동	일명 증산성
5. 부산왜성	선조25(1592)년	毛利輝元 등	" 동구 좌천동	
6. 자성대왜성	선조26(1593)년	毛利秀元	" " 범일동	
7. 동삼동왜성	"	毛利輝元	부산시 영도구 동삼동	일명 추목도성
8. 박문구성	"	毛利輝元	부산시 중구 중앙동	일명 용미산성, 멸실
9. 구포왜성	선조25(1592)년	小早川隆景 등	" 북구 구포동	일명 감동성, 의성
10. 호포왜성	불 명		양산시 동면 가산리	멸실됨
11. 죽도왜성	선조26(1593)년	鍋島直茂 父子	김해시 강서구 죽림동	
12. 마사지성	불 명	"	" 생림면 마사리	죽도왜성의 지성
13. 신답지성	불 명	"	" 주촌면 덕곡리	일명 농소지성
14. 가덕왜성	선조25(1592)년	毛利輝元	부산시 강서구 눌차동	일명 눌차왜성
15. 가덕지성	선조26(1593)년	毛利輝元?	" 성북동	조선산성을 확장
16. 안골포왜성	"	脇坂安治 등	진해시 안골동	왜수군기지
17. 웅천왜성	선조25(1592)년	小西行長	" 남문동	왜수군기지
18. 동 지성	선조26(1593)년	宗義智	" 명동	일명 명동대성
19. 동 지성	"	松浦鎭信 등	" 웅천동	일명 소산성
20. 영등포왜성	선조25(1592)년	島津義弘 父子	거제시 장목면 구영리	
21. 송진포왜성	선조26(1593)년	福島正則 등	" " 송진포리	
22. 장문포왜성	"	蜂須賀家政 등	" " 장목리	
23. 울산왜성	선조30(1597)년	加藤淸正	울산시 중구 학성동	일명 학성
24. 양산왜성	"	黑田長政	양산시 물금읍 물금리	일명 물금 증산성
25. 마산왜성	"	鍋島直茂父子	마산시 합포구 산호동	일명 창원왜성
26. 고성왜성	"	吉川廣家 등	고성군 고성읍 수남리	
27. 왜성동성	"	宗家 ?	거제시 사등면 덕호리	일명 광리왜성
28. 사천왜성	"	毛利吉成 등	사천시 용현면 선진리	일명 선진리성
29. 남해왜성	"	脇板安治 등	남해군 남해읍 선소리	
30. 순천왜성	"	宇喜多秀家 등	전남 승주군 해룡면 신성리	일명 예교성·왜교성

(2) 정유재란기(1597~1598)의 축성

임진왜란의 강화교섭이 성립된 후에는 부산, 가덕도의 양 왜성에만 약간의 수비병을 잔류시키고 왜군의 대부분은 본국으로 철수하였으나, 강화교섭이 결렬되면서 선조 30(1597)년 봄에 왜군이 재차 침공하여 정유재란을 일으켰다. 이때 왜장 고니시유키나가(小西行長) 등은 부산왜성, 안골왜성, 가덕도왜성, 죽도왜성, 서생포왜성 등 옛 왜성을 다시 점령하고, 왜의 수군은 웅천왜성을 점거하여 근거지로 삼았다. 왜군은 임진왜란 당시의 경험을 토대로 본토와의 연락을 도모함과 동시에 경상도, 전라도, 충청도 등을 확실하게 확보하기 위하여 1597년 가을 임진왜란 때 축조한 서생포왜성과 그 지성, 구포왜성, 죽도왜성과 지성, 가덕도왜성, 웅천왜성과 그 지성, 거제도 내의 왜성 등을 수축하였다. 한편, 동쪽으로는 울산, 서쪽으로는 순천까지 전선이 확대되어 600여리 간에 울산왜성을 비롯한 양산왜성물금(증산왜성), 마산왜성(창원왜성), 왜성동왜성, 고성왜성, 사천왜성, 남해왜성, 순천왜성 등 8개의 왜성을 신축하였다.[7]

3) 왜성의 특징

(1) 위치의 선정

왜성은 주로 독립된 구릉의 산정, 산복을 삭평하여 本城을 산지 또는 구릉에 설치하고 외곽이 평탄한 개활지까지 뻗치는 平山城형으로 축조되었다. 이는 산성의 특징인 要害를 겸하게 되는 이점과 大兵의 집중 및 그 운용을 쉽게 하기 위한 것으로 보이며 당시 조선에서는 이를 보통 「甑城」이라고 불러 왔다. 해안에 면한 곳은 부산왜성, 안골포왜성, 웅천왜성, 마산왜성(창원왜성), 가덕왜성 등이며 강에 면한 곳은 울산왜성, 구포

---

7) 韓日文化研究所, 1961, 『전게서』.

왜성, 호포왜성, 죽도왜성, 한 면은 해안에, 다른 한 면은 강에 면한 것은 서생포왜성, 임랑포왜성, 기장왜성 등이다. 이들 왜성의 입지상의 특징은 남해안의 요소를 선정하고, 반드시 강이나 바다에서 200~500m 거리의 독립된 구릉을 택하였고, 낮게는 표고 10m에서부터 높게는 표고 220m에 위치한다. 그리고 주변의 강이나 하천 등의 지형을 교묘하게 이용하고 부근에서 하감할 수 있는 구릉을 피하여 있다. 그리고 대개 강변에 근접한 구릉을 택하고 수송 연락관계를 고려하여 선박출입이 편리한 장소에 축성된 것이 특징이다.

(2) 왜성의 구조와 평면형태

왜성은 주로 방어를 중심으로 건축하였기 때문에 지형을 교묘하게 이용하여 상당히 복잡한 형상과 배치를 이루고 있다. 구포왜성이나 기장 죽성리왜성 등과 같이 다수의 曲輪(쿠루와 ; 郭)이 배치되는 경우가 대부분으로 지형적인 영향으로 중세 이래로 산성의 축조와 관련된 것으로 해석된다. 서생포왜성, 웅천왜성 등의 경우는 대체로 '本丸(혼마루)', '二之丸(니노마루)', '三之丸(산노마루)' 등으로도 구분할 수 있으며 실로 복잡하게 형성되어 있어 방어하기에 이상적인 구조로 되어 있다. 구조적으로는 方形의 곡륜을 다수 축조하며, 각 곡륜에는 문과 통로를 만들어 하부 곡륜의 방어선이 뚫리더라도 방어할 수 있도록 되어 있다. 한편, 평면형태로 보아 대체로 임진왜란때 축성한 왜성은 곡륜(곽)의 배치에 따라 輪郭式(린카쿠시키), 梯郭式(테카쿠시키), 連郭式(렌카쿠시키) 등으로 구분[8]되며, 정유재란 때 축조한 왜성에서 제곽식이 많다. 그러나 산 능선을 따라 축조할 수밖에 없는 연곽식의 경우처럼 지형조건에 따라 평면형태가 다른 것으로 보인다.

왜성 주곽부의 출입구인 虎口에는 들어가는 입구를 대체로 꺾어지게

---

8) 西ケ谷恭弘, 昭和63年, 『城郭』.

하는 枡形虎口(마스가타 고구치)를 설치하여 성안이 노출되지 않도록 하였는데 대개 그 너비는 4~5m 정도이다. 서생포왜성이나 웅천왜성의 경우 주곽부에는 몇 겹이나 이어진 호구를 연속적으로 설치하거나 당초의 호구 외측에 새로운 석루를 쌓고, 외측의 호구를 석루로 폐쇄하는 등 방어의 강화를 위해 개수한 흔적이 보인다. 한편, 주요한 호구에는 누각건물인 '櫓臺(야구라다이)'라든가 성벽을 꺾이게 하여 측면공격이 가능케 하고 있다. 또한, 서생포왜성, 부산왜성, 죽도왜성, 안골포왜성, 웅천왜성 등에서는 조선성에서의 치와같이 평면 방형으로 돌출되게 쌓은 雉狀구조물이 확인되어9) 조선성의 치가 왜성에 채용되었을 가능성을 시사하고 있다.

(3) 성벽(圍壁, 壘)

왜성의 성벽은 雜石空積이 대부분으로 성벽 면석 안쪽의 뒷채움으로 栗石(구리이시)을 잘 충진하여 견고히 하며 그 안쪽으로는 흙을 版築狀으로 충분히 다져서 석축을 견고히 보호하는 방법을 취하고 있다. 대부분 본환의 성벽은 토축 보다는 석축으로 축조한 경우가 많으며, 성벽은 굴곡을 많이 만들어 측면 방어에 용이하게 하였다. 성벽축조는 자연석쌓기와 할석잔돌끼워난적쌓기가 많고 성벽석으로는 석재의 넓은 면을 표면으로 하여 대석을 사용하고 있다. 성벽의 모서리(隅角部)의 축조는 부산왜성이나 서생포왜성의 경우와 같이 긴 면과 짧은 면을 서로 엇갈리게 조합하는 엇갈려쌓기(산기쯔미(算木積))와 웅천왜성에서 흔히 볼 수 있는 立石의 모서리를 맞추어 쌓는 세로쌓기(타데이시쯔미(立石積))의 2가지

---

9) 高田 徹, 2002,「熊川倭城の遺構と遺物－熊川倭城の繩張り」『倭城の研究』第5號, 86쪽 및 高田 徹, 1999,「金海 竹島倭城の 遺構と 遺物－繩張り」『倭城の研究』3號, 99쪽 등에서는 왜성에 있어 치와 유사한 유구를 櫓臺와 별도로 구분하여 突出部라는 용어를 쓰면서 105쪽에서는 雉城狀의 돌출부가 김해왜성에서 현저하다면서 일본성곽에서는 유례를 알지 못하는 유구로서 앞으로의 연구과제로 제시하고 있다.

방법이 확인된다. 산기쯔미는 1560년대 이전의 성곽석축에는 나타나지 않았던 내구성을 향상시키기 위한 방안으로 도요토미 히데요시(豊臣秀吉)의 정권확립기 무렵에 정착되었던 공법이다.[10] 일본의 경우 에도시대가 되면 기술적으로 발달된 엇갈려 쌓기로 일원화되는 것으로 볼 때 왜성에는 두가지형식이 나타나 과도기적인 양상을 보인다. 석축의 높이와 경사도에 있어서 잔존 석축의 높이는 대개 3m~

〈그림 3〉 서생포왜성의 성벽

10m 정도이며 표면 勾配(고우바이)는 60~80도로 경사지게 하여 성벽의 위세를 보여주고 있다. 서생포왜성 성벽의 경우 60도~70도의 경사각을 가지는 斜直線을 이루나 지성의 동쪽 중심부에는 성벽 천단의 경사를 급하게 하여 에도시대의 발달된 성벽에서와 같이 외면커브(소리 (反り)를 주는 경우도 있다. 한편, 서생포왜성, 기장왜성, 가덕왜성, 웅천왜성 등에서는 능선의 경사면을 따라서 성벽이 축조된 竪石垣(登石垣 ; 노보리이시가키)이 확인되고 있는데, 일본에는 아와지 스모토죠(談路洲本城), 이요 마츠야마죠(伊子 松山城) 등 왜성의 축조 전후 유적에서 보인다. 따라서 왜성의 특징적인 유구로 성곽교류사적인 측면에서 주목된다. 성벽 위에는 '塀(헤이)'[11]라 하여 女墻을 설치하는데, 현재 왜성유구에

---

10) 宮武正登, 2003, 「日本城郭史上에 있어 四川倭城의 位置」, 『임진왜란과 선진리성』, 사천문화원.

〈그림 4〉 순천왜성의 천수각 전경

서 여장이 확인되는 유적은 거의 없으나 서생포왜성의 동편 수석원(등석원) 상부에 너비 60cm정도의 여장 기단석이 확인된다. 「蔚山城戰鬪圖」, 「征倭紀功圖卷」(그림 6 참조)[12] 등의 왜성관련 전투도에 조총이나 화살을 쏠 수 있도록 총안이 나 있는 여장이 잘 묘사되어 있다. 한편 성벽이나 櫓 등으로 통하는 계단시설이 서생포왜성과 웅천왜성, 순천왜성의 천수각과 그 주변에 잘 남아 있다. 이와 같이 대규모적인 석축성벽의 축조는 왜군들의 발달된 성벽축조 방법과 반영구적인 의도의 축성, 당시의 조총이라는

11) 西ケ谷恭弘, 『전게서』, 일본성에서 석축의 성벽이나 토루 위에 축조하는 간단한 칸막이나 엄폐를 위한 담으로 우리나라의 성곽 개념어의 女墻과 상통하는 시설을 말한다. 중세에는 일반적으로 판자로 울타리처럼 두른 板墻이 주로 사용되었고, 장소에 따라 판축처럼 모래와 점토로 두껍게 다진 築地墻도 고대부터 줄 곳 사용되었다. 조총의 전래 이후에는 나무기둥을 뼈대로 하여 바깥에 흙이나 회반죽으로 발라 만든 土墻과 塗墻이 주류를 이루었다.

12) 倭城·大坂城 國際シンポ實行委員會, 2005.9.10, 『韓國の倭城と大坂城資料集』 표지에서 전제.

무기에 대한 방어 때문이다. 그러나 당시 왜군은 전쟁을 하면서 단시일 내에 축성을 하여야 하는 상황으로 볼 때 실제 건축자는 왜인 기술자이나 대부분의 공역은 당시 조선백성을 동원한 것으로 추정하고 있다.

(4) 각종 시설물

울산왜성, 서생포왜성, 부산왜성, 기장왜성, 죽도왜성, 웅천왜성 등 주곽과 외곽의 방어상 중요한 부분에는 대체로 노대의 흔적이 남아 있는데 '櫓(야구라)'의 방어효과를 중요시 했었음을 알 수 있다. '櫓(야구라)'는 일종의 창고로서 평시에는 화살을 간직하고 전시에는 화살을 발사하는 장소이다. 한편, 구포왜성, 마산왜성, 웅천왜성, 서생왜성 등에는 虎口(고구치) 상부에 '多門櫓(다몬야구라)'라 하여 누각건물이 얹혀 있었던 것으로 보이며, 울산왜성의 본환 호구에는 지금도 초석이 남아있다. 대부분 왜성의 본환에서 기와편이 수습되는 것으로 보아 본환내 건물은 주로 기와를 이은 瓦葺건물이었을 것으로 추정된다. 또한 임랑포왜성의 지성발굴, 구포왜성의 지성발굴, 죽도왜성의 지성 발굴조사에서 굴립주건물의 흔적이 조사되어 성내에는 막사, 무기고, 물자 창고 등이 있었던 것으로 추정된다. 이러한 시설들은 木柵, 板塀, 銃口 등이 설치된 벽으로 둘려져 있고 소나무, 대나무 등 상록수를 심어 성 내외를 보호 은폐하였던 것으로 알려져 있다.

'櫓'중에서 가장 장대한 것이 天守閣(텐슈가쿠)이다. 천수각은 평시에 무기의 보관 및 망루의 역활을 하면서 전투 시에는 장군의 지휘소로도 이용된다. 부산왜성, 웅천왜성, 기장왜성, 서생포왜성, 울산왜성, 순천왜성에서는 천수각 터가 확인되었다. 본환 가운데 가장 요충지에 입지하는 천수각의 각층 사방에는 수개의 창문을 둔다. 이 창문은 哨戒과 아울러 銃眼으로 대용된다. 천수각은 부산왜성, 울산왜성, 서생포왜성 등과 같이 대부분 독립식천수대이며, 기장왜성이나 안골포왜성과 같이 櫓臺가 붙어 있는 복합식천수형식도 확인된다. 그러나 여러 개의 천수가 연결되는

〈그림 5〉 순천왜성의 해자

연결식천수대는 아직 조사된 바 없다.[13] 부산왜성과 울산왜성, 순천왜성 등의 본환에는 3층의 천수각이 건조되었던 것으로 기록되어 있다.[14]

한편, 성 외곽에는 각종해자가 설치되는데 물이 채워져 있는 '水堀(미즈보리)'과 물이 채워지지 않는 隍 형태의 '空堀(가라보리)'이 있다. 그 중 왜성에서 확인되는 해자는 대부분 물이 없는 가라보리(空堀)이나 죽도왜성의 경우는 낙동강 물을, 순천왜성의 경우 바닷물을 끌어들여 미즈보리(水堀)로 활용한 것으로 알려져 있다. 서생포왜성, 기장왜성, 양산왜성, 죽도왜성, 안골포왜성, 웅천왜성 등에 해자의 형태가 잘 남아 있다.

13) 三浦正幸, 1999, 『城の鑑賞基礎知識』, 至文堂 ; 內藤昌, 1995, 『城の日本史 』, 角川書店 ; 西ケ谷恭弘・香川元太郎, 1996, 『日本の城』 등에서 대부분 일본식 천수대는 독립식천수, 복합식천수, 연결식천수, 복합연결식천수, 연립천수 등의 형식으로 나누고 있으나 왜성의 천수는 독립식천수가 대부분이고 복합식천수도 일부 확인된다.
14) 倭城址研究會, 1979, 『倭城 I』.

해자는 대체로 바닥 너비가 2～3m, 상부 너비가 5～6m 정도이고 물자의 수송로, 음료수의 운반, 인접한 성과의 연락로로 활용되었다. 웅천왜성, 서생포왜성의 외곽선과 같이 2～3중으로 설치한 예도 있다. 통상의 해자가 성벽의 진행선과 나란히 일정한 간격을 두고 설치하는데 비하여 성벽의 진행선과 직교되게 설치하는 해자를 '竪堀(다테보리)'이라 한다. 다테보리의 기능은 적들의 수평 이동을 제한시키거나 수비군의 이동 통로로 이용된다. 서생포왜성, 동래왜성, 기장왜성, 죽도왜성, 웅천왜성 등에서 확인된다. 수굴이 연속적으로 설치된 것을 마치 밭이랑과 같다하여 畝狀竪堀(우네죠우다테보리)이라고 한다. 또한 堀切(호리끼리)이라 하여 성벽의 방어력을 높이기 위하여 지형상 불리한 연속된 능선 일부를 잘라내어 해자를 만드는데 서생포왜성, 임랑포왜성, 기장왜성, 동래왜성, 기장왜성, 구포왜성, 죽도왜성, 웅천왜성, 양산왜성 등에서 확인된다.

　왜성은 본국과의 물자수송 및 상호간의 연락을 위하여 해안이나 강안에 선착장(舟(船)入 ; 후나이리)을 반드시 두고 있다. 울산왜성의 동남쪽 암반지대, 서생포왜성의 동북쪽 암반지대, 순천성의 서북쪽 암반지대 등이 선착장이 있었던 위치로 추정하고 있으며, 지형에 따라서 여러 양상이 보이고 있다. 대체로 선착장의 부근에 지형적으로 높은 대지에는 曲輪(쿠루와)이 있어 수상에서의 공격에 대비하고 있다.

〈그림 6〉「征倭紀功圖卷」의 순천왜성 부분(日本 中村仁美씨 모사도)

4) 조선시대 읍성과 왜성과의 비교

임진왜란 당시 읍성이나 수군진성의 경우 성벽의 축조수법은 기본적으로 유사하였으며 이들 성들은 <표 2>에서 보듯이 왜성과는 확연히 다른 특징을 지니고 있다. 당시 우리의 성곽은 주로 중국의 영향을 받아 그 목적이 대개 행정의 기능을 겸한 주민의 보호에 있었기 때문에 성읍 전체의 방어를 주목적으로 하여 대개의 府, 牧, 郡, 縣에 읍성이 축조되어 있었다. 또한, 성읍 자체에 방어역할이 없더라도 부근의 지형지물을 이용하여 대규모의 산성을 구축하여 성곽의 대표 역할을 하였다. 그러나 이러한 읍성과 산성은 모두 單郭의 성벽을 두르고 옹성이나 치, 해자와 같은 부속 방어시설이 설치되는 구조였다. 이에 대하여 왜성의 구조는 다수의 郭(曲輪)을 배치하고 그 외곽에 각종 空堀(해자)을 배치함으로써 한 성은 수개의 구역으로 나뉘어 독립적인 방어가 가능하도록 되어 있다.

<표 2> 읍성과 왜성과의 기본 비교

	邑 城	倭 城
평면 형태	방형 또는 타원형	방형
입지 분류	평지성 혹은 평산성	평산성
구조	單郭式	多郭式
성벽의 축조	·기단부에 기본적으로 지대석을 배치 ·성내외벽을 모두 돌로 채우거나 내탁함 ·하단은 대형석재로 세로쌓기하고, 상부는 가로쌓기 함 ·성벽의 상부는 대체로 옆줄눈을 맞추어 쌓으며 벽석 중간 중간에 沈石을 사용 함 ·성벽은 경사도는 거의 수직상을 보임 ·성벽에 굴곡이 없음	·지대석이 없음 ·성 외벽만 석축하고 내부는 주로 토축 ·처음부터 자연석이나 할석으로 잔돌 끼워 난적쌓기 함 ·주로 자연석쌓기(野面積), 할석잔돌 끼워난적쌓기 등 성벽은 기본적으로 옆줄눈이 맞지 않음 ·성벽의 경사도는 60~70도를 보임 ·성벽에 굴곡을 줌
부속 시설물	문루, 장대, 각루 옹성, 치, 해자	다문노, 천수대, 노, 호구, 굴, 절굴, 수굴, 수석원
성격	행적적, 읍민 보호	군사적, 전투원 보호

　　이러한 것은 우리의 성이 행정의 기능을 겸한 주민의 보호차원에서 축
조된 것에 비하여 왜성은 처음부터 군사적 목적으로 축조되었다는 점에서
근본적이 차이가 있다. 따라서 성곽의 구조적인 측면에서 볼 때 중국이나
한국의 성곽은 산성, 읍성을 불문하고 그 형식이 단순하여 주 방어선이 성
벽 제 1선뿐이고 제 2, 제 3선이 없어 제 1선이 무너지면 전 방어선이 붕괴
되어 이내 함락 되는 것이 왜성과 근본적인 차이점으로 들 수 있다.

〈그림 9〉 웅천읍성의 성벽

〈그림 10〉 안골포왜성의 성벽

2. 임진왜란과 왜성의 축성사적 의의

1) 임진·정유재란 후 왜성제 도입과 조선성·일본성의 상호 이용

일본은 임진왜란을 통하여 도자기, 주자학, 인쇄술 등 선진문화의 도입 배경이 되었으며 조선에서는 관방에 있어 많은 변화를 가져왔다. 읍성과 진보의 수축, 대규모 산성의 축조와 경영, 속오군의 조직 등이 정비되었고, 화포와 조총의 사용과 관련하여 돈대와 포루의 시설을 많이 갖추게 되었는데 특히, 조선측에 투항한 降倭를 통한 조총기술 전래와『紀效新書』등과 같은 명군의 군사제도 편제, 훈련 등을 통한 군사기술의 축성에 이용 등은 조선후기의 군사제도에 큰 영향을 주었다. 왜란 후 방어에 유리한 일본성제의 도입이 논의된 바도 있는데.[15] 왜란이 끝나자 備邊司에서 수축할 城子들을 왜성을 참고하자고 하였고,[16] 兵曹에서는 선조 33(1600)년 7월에 北道城制를 모두 왜성에 의해 改築하라는 왕명[17]이 있었다. 특히, 조정에서는 일본에 포로가 되었다가 도망 나온 姜沆, 孫文彧, 丁夢鯛 등이 일본의 城池에 대해 잘 알 것이므로 이들을 咸吉道 방면 北方城役에 軍官자격으로 보내 城築을 일본식을 곁들여 쌓자고 하였다[18] 한다. 특히, 1615년부터 축조하기 시작한 함경도의 鏡城城은 왜성의 축조방법을 응용한 것으로 알려져 있으며 수원 華城의 경우도 경성성과 왜성의 圭形벽면을 따랐다는 점[19]은 임진·정유재란이 끝난

---

15) 車勇杰, 1985,「朝鮮後期 關防施設의 變化過程 – 壬辰倭亂 前後의 關防施設에 대한 몇 가지 問題」『韓國史論』9.

16)『朝鮮王朝實錄』宣祖實錄 卷 一百二十七 宣祖三十三年 七月 戊午條.

17)『朝鮮王朝實錄』宣祖實錄 卷 一百二十七 宣祖三十三年 七月 乙丑條.

18) 車勇杰, 1985,「전게논문」.

19)『華城城役儀軌』卷一 筵說 癸丑十二月 初八日.

〈그림 11〉 경성성의 성벽

〈그림 12〉 남한산성의 성벽

후 왜성의 축조방법이 조선성의 축성에 어떤 방식이든 영향을 주었을 가
능성이 크다고 할 수 있겠다. 또한, 1614년 2월부터 倭制에 의하여 외곽
을 일본식으로 개수한 안성의 竹州山城, 인조가 병자호란으로 항복한 다
음해인 1638년에 남한산성의 개수공사 때 일본의 성제가 도입되었음을
시사하는 것이 남한산성의 南甕城 2[20)와 雉로서 일본의 근세성곽에서

20) 한국토지공사토지박물관·광주군, 2000, 『남한산성문화유적 – 지표조사보고서』,
    45~54쪽.

〈그림 13〉 조선 후기 동래읍성의 성벽

〈그림 14〉 통영성지의 성벽

보이는 축조수법과 경사를 가진 성벽이다.21) 한편, 柳成龍(1542~1607)
이나 丁若鏞(1762~1836) 등도 일본성곽에 대해 나름대로 파악하고 있었
으며 일본식의 구배를 가진 규형성벽에 대하여 구조적인 견고성보다는
死角을 줄이는 구조로 이해하기도 하였다.22)

21) 太田秀春, 앞의 책, 305~334쪽.

한편, 임진·정유재란 이후의 발굴유적을 통한 성곽의 변화양상을 보면[23] 조선후기의 성곽은 1731년 축조된 동래읍성의 경우[24]처럼 산지는 물론 평지에 축조된 성벽은 基壇石 없이 治石된 割石으로 橫目을 맞추면서 안쪽 180cm까지 雜石으로 뒷채움하고 토사로 덮은 점은 전기읍성과 축조수법에 있어서 근본적인 차이가 있음을 말해준다. 이러한 것은 統營城址[25]의 축조수법과 함께 1677년부터 1710년대까지 개축작업이 있었던 강화읍성의 외면은 석축하고 내면은 흙으로 쌓는 축조수법과[26]도 어느 정도 통하고 있어 임진왜란 이후의 축조수법에 있어 큰 변화가 있었던 것으로 해석된다. 이 들 성벽은 왜성과 같은 성벽의 기울기는 보이지는 않지만 체성의 축조수법에 있어서는 왜성의 축조수법과 통하는 점이 보인다.

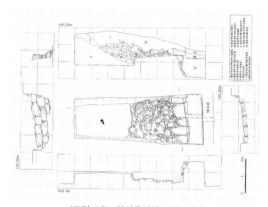

〈그림 16〉 강화읍성의 성벽 단면

---

22) 太田秀春, 앞의 책, 265~289쪽.
23) 倭城·大坂城 國際シンポ實行委員會, 2005.9.10, 『韓國の倭城と大坂城資料集』, 「韓國慶尙南道地域の城郭の發掘調査成果－朝鮮時代の邑城と鎭城を中心として」
24) 나동욱, 2005, 「경남지역 읍성과 진성의 시·발굴 조사성과」『東亞文化』창간호, 동아문화연구원.
25) 나동욱, 2005, 「상게서」.
26) 충북대 중원문화재연구소, 2002, 『韓國의 近世山城-江華山城·上黨山城試掘調査報告書』.

〈그림 15〉 강화읍성의 성벽 전경

또한, 최근 동래 수안동유적에서 임진왜란의 전쟁 상황을 생생하게 보여주는 전쟁관련 유물의 다량 출토되었고,[27] 통신사광장 조성과 통신사기념관 건립부지 발굴조사에서 조선후기 부산진성의 서문우주석이 경사진 성벽에 맞춰 눕혀져 있는 사실이 확인[28]되면서 임진·정유재란 중 일본군에 의한 조선성의 이용과 전란 직후 조선군에 의한 왜성의 이용사례에 대한 구체적인 연구의 필요성이 제기 되었다.

일본군의 조선성곽 이용 사례로서는 평양성, 상주읍성, 경주읍성 등을 들 수 있으며 尙州邑城의 경우 일본군이 왕산을 중심으로 성내에 토옥, 고각, 등의 시설을 짓고 토성을 만든 다음 흙을 발라 벽을 구축하고 총안을 만들어 방어시설을 구축하고 읍성 밖에 해자를 설치하는 등 조선의 읍성을 이용, 왜성의 방어시설물이 설치되었다.[29] 또한, 두모포진성의 남쪽 성벽을 이용한 죽성리왜성의 지성 축조, 안골포진성의 서쪽 성벽을

27) 경남발전연구원·부산교통공단, 2008, 『부산지하철 3호선(수안정거장) 건설부지 내 동래읍성해자 I』.
28) 城郭談話會, 2010, 『倭城の硏究 - 特輯: 毛利輝元の釜山子城台倭城』 VI.
29) 유재춘, 2006, 「왜성은 어떻게 축조되었나」 『한일관계 2천년 보이는 역사, 보이지 않는 역사 - 근세』.

이용한 안골포왜성의 竪石垣, 영등
포진성 안에 왜성을 축조한 영등왜
성, 조선의 산성을 이용하면서 외곽
에 해자를 설치한 철원 성산성, 읍
성외곽에 덧붙여 왜성을 축조한 고
성왜성 등도 좋은 사례이다.[30] 이들
사례를 통하여 임진왜란 당시 본격
적인 축성이 이루어지기 이전에는
조선의 읍성이나 수군진성, 산성 등
을 일부 개축하거나 대부분 그대로
이용한 것으로 보인다. 이러한 사례
들은 조선성의 거점을 활용함과 동
시에 왜성축조에 필요한 축성재료

〈그림 17〉 조선후기 서생포진지도

를 인근 조선성을 헐어 조달하였다는 점에서 동시에 조선군의 거점을 파
괴하는 이중효과를 노린 것으로 보인다.[31] 한편, 서생포왜성, 부산왜성,
죽도왜성, 안골포왜성, 웅천왜성 등에서는 雉狀구조물이 확인되어 조선
성의 치가 왜성에 영향을 주었을 가능성을 시사하고 있다. 또한, 서생포
왜성, 기장왜성, 가덕왜성, 웅천왜성 등에서는 능선의 경사면을 따라서
성벽이 축조된 竪石垣이 확인되고 있는데, 일본에는 아와지 스모토죠(談
路 洲本城), 이요 마츠야마죠(伊子 松山城) 등 왜성의 축조 전후 유적에
서 보이므로 왜성의 특징적인 유구로 성곽교류사적인 측면에서 주목된
다고 할 수 있다.

반면, 조선군에 의한 왜성의 이용 사례로는 왜란 후의 부산진성과 서

---

30) 나동욱, 2009, 「임진·정유재란 전후의 조선성과 일본성의 상호 이용에 관하여 -
　　부산진성을 중심으로」 『박물관연구논집』 제15집, 부산박물관.
31) 沈奉謹, 2000, 「한국 남해안의 왜성」 『문물연구』 제4호.

〈그림 18〉 서생포진지도 세부

생포진성을 들 수 있는데 서생포진성(그림 17·18³²))의 경우 진성의 석재
를 이용하여 왜성을 축조하였으므로 폐허가 된 기존의 성 대신에 서생포
왜성의 외곽부(3지환)를 그대로 수군진성으로 이용하였다. 임진왜란 직
후인 1600년과 1604년 사이에 설치되어³³) 이후 1895년까지 약 300년
동안 서생포왜성은 조선의 수군 동첨절제사영으로 활용되었다. 한편, 조
선후기의 부산진성(그림19·20³⁴))은 선조 40(1607)년에 현재의 자성대지
역으로 이설되었는데 일반적으로 부산왜성의 자성이 있는 곳으로 옮기
면서 예전보다 좀더 넓혀 쌓은 것으로 알려져 있으나 조선통신사역사관
건립부지 발굴조사 결과 및 일제강점기의 사진을 통하여 부산진지성 명
문우주석이 성벽과 나란히 경사져 있어 왜란 후 부산왜성의 지성인 자성
대왜성의 외곽선을 그대로 이용하였거나 왜성방식으로 신축하였을 가능
성이 높은 것으로 조사되었다.

32) 서울大學校 奎章閣, 2005,「朝鮮後期地方地圖」慶尙道編 西生浦鎭圖.
33) ①『宣祖實錄』圈一百三十二, 宣祖 三十三年 十二月 丁丑條.
    ②『宣祖實錄』圈一百七十二, 宣祖 三十七年 三月 己卯條.
34) 우리문화재연구원, 2009,「부산자성대역사관 건립부지내 유적 문화재 발굴조사
    지도위원회 자료집」사진2(독립기념관 제공)

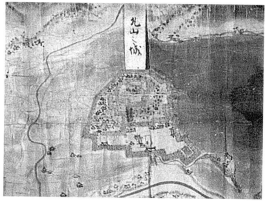

〈그림 19〉 조선후기 「釜山浦鳥瞰圖」[35]중 부산진성

〈그림 20〉 일제강점기 부산진성의 서문 전경

2) 왜성의 일본 성곽사적 의의

우리나라에는 "산성의 나라"라고 불리울만큼 고대부터 다수의 산성
을 축조하였으며, 그 이후에도 많은 이 민족의 침입으로 그 때마다 새로

---

35) 國立中央博物館, 1986, 『朝鮮時代의 通信使』, 77쪽. 개인 소장품이며 크기는
75.0×99.0cm임. 종이에 채색되어 있으며, 17세기 중엽에 제작된 것으로 추정됨.

이 성을 쌓거나 기존의 산성을 재이용하여 항전하여 왔다. 이러한 우리
나라 성곽의 역사 중에서도 이민족이 주체가 되어 이 땅에 축조된 성곽
이 바로 400여년 전에 축조된 倭城으로서 임진왜란과 정유재란 때 축조
된 약 30여개의 왜성이 남아 있다.

왜성의 축성방법은 산정에 곽(曲輪)을 다단식 혹은 다중식으로 배치
하면서 산 아래 해안이나 강가까지 포함하여 방형 또는 굴곡이 진 성 외
곽에 각종 해자(空堀, 堀切, 竪堀)가 배치되는 구조이다. 이러한 것은 일
본 중세 성곽의 전통적인 축조방식에 그 연원이 있다. 특히 왜성에서 본
환을 중심으로 곽을 다단식 혹은 다중식으로 설계한 것은 중세 산성의
군사적 기능을 계승한 것이다. 또한, 방형 또는 굴곡이 있는 성벽 외부에
각종 해자(空堀, 堀切, 竪堀)가 배치되는 구조는 평지에 축조된 중세 居
館(유력자의 치소)의 행정적 기능을 계승한 것으로 볼 수 있다.[36] 이러한
일본의 성곽이 16세기 말에 이르러서는 軍政 통합의 기능을 갖는 평산성
또는 평지성 형태로 발전하는데 임진·정유왜란기에 왜성의 축조는 이를
더욱 더 발전시키는 계기가 되었다고 할 수 있다.

현재까지 일본 전국에 존재하고 있는 성의 총 수는 3~4만여 곳으로
추정되고 있다. 대부분은 일본의 南北朝時代(1334~1573)부터 무로마치
시대(室町時代)에 걸쳐 축조된 중세성곽으로 근세 초두에 대부분 폐성되
었다. 일본에서 성곽에 석축을 본격적으로 도입한 것은 16세기 후반으로
서 그 이전에는 거의 토축이나 목책으로 방비하는 것이 기본이었다.[37]

1590년대가 되면 임진왜란과 정유재란을 계기로 히젠(肥前) 나고야
(名護屋)에 전국 다이묘(大名)가 집결하여 침략 전진기지인 1591년 10월
나고야성(名護屋城)과 다이묘(大名)들의 陣屋을 축조하고 한반도 각지에

36) 柳在春, 1999, 『近世 韓日城郭의 比較研究』, 國學資料院.
37) 西ケ谷恭弘·香川元太郎, 1996, 『日本の城』, 高瀬哲郎, 2008, 「日本の文化財
政策と 城郭保存」.
西ケ谷恭弘, 1989, 『城郭』, 東京堂出版 참조.

도 왜성을 축조하면서 다이묘들 사이에 높이 쌓는 석축의 기법과 조직의 도입이 시작되었다. 일본의 名護屋城이나 한국의 자성대왜성, 서생포왜성 등 이 시기의 석축 성벽에 보이는 특징은 기본적으로 옆줄 눈이 통하는 누노쯔미(布積) 기법, 성벽 모퉁이는 산기쯔미[算木積], 순천왜성의 천수대에서와 같이 석재의 규격화의 전 단계인 노미[鑿]와 야[矢]를 이용하여 쪼갠 割石의 사용이 눈에 띄며 서생포왜성에서와 같이 성벽의 직선적 기울기수법에 더하여 에도시대에 정착되는 외면커브(소리(反り))를 넣어 석축면을 곡선지게 한 사례가 보인다.

임진·정유재란이 끝나고 각 다이묘는 자기의 영지로 돌아갔지만 이내 도요토미 히데요시의 후계를 둘러싸고 1600년 전국의 다이묘가 동서로 나뉘어 싸우는 세키가하라전투(關ケ原の戰い)가 벌어졌다. 전쟁결과 1603년 도쿠가와 이에야스(德川家康)진영이 승리하게 되면서 토오쿄오(東京)에 수도를 옮겨 에도바쿠후(江戶幕府)를 열게 되었고, 이에야스는 자기를 정점으로 한 本城과 支城체제의 성을 축조하는 등 다이묘의 자기 領地방어와 지역전체의 방어를 강고히 하는 시책을 추진한다. 따라서 모든 다이묘는 높은 석축의 성을 쌓게 되고 방어를 위한 개수를 활발히 진행되면서 성벽 및 모퉁이 석재의 규격화, 자연석과 함께 割石 사용의 증가, 누노쯔미(布積)의 정착, 석축면 휘어짐(規合) 기술의 도입, 모퉁이 선이 직선을 이루고 角石을 받치는 角脇石도 나타나 일본성제의 전형으로 정착되어 간다.[38]

3) 왜성연구의 현황과 과제

왜성은 일제강점기를 거치면서 치욕의 상징물로서 그 동안 우리의 관심에서 멀어진 듯하나 최근의 연구 성과를 바탕으로 왜란 후 조선성에

---

38) 高瀬哲郎, 2008, 「일본의 문화재 보호정책과 성곽보존」, 제8회 국제학술대회, 『문화재 보존정책과 성곽의 보존·정비·활용』 발표자료 Ⅱ

대한 왜성제의 영향이 활발히 검토되고 있다. 또한, 왜성이 국내에 존재하는 엄연한 역사유적으로서 축성 당시 城役에 동원된 조선 백성들의 피와 땀이 스며들어 있는 문화재로 보호할 가치가 있음을 인정하고 있는 실정이다.[39]

일본 내에서는 국내의 왜성을 "일본 성곽연구의 標準化石"이라 할 만큼 일본 국내에 몇몇 남지 않은 당시 일본 성곽의 변천 및 발달사를 연구하는데 중요한 자료로 평가하고 있다.[40] 이러한 실정에서 최근 당시 일본성곽과 한국성곽과의 상호 비교를 통하여 자체 성곽의 발달사적인 측면뿐만 아니라 상호 축성기술의 영향 및 전파 등을 규명하기 위한 시도가 이루어지고 있어 앞으로 이 분야에 대한 연구가 기대된다.[41] 따라서 남해안 일대의 왜성 뿐만아니라 임진왜란 초기 내륙에 축조된 왜성의 실태 파악 및 그에 대한 조사 연구가 진행되어야 할 것이다.

---

39) 일제강점기 이후 왜성의 대부분은 사적으로 지정되어 보호받고 있었으며 광복 이후1963년에도 사적으로 재 지정되어 그대로 유지되다가 1977년 1월부터 사적에서 해제되었다. 그러나 대부분이 지방 자치단체의 기념물로서 보호를 받고 있으며 최근에는 서생포왜성, 순천왜성과 같이 관광자원화를 위해서 정비·복원작업이 진행되고 있다. 이와 관련하여서는 太田秀春의「韓國の倭城における研究の現狀と課題」『倭城の研究』제4호에 그 과정이 상세하게 설명되어 있다.

40) 倭城址研究會, 1979, 『倭城Ⅰ』, 5쪽.

41) 倭城·大坂城國際シンポ實行委員會, 2005.9,『韓國の倭城と大坂城資料集』; 太田秀春, 平成18(2006)年 8月,『朝鮮の役と日朝城郭史の硏究－異文化の遭遇·受容·變容』, 淸文堂 ; 羅東旭, 2007,「남해안지역 왜성의 竪石垣에 관한 연구」, 청촌논총 9집.

〈토론문〉

「남해안 지역의 倭城과 임진왜란」에 대해서

신 동 규*

나동욱 선생님의 「남해안 지역의 倭城과 임진왜란」에 대한 발표 아주 재미있게 들었습니다. 더욱이 왜성의 세부적 특징을 비롯해 조선성과 왜성의 축성사적 의의를 상세히 밝혀주고 있어서 많은 공부가 되었습니다. 제가 성곽이나 왜성의 전공자가 아니라, 본 발표문의 의의를 명확히 판단하기에는 부족함이 있어 몇 가지 사항에 추가적인 설명과 질문을 드리고 싶습니다.

첫째, 일부 각주에는 서지 정보 사항이 부족하며, 또 일반적인 형식을 채용할 필요가 있다는 점입니다. 예를 들면, '板塀'이 각주 8)번으로 처리되어 있는데, 각주 내용은 "西ヶ谷恭弘, 『전게서』"로만 되어 있다. '여장'의 한자는 '女墻'으로 "성 위에 쌓은 낮은 담(적을 공격하기 위한)"인 것으로 생각되는데, 板塀과는 약간 성격을 달리하는 것은 아닌지 설명을 부탁드립니다.

둘째, 왜성의 개념을 말씀하시면서 1쪽에 "토요토미 히데요시가 … 남해안을 중심으로 그들의 근거지를 확보하기 위해서거나, 또는 왜군 내

---

* 동아대학교 교수

의 타군과의 연락, 아군의 공격에 대비코자 국내에 축성한 성"이라고 하셨는데, 현재 왜성이라고 불리는 성 중에는 조선식 산성을 개축한 것들이 많기 때문에 반드시 기존의 조선성에 대한 '개수축'의 의미가 내포되어야만 한다고 생각한다(서생포성, 울산왜성 등). 또한, 발표문의 왜성 개념에 의하면, 일본인이 축성한 것으로만 되어 있지만, 왜성의 축성에는 수많은 조선인들이 강제 동원되고 있었다는 사실을 개념에 내포시킬 필요가 있다고 생각한다(발표자도 발표문 중에 언급하고 있다).

셋째, <그림 1>에는 한반도 남부의 왜성 위치가 30여 곳 표기되고 있는데, ☆표식의 왜성은 어떤 성인지 명기되어 있지 않다. 어떠한 성격의 왜성인지? 또 발표문에 의하면, 임진왜란기에 축성한 왜성이 30곳, 정유재란기에 신축한 왜성이 8곳이 있다. 그렇다면, <그림 1>에서 임진·정유재란기의 왜성 38곳을 전부 표기해야만 하지 않을까 생각합니다. 또, 한반도 남부에만 30여개(?)의 왜성이 있는 것은 발표문에도 명기되어 있으나, 한반도 전체지역에는 어느 정도의 왜성이 존재하고 있는지 궁금하다. 물론, 발표문의 말미에 발표자 선생님께서도 한반도 전체의 왜성에 대한 조사의 필요성은 언급하셨지만, 선생님께서 말씀하신 평양성과 서울 남산의 왜성 이외에 어떤 왜성들이 있는지 추가적 설명(가능하다면 어떠한 형태로 남아있는지)을 부탁드리고 싶습니다.

넷째, 「왜성의 특징」을 언급한 부분에서 "서생포왜성, 부산왜성, 죽도왜성, 안골포왜성, 웅천왜성 등에서는 치상(雉狀)구조물이 확인되어 조선성의 치가 왜성에 채용되었을 가능성을 시사하고 있다."고 하는데, 이러한 주장은 이미 이전에도 언급되어 왔던 사실이며, 또 일본 중세의 산성 구조에서는 조선의 치성과 같은 성격의 구조물로서 요코야(橫矢, 성벽의 모서리에 요철 모양의 굴절을 두어 방어에 유리)가 보이고 있기 때문에 재고할 필요성이 있다고 생각됩니다만, 이에 대한 선생님의 의견을 듣고 싶습니다.

부 록

李舜臣의 해전과 일본측 史料 北島万次

李舜臣年譜 北島万次

李舜臣의 해전과 일본측 史料

北島万次

서론

나는 10년 정도 전에, 「亂中日記」를 일본어로 번역했다.(平凡社東洋文庫『亂中日記』2000년 10월). 그 작업의 과정에서, 李舜臣의 움직임에 대응하는 일본 측 사료의 검토도 더했다. 이번에, 「李舜臣의 해전과 일본 측 사료」라는 것을 주제로 기술 할 수 있게 되었지만, 그것은 일본·조선 쌍방의 사료를 포함하여 임진·정유왜란에 대한 해전의 전체상에 대한 것을 보다 풍부하게 바라보기 위한 시도에 의한 것이다.

1. 임진왜란기의 해전

1) 왜란의 발발과 조선 수군

(1) 경상도 수군의 움직임

1592(선조 25)년 4월 13일(일본력 12일), 小西行長·宗義智의 제 1군

이 釜山浦에 접근하여, 여기에 임진왜란이 발생했다. 이 사태에 대하여 慶尙道의 조선수군은 어떠한 움직임을 보였을까.

4월 14일, 釜山鎭 함락 때, 경상좌수사 朴泓은 城을 버리고 도망쳤다. 그것에 대해 「조선왕조실록」은 다음과 같이 기록하고 있다.

① 경상좌수사 朴泓은 성을 버리고 도망쳤다.
② 왜군은 경상도의 西生浦(현재, 경상남도 울산시 울주군 서생면 서생리)와 多大浦(현재, 慶尙南道 釜山市 沙下區 多大洞)을 함락했다.
③ 다대포 만호 尹興信은 전사 했다.
④ 경상도 연해의 鎭堡는 무너졌다(「선조수정실록」 선조 25년 4월).

그 후, 같은 달 17일, 朴泓은 왜군이 釜山鎭을 함락했다는 급보를 서울에 전했다. 여기서 조선의 조정은, 처음으로 왜군이 습격해 왔다는 것을 알게 되었다(「懲毖錄」).

한편, 경상우수사 元均은 왜군과 싸워도 이길 방도가 없다고 깨닫고, 전함과 무기를 침수시켜, 玉浦萬戶 李雲龍·永登浦萬戶 禹致績들과 南海島(현재, 경상남도 남해군 남해읍)에 몸을 피했다. 이 때문에 경상우도의 수군은 뿔뿔이 흩어지게 되었다. 이곳에 대해, 玉浦萬戶 李雲龍은, "水使는 慶尙右道의 방어에 목숨을 걸어야 하는 것, 왜군이 경상우도를 돌파한다면, 全羅·忠淸兩道가 아슬아슬하게 되는 것, 그러므로 지금은 전라좌수사 李舜臣의 來援을 청해야 한다"라고 元均에게 항의했다. 할 수 없이 元均은 그 의견을 받아들여, 栗浦萬戶 李英男을 전라좌수사 李舜臣에게 파견했다.(「선조수정실록」 선조 25년 5월).

(2) 전라좌수사 李舜臣의 대처

4월 15일, 元均으로부터 왜군이 습격해왔다는 소식이 李舜臣에게 도착했다. 그것은 왜선 90척이 絶影島에 정박하는, 이상한 사태라고 말한

다. 또한 慶尙道 관찰사 金睟이 李舜臣에게 보낸 공문도 같은 내용이었
다. 이곳에서 李舜臣은 兵船을 정돈하여 대기했다(「亂中日記」임진 4월
15일. 「壬辰狀草」萬曆 20년 4월 15일 啓本 因倭警待變狀1 「狀1」).

이와 같은 상황이 진행되는 중에, 元均은 李舜臣에게 구원을 요청했
다. 그러나, 관할 외에 수군을 움직이는 것은 조정의 명령이 필요한 것이
었기 때문에 李舜臣은 즉시 兵船을 움직이는 것이 불가능했다(「懲毖錄」.
「再造藩邦志」).

4월 27일, "元均과 합세하여, 왜선을 공격하여 부수어라"라는 조정의
명령이 도착했다.이것에 의해 李舜臣은 順天·光陽·樂安·興陽·寶城의 5
官과 防踏·蛇渡·呂島·鉢浦·鹿島의 5鎭浦의 수군에게 4월 29일을 기하
여, 麗水의 全羅左水營에 집결하라고 지시했다(「壬辰狀草」萬曆 20년 4
월 27일 啓本, 赴援慶尙道狀1 「狀4」).

2) 玉浦·合浦·赤珍浦의 해전…1592년 5월 7일~8일

(1) 玉浦 해전의 경위

5월 1일, 李舜臣 부하 수군이 경상우수군의 구원 때문에, 麗水의 전라
좌수영에 결집했다. 이 구원에 맞추어, 舜臣 부하의 諸將의 사이에는, "자
신들의 수비범위를 지키는 것도 최선인데, 慶尙右道에 파견할 병사는 없
다"라고 구원을 거절하는 목소리가 있었다. 그러나, 鹿島萬戶 鄭運과 舜
臣의 군관 宋希立은, "왜군을 치는 것에 경상우수군과 전라좌수군의 관할
범위를 따질 때가 아니다. 여기서 왜선을 격파한다면, 전라도를 지키는
것이 가능하다"라고, 리순신에게 경상우도에의 출동을 진언했다. 이것에
의하여, 양 수군의 합세가 이루어졌다. 이곳에 대해, 경상도 언양현감 魚
泳潭은 자신이 수로의 안내역을 자청하고 나섰다(「선조수정실록」선조
25년 5월).

5월 4일, 전라좌수영의 군선과 전라우수사 李億祺가 이끄는 전라좌수영의 군선이 왜군의 수송로를 절단하기 위해, 慶尙右道 所非浦의 앞바다에 도착했다. 여기서 李舜臣은, ① 전라우수사 李億祺의 수군을 전라좌도 수군의 後陣으로 할 것, ② 전라좌도 수군의 선박은 판옥선(戰船·大船)25척, 협선(伺挾船·伺候船·中船) 15척, 포작선(探候船·快速船·小船) 46척의 편성으로 싸우는 것으로 하고, 부장의 배치를 배치를 결정했다.

5월 6일, 李舜臣의 전라좌수군은 唐浦沖(현재, 慶尙南道 統營市 山陽邑 三德里)에서 元均이 이끄는 경상우수군와 합세했다.

5월 7일, 조선 수군은 天城(현재, 慶尙南道 釜山市 江西區 加德島 天城洞)·加德(현재, 慶尙南道 釜山市 江西區 加德島 城北洞)으로 배를 나아가게 하여, 玉浦沖(현재, 慶尙南道 巨濟市 玉浦洞)에 도착했다. 여기서 斥候將蛇渡僉使 金浣·呂島權管 金仁英들이 神機箭을 쏘아서 왜선의 玉浦 정박을 알렸다. 玉浦 선창에 정박하는 왜선은 30여 척(일본 측 사료는 50여척)이고, 大船은 사면에 家紋章을 그린 陣幕에 둘러싸였고, 陣幕에 죽간을 꽂고, 홍백의 작은 깃발은 흐르는듯 움직였다. 깃발의 모양은 幟旗와 같고, 旌旗(지휘관의 깃발)와도 같아서, 전부 얇은 비단으로 만들어졌으며, 바람에 흔들려, 눈이 부실 정도로 빛나고 있었다. 조선 수군은 일제히 玉浦에 돌입했다. 격전의 끝에, 왜군은 배에 쌓아드었던 무기 등을 바닷속에 던져버리고 육지에 올라가 도주했던 것이었다(「壬辰狀草」 萬曆 20년 5월 초 4일 啓本, 赴援慶尙道狀 「狀6」·萬曆 20년 5월 10일 啓本, 玉浦破倭兵狀 「狀7」).

이 왜군은 藤堂高虎들의 수군이었다. 이 해전에 대해, 일본 측의 기록은 「藤堂高虎가 이끄는 배 50척 정도가, 7~80척의 조선 수군과 맞붙어 싸왔지만, 선수를 빼앗겨, 육지에 퇴각하게 되었다. 병력은 무사했지만, 배는 모두 타버렸다」라고 기록하고 있다(→ 사료 1).

(2) 合浦·赤珍浦 해전의 경위

옥포해전 후, 조선 수군은 巨濟島 永登浦(현재, 慶尙南道 巨濟市 長木面 旧永里)에 인양하였다. 그리고, 그 날 오후 4시, 永登浦 가까이의 해역에 왜군의 大船 5척이 있다고, 斥候將으로부터의 통보가 있었다. 李舜臣은 이것을 合浦(현재, 慶尙南道 馬山市 山湖洞)에서 격파했다. 왜군은 배를 버리고, 육지로 도망쳤다.

뒤이어 翌 8일의 이른 아침, 鎭海의 古里梁(현재, 慶尙南道 昌原市 龜山洞)에 왜선이 정박했다는 통보가 舜臣에게 도착했다. 수색의 결과, 固城(현재, 慶尙南道 固城郡 固城邑)의 赤珍浦(현재, 慶尙南道 統營市 光道面調)에서 왜군의 大船·中船 13척이 정박해있었다. 이 때, 왜군은 상륙한 마을들에서 방화약탈을 했지만, 조선 수군을 보고 산에 도망쳤다. 배에 남아있던 왜병은 싸웠지만, 조선 수군에 격파 당했다.

이 해전 때, 왜군의 포로가 되었던 赤珍浦 가까이 주인인 李信同이라고 칭하는 자가 구출되었다. 李舜臣이 왜군의 모습을 물었을 때, 왜군은 전 날, 赤珍浦 에 와서, 마을들의 재물이나 소와 말을 약탈하고, 배에 나눠 싣고, 밤이 되어서 배 안에서 소를 요리하고, 새벽까지 酒宴을 열었다고 했다. 또한, 이 날, 李舜臣은 조선국왕이 서울을 탈출하여 平安道에 향했다는 것을 처음으로 알고 "驚痛해 마지 않다"라고 탄식하는 동시에 분개했다(「壬辰狀草」 萬曆 20년 5월 10일 啓本, 玉浦破倭兵狀 「狀7」).

3) 泗川·唐浦·唐項浦·栗浦의 해전 … 1592년 5월 29일~6월 7일

(1) 泗川 해전과 龜甲船의 등장

5월 27일, 元均으로부터 李舜臣이 있는 곳으로, 왜선 10여척이 泗川(현재, 慶尙南道 泗川市 泗川邑)·昆陽(현재, 慶尙南道 泗川市 昆陽面 城

內里)에 다가와, 慶尙右道水軍은 露梁(현재, 慶尙南道 南海郡 雪川面 露梁里과 慶尙南道 河東郡 金南面 露梁津을 사이에 낀 해협)에 이동하라는 통보가 있었다. 李舜臣은 虞候(副水使)李夢龜와 함께 戰船 23척을 데리고 出陣하여, 露梁 앞바다에 배 3척을 이끌고 온 元均의 경상우수군과 합류했다.

29일, 조선 수군은 泗川에 근거지를 삼고 왜선 공격에 향했다. 그런데 泗川灣 안의 바다는 얕고, 항구의 안은 좁기 때문에, 李舜臣은 썰물 때에 배를 퇴진하게 했다. 그것을 왜선이 쫓아왔다. 그런데 조류가 바뀌어, 바다는 만조가 되었다. 여기서 처음으로 龜甲船이 등장하고, 왜선을 격파했던 것이다(「壬辰狀草」 萬曆 20년 6월 14일 啓本, 唐浦破倭兵狀 「狀8」. 「亂中日記」 임진 5월 29일).

(2) 唐浦·唐項浦·栗浦 해전의 경위

泗川 해전 후, 李舜臣은, 龜甲船을 준비하여, 唐浦(6월 2일)·唐項浦(6월 5~6일)·栗浦(6월 7일)에 왜선을 격파했다. 이들 해전 가운데, 최후의 해전인 栗浦 해전 후, 왜장 來島通之가, 패전의 책임을 지고, 할복하고 있다(→ 사료 2).

(3) 조선 수군의 兵船과 왜군의 兵船

이 일련의 해전 사료 중에서 주목할 것은, 李舜臣이 본 왜군의 大船의 모습이다. 「亂中日記」에는 "왜적의 大船 1척이 있는데, 그 크기는 우리나라의 판옥선과 같았다. 선상에는 粧樓가 세워져 있고, 그 높이는 2丈정도 이다"(「亂中日記」임진 6월 2일)라고 기록되어 있고, 「壬辰狀草」에도 "그 중에서도 가장 큰 1척은 船頭에 별도의 3층의 판각을 설치하여, 단청의 분벽이 있어서, 마치 불전과도 같았다. 앞에 靑蓋를 세우고, 閣下에 묵염의 絹帳(능직 비단의 막)을 늘어뜨려, 帳面에 크게 백화문이 그려져 있었다"(「壬辰狀草」萬曆 20년 6월 14일 啓本, 唐浦破倭兵狀 「狀 8」)라고 기록되어 있는 것이다.

이 粧樓가 세워진 大船은 肥前 名護屋城圖屛風에 그려져 있는 安宅船이며, 마치 觀覽船과 같다. 이것을 龜甲船과 비교해서 보면, 전투능력의 차이가 확실해진다.

여기에서 龜甲船의 구조에 대해서 본다고 한다면, 李舜臣 부하인 蛇渡첨사 金浣은 그 일기에 "水使 李舜臣은 龜船을 제작했다. 그 구조는, 船上에 거북이와 같이 판을 깔고, 거북이의 등에 십자로를 설치하여, 사람이 통행할 수 있도록하여, 그 십자로 의외의 곳에 錐刀(끝이 뾰족한 칼)을 줄지어 세워 꽂았다. 그리고 배의 전면에 용머리 입구를 만들어서 총구멍을 설치했다. 배의 뒷꼬리에도 총구멍을 설치하여, 병사를 그 아래에 숨기고, 4면 발포하도록 했다. 龜船의 蓋覆은 거적을 준비하여, 錐刀가 보이지 않도록 되어있다. 적이 龜船에 올라타면, 錐刀을 밟아서 발바닥을 찔리게 된다. 적이 龜船을 둘러싼 경우, 일제히 화포를 발사하여 필승한다"라고 기록되어있다(→ 사료 3).

또한, 1594(선조 27)년 9월 말부터 10월에 걸쳐서 長門浦·永登浦 해전 후, 永登浦에 在陣하는 島津義弘가 본국의 家老에게 보낸 書狀 가운데, 朝鮮 수군이 해전의 전술에 능하다는 것은 倭船에도 뒤지지 않지만, 왜군의 荷積船(輸送船)과 같이 櫓數가 적은 배가 해전에 휩쓸리면 도망갈 수가 없기 때문에, 對馬의 豊崎부터 직접 巨濟島에 건너는 것이 아니라, 釜山浦부터 우회하여 巨濟島의 永登浦에 건너라라고 말하고 있다. (→ 사료 4).

이와 같이, 조선 수군의 배와 왜군의 배는, 전투장비나 櫓數 등, 그 구조에 격차가 있어서, 조선 수군의 배는 보다 훌륭한 전투용 기능을 갖추고 있었다는 것을 알 수 있다.

4) 閑山島·安骨浦 해전과 왜군의 전략변경 … 1592년 7월 8일~10일

(1) 왜장 脇坂安治의 抜け駆け[1]

玉浦 해전부터 시작된 조선수군의 반격의 모습은 秀吉에게 전해졌다. 이보다 먼저, 6월 6일, 京畿道 龍仁에서 全羅道 순찰사 李洸가 이끄는 全羅·忠淸·慶尙三道의 조선군을 격파했던 脇坂安治는, 그 전쟁을 秀吉에게 보고했다. 秀吉는 脇坂安治에게 龍仁의 戰捷을 칭찬하는 것과 함께, 九鬼嘉隆·加藤嘉明들과 熊川·巨濟島 등 慶尙右道南岸의 조선 수군을 치라고 지시했다(→ 사료5).

이 秀吉의 지시에 의해, 脇坂安治·九鬼嘉隆·加藤嘉明들은 釜山浦에 도착하여, 조선 수군 격파에 대해 군사 회의를 가졌다. 그런데 7월 7일, 脇坂安治, 자신의 手勢만 가지고 熊川부터 巨濟島에 출선하여 남보다 먼저 적진에 쳐들어가는 공명을 세우는 것을 노리고, 見乃梁에 향한 것이다(→ 사료 6, 7, 8).

(2) 작전을 둘러싼 李舜臣과 元均의 대립

한편, 李舜臣의 움직임에 눈을 돌린다면, 加德島·巨濟島 일대에 왜선 출몰 정보를 접한 李舜臣은, 7월 6일, 全羅左水營을 發船하여 露梁津에 이르러, 파선수리 때문에 露梁에 머물고 있던 元均과 합류했다. 게다가 전라우수사 李億祺도 露梁에 도착했다. 다음 날 7일, 조선 수군은 固城 半島 唐浦에 도착했을 때, 동풍이 강하고, 見乃梁에 兵船을 나가게 하는 것이 불가능했다. 이 때, 彌勒島의 피난민이, 왜선 70척 정도가 見乃梁에 정박 중이라고 李舜臣에게 통보했다(「朝鮮王朝宣祖實錄」 선조 25년 6월

---

1) 陣地를 살짝 빠져 나와 남보다 먼저 적진에 쳐들어가는 것.

기유.「壬辰狀草」, 萬曆 20년 7월 15일 啓本, 見乃梁破倭兵狀「狀9」).

7월 8일, 李舜臣과 元均간의 사이에 작전을 둘러싸고 의견이 대립했다. 元均은 즉시 見乃梁에 출동하여 왜선을 치는 것을 주장했지만, 李舜臣은 신중했다. 見乃梁은 慶尙南道 固城半島의 동남, 巨濟島의 서쪽에 위치하는 좁은 해협이었고, 암초가 많았다. 李舜臣은, 이 지형에서 싸운다면, 조선 수군의 배가 서로 부딪혀서 전투에 지장을 주고, 또한 왜군이 육지에 올라 도망갈 두려움도 있다는 것을 생각하여, 왜선을 見乃梁의 남쪽에 위치한 閑山島의 앞바다에 나오게 하여 싸워야 한다고, 元均을 설득했다. 그러나, 元均은 그것을 받아들이지 않았다. 李舜臣은 "당신은 병법을 모른다"라고 元均을 비판했다.(「朝鮮王朝宣祖修正實錄」 선조 25년 7월). 이곳에 양자의 確執이 나타났다.

(3) 閑山島 해전의 경위

李舜臣은 探見船 수 척을 見乃梁에 정박 중인 왜선에 가까이 하게 했다. 왜군은 철포를 쏘면서 그것을 추적했다. 그 후, 探見船은 퇴각이라고 보이게 하여 閑山島 앞바다에 왜선을 나오게 했다. 그리고 島影에 대기하고 있던 조선 수군이 학익진을 펼쳐, 이것에 괴멸적인 타격을 주었던 것이다. 脇坂安治는 간신히 퇴각했다(「壬辰狀草」, 萬曆 20年 7월 15일 啓本「狀9」.「脇坂記」).

*「脇坂記」…(→ 사료 9).

(4) 安骨浦 해전의 경위

脇坂安治의 남보다 먼저 적진에 쳐들어가는 작전을 알았던 九鬼嘉隆·加藤嘉明들은, 脇坂 구원을 위해 출동하여, 7월 9일, 安骨浦에 도착했다. 이 움직임을 察知했던 李舜臣은 수군을 출동시켰지만, 역풍 때문에, 巨濟 溫川島에 정박했다. 다음 날 10일, 조선 수군은, 썰물을 이용하

여 安骨浦의 왜군을 유인했지만, 왜군은 이것에 응하지 않았다. 여기서
조선 수군은 安骨浦에 돌입하여, 왜선을 태웠다(「壬辰狀草」 萬曆 20년
7월 15일 啓本, 見乃梁破倭兵狀 「狀9」. 「高麗船戰記」. 「脇坂記」).

　*「高麗船戰記」…(→ 사료 10) *「脇坂記」…(→ 사료 11).

(5) 秀吉의 해전 전략변경지령

7월 14일(朝鮮曆 15일), 秀吉는 閑山島 해전에 대한 脇坂安治의 패배
의 보고를 받고, 해전 전략변경을 어쩔 수 없이 하게 되었다. 해전을 중
지하고, 巨濟島 및 그 주변에 城을 지어서 在番하고, 육지부터 조선 수군
을 포격하라고 한 것이다. 그것은 秀吉가 脇坂安治과 藤堂高虎에게 내렸
던 지시로 보인다(→ 사료 12, 13). 秀吉는 熊川·釜山浦·巨濟島 북부 등
의 해안지대, 즉 일본에서의 보급루트의 유지에 마음을 쓰도록 지시했던
것이다. 이것에 의해, 왜 수군의 움직임은 소극적이 되었다. 이것은 이들
의 지역을 제외하고, 慶尙道 南岸의 제해권을 조선 수군이 쥐게 되었다
는 것을 이야기 했다.

5) 釜山浦의 해전…1592년 9월 1일

(1) 釜山浦 해전의 배경

1592(선조 25)년 7월, 遼東副總兵 祖承訓이 明軍을 이끌고 小西行長
가 근거 삼은 平壤을 공격했다. 이것은 明軍의 패배로 돌아갔지만, 맨 먼
저 明軍의 조선 구원이 왜군에게 주어진 영향은 컸다. 같은 해 8월, 朝鮮
奉行 石田三成들은 조선 在陣의 諸大名를 서울에 소집해서 군사회의를
가졌다. 그곳에서는 釜山浦에의 왜군 철퇴도 논의되어서, 戰局은 계속 바
뀌었다.(「朝鮮王朝宣祖修正實錄」 宣祖 25년 7월.「黑田家譜 朝鮮陣記」).

그것은 釜山浦·서울 간의 수송간선에 해당하는 慶尙道의 공방에도 반영되어있다. 慶尙道 義兵이 이 길의 지지를 담당했던 것이다.

이 시기, 慶尙道 義兵將 金沔은 慶尙北道 知礼에 둔거하는 왜군을 치고, 居昌에 주둔하여 知礼·金山의 통로를 지지했다. 또한, 義兵將 鄭仁弘은 星州에 주둔하여 高靈·陜川의 통로를 지지하고, 郭再祐는 宜寧에 주둔하여 咸安·昌寧·靈山의 통로를 지지했던 것이다.

이에 대해, 慶尙道의 왜군은 固城·鎭海·泗川을 다시 빼앗고, 晋州에 다가섰다. 晋州判官 金時敏은 城을 견고하게 하여, 사수의 결의를 다졌다. 이것을 義兵將 郭再祐들은 來援하다(「亂中雜錄」 임진 8월 3일).

이러한 상황 가운데서, 李舜臣은 "釜山은 왜군의 근본이고. 이것을 습격한다면, 왜군은 근거를 잃는다"(「壬辰錄」 임진 9월 정사)라고 보고, 왜군의 군사상의 요충인 釜山浦를 습격하여, 그 보급로를 차단하는 것을 결의했던 것이다.

(2) 釜山浦 해전의 경위

9월 1일, 李舜臣은 전라우수사 李億祺·慶尙右水使 元均들과 수군을 편성하고, 西平浦·多大浦·絶影島의 왜선을 撞破하고, 더욱이 釜山浦 앞바다에 다가섰다. 왜군의 선박은 船滄 동쪽의 山麓의 岸下에 500 여척정도 列泊하고 있었지만, 조선 수군을 두려워하여 출격하지 못하고, 높은 곳에서부터 철포를 난사했다. 조선 수군은 李舜臣 부하의 鹿島萬戶 鄭運을 처음으로 하는 사상자가 많이 나왔다. 여기에 대해 李舜臣은 釜山浦의 왜군이 조선 수군의 배후에 주위를 돌며 움직이는 것을 배려하여, 兵을 인양하는 것이 되어, 이 작전은 성공하지 못했다(「朝鮮王朝宣祖修正實錄」 宣祖 25년 8월. 「壬辰狀草」 萬曆 20년 9월 17일 啓本「狀11」. 趙慶男「亂中雜錄」 임진 8월. 閔順之「壬辰錄」임진 9월 정사).

6) 緒戰의 해전에 대한 朝鮮수군 활약의 의미

玉浦 해전부터 釜山浦 해전까지의 의미에 대하여, 지적하는 것은 다음의 것으로부터이다. 즉, 玉浦부터 栗浦까지의 해전에서는, 왜군은 予期하지 않았던 조선 수군의 습격에 조우했다. 閑山島·安骨浦의 해전에서, 왜군은 조선 수군을 격파를 하려고 했지만, 龜甲船을 중심으로 하여 선단과 지형·조류를 이용한 李舜臣의 전술에 飜弄 당하여, 秀吉는 해전 중지 지령을 내는 것에 이르렀다. 釜山浦 해전에서, 조선 수군은 충분히 목적을 달성하지는 못하였지만, 이것에 의해 제해권은 조선 수군이 쥐게 되었다. 이 결과, 왜군은 16만에 달하는 병력을 조선에 보냈지만, 그 보급로의 유지가 힘들어졌다.

2. 日明講和交涉期의 해전

1) 熊川의 해전…1593년 2월 10일~3월 6일

(1) 熊川 해전의 배경

1593(선조 26)년 1월 7일, 提督 李如松 가 이끄는 明軍과 이곳에 합류한 조선군이 平壤을 점거한 小西行長를 공격하여 平壤을 수복했다. 조선 조정은 李舜臣에게 이 소식을 보고하고, 이후, 왜군이 도망쳐 돌아가기 때문에, 그 퇴로를 끊으라고 명령했다.

이 보고를 받은 李舜臣은 왜군의 근거지를 쳐서, 平壤을 수복한 명·조선군의 움직임에 호응하기 위해, 熊川의 왜영 습격을 계획했다(「壬辰狀草」 萬曆 21년 2월 17일 啓本 「狀22」. 「亂中日記」 계사 2월 10일).

(2) 熊川 해전의 경위와 李舜臣·元均의 대립

2월 7일, 李舜臣은 경상우수사 元均들과 見乃梁에서 합류했다. 8일, 전라우수사 李億祺도 여기에 합류했다. 10일, 조선 수군은 웅포 왜영의 습격에 투입되어, 두 세 번 왜영을 슬쩍 떠봤지만, 왜선은 출격하는 모습을 보이면 숨기 때문에, 이것을 섬멸하는 것은 불가능했다. 12일, 이 날도 조선 수군은 熊川 熊浦를 공격했지만, 왜군은 그 꾀임에 넘어가지 않았다.

2월 18일, 조선 수군은 3번째의 熊浦 공격을 시도했다. 李舜臣은 蛇渡첨사 金浣을 복병장으로 安骨浦 松島에 배치하여, 다른 戰船을 사용하여 왜선을 끌어냈다. 이것을 추적했던 왜선을 金浣들의 伏兵船이 격파했다. 이후, 李舜臣은 수륙 협격을 계획하여, 慶尙右道 순찰사 金誠一에게 陸兵의 출동을 바라여, 의병장 郭再祐에게 명령하고, 昌原으로부터 熊川에 진격시키는 것을 제안했다. 22일, 李舜臣은 熊浦의 땅에도 兵을 배치하여, 왜병의 상륙 도주 저지를 도모하면서, 戰船을 집결하여 熊浦을 직격했다. 왜군의 대부분을 섬멸했지만, 그 때, 鉢浦의 2號船과 加里浦의 2號船이 명령을 무시하고 熊浦에 돌입하여, 淺瀨에 좌초되었다. 이 때문에 脇坂安治들의 역습을 받게 되었다.

이후, 珍島의 지휘선이 왜군에게 둘러싸였다. 이러한 사태를 全羅左虞候 李夢龜의 배가 구출했지만, 元均 부하의 부장은 이것을 구출하려고 하지 않았다.

李舜臣은 일기에 "慶尙右道의 諸將의 船을 치고, 그다지 도움이 되지 않는 것을 택하여(중략), 鉢浦의 2號船·加里浦의 2號船은 명령도 없는데 (熊川에) 돌입하여 淺瀨에 좌초되어, 왜적의 습격을 받았다. 그것은 극한의 통한이며, 마음이 찢어질 것 같았다. 얼마 안 있어서, 珍島의 指揮船이 왜적에 둘러싸여, 거의 구출하는 것도 불가능한 상태가 되었다. 그런데, 全羅左虞候 李夢龜의 배가 그곳에 돌입하여 이것을 구출했지만, 慶

尙道의 左衛將 및 右部將은 보고도 보지않은 척을 하여, 이것을 回救(배를 돌려 구출하는 것)하려고 하지 않았다. 그 무법은 뭐라고 말할 것도 없다. 극한의 통한이다. 이 건에 대해서는 경상우수사 元均을 캐물었다. 한심스럽기 짝이없다. 오늘의 분노는 뭐라고 말로 표현할 수 없다. 이것은 전부 경상우수사 元均이 만들어낸 것이다"라고 기록되어있다.

전의 閑山島 해전 때, 전술을 둘러싸고 李舜臣과 元均의 사이에 의견 대립이 있었지만, 여기에서도 元均 부하의 부장의 사기를 둘러싸고, 양자의 確執이 더욱 깊어져가는 것이었다. 이 후, 李舜臣은 3월 6일을 끝으로 熊川 습격을 중단하고, 8일, 閑山島에서 철수했던 것이다(「壬辰狀草」 萬曆 21년 2월 17일 啓狀「狀22」, 萬曆 21년 4월 초 6일 啓本, 討賊狀 「狀25」.「亂中日記」 계사 2월 7일·8일, 2월 10일~12일, 18일·22일, 3월 6일·8일).

한편, 脇坂安治는 조선 수군의 배를 습격했던 것을 일본에 보고하여, 關白 秀次는 그것을 몹시 칭찬하였다(→ 사료 14, 15).

2) 제 2차 唐項浦 해전…1594년 3월 4일~6일

(1) 唐項浦 해전을 둘러싼 李舜臣의 의도

이 시기는 日明講和交涉期였다. 왜군은 慶尙道 南岸 一帶에 왜성을 만들어 주둔하고, 2월 말에는, 熊川 왜영의 왜선이 固城半島 주변에 출몰하여, 약탈·살육을 하고 싶은대로 하고 있었다. 그 때문에, 삼도수군통제사 李舜臣(三道水軍統制使가 된 것은 1593년 8월)은 횡행하는 왜군을 습격하기로 했다. 3월 4일, 조선 수군은 鎭海 앞바다에서 왜선 6척, 昌原郡 猪島에서 격파했다. 게다가 3월 6일, 固城半島 唐項浦에서 왜선 21척을 불태웠다(제 2차 唐項浦 해전).

이 해전 때 왜군은, 李烱 錫氏의 『壬辰戰亂史(中)』에 의하면, 脇坂安

治·九鬼嘉隆·加藤嘉明로 되어있다(일본어판 372頁). 그러나,「脇坂記」에 의하면, ① 1593(선조 26, 文祿 2)년 暮, 脇坂安治·九鬼嘉隆·加藤嘉明 3명은, 제비뽑기에 의하여, 脇坂安治가 安骨浦에 진에 머물며 해를 넘겼고, 九鬼嘉隆·加藤嘉明는 일본에 일시 귀국했다는 것, ② 1594(선조 27, 文祿 3)년 3월, 九鬼嘉隆가 일본에서 조선에 돌아와, 安骨浦 진에 머물면서, 대신 脇坂安治가 일본에 귀국하여, 1595(선조 28, 文祿 4)년, 다시 安骨浦에 돌아가 수비에 들어갔다, 고 한다. 즉, 1594(선조 27, 文祿 3)년 3월에 脇坂安治와 九鬼嘉隆의 在番 교체가 있지만, 이 해전에 脇坂安治와 九鬼嘉隆의 양자가 참전하였는지 어떤지는 정확하지 않다. 또한, 加藤嘉明의 동향에 대해서는,「加藤嘉明事績調査書」「近江水口加藤文書」등에는 찾아볼 수 없다.

(2) 明君의 해전중지명령과 李舜臣의 반발

이와 같이 조선 수군은 唐項浦의 왜선을 격파했지만, 그 후에 까다로운 문제가 생겼다. 이보다 먼저, 熊川의 小西行長의 군영에 화의를 정리하기 위하여 在陣하고 있던 明都指揮使司 譚宗仁이, 일본과의 화의 파탄을 두려워하여, 李舜臣에게 왜군과의 싸움을 금지하는 지령을 李舜臣에게 전했던 것이다.

日明講和交涉은, 1593(선조 26)년 1월말의 碧蹄館의 싸움에서 明軍이 패배하여, 經略 宋應昌이나 提督 李如松들 明君 수뇌부가 전의상실에 빠져들었고, 게다가 왜군이 무기·兵糧 부족에 빠진 상황이 진행되고 있었던 것이다. 이 때문에, 幸州山城의 싸움에서 勇名을 올린 都元帥 權慄들에게도, 明軍은 왜군을 치는 것을 금지시키고 있다(「朝鮮王朝宣祖實錄」선조 26년 3월 계미).

李舜臣은 이 譚宗仁의 지령에 대해, "왜란 발발 이래, 조선은 왜군을 불구대천의 적으로 보고, 국가의 讐怨을 풀 意氣에 불타고 있다는 것, 明

측은 왜군은 강화를 바란다고 하는건가, 왜군은 朝鮮南岸에 거점을 두고, 조선 민중으로부터의 약탈·방화, 민중의 포로연행을 하고 싶은대로 하고 있었고, 明 측의 생각에는 납득할 수 없다"라고 반발했다. 게다가 조선 조정에, 왜군이 講和를 외치고 있다는 것은 거짓이라고 上奏 하고 있다(「朝鮮王朝宣祖實錄」 선조 27년 4월 庚戌.「亂中日記」 갑오 3월 6일·7일.「壬辰狀草」 萬曆 22년 3월 초 10일 啓本, 陳倭情狀「狀66」).

3) 長門浦·永登浦의 해전 … 1594년 9월 29일~10월 4일

(1) 長門浦·永登浦 해전의 배경

이 해전에 담긴 경위로써, 다음과 같은 배경이 있다.

① 日明講和交涉의 전제조건으로써, 왜군은 서울로부터 철퇴했지만, 慶尙道南岸 일대에 왜성을 지어, 임전태세를 풀지 않고, 全羅道에 침입하는 氣配를 보이고 있었다. 특히 그 중에서도 島津義弘·福島正則·戶田勝隆들이 在陣하는 巨濟島의 長門浦·永登浦는 對岸의 熊川 왜성과 해협을 사이에 두고, 海路를 막는 요충지이기 때문에, 閑山島에 거점을 두고 조선 수군의 움직임을 방해하고 있었다(→ 사료 16).

② 그래도 總兵劉綖들이 이끄는 明軍이 全羅道 南原에 주둔하여 왜군을 견제하고 있었고, 왜군은 쉽게 全羅道에 침입하는 것이 불가능했다. 그런데 8월 3일, 劉綖은 본국의 지시에 의해, 南原에서 철퇴하고, 明에 인양하는 것으로 되었다. 이것에는, 秀吉에의 封貢을 허락하고 전투태세를 종결시키려고 하는 石星들 明兵部首腦의 움직임이 있었다. 9月, 조선 국왕은 서울에서 明에 귀국하는 劉綖의 인사를 받았다. 그 때 국왕은, 劉綖이 철퇴한다면, 全羅道가 무너지는 것이 걱정스럽고 두려워, 달래어 머물게 하기를 바랬으나, 劉綖는 귀국했던 것이다.

③ 그런데, 劉綎이 南原에 在陣하고 있던 무렵, 조선 측 내부에 하나의 움직임이 있었다. 巨濟島의 왜군과 閑山島의 朝鮮 수군의 긴박했던 대진이 길어지자, 兵은 지쳤고, 兵糧은 부족하고, 또한 화의는 성립되지 않는 것이라고 봤던 좌의정 尹斗壽는, 巨濟島 주둔의 왜영 습격을 주장하고 있었다. 그러나, 먼저 화의를 진행한 明 측으로부터 조선 측에 왜군과의 전투금지령이 나온 것도 있었고, 朝鮮 조정은 尹斗壽의 인정하지 않았다. 그런데, 劉綎의 철퇴가 명확해진 것에 따라, 사태가 변해갔다. 劉綎이 南原에서 철퇴했던 다음 8월 4일, 비변사(중외의 군국기무를 總領하는 최고행정관청)에서 조선 수군에 사기가 없다는 논의가 있었다. 이것은 明將 劉綎이 南原으로부터 물러남으로써, 왜군에 全羅道가 뺏길 수 있다는 위기감에 의한 것이었다. 그리고 尹斗壽가 더하여 巨濟島 습격을 주장한 것에 의해, 8월 6일, 조정은 좌의정 尹斗壽를 도체찰사로 하여 全羅·慶尙道에 파견하는 것으로 한 것이다(「明史」列傳 劉綎. 「亂中雜錄」 갑오 3월 3日·9일, 8월 2일. 「朝鮮王朝宣祖實錄」 선조 27년 8월 기유·신해, 9월 병술. 「朝鮮王朝宣祖修正實錄」 선조 27년 8월·9월).

(2) 李舜臣의 당혹

水軍에 사기가 없다는 비변사의 논의는, 李舜臣에게 도착했다. 舜臣은 "이른 아침, 비밀의 유지가 도착했다. 수륙의 諸將들은 팔짱을 끼고 보고 있을 뿐으로, 한 가지 계책을 세워 왜적을 進討하는 것을 하지 않는다, 고 말하다. 3년간이나 해상에 있어, 이와 같은 것이 있어서 좋은 것인가. 諸將과 결사복수의 뜻을 맹세하고, 하루하루를 보내고 있는 것이다. 그러나, 험한 지형의 동굴 가운데에 있는 왜적에 대해서는, 경솔하게 兵을 진군시키면 안되는 것이다. 상황이나 나를 알고 적을 알면 백전백승이라고 말하는 것이 아닌가"(「亂中日記」 갑오 9월 3일)이라고 격노하다.

또한, 李舜臣은, 좌의정 尹斗壽가 慶尙·全羅·忠淸 삼도체찰사로써 파견되는 것에 거절 반응을 나타냈다. 尹斗壽는 부하인 兵數千을 忠淸兵使 宣居怡의 밑에 넣어, 固城에 進屯시켜, 그리고 都元帥 權慄·統制使 李舜臣·忠勇將 金德齡들에게 명령하여, 수륙 합동으로 巨濟島를 협격하는 것이었다. 그러나, 전투의 현장을 모르는 의정부의 관인이 체찰사로써 현장의 지휘를 맡는 것에 대해서, 李舜臣은 심하게 운이 없다며 곤혹스러워 했다(「朝鮮王朝宣祖修正實錄」 선조 27년 9월. 「亂中雜錄」 갑오 9월).

  * 「亂中日記」 …(→ 사료 17)

(3) 작전의 실패와 三道都體察使 左議政 尹斗壽의 경질

9월 22일, 都元帥 權慄이 李舜臣에게 郭再祐들의 육군과 합세하여, 巨濟島 주둔의 왜영 공격명령을 전했다.

9월 27일, 李舜臣은 巨濟島를 향해 배를 출발 시켰다.

9월 29일, 조선 수군은 巨濟島 長門浦의 福島正則들의 왜영을 永登浦 島津義弘의 왜영에 공격을 개시했다. 그러나, 왜군은 반격해오지 않았다. 단지 왜선 2척을 撞破炎上 시킨 것에 그쳤다.

10월 1일, 조선 수군은 長門浦·永登浦의 왜영에 공격을 시작했지만, 왜군은 출격하지 않았다. 단지, 저녁, 조선 수군 蛇渡鎭의 2號船이 長門浦에서 福島勢 반격에 따라, 화공을 받았다. 이 실패에 李舜臣은 엄격한 군율을 부과했다.

10월 2일, 長門浦와 永登浦에 대진한 조선 수군과 왜군의 교착상태가 이어졌다.

10월 3일, 이 날도 鮮水軍은 長門浦를 습격하지만, 왜군은 출격하지 않았다. 이 때문에, 저녁, 조선 수군은 巨濟島 漆川梁에 歸陣 하다.

10월 4일, 조선 수군은 郭再祐들의 육군과 巨濟島 長門浦의 왜군을 협격했다.

10월 8일, 李舜臣이 이끄는 조선 수군은 閑山島에 歸陣했다.

이 해전에서 왜군은 상당한 습격을 받았지만, 섬멸당하는 것에는 이르지 않았다. 그 결과, 삼도도체찰사 尹斗壽는, 臺諫(司憲府 "직장은 시정을 논하고, 백관을 규찰한다"과 司諫院 "직장은 諫諍, 논박하다"로 부터, 그「輕擧失律」을 추급당하여, "다시 군국의 일에 맡기지 않는다"라고, 判中樞府事에게 경질당한 것이다(「亂中日記」 갑오 9월 22일·26일·27일·29일, 10월 1일~4일·8일. 「朝鮮王朝宣祖修正實錄」 선조 27년 9월. 「朝鮮王朝宣祖實錄」 선조 27년11월 을해).

이 해전의 모습에 관하여, 일본측 사료「島津家文書」도 자세하게 이야기 하고 있다.

1594(文祿 3)10월 5월부로 島津義弘가 島津忠恒(又八郎)에게 보냈던 書狀, 같은 달 9일부로 島津家家老衆의 伊集院幸侃과 長壽院盛淳에게 보냈던 書狀에 의하면, 9월 29일부터 200척 정도의 조선 수군이 巨濟島의 長門浦·永登浦에 습격을 해왔다. 福島正則들 四國衆의 陣에는 연일 습격이 있었고, 싸울 방법도 없다. 10월 1일에는 島津陣에 불화살을 쏘아, 半弓 등 여러 가지 무기로 습격을 더했기 때문에, 철포로 이것을 격퇴했다. 10월 4일에도 습격해 왔지만, 화살이 닿는 곳까지는 오지 않았다고 말하다(→ 사료 18, 19).

4) 李舜臣의 군사태세강화

(1) 見乃梁의 복병배치

주지한 것과 같이, 秀吉는 明 측에 제시 했던 화의조건의 가운데 朝鮮南四道의 할양을 요구했고, 그것을 기성사실로 하기 위해서도, 朝鮮在陣의 다이묘에게 慶尙道 南岸 一帶에 倭城을 구축하여 장기주둔하는 것을 명령하고 있었다. 그 때문에, 강화교섭기라고 해도 군사적 긴장은 계속 되고 있었다. 그 때문에, 李舜臣은 일단 緩急하게 대비하여, 군사

실세의 강화를 노렸다. 그 하나의 방법이 見乃梁에 복병을 배치하는 것
이다.

巨濟島의 서쪽과 固城半島와의 사이에 위치하는 해협 見乃梁은 釜
山·熊川 등 왜군의 근거지에 통하는 요충지였다. 여기에 왜선이 나타난
다면, 李舜臣은 그 동향을 통보시켜 상황에 따라 掃討했다. 그것은「亂
中日記」의 곳곳에서 볼 수 있다. 그 일례를 들어본다.

"이른 아침, 見乃梁 부근에 있는 왜적의 배를 탐색하기 위해, 군관 宋
希立을 파견했다"(「亂中日記」을미 11월 21일).

"저녁, 見乃梁의 복병의 급한 소식에 의하면, 왜선이 계속 나온다고
말하다. 그곳에서 呂島萬戶 金仁英·金甲島·萬戶 李廷彪들을 골라 파견
하였다"(「亂中日記」병신 3월 13일).

"이른 아침, 三道(慶尙·全羅·忠淸)로 부터의 급한 소식이 도착했다.
그것에 의하면, 巨濟島의 細浦의 왜선 5척과 固城 경계의 왜선 5척이 見
乃梁에 가까이 와서 상륙했다고 말하다. 거기에서 三道의 諸將에게 5척
을 골라서 보내는 것을 알리다"(「亂中日記」병신 3월 14일).

또한, 이 見乃梁은 왜병이 투항해오는 곳이기도 했다. 그 일례를 들어
본다.

"未時, 見乃梁의 伏兵將 三千浦鎭權管이 급한 소식을 가지고 왔다.
그것에 의하면, 항왜 5명이 釜山으로부터 나왔다고 말하다. 그곳에서 安
骨浦萬戶 禹壽와 孔太元를 파견해서 끌고 오게했다"(「亂中日記」병신
정월 7일).

"이른 아침, 見乃梁의 복병으로부터의 통보에 의하면, 어제 倭奴 1명
이 복병의 처소에 와서, 투항했다고 말하다. 그곳에서 當方에 보내도록
답장을 보냈다"(「亂中日記」병신 정월 24일).

게다가 見乃梁은, 왜군 측에서부터 봐도 요충지이며, 왜병이 물자의
교역을 명목으로 조선 수군의 모습을 정찰하는 경우도 있었다. 그 사례

를 다음과 같이 들어본다.

"날이 저물 무렵, 於蘭萬戶가 見乃梁의 복병을 배치했다는 곳으로부터 와서, "釜山의 왜노 3명이, 星州에서 왜적에 귀순했던 우리나라의 사람을 데리고 와서, 복병을 배치한 곳에 가서, 물자의 거래를 신청했다"고 보고했다. 그곳에서 즉석으로 長興府使 裵興立에게 傳令하여, 이튿날 새벽, 헌지에 가서 왜노를 내쫓은 것 같이 타이르라고 명령했다. 그런데, 이 적은 물자을 원하는 것이 아니다. 우리 군대의 모습을 엿보려고 하고 있다는 것은 명백하다"(「亂中日記」병신 2월 3日).

(2) 兵糧의 확보와 둔전 경영

李舜臣이 힘을 쏟아부은 것은 兵糧의 확보이다. 이 때, 장기에 걸친 대진에 의해, 兵糧의 궁핍이 심각한 문제가 되었다. 「亂中日記」에 의하면, "蛇梁萬戶 李汝恬이 와서 兵糧의 궁핍을 보고하고, 인사하고 돌아갔다"(「亂中日記」을미 6월 3일), "全羅右水伯 李億祺와 만나서 함께 이야기하다. 兵糧이 궁핍하여, 그것에 대하여 어떠한 대책도 없다는 것을 이래 저래 이야기 했다. 큰 걱정이다"(「亂中日記」을미 7월 10일) 등이 있다.

그 때문에 李舜臣은 둔전 경영을 추진했다. 「亂中日記」에는, "鹿島鎭를 출발하여, 그 길을 가는김에 道陽의 둔전을 시찰하다"(「亂中日記」병신 윤 8월 19일)이다.

(3) 陣形의 정비

복병의 배치, 兵糧의 확보와 둔전 경영문제에 관해서 지적해 놓고 싶은 것은, 陣形의 정비이다. 1595(선조 28)년 8월 25일의 「亂中日記」에 의하면, 중앙으로부터 파견된 도체찰사 李元翼(右議政兼務)들과, 이제까지의 해전의 상황 등을 확인하여 수군의 배치를 현장에 맞도록 정비하

고 있었다. 즉시, 南海島의 曲浦鎭를 平山浦鎭에, 이와 같이 南海의 尙州
浦鎭를 彌助項鎭에, 昌善島의 赤梁鎭를 泗川의 三千浦鎭에, 固城의 所
非浦鎭을 蛇梁島의 蛇梁鎭에, 巨濟島 西南에 있는 加背梁鎭을 彌勒島의
唐浦鎭에, 巨濟島의 東南에 있는 知世浦鎭을 그 남쪽에 위치하는 助羅
浦鎭에, 熊川의 薺浦鎭은 熊川縣에, 巨濟島 南部에 있는 栗浦는 巨濟島
동부의 玉浦에, 熊川의 安骨浦를 加德島의 加德鎭에 합병했던 것이었다
(→사료 20).

이와 같이, 李舜臣은 도체찰사 李元翼과 전황을 정리하여 방비책을
진행시키지만, 李元翼이 내는 납득 할 수 없는 책에 대해서는 단호한 태
도를 취했다(→사료 21).

여기서 말하는 "李元翼이 내는 납득할 수 없는 책"이라는 것은 비변
사로부터 나온 지령이었다. 즉, 비변사가 연안 방비에 관하여 검토하고,
도체찰사 李元翼에게 다음과 같이 지령을 냈던 것이다. 그 기세가 있는
곳은 慶尙道의 釜山·巨濟 일대 뿐만이 아니다. 만약 釜山의 왜적이 閑山
島의 수군을 견제하고, 거기다가 서해(全羅南道부터 忠淸南道 방면)에 침
범(이것은 서측에서부터 서울에 공격해 들어오는 것을 의미한다)한다면,
이것을 막는 것이 곤란하다. 거기서, 忠淸水使 부하의 수군을 忠淸水營에
留陣시켜, 전라우수사 李億祺의 수군은 全羅左右道의 사이를 왕래해서,
珍島·濟州를 지원시킬 것, 이 경우 閑山島의 水軍이 孤弱하게 될 위험성
이 있지만, 그 때는 서로 호응하여 대처하라고 말하는 것이었다(「朝鮮王
朝宣祖實錄」 선조 29년 정월 기축). 李元翼은 이것을 李舜臣에게 전했다.

李舜臣은 "조정의 畫策이라는 것은 이와 같은 것인가"라고, 조선의
고급 관인의 탁상공론에 분노를 털어내고 있다. 현상을 무시하고, 서울
의 방비를 우선으로 하라고 하는 관인의 발상에 납득 할 수 없었던 것이
다. 그 후, 李元翼은 아까의 지령은 자신의 본래 뜻이 아니라고 하며 수
정하는 것이 되었다(「亂中日記」 병신 3월 12일). 그 후, 병신 윤 8월부터

다음 9월에 걸쳐서, 李舜臣은 全羅左右道의 각 鎭營을 시찰하여, 방비의 모습을 확인하는 것이었다.

3. 정유왜란기의 해전

1) 李舜臣의 실각과 元均의 수군통제사 취임

(1) 李舜臣과 元均을 둘러싼 조선관인의 파벌대립

1596(선조 29)년 9월, 日明講和交涉은 깨지고, 秀吉는 조선 재파병을 결의했다.

같은 해 11월 6일, 화의를 깨고, 秀吉는 다시 조선파병의 움직임이 있다고 하는 조선통신사 黃愼의 통보가 조선 국왕에게 도착했다.

다음 7일, 조선 국왕은 대신·備邊司堂上을 인견하여, 왜군방비책을 검토시켰다. 그 논의 가운데, 조선군은 육전에는 약하지만, 해전에는 승리를 하는 것이 가능하다는 의견이 나온 때, 국왕은 李舜臣과 元均의 水軍將으로서의 재능을 따져 물었다.

이보다 먼저, 元均은 경상우수사의 任이 풀리고, 1595(선조 28)년 2월에 忠淸兵使, 1597(선조 30)년 정월에는 全羅兵使로 배치전환시켰던 것이다.

국왕의 질문에 의해 문제가 된 것이 元均의 水將으로서의 적임성과 인품이었다. 柳成龍과 도체찰사 李元翼은 元均은 水將으로서 부적임하다고 주장했다. 또한, 知中樞府事 鄭琢은, 元均의 장기는 해전이고, 그 장기를 이용해야 하는 것이라고 주장했다. 게다가 判中樞府事 尹斗壽는, 元均의 불만은 지위가 李舜臣 보다 낮은 것이고, 元均의 처우의 재검토를 제안했다. 이 논의의 전제에는, 壬辰兵禍의 당초, 元均은 李舜臣보다도 선봉에 서서 활약했음에도 불구하고, 李舜臣에 비해 뒤떨어 진다는 조정의 평가에 의해, 元均의 분노가 가라앉지 않는 것이라는 인식이 국왕의 주변에 있었다(「兩朝平攘錄」.「朝鮮王朝宣祖修正實錄」선조 29년 9월.「朝鮮王朝宣祖實錄」선조 27년 12월 갑진, 선조 29년 8월 기해, 선조 29년 11월무술·기해·신축).

이와 같은 경우, 柳成龍도 鄭琢도 李元翼도 동인파였고, 한 명 尹斗壽만이 서인파였다(당시, 조선 관인은 동인파와 서인파의 당파로 나누어져서 당쟁을 반복하고 있었다). 그것만으로도, 柳成龍이 추천했던 李舜臣에의 높은 평가와 서인파가 추천하는 元均의 水將으로서 부적격하다는 의견이 대세를 차지하게 되었다. 조선 수군의 총사령관을 둘러싸고 동인파와 서인파의 당쟁이 재발했지만, 그것에 기름을 쏟아부은 것이, 小西行長의 책략이었다.

日明講和交涉에 대해, 秀吉는 明皇帝의 공주(황제의 공주)를 일본 천황에게 시집 보낼 것, 朝鮮南四道의 영토할양 등의 화의 7조건을 제시했지만, 小西行長는 그것을 秀吉의 일본 국왕책봉요구로 바꾸어 明 측과 절충했다. 이것을 둘러싸고 小西行長와 加藤淸正는 격하게 대립하였다. 小西行長는, 通事要時羅(故 崔永禧 선생에 의하면, 이 인물은 2중 스파이라고도 알려져 있다)를 慶尙右兵使 金應瑞의 곁에 보내어, 화의의 파탄은 淸正가 싸움을 주장했던 것에 의한 것으로 말하고, 淸正의 행동 일정과 정박하고 있는 섬을 알리고, 조선에 상륙하기 전에, 조선 수군이 淸正를 습격하도록 전했다. 金應瑞는 이것을 국왕에게 보고하고, 국왕은 黃愼(日明和議의 파기 때, 明 책봉사에 통신사로서 동행했다)을 閑山島의 李舜臣에게 파견하고, 이 작전을 전했다. 李舜臣은 왜군은 變詐(기만과 거짓말에 가득찬 책략)이며, 반드시 해로에 복병을 설치하여, 그 책에 응한다면, 그 술수에 넘어거는 것이라고 말하고, 그것을 거절했다. 게다가 李舜臣은 都元帥 權慄의 설득에도 넘어가지 않았다. 이 때문에, 小西

行長가 제안한 策을 몰랐던 加藤淸正는 多大浦의 앞바로부터 西生浦에 상륙했던 것이다. 李舜臣이 조정의 명령 무시를 규탄하자는 목소리가 높아지던 중, 국왕은 사실을 규명하기 위해, 成均司成의 南以信을 閑山島에 파견했지만, 以信은 사실대로 보고하지 않았다. 이 때문에, 李舜臣은 그 지위를 박탈당하고, 1597(선조 30)년 2월 7일, 체포되어, 元均이 수군통제사가 되었다. 李舜臣의 체포와 경질에 대해서, 조선 조정내부는 찬부 양론으로 나뉘었다. 그 결과, 李舜臣은 죄 1등급이 감경되고, 4월 1일, 출옥하여, 都元帥 權慄의 곁에 백의종군하는 것이 되었다. 6월 8일, 李舜臣은 都元帥 權慄의 알현을 받았다. 그 후의 李舜臣의 대우는, 과연 權慄의 참모와 같았다(「朝鮮王朝宣祖修正實錄」선조 30년 2월. 「懲毖錄」. 「竹溪日記」. 「亂中日記」정유 4월 1일, 6월 8일).

2) 왜군의 再侵과 巨濟島의 해전 … 1597년 6월 19일~7월 16일

(1) 安骨浦·加德島 및 鎭海灣 해전

왜군의 재침략에 준비하여 조선측은 왜선의 해로차단을 긴급히 최선책으로 했다. 그 때문에라도, 釜山·安骨浦·加德 등에 주둔하는 倭軍을 습격해갈 필요가 있었다. 이 작전에 대해서, 元均은 육군이 먼저 安骨浦의 왜진을 먼저 공격하고, 그 이후 자신은 釜山에 진격한다고 말했다. 이 것은 싸움을 피하려고 한 元均의 구실로, 李舜臣은 權慄로부터 이 건에 대하여 상담을 받고 있다.

1597(선조 30)년 6월 10일, 體察使 李元翼으로부터 安骨浦·加德島의 왜영공격지령이 나왔지만, 元均은 출격하려고 하지 않았다. 李元翼과 都元帥 權慄은 元均에게 출격을 독령하였다. 이것에 의해, 19일, 安骨浦를 비롯하여 加德島에서 해전이 시작되었다. 그러나, 이 해전에서 平山浦萬戶 金軸과 寶城군수 安弘國이 총격을 받아, 安弘國은 戰死했다(安骨浦·

加德島 해전). 조선 수군의 작전은 실패로 돌아갔던 것이다.

7월 8일, 이 날, 藤堂高虎·加藤嘉明·脇坂安治들의 왜선 600여척 이 釜山 앞바다에 집결하여, 熊川으로부터 巨濟島에 향했다 . 경상우수사 裵楔들은 兵船을 이끌고 熊浦에서 접전했지만 패배했다(鎭海灣 해전). 이 해전에 수군통제사 元均은 出陣하지 않았다. 이 때문에, 都元帥 權慄은 元均에게 杖罰을 가했다. 한편, 脇坂安治들은 이 전쟁을 秀吉에게 보고했다(「亂中日記」 정유 6월 17일, 7월 14일. 「朝鮮王朝宣祖實錄」 선조 30년 6월 기사·정해·무자, 7월 계묘. 「亂中雜錄」 정유 6월 19일, 7월 8일·11일. 「脇坂記」).

*「脇坂記」…(→ 사료 22)

(2) 漆川梁의 해전과 元均의 敗死

1597(선조 30)년 7월 14일, 조선 수군통제사 元均은 총력을 다해, 釜山浦 일대에 정박한 脇坂安治·加藤嘉明·島津義弘들의 왜군 습격에 향했다. 왜군은 조선 수군을 피곤하게 하는 작전을 취해, 조선 수군은 사방으로 흩어졌다. 元均은 兵船을 정리하여 巨濟島 永登浦에 퇴각했지만, 복병과 만나, 漆川島로 퇴거했다.

7월 15일 밤중에, 왜군은 漆川島에 정박하는 조선의 兵船의 사이에 염탐꾼을 숨기고, 모습을 찾아, 7월 16일 날이 밝기 전, 취침 중의 조선 兵船을 기습했다. 여기에서 元均·全羅水使 李億祺·忠淸水使 崔湖들이 敗死했다. 경상우수사 裵楔의 부하는 戰船 12척을 이끌고 도주하여, 조선 수군은 궤멸했다(巨濟島 漆川梁 해전). 이후, 왜군은 閑山島를 함락했다. 수군의 패보를 접한 조선 국왕은 그 소식을 明에게 보고하고 있다.

또한, 漆川梁 해전의 패보를 받은 權慄은 "사태가 여기까지 아른 것은, 무엇이라고도 處置를 베풀 방법이 없다"라고 낙담했지만, 李舜臣은 사태를 확실히 하고 방침을 세웠다. 李舜臣이 三道水軍統制使 재임을 명

받은 것은 이 이후의 일이다. 7월 22일, 조정에서는 李舜臣 재임의 명이 내려왔다(「朝鮮王朝宣祖實錄」 선조 30년 7월 신해·갑인·정사. 「朝鮮王朝宣祖修正實錄」 선조 30년 7월. 「懲毖錄」. 「亂中雜錄」 정유 7월 16일. 「亂中日記」 정유 7월 18일·21일·22일. 「竹溪日記」 정유 7월 23일. 「事大文軌」 朝鮮國王咨經理楊鎬 本國咨報倭賊攻破閑山 萬曆 25년 7월 27일. 「島津家文書」 경장 2년 7월 16일 前田玄以外3名宛 小西行長外五名連署狀案. 「毛利家文書」 경장 2년 8월 10일 毛利輝元宛 豊臣秀吉朱印狀. 「藤堂文書」 경장 2년 8월 9일 藤堂高虎宛 豊臣秀吉朱印狀).

　　*「島津家文書」…(→ 사료 23) *「藤堂文書」…(→ 사료 24)

3) 鳴梁 해전…1597년 9월 17일

(1) 鳴梁 해전 전의 왜군의 움직임과 李舜臣의 대처

　巨濟島 漆川梁의 해전에서 元均의 조선 수군을 격파했던 島津義弘·藤堂高虎들의 왜군은 慶尙南道 固城에 상륙하여, 全羅道雲峰을 지나 南原에 정박했다. 8월 16일, 南原은 함락되었다. 南原에 이은 全州 함락 후에, 全羅道를 먼저 묶어 놓자는 군의의 방침에 따라, 藤堂高虎는 兵船을 이끌고 全羅道 南岸의 서쪽으로 향했다. 이것은 島津勢들의 육지의 동향과 함께 바다쪽에서도 호응하려고 하는 것이었다.

　8월 28일, 왜선 8척이 갑자기 於蘭浦(현재, 全羅南道 海南郡 松旨面 於蘭里)돌입했다. 李舜臣은 이것을 뒤쫓아갔다(「亂中日記」 정유 8월 28일).

　9월 8일, 왜선 55척 가운데, 13척이 於蘭浦 앞바다에 나타났다는 보고가 李舜臣에게 도착하여, 조선 수군은 즉시 이것을 추격했다(「亂中日記」 정유 9월 7일).

　(注)

　　*「亂中日記」 원본의 정유 9월 날짜의 착오에 관하여.

「亂中日記」원본(표제「정유일기」)의 8월 말일의 날짜는「30일 무인 (「무자」의 오류)」로 되어있다. 또한,「亂中日記」원본(표제「무술」)의 8 월 말일의 날짜는「30일 무자」라고 되어있고, 이와 함께 8월을 30일까지 로 하고 있지만, 大統曆(明·朝鮮曆)의 8월은 小月이고, 무자는 9월 1일이 다. 따라서,「亂中日記」9월의 기사는 1일씩 먼저 되어있다. 또한, 9월은 大月이기 때문에, 원본의 9월 29일은 30일이고, 10월 1일부터의 날짜는 옳다. 따라서, 鳴梁 해전은 9월 17일이 옳다.

9월 15일, 지난 8일, 조선 수군에게 13척을 추격당한 왜군은, 각 처의 왜선을 소집하여, 조선 수군에게 보복하여, 그 여세를 몰아 서울에 진격 하라고 하는 정보, 이것이 李舜臣에게 도착했다.

9월 16일, 李舜臣은, 수군을 全羅右水營 앞바다에 종결시켜, 결사의 각오로 싸워야만 하는 것, "죽으려고 하면 살 것이요, 살려고 하면 즉시 죽을 것이다"라고, 군율을 엄격하게 전하고, 전투 태세에 들어갔다(「亂中 日記」정유 9월 14일·15일).

이 때, 왜선의 수는, 藤堂高虎·加藤嘉明·脇坂安治·來島通總·菅達 長·波多信時·毛利高政들의 戰船, 합쳐서 133척이었다. 이것에 비해 조 선 수군의 戰船은 왜수군의 10분의 1도 되지 않는 13척이었다. 이 때문 에, 李舜臣은 해전을 앞두고 一策을 준비했다. 즉시, 왜군의 배는 많고, 조선 수군의 배는 적기 때문에, 여태까지와 같이 정면에서 싸우는 것은 피하고, 책략을 가지고 격파하려고 생각하여, 전쟁을 피한 해민들의 배 를 兵船으로 위장시켜 포진하게 했던 것이다(「朝鮮王朝宣祖實錄」선조 30년 11월 정유.「亂中日記」정유 9월 16일.「再造藩邦志」정유 9월).

(2) 鳴梁 해전의 경위

해전은 9월 17일의 이른 아침부터 시작되었다.「亂中日記」는「이른 아침, 望軍(정찰대)로부터의 보고에 의하면 "왜적의 배 거의 200여척이 鳴梁에 밀어닥치어, 곧바로 우리 수군이 結陣하고 있는 곳에 향했다"고 말한다. 諸將을 소집하여, 함께 의사를 통일하여, 닻을 올리고 바다에 나갔다. 직접 賊船 133척은 우리 배를 둘러쌌다(「亂中日記」 정유 9월 16일)라고 기술되어 있다.

　鳴梁 해협은 조류가 심하고, 왜군은 대형 安宅船으로 돌입하는 것을 피하고, 中型의 關船을 준비하여 돌입해왔다. 해전이 시작되었을 때, 조류는 동쪽으로부터 서쪽에 향해, 조선 수군에게는 역류가 되어있었다. 그 때문에, 조선 수군은 해협의 가운데에서 潮流가 완만한 碧波津(鳴梁 해협의 珍島 측)에 배를 끌고 닻을 내리고, 배가 흘러가는 것을 막으면서 왜군을 迎擊했다. 왜선은 조류의 흐름을 타고 조선군에게 다가와, 그 기세는 산을 제압하는 것과 같았고, 조선 수군의 병졸은 생기를 잃어버린 것이다. 이리하여 격전이 계속되던 중에, 鳴梁 해협의 조류가 바뀌었다. 조류는 서로부터 동(왜선이 공격해오는 방향)으로 바뀐 것이다. 왜선은 배의 키를 뺏기고, 조류는 조선 수군에게 유리하게 되어, 攻守所를 바꾼 조선 수군은 조류를 타고 역습했다. 해전은 저녁까지 계속되었지만, 일본측 사료에 "조선 수군은 鳴梁 해협의 모습을 잘 알고 있었다"라고 말한 것과 같이, 불과 兵船 13척을 가지고 있을뿐이었던 조선 수군은 水路의 그늘과 조류를 숙지하고 있던 것에 의해 승리를 쥐고, 兵船133척을 가진 왜 수군은, 倭將 來島通總을 시작으로하는 다수의 사상자가 나오고, 패퇴를 맛봤다(李舜臣鳴梁大捷碑「朝鮮金石總覽 下」.「再造藩邦志」 정유 9월.「高山公實錄」).

　＊「高山公實錄」…(→ 사료 25)

4) 露梁 해전…1598년 11월 19일

(1) 露梁 해전 전의 상황과 경위

1598(선조 31, 경장 3)년 8월 18일, 秀吉가 죽었다. 朝鮮에 在陣하는 諸大名에게 , 德川家康들의 五大老·石田三成들의 五奉行으로부터의 秀吉 사망의 알림과 조선 철퇴지령이 도착한 것은 10월 1일의 일이다. 이것에 의해 왜군의 조선 철퇴작전이 시작되었다.

당시, 小西行長는 松浦鎭信·有馬晴信·大村喜前·五島玄雅들과 함께, 順天倭城에 在陣하고 있었다. 그리고, 철퇴에 대해서는, 慶尙南道 西岸의 順天·南海·泗川·固城의 각지에 在陣하는 小西行長·立花宗茂·宗義智·島津義弘과의 사이에서, 기간을 정하여 巨濟島에서 철수하고, 그 후, 釜山浦를 경유하여 귀국한다고 하는 약속이 있었다.

이보다 앞선 9월 중순, 小西行長·松浦鎭信·有馬晴信·五島玄雅·大村喜前들 諸大名가 在陣하는 順天倭城은, 明 제독 劉綎과 朝鮮都元帥 權慄이 이끄는 육군, 明 도독과 李舜臣이 이끄는 수군에 포위되어 있었다. 그런데 劉綎은 전의를 상실하고, 싸움을 하기 전부터 行長와 劉綎의 쌍방에서 화의로 해결하려고 하는 의향이 있었다.

10월 1일(日朝同曆), 陳璘의 明 수군과 李舜臣의 조선 수군은 바다로부터, 劉綎의 明 육군과 權慄의 조선 육군은 육지부터 順天城을 협격하기로 한 것이 결정되었다. 2일, 일제히 공격이 시작되었지만, 劉綎은 호령을 내지 않고, 할 수 없이 수군은 퇴각하게 되었다. 3일, 다시 협격했지만, 劉綎은 鼓噪(큰 북을 쳐서 함성의 목소리를 올리다)에 응할 뿐으로兵을 내지 않았다. 이 明 측의 의지 불통일에 의해, 順天 공격은 공을 알리지 못했다. 10월 9일, 劉綎의 육군은 順天의 포위를 풀었다. 이 때문에 陳璘의 明 수군과 李舜臣의 조선 수군을 퇴각하게 하는 것이 된 것이다 (順天의 싸움).

秀吉의 사망과 조선 철퇴지령이 小西行長에게 도착한 것은 이 싸움의 뒤이다. 劉綎에게 화의의 의향이 있다고 간파한 小西行長는, 10월 16일, 劉綎에게 뇌물을 보내어 順天 탈출을 바랐고, 劉綎은 이것을 허락했다.

11월 13일, 小西行長들의 왜선은 島津勢와 합류했기 때문에, 순천으로부터 철퇴하려고 했다. 그러나, 이것은 명·조선 수군에게 격퇴되어, 順天에 돌아가게 되었다. 이것을 小西行長는 약속 위반이라고 劉綎에게 항의했다. 이에 대해 劉綎은 陳璘에 뇌물을 보내는 것을 권유했다. 11월 14일, 小西行長는 陳璘에 뇌물로써 順天으로부터의 철퇴보장을 간원했다. 11월 15일, 小西行長이 뇌물을 받은 陳璘은, 李舜臣에게 行長들의 順天 철퇴에 협력할 것을 요청했다. 李舜臣은 "장군이라고 하는 자가 和를 말할 것이 아니다. 讐敵 왜군을 도망가게 할 수는 없다. 이 왜적은 大明에게 있어서도 용서하기 힘든 적이다. 그런데 大人(陳璘)은 그 적에게 和를 양보하자고 하는 것인가"라고 항의했다. 또한, 小西行長는 陳璘을 통하여 李舜臣에게도 뇌물을 보내려고 했지만, 李舜臣은 격노하여 이것을 거절한 것이다.

11월 16일(日本曆 15일), 島津勢는 泗川倭城을 모조리 태워버리고, 조선 본토와 南海島의 사이에 위치한 昌善島에 후퇴했다. 이 昌善島에서 島津勢는 小西行長·松浦鎭信·有馬晴信·大村喜前·五島玄雅들 順天에 있는 番衆과 합류하기로 했었다. 그러나, 小西行長들은 昌善島에 오지 않았던 것이다.

이 날, 順天에 있던 小西行長는 陳璘에게 말·창·검 등을 진헌하고, 昌善島의 島津씨에게 順天의 위급함을 알리는 小船을 보냈다. 陳璘은 이것을 묵인했다. 李舜臣은 이것을 알고 크게 놀랐다. 사태가 여기까지 이르자, 李舜臣의 군관 宋希立은, ① 順天倭城의 왜군을 철퇴시키기 위해, 島津들의 구원이 있는 것, ② 順天을 포위한 형태로 구원군에 대처한다면 腹背에 적을 받아들이는 것이 되기 때문에, 外洋에 兵船을 이동해서

결전을 해야한다, 라고 李舜臣에게 진언했다. 또한 海南縣監 柳珩은, 구원하는 왜군을 일단 후퇴시켜, 小西들의 귀로를 끊어야한다고 진언했다. 이 진언을 받아들인 李舜臣은 南海에의 출격을 결정하고, 이것을 陳璘에게 보고했던 것이다(「鍋島直茂譜考補」惣勢自朝鮮歸朝 경장 3년 무술. 경장 3년 10월 말일 小西行長·立花宗茂·宗義智·島津義弘連署覺「島津家文書」, 1499.「朝鮮王朝宣祖實錄」宣祖 31년 9월 기축·무신, 10월 계축·을축·임술·갑자.「亂中日記」무술 9월 20·21일, 10월 1~6일, 9·10일, 11월 13~15일.「亂中雜錄」무술 9월 20·21, 10월1일~7일, 10월·11월 12일·11월.「再造藩邦志」무술 10월 18일.「壬辰錄」무술 10월 계축·갑인, 11월·「大重平六覺書」.「島津家高麗軍秘錄」).

(2) 露梁 해전과 李舜臣의 最期

1598(선조 31)년 11월 18일, 陳璘과 李舜臣은 兵船을 露梁 해협의 西측에 진행시켜, 이곳에서 陳璘의 明船은 河東半島 측에, 李舜臣의 朝鮮船은 南海 측에 대기했다. 한밤중, 島津들의 倭船이 露梁 해협에 정박했다. 해전은 11월 19일 오전 4시부터 시작되어, 오전 10시까지 계속되었다. 李舜臣은 島津의 兵船을 南海島 서측의 觀音浦에 막다른 지경까지 몰았지만, 탄환을 맞고 쓰러져, "지금은 전쟁이 한창중이다. 나의 죽음을 알리지 말라"라고 명령하고 숨을 거두었다. 이 때, 이후 松雲大師 惟政과 함께 德川家康와의 국교 절충에 관한 孫文彧이 船中에 있었다. 孫文彧은 船上에 올라가 지휘 督戰하고, 왜선에 둘러싸인 陳璘의 배를 구했다. 해전 후, 陳璘은 李舜臣의 죽음을 알고 통곡했다. 이 해전에 의해, 小西行長들은 順天으로부터의 탈출에 성공했다. 小西行長들을 구원했던 島津勢들은 다수의 배를 잃고, 많은 사상자를 내고, 島津義弘는 馬印(대장의 말 옆에 세워 그 위치를 나타내던 표지. 戰陣에서 大將의 말 쪽에 서서, 그것이 있는 곳을 가리키는 목표로 하는 것)을 조선군에게 빼앗기는

사태 후에 南海에 철수한 것이다(「朝鮮王朝宣祖實錄」 선조 31년 12월 기사. 「朝鮮王朝宣祖修正實錄」 선조 31년 11월. 「亂中雜錄」 무술 11월 19일. 「壬辰錄」 무술11월. 「薩藩旧記雜錄」 後編 43 家久公御譜中. 「出水衆中伊東玄宅高麗陣覺書」.「島津家高麗軍秘錄」.「大重平六覺書」.「宇都宮高麗歸陣物語」).

　　*「大重平六覺書」…(→ 사료 26)

4. 補論 全羅左水營麗水의 船大工

　「亂中日記」에 의하면, 1593(선조 26)년 6월 22일, 全羅左水營에서는, 戰船을 建造하기 위해, 坐塊(배를 제작할 때, 배 아래의 판의 밑에 둔 통나무을 설치하는 것)을 시작한 것이 기록되어져있다. 그 때 동원된 船大工(耳匠)은 240명에 달하여, 자재의 운반역으로서, 全羅左水營으로부터 72명, 防踏鎭으로부터 35명, 蛇渡鎭으로부터 25명, 鹿島鎭으로부터 15명, 鉢浦鎭으로부터 12명, 呂島鎭으로부터 15명, 順天府·興陽縣·寶城郡으로부터 각각 10명, 樂安郡으로부터 5명이 동원되어 있다(「亂中日記」계사 6월 22일).

　여기에서 알 수 있는 것은, 배를 만드는 것의 전업기술을 가진 船大工이 左水營에 집중되어 있고, 그 작업의 보조역이 各鎭浦로부터 동원되고 있다는 구도이다.

　거기다가 1596(선조 29)년 2월 6일의 「亂中日記」에는, 船大工 10명을 濟島에 보내서배 만드는 것을 가르쳐주도록 지시하고 있다(「亂中日記」병신 2월 6일).

　여기로서부터 알려진 것과 같이, 全羅左水營의 船大工은 巨濟島 이외의 各鎭營의 船倉에서도 그 작업에 나와, 배를 만드는 것의 기술을 지도하고 있었던 것이다.

　이 船大工의 사례로부터 알 수 있는 것은, 고도의 기술을 가진 직업인 이 全羅左水營에 집중 되어 있으며, 무기의 제조·보수 등 각종 군수물자 를 공급하는 기능이 全羅左水營에 갖춰져 있었다고 생각되어진다. 여기 서에서 李舜臣의 수군을 그늘에서 받쳐준 사람들의 존재를 보는 것이다. 이것과 관련하여 의료실태에 대해서도 이후 검토할 여지가 있겠다.

　(注)이 船大工에 대해서는, 2009년 9월 18일, 麗水 Ocean Resort에 대 한 심포지엄 「壬辰倭亂과 東아시아 세계의 변동」에서 보고했던 내용의 일부를 재수록..

〈토론문〉

「李舜臣의 해전과 일본측사료」 關係史料

北島万次

* 史料1

「五月七日ニ藤堂佐渡守(藤堂高虎)殿船, 同新宮(堀內氏善)殿舟, 其外舟數以上五拾餘艘, 唐册山・大丹室・小丹室と云三ツ島, 四國ホト(程)ひろ(廣)さありと云ふ, 彼嶋都への瀨外口へ御働處ニ, 敵番船(朝鮮 水軍船)大小七八十艘ト被成合戰ノ處ニ彼瀨外ヲ取切, 石火矢・ばう火矢を以て散々ニうちかけ候故, しおくれ給ひ, 陸地へ漕上御退候, 人數ハらも無別儀, 舟ハ悉く燒割候」(「高麗船戰記」)

(注)

*「高麗船戰記」…脇坂安治・藤堂高虎ら, 日本水軍を動向を記したもの. 後書には著者外岡甚左衛門について, 「先祖代々ヨリ未聞何之士」とあり(國立公文書館內閣文庫所藏本).

* 요점

藤堂高虎과 堀內氏善들이 이끈 배 50척 정도가, 四國정도의 넓이인 섬(巨濟島)에서, 7~80척의 조선 수군과 合戰하게 되었지만, 선수를 빼앗겨, 육지에 퇴각하였다. 병력은 무사했지만, 배는 모두 불타 버렸다.

* 史料2

「六月七日ニ四國志摩守(信濃守＝來島通之の誤り)殿船大小廿艘計ニ
て, 彼瀬戶口へ御働候處に番船六七十艘と合戰ニて一艘も不殘討果し,
志摩守殿ハ其嶋の城へ取籠, 城にて生害候, 一家中悉く討果候, 其上,
船悉く燒割候」(「高麗船戰記」).

* 요점

(1592년)6월 7일, 來島通之는 20척 정도의 兵船으로 栗浦에서 6~70
척 정도의 조선 수군과 해전에 이르렀지만, 배는 모두 撞破되거나, 불타
거나 했다. 그 때문에 城에 籠을 가지고 할복했다.

* 史料3

「時水使李舜臣, 剙造龜船, 其制, 船上鋪板如龜, 背上有十字路容人行,
餘列揷刀錐, 前作龍頭口爲銃穴, 後爲龜尾, 尾下有銃穴六, 藏兵其底, 四
面發砲, 捷疾如梭, 其蓋覆, 以編茅, 使錐刀不露, 賊超登, 則掐于錐刀, 掩
圍, 則火銃齊發, 神妙不測, 常以此所向輒勝」(金浣「龍蛇日錄」)

* 史料4

「當時之樣ニ番船唐島表ニ浮出於在之者, 國元より可參船共とよ崎よ
り當嶋へ直可乘渡儀無用ニ候, 番船懸引取まハしなとの急なる事, 日本
船ニもおとるましく候, 荷積船なと櫓數なき船, 懸合ニ候てハ, なか
なかのかるましき樣體ニ候, 內々其覺悟專一候, 何時もとよ崎より釜

山浦へ差渡候て, それより當陣へ可參候樣ニ, 上乘之人衆へ被申聞肝要
候, 勿論番船浮出可在之間之儀たるへく候」(文祿三年十月九日, 伊集院
幸侃·長壽院盛淳宛 島津義弘書狀「島津家文書」)

　讀み下し

　「當時の樣に(現在)番船(朝鮮 水軍船)唐島(巨濟島)表に浮き出で, 之れ
在るに於ては, 國元(薩摩)より參るべき船共とよ崎(豊崎)より當嶋へ直
に乘り渡るべく儀無用に候, 番船(朝鮮 水軍船)の懸引取まわしなどの
急なる事, 日本船にもおと(劣)るまじく候, 荷積船など櫓數なき船, 懸
り合い(卷き添え)に候ては, なかなかのか(逃)るましき樣體に候, 內々
其の覺悟專一に候, 何時もとよ崎(豊崎)より釜山浦へ差し渡り候て, そ
れより當陣へ參るべく候樣に上乘の人衆へ申し聞かされ肝要に候,
勿論, 番船(朝鮮 水軍船)浮き出でこれ在るべきの間の儀たるべく候」

　＊ 요점

　① 현재, 조선 수군의 배가 巨濟島에 출몰했기 때문에, 薩摩로부터
巨濟島 永登浦에 오는 배는, 對馬의 豊崎로부터 직접 永登浦에 건너와
서는 안된다.

　② 조선 수군 배의 해전의 밀고 당기기는 日本船에 뒤떨어지지 않는
다. 하지만, 荷積船등 櫓數가 적은 배가 말려들게 된다면 도망칠 수 있는
것은 아니다.

　③ 薩摩로부터 오는 배는, 豊崎부터 釜山浦에 건너와, 우회하여 巨濟
島에 오도록 하자.

　＊ 史料5

　「去六月十九日注進狀, 今日廿三酉刻到來, 被加披見候, 然者こもか

い口番船爲警固相越候由尤候, 九鬼・加藤兩三人相談無越度樣ニ令行, 早速可討果候, 次去五日其方陣取へ一揆數萬人取懸候處, 悉切崩數多討捕之首幷生捕之者掛置之旨, 被聞召屆候, 則片桐主膳正・藤掛三河守書狀同前ニ申越候, 粉骨到候, 其元之儀, 委細石田治部少輔・大谷刑部少輔・增田右衛門尉被仰含候趣可申聞候, 猶山中橘內・木下半介可申候也,

　六月廿三日○(秀吉朱印)

　脇坂中務少輔とのへ」(天正二十年六月二十三日　脇坂安治宛　豊臣秀吉朱印狀「脇坂文書」)

　讀み下し

「去る六月十九日注進狀, 今日廿三(二十三日)酉刻到來, 披見を加えられ候, 然らばこもかい(熊川)口番船(朝鮮 水軍船)警固の爲, 相い越し候由尤もに候, 九鬼(九鬼嘉隆)・加藤(加藤嘉明)兩三人相談し越度(粗相)無き樣に斷ぜしめ, 早速討ち果すべく候, 次に去る五日, その方陣取へ一揆數萬人取り懸り候處(龍仁の戰いをいう), 悉く切崩し數多き討ち捕りの首幷(ならび)に生捕の者掛け置くの旨,　聞こし召し屆けられ候, 則ち片桐主膳正・藤掛三河守書狀同前に申し越し候, 粉骨の到に候, こ元の儀,　委細石田治部少輔(石田三成)・大谷刑部少輔(大谷吉繼)・增田右衛門尉(增田長盛)に仰せ含められ候趣, 申し聞くべく候, なお山中橘內・木下半介申すべく候也,

　六月廿三日○(太閤朱印)

　脇坂中務少輔とのへ」

　(注)

　＊石田三成・大谷吉繼・增田長盛は朝鮮奉行(司令官)

＊요점

① 熊川 주변의 조선 수군의 배에 대한 수비를 단단히 하자.

② 脇坂安治는 九鬼嘉隆·加藤嘉明와 작전을 짜서 조선 수군을 죽여
　버려라.
③ 지난 6월 5일, 龍仁의 싸움에서 조선군을 격파한 것은 훌륭하다.

* 史料6

「脇坂·九鬼·加藤三人, 都より十四日釜山海の川口に着て暫在陣し,
敵の番船(朝鮮 水軍船)討取へき 評定しけるか, 九鬼·加藤兩人は船拵に
程へたる間, 安治一人手勢計にて七月七日に表へ船を押出しける」(「脇
坂記」)

* 요점

7월 14일, 脇坂安治·九鬼嘉隆·加藤嘉明가 서울로부터 釜山浦에 와
서, 얼마동안 在陣하여, 조선 수군을 치는 작전을 짰다. 그리고, 九鬼嘉
隆·加藤嘉明가 船拵え(出船의 채비를 가다듬는 것)을 하고 있을 때에, 7
월 7일, 脇坂安治는 자신의 手勢(부하)만으로 巨濟島에 출병을 했다.

* 史料7

「脇坂·九鬼·加藤三人都ヨリ(六月)十四日ニ金海ノ川口ニ着テ, 少間
在陣シ, 番船可切取評定シケルガ, 七月七日, 加藤嘉明拔蒐シテ, 敵船
ヲ切取, 大功ヲ立, 脇坂安治モ押續テ唐嶋表へ舟ヲ押出ケル所ニ, 折節
瀬戸內ニ番船五艘係リ居ケルヲ見テ, 鐵炮ヲ打懸, 半時許挑戰シガ, 番
船少ヅヽ退キケルヲ透間モナク攻カケ, 三里許追行ケル所ニ, 番船狹
キ海門內ヲ過テ, 廣キ處へ出ルヤ否ヤ, 一度ニ槳(舵)ヲ取直シ, 大船共
ヲ箕手ニ備へ, 脇坂ノ舟ノ中ニ取包, 指詰引詰, 散々ニ射ケル程ニ, 味

方ニ手負死人多ク出來, 敵ハ大船味方ハ小船ナレハ可叶様無テ, 本ノ濫
門(瀨戸)內へ引退ントスル時, 敵追蒐々々, ホウロク火矢ヲ擲入々々,
卽時ニ船ヲ燒立ケルニ, 安治ガ家臣脇坂左兵衛, 渡邊七右衛門ヲ始メト
シテ, 有功ノ士多ク討死ス, 然レ共安治ハ櫓數多キ早船ニ乘ケレハ, 懸
引自由ヲ得テ, 其身ハ無恙ト雖, 鎧ニ矢數多立テ, 危殆ニ及事萬死ニ一
生ヲ望メリ」(「陰德太平記」脇坂安治於傳城武功幷ニ唐嶋水戰事)

* 現代語訳

「脇坂·九鬼·加藤三人이 서울로부터, 6월 14일에 金海의 川口에 도착
하여, 잠시 在陣하고, 敵船(朝鮮 수군의 배)을 치라는 작전을 짜고 있었
다. 그런데, 7월 7일, 加藤嘉明이 拔蒐(공을 세우기 위해 진지를 빠져나
와 남보다 먼저 적진에 쳐들어 가는 것)하여 敵船(조선 수군의 배)를 쳐
서 큰 공을 세워,[1] 脇坂安治도 계속하여 唐嶋(巨濟島)에 배를 밀어냈을
때, 折節(그 때), 瀨戸內(見乃梁)에 番船(조선 수군의 배)가 5척 있는 것을
보고, 鐵炮를 방치한채로 30분 정도 挑戰했더니, 番船(조선 수군의 배)가
조금씩 퇴각하는 것을 공격하여, 3리 정도 쫓아갔을 때, 番船(조선 수군
船)은 좁은 해협을 지나, 넓은 곳에 나오자 마자, 일제히 배의 키를 다시
돌려, 大船를 箕手(鶴翼의 陣)을 정돈하여, 脇坂의 배를 그 안에 집어 넣
고, 많은 화살을 차례차례로 현을 사용하여 쏘았다[2] 심각하게 화살이 쏘
아져 왔기 때문에, 많은 사상자가 우리편에서 나왔다. 적은 大船, 우리
편은 小船이기 때문에, 이길 수가 없었다. 거기서 見乃梁에 돌아왔을 때,
적이 쫓아와서, 불화살을 던져 넣어, 배를 불태웠다. 이것에 의해, 脇坂安
治의 家臣脇坂 左兵衛·渡邊七右衛門을 시작으로 많은 兵이 맞아 죽었

---

1) 加藤嘉明가 진지를 살짝 빠져나와 남보다 먼저 적진에 쳐들어갔다는 것은 사실
   과 다르다. 사료의 오류.
2) 많은 화살을 차례차례로 현을 사용하여 쏘는 것.

다. 그런데, 脇坂安治는 櫓數이 많은 빠른 배에 타고 있었기 때문에, 자
유롭게 船를 조종하여, 무사했지만, 갑옷에 많은 화살이 꽂혀있었다. 위
험한 상황이었지만, 萬死에 一生을 얻었다」

* 史料8

「高麗船手ノ者共, 島々二巢くまりて有之由, 太閤樣被聞召, 六月廿
八日二九鬼大隅守·脇坂中書·加藤左馬助爲兩三人, 番船の者共可發向之
旨, 被成□候事二候, 然者, 中書ハ熊川口滯留候條, 彼御朱印ヲ釜山より
爲持御越候て同心二可申合候由被御遣候處二, 大隅守殿·左馬助殿へハ
無御屆候得共, 各々よりすく二七月六日二自分之船六七十艘ニて彼瀨
戸外口へ御働候得者, 敵番船七八十艘有之所へ中書之船共無體二も仕懸
候處二」(「高麗船戰記」)

讀み下し

「高麗船手の者共, 島々に巢くまりてそれ有るの由, 太閤樣聞こし
召され, 六月廿八日に九鬼大隅守(九鬼嘉隆)·脇坂中書(脇坂安治)·加藤左
馬助(加藤嘉明)兩三人として, 番船(朝鮮 水軍船)の者共へ發向すべきの
旨, □(命じ?)なされ候事に候, 然らば中書(脇坂安治)は熊川口に滯留
候の條, 彼の御朱印を釜山より持(たずさえ)るため, 御越し候て同心
に申し合わすべく候由, 御遣わされ候處に, 大隅守(九鬼嘉隆)殿·左馬
助(加藤嘉明)殿へは御屆け無き候え共, 各々よりすぐに七月六日に自
分(脇坂安治)の船六七十艘にて彼瀨戸(見乃梁)外口へ御働き候えば, 敵
番船(朝鮮 水軍船)七八十艘, これ有る所へ中書(脇坂安治)の船共, 無體
(無理やり)にも仕懸け候處二」

* 요점

① 조선 수군이 慶尙道의 섬들에 거점을 두고 있다는 보고를 받은 히데요시는, 6月 28日, 脇坂安治·九鬼嘉隆·加藤嘉明 3명으로 朝鮮船을 치라고 명령했다.

② 그런데, 7月 6日, 脇坂安治는 자신의 배 6~70척만을 이끌고, 見乃梁의 外口(閑山島 앞바다)에 나가서, 朝鮮船 7~80척이 있는 장소에 가서 무리하게 싸움을 걸었다.

* 史料9

「折節(그 때), 瀨戶內(見乃梁)에 番船(朝鮮 水軍船)四五艘 掛り居りけるを見て, 鐵炮をうちかけ, 半時計いどみ戰いしか, 番船少しつゝ退きけるを, 透間なく攻掛, 三里計追行けるか, 番船せは(狹)き瀨戶內を過て, 廣き所へ出し, 一度に梶を取なほし, 大船を箕手(鶴翼の列陣を敷くこと)にわけ, 味方の船を引包, さしつめ引つめ討ける程に, 味方の船の內に手負死人多かり, 敵は大船, 味方は小船なれは, 叶かたくみえて, 本の瀨戶內へ引退かんとしける時, 敵の番船おし掛りおし掛り, 味方の船へほうろく火矢を投入て, 卽時に船を燒ける, (中略)安治(脇坂安治)は櫓數の多き早船に乘けれは(中略)危き事, 十死一生に極れり」(「脇坂記」)

* 요점

脇坂安治의 兵船은 見乃梁에 조선 수군의 배 4~5척이 있는 것을 보고, 鐵炮를 방치하여, 30분 정도 싸우고 난 후, 朝鮮船은 조금씩 퇴각하여 갔다. 그것에 습격을 가해, 3리 정도 쫓아갔을 때, 見乃梁 해협을 지나서, 閑山島 앞바다에 나왔다. 그곳에는 조선 수군의 大船가 있어서, 鶴

翼의 陣形으로, 脇坂水軍을 포위하고 , 일제히 화살을 쏘아왔기 때문에, 많은 사상자가 나왔다. 적은 大船, 우리는 小船여서, 승산이 없고, 見乃 梁에 돌아가려고 했지만, 조선 수군은 불화살을 던져 넣어, 많은 배가 불에 탔다. 脇坂安治는 櫓數가 많은 빠른 배에 타있었기 때문에 구사일생으로 살았다.

* 史料10

「然者, 大隅守殿(九鬼嘉隆)・左馬助(加藤嘉明)殿御兩人ハ中書(脇坂安治)御働之由ヲ被聞召及, 同六日ニ從釜山浦, 彼瀬外口へ御越候, 七日, 加德島に船懸にて(中略), 八日, 安高麗唐嶋(安骨浦)と云處の湊ニ入候て御座候處ニ, 九日之辰之刻より, 敵大船五十八艘, 其外小船五十艘計ニて責懸候, 大船の内, 三艘目くら船, 鐵ニて要害し石火矢・ばう火矢・大狩俣等ニて, 辰之刻より酉之刻迄入かへ入かへ責候」(「高麗船戰記」)

  讀み下し

「然れば, 大隅守殿(九鬼嘉隆)・左馬助(加藤嘉明)殿御兩人ハ中書(脇坂安治)御働の由[3]を聞こし召し及ばれ, 同六日に釜山浦より, 彼の瀬外口(見乃梁)へ御越し候, 七日, 加德島に船懸りにて(中略), 八日, 安高麗唐嶋(安骨浦)と云う處の湊に入り候て御座候處に, 九日の辰の刻より, 敵大船五十八艘, 其の外小船五十艘計(ばか)りにて責(攻)め懸り候, 大船の内, 三艘目くら船,[4] 鐵にて要害し石火矢・ばう火矢・大狩俣等にて, 辰の刻より酉の刻迄, 入かへ入かへ責(攻)め候」

---

3) 脇坂安治가 혼자 몰래 머물고 있던 곳을 빠져나와 적진 見乃梁에 出船했던 것.
4) 盲船＝龜甲船. 이 사료에 의하면 閑山島 해전에 참전했던 龜甲船은 3척. 萬曆 23年 3月 4日, 朝鮮 국왕의 遼東都指揮司에의 회답에 의하면, 이 시점에서 朝鮮 수군 보유의 龜甲船은 5척(「事大文軌」12).

* 요점

九鬼嘉隆와 加藤嘉明는 脇坂安治의 혼자 몰래 머물고 있던 곳을 빠져나와 적진으로 향한 이야기를 듣고, 6일에 見乃梁에 향했다. 8일, 安骨浦에 정박했을 때, 9일 辰時(오전 8시)에 朝鮮 수군의 大船 58척, 小船 50척 정도가 습격을 가해왔다. 그 大船 가운데, 3척은 肎船(龜甲船)이고, 철로 선체를 덮어, 화포를 발사했다. 공격은 酉時(오후 6시)까지 계속되었다.

* 史料11

「此時, 九鬼(九鬼嘉隆)·加藤(加藤嘉明)兩人も安治既に唐島(巨濟島)の船軍(船いくさ)に掛負たりと聞て馳向ひけるか, 敵餘多の大船なれは, 叶わずして二人共に安骨浦へ引取ぬ, 番船(朝鮮 水軍船)跡を追行て, 日暮るまて安骨浦の湊にて舟軍しけり, 爰にても味方打負て, 九鬼か船の帆柱をも打折けり, 夜に入て番船は唐島へ引取ける」(「脇坂記」)

* 요점

九鬼嘉隆와 加藤嘉明는, 脇坂安治가 巨濟島(여기서는 見乃梁부터 閑山島 앞바다를 가리킴)해전에서 졌다고 듣고, 구원하러 향했지만, 朝鮮 수군은 그 수가 많은 大船을 안고, 이길 방도가 없는 것을 보고, 安骨浦를 되돌아 왔다. 조선 수군은 그 후를 쫓아, 安骨浦에서 해전이 되어, 이곳에서도 九鬼嘉隆船의 범주가 구부러 질수도 있는 등, 우리 軍은 지고 말았다. 밤이 되어, 조선 수군은 철수했다.

* 史料12

「去七日からいさん口へ相動之處, 敵船指向, 其方大船共燒失之由, 無是非次第候, 様體示合動候ハて無覺悟之仕合候, 併, 其身無異儀之由, 尤思食候, 然者からいさんに城を拵, 九鬼大隅守・加藤左馬之助兩三人申談, 堅固在番可仕候, 右之趣, 爲可被仰付, 藤堂佐渡守被指遣之候, 彼番船在之嶋々へ自地續人數遣, 令退治可然候と, 岐阜宰相人數, 其外紀州之者共可指遣之由被仰遣候, 其段も委曲佐渡守被仰含候也

　　七月十四日○(秀吉朱印)

　　脇坂中務少輔とのへ」(天正20年7月14日　脇坂安治宛　豊臣秀吉朱印狀「脇坂文書」)

　　讀み下し

「去る七日, からいさん(唐島＝巨濟島)口へ相動きの處, 敵船と指向い, その方大船共燒失うの由, 是非無き次第に候, 様體示し合せ動き候はで覺悟無きの仕合に候, 併(しかしなが)ら, その身異議無きの由, 尤に思ぼし食(め)し候, しからば, からいさん(唐島＝巨濟島)に城を拵(こしら)え, 九鬼大隅守(九鬼嘉隆)・加藤左馬之助(加藤嘉明)兩三人申し談じ, 堅固に在番仕るべく候, 右の趣, 仰せ付けらるべき爲, 藤堂佐渡守(藤堂高虎), 之れを指し遣わされ候, 彼の番船(朝鮮 水軍の船)之れ在る嶋々へ地續きより人數(兵力)を遣わし, 退治せしめ然るべく候と, 岐阜宰相(羽柴秀勝)の人數, その外紀州の者共, 可指し遣わすべきの由, 仰せ遣わされ候, その段も委曲佐渡守(藤堂高虎)に仰せ含められ候也

　　七月十四日○(秀吉朱印)

　　脇坂中務少輔とのへ」

＊요점

① 지난 7월 7일(朝鮮曆 8일), 巨濟島(여기서는 見乃梁부터 閑山島 앞바다를 가리킨다)에서 조선 수군과 싸워, 兵船이 불탔다는 것을 듣다. 하지만, 脇坂安治는 무사하다는 것에, 안심했다.

② 九鬼嘉隆・加藤嘉明들과 상담하여, 巨濟島에 城을 지어 머물자.

③ 藤堂高虎에 신청했던 것처럼, 조선 수군이 정박하고 있는 섬들에 군사들을 내보내고육지부터 습격하자.

＊史料13

「覺

一, 藤堂佐渡守罷越からい山, 同地續嶋, 舟のかゝり所見計, 岐阜宰相城丈夫ニ相拵, 九鬼・脇坂・加藤・紀伊國衆・菅平右衛門尉, 番船不出様ニ爲押可置事,

一, 九州・中國・四國衆大船付立, 其中能船を見計, 船かこい可申付候, 此方より仰遣候まてハ番船へ仕懸候事一切無用候事,

一, 大船をつくり敵船ニまさり候様ニかこい已下丈夫ニ可仕候, 鐵其外入申道具書立可申上候, 金銀八木にても入次第可被仰付事,

一, 藤堂者右之城所申付, 都へ罷通, 陸地よりの人數召連, 番船有之浦迄岐阜宰相爲大將, 書立之衆召連相動悉可加成敗事,

一, 御書立之通悉相動丈夫ニ可申付事,

一, 右之城々出來候ハヽ, からい山ニ九鬼・加藤・菅平右衛門尉一所ニ可有之候, 又脇坂・藤堂・紀伊國衆・來嶋兄弟一所ニ可有之事,

一, 嶋之城出來候內者陸之城ニ岐阜宰相可有之事,

一, 兵粮之儀, 早川主馬首・毛利兵橘致奉行人數ニ應して可相渡事,

一, 大筒三百丁被遣候間, 大船ニ令割付, 玉藥同前ニ可相渡事,

一, 岐阜宰相事, 都より此方之儀, ぬしと成候て諸事見計, 無越度様ニ舟合可申付候, 代官一儀ニかゝり候て有之段, 不可然候, 代官所ニハ慥ニ留守を置可相動事,

一, 來嶋兄弟召寄警固可仕旨, 可申付事,

一, ④・釜山浦ニ舟共可有之間, 岐阜宰相より奉行を出し付立, 船頭飯米以下申付警固船ニ可遺旨, 堅可申聞事,

右, 直ニも如被仰聞, 能々入念何も可申渡候也,

天正廿年七月十六日 ○(秀吉朱印)

藤堂佐渡守とのへ」(天正20年7月16日 藤堂高虎宛 豊臣秀吉朱印狀「高山公實錄」所收文書)

讀み下し

「覺

一, 藤堂佐渡守(藤堂高虎)罷り越すからい山(唐島＝巨濟島), 同地續きの嶋, 舟のかゝ(懸)る所見計(はから)い, 岐阜宰相(羽柴秀勝)城丈夫に相い拵(こしら)え, 九鬼(九鬼嘉隆)・脇坂(脇坂安治)・加藤(加藤嘉明)・紀伊國衆菅平右衛門尉(菅達長), 番船(朝鮮 水軍船)出でざる様に押えとして置くべき事,

一, 九州・中國・四國衆の大船を付け立て, その中, よき船を見計(はから)い, 船かこい(圍い)申し付くべく候, 此の方より仰せ遣わし候までは番船へ仕懸け候事一切無用に候事,

一, 大船をつくり敵船にまさ(優)り候様にかこい(圍い)已下丈夫に仕るべく候, 鐵, その外入り申す道具, 書立申し上ぐべく候, 金銀八木(米)にても入り次第仰せ付けらるべき事,

一, 藤堂(藤堂高虎)は右の城所申し付け, 都へ罷り通り, 陸地よりの人數(兵力)召し連れ, 番船之れ有る浦迄, 岐阜宰相(羽柴秀勝)を大將として, 書立の衆, 召し連れ相動き, 悉く成敗を加うべき事,

一, 御書立の通り, 悉く相動き丈夫に申し付くべき事,

一, 右の城々出來候はゞ, からい山(唐島＝巨濟島)に九鬼(九鬼嘉隆)・加藤(加藤嘉明)・菅平右衛門尉(菅達長)一所に之れ有るべく候, 又, 脇坂(脇坂安治)・藤堂(藤堂高虎)・紀伊國衆(菅達長)・來嶋兄弟(來島通之・通總)一所に之れ有るべき事,

一, 嶋々城出來候内は, 陸の城に岐阜宰相(羽柴秀勝)之れ有るべき事,

一, 兵粮の儀, 早川主馬首(早川長政)・毛利兵橘(毛利重政)が奉行致し, 人數(兵力)に應じて相渡すべき事,

一, 大筒三百丁遣わされ候間, 大船に割付せしめ, 玉藥も同前に相渡すべき事,

一, 岐阜宰相(羽柴秀勝)事, 都(ソウル)より此の方の儀, ぬし(主)と成り候て諸事見計(はから)い, 越度(粗相)無き樣に舟合せ申し付くべく候, 代官一儀にかゝり候て之れ有る段, 然るべからず候, 代官所には慥(たしか)に留守を置き相動くべき事,

一, 來嶋兄弟(來島通之・通總)召寄せ警固仕るべき旨, 申し付くべき事,

一, こもかい(熊川)・釜山浦に舟共之れ有るべき間, 岐阜宰相(羽柴秀勝)より奉行を出し付け立て, 船頭の飯米以下申し付け, 警固船に遣わすべき旨, 堅く申し聞かすべき事,

右, 直にも仰せ聞さる如く, 能々(よくよく)念を入れ何(いずれ)も申し渡たすべく候也」

＊요점

1. ① 藤堂高虎는 巨濟島와 그 주변의 섬에서, 배를 정박하기 적당한 장소를 고르는 것, ② 羽柴秀勝는 견고한 城을 설치하는 것, ③ 九鬼嘉隆・脇坂安治・加藤嘉明・紀伊國衆菅平右衛門尉들은, 番船(조선 수군의 배)에의 경계로서 배치하는 것(제1조).

2. ① 九州·中國·四國衆의 大船의 안으로부터 성능이 좋은 배를 선택하여, 船圍い를 해 둘 것, ② 秀吉에게 명령이 있기 전까지는 番船(조선 수군의 배)에 싸움을 걸어서는 안되는 것(제2조).

3. ① 朝鮮船에 우수한 大船을 제작하여, 엄중하게 船圍い를 할 것, ② 배 용도의 철이나 造船 도구는 필요한 대로 보내는 것 ③ 금은이나 쌀도 필요한 대로 보내는 것(제3조).

4. 藤堂高虎는 城 공사의 일을 신청했지만, 서울에 가서, 병력을 이끌고 남하하여, 羽柴秀勝를 대장으로서, 조선 수군의 근거지를 공격할 것(제4조).

5. 城의 공사가 완성되었다면, 巨濟島의 城에는 九鬼嘉隆·加藤嘉明·菅平右衛門尉를 한 개소의 성이 배치하여, 脇坂安治·藤堂高虎·紀伊國衆·來島通之·通總兄弟를 더 한 개소의 城에 배치할 것(제6조).

6. 섬들의 城 공사가 완성되고 나서는, 羽柴秀勝는 육지의 城에 머물 것(제7조).

7. 兵粮에 대해서는, 早川長政·毛利兵橘(毛利重政)가 奉行이 되어, 병력 수에 맞게 배분 할 것(제8조).

8. 大筒 300挺을 보낼 것이니, 大船에 분배하여, 玉藥도 같은 방법으로 분배할 것(제9조).

9. ① 羽柴秀勝는 서울에서 南 일대의 총대장으로써, 諸事萬端에게 신경써서 잘 살펴볼 것, 빠뜨림이 없도록, 선박을 정리할 것, ② 다만, 代官에게 일을 맡기면 안되고, 代官所에는 신뢰에 대한 것을 留守居로써, 그 임무를 추진시킬 것(제10조).

10. 來島通之·通總兄弟를 警固하게 할 것(제11조).

11. 熊川과 釜山浦에 배가 있으므로, 羽柴秀勝로부터 奉行을 파견하여, 船頭에 飯米를 주어, 警固船에 태울 것(제12조).

＊史料14

「去月廿三日之書狀, 委細被加披見候, 仍敵番舟令徘徊, 面々有之湊
へ押入之處, 二艘乘捕之內, 壹艘其方手前へ切取之由, 寔粉骨神妙之至
候, 彌無由斷可相勵事專一候, 遠路情を申越候事, 被悅思召候, 猶重而
可被仰遣候也,

三月廿八日　〇秀次(朱印)

脇坂中務少輔とのへ」(文祿二年三月二十八日　脇坂安治宛　豊臣秀次
朱印狀「脇坂文書」)

讀み下し

「去月(文祿二年二月)廿三日の書狀, 委細(詳しく)披見を加えられ候,
仍て敵番舟(朝鮮 水軍船)徘徊せしめ, 面々(各々)これ有る湊へ押入るの
處, 二艘乘捕りの內, 壹艘, 其方手前(脇坂勢)へ切取る由, 寔(まことに)
粉骨神妙の至りに候, 彌(いよいよ)由斷(油斷)無く相い勵むべき事專一
に候, 遠路情を入れ申し越し候事, 悅(喜び)思召され候, 猶お重ねて仰
せ遣らるべく候也,

三月廿八日　〇秀次(朱印)

脇坂中務少輔(脇坂安治)とのへ」

＊요점

조선 수군의 배가 왜선이 정박한 항구(熊川)에 공격을 더하고 난 후,
脇坂船이 1척을 쏘아 죽인 것 , 結構이다. 秀吉는 기뻐했다고 생각함.

＊史料15

「文祿二年癸巳正月ヨリ, 脇坂(脇坂安治)・九鬼(九鬼嘉隆)・加藤(加藤嘉

明), 熊川ニ有陣セシ所ニ, <u>番船(朝鮮 水軍船)</u>百艘餘入替々々, 毎日湊ノ
內へ押入, 火矢ヲ射カケ, 石火矢ヲ打入ハタラキケレハ, 湊ノ內ニ繫
キ置キタル日本ノ大船ニモ大筒ヲ仕懸, 陸ニハ亦鐵炮塚ヲツキテ番船
押入時ハ, 船陸共ニ鳴雷ノコトク打タテケレトモ, 是ニモヒルム氣色
モナク働キケレハ, イカヾシテ此番船ヲ討捕ルベキト各相談シケル
ニ, 敵ハ莫大ノ番船ニテ懸引自由ナラザレバ, 面々ノ早船ニ長繩ヲ入
テ, 番船ヲ繫キトメテ乘取ラント相定テ待ケレ所ニ, 二月廿一日ニ番
船又湊ノ內ニ乘入ヌ, 各早舟ニ取乘リ, 我先ニト番船ニ押懸ケルニ,
安治ガ早舟一番ニ押カケ, 番船ニ繩ヲツケ乘取ケル所ニ, 九鬼ガ早舟
ヨリモ, 又其船ニ繩ヲツケテ番船ニ取乘」(「脇坂記」)

* 요점

　1593(문록 2)년 정월무렵부터, 脇坂安治·九鬼嘉隆·加藤嘉明들이 재
진하는 熊川에, 조선 수군의 배 100척이 연일 항구에 습격을 가했다. 이
朝鮮船을 어떻게 쳐서 붙잡을까 상담했더니, 조선 수군의 배는 大船이
며, 바다의 가운데에서는 조작이 자유롭지 못하기 때문에, 早船에 긴 노
끈을 끌게 하여 朝鮮船을 묶어, 습격을 가하자라고 했다. 2월 21일(朝鮮
曆 22일), 조선 수군의 배가 항구에 들어오자, 脇坂船이 長繩을 매달아
배에 올라타서 칼로 치고, 九鬼船도 長繩을 매달아 배에 올라타서 칼로
쳤다.

* 史料16

「征韓錄」(唐島船師之事)
　去程ニ文祿三年九月, 釜山海·西生浦·安骨浦·加德島邊ニ, <u>番船(朝鮮</u>
<u>水軍船)</u>數多(あまた)取出ルノ由, 風聞有リケル處ニ, 同月廿九日ニ<u>唐島</u>

(巨濟島)ニ到テ敵船數十艘押寄, 眇々(びょうびょう)タル海上二三十町ガ程ニ漕連ナッテ, 艫舳(ともえ)ニ籏ヲ樹, 大鐵炮・石火矢ヲ打立, 福島左衛門大夫正則・戸田民部少輔(戸田勝隆)・來島出雲守兄弟(來島通之・通總)ノ陣5)ニ向テ, 一時ニ攻破シトス, 依之, 左衛門大夫正則ハ海邊ノ便宜ヨキ所ニ伏兵ヲ置, 輕兵少許ヲ差遣シ, 遠矢ニアヒシラハセケレバ, 番船ノ者共, 日本勢ハ小勢ナリヤト見侮リケン, 彌競ヒ懸テ攻近ク, 然ル處ニ島津兵庫頭義弘主, 此急難ヲ聞キ, 其身ハ只城ニ在リナガラ, 家臣伊集院下野入道抱節齋(伊集院久治)を物主(主將)トシテ, 四國衆ノ陣ニ走向ヒ, 戸田・來島・福島等ノ勢ト一手ニ成テ, 番船ニ相向フ, 時ニ敵船一艘灘上ニ触, 働煩(はたらきかね)テ見エケレバ, 左衛門大夫正則自ラ海水ニ下ヒタリ, 諸卒ニ下知シ, 燒草ヲ掛テ, 暫時ノ間ニ大船一艘燒亡シ, 剩(あまつさ)へ多ノ唐人(朝鮮兵)ヲ燒殺シ, 勝時ヲ發ス, 相殘番船モ其勢ヒニ辟易シテ, 遙ノ沖ニ漕モドッテ, 其日ハ暮ヌ, 明レバ十月朔日巳ノ刻(午前10時)許(ばかり)ニ, 又番船數十艘相催シ, 兵庫頭義弘主城下6)ニ向テ押寄セ, 大鐵炮・石火矢ヲ打掛, 夥(おびただ)シク時聲ヲ擧タリ, 斯(かか)リケレドモ義弘主戰ヒヲ急ニセズ, 其意敵ヲ思フ圖ニ引寄セ, 番船一艘モ殘サズ, 悉ク打破ルベキ謀也, 然ルニ明人(朝鮮軍)何トカ思ヒケン, 初ノ勢ニ相違シテ强テ勝負ヲ決セントモセズ, 午ノ刻(正午)許ニハ, 遙ノ沖ニ引退キ, 數日徒ニ漂ヒ居タリケルガ, 其後ハ終ニ城下近ク寄來ル事モナク, 同月八日ニ悉ク唐島ヲ退散セリ

* 요점

① 1594(선조 27, 문록 3)년 9월, 釜山海・西生浦・安骨浦・加德島 주변에 조선 수군의 군함이 다수 출몰한다는 소문이 있었다.

---

5) 長門浦(長門浦・長木浦) 왜성. 현재, 慶尙南道 巨濟市 長木面 長木里.
6) 永登浦 왜성. 현재, 慶尙南道巨濟市長木面旧永里.

② 9월 29일, 조선의 軍船數 10척이 巨濟島에 이르러, 福島正則. 戶田勝隆·來島兄弟들이 머물고 있는 長門浦에 대철포·石火矢를 놓고 쳐들어 갔다.

③ 福島正則들은 해변의 요충지에 복병을 두고, 輕兵(몸이 가벼운 裝備兵)을 배치했더니, 조선 수군은 왜군은 적은 세력이라고 보고, 습격해 왔다.

④ 永登浦에 在陣하는 島津義弘는 家臣 伊集院久治를 주장으로 하여 福島正則들의 진에합류하여 防戰에 임했다.

⑤ 싸움의 도중, 조선 軍船 1척이 淺瀨에 타고 올라가, 움직일 수 없게 되었다. 福島勢는 이 배를 불태워 없애고, 조선병을 태워 죽였다. 남은 朝鮮船은 앞바다에 갔다.

⑥ 10월 1일, 조선 수군은 永登浦의 島津陣에 밀어닥쳤지만, 승부를 결정지으려고 하지만 그렇게 하지 못하고, 앞바다에 물러났다.

⑦ 10월 8일, 조선 수군은 巨濟島로부터 퇴거했다.

* 史料17

「7일 임오, 맑음 아침, 順天府使 權俊의 서간이 왔다. 그것에 의하면, 순찰사(전란 때, 도내의 군무를 순찰하는 임시 관직. 관찰사=감사가 겸무하는 경우가 많다)洪世恭이 10일의 근저에 順天府에 온다고 말하다. 또한, 좌의정 尹斗壽도 온다고 말하다. 불운한 것이 지나치다」(「亂中日記」 갑오 9월 7일).

* 史料18

「去廿九日より此表番船浮出于今在之事候, 四國衆陣所湊へ八每日懸入

企鉾楯候へハ, させるてたても無之候, 當陣湊へ去朔日懸入, 射付火矢, は
んきう以下相催, さまくてたてに及候へ共, 則てつほうにてちのけ候,
昨日者當湊口まて寄來候へ共, 矢かゝりにハ不來候, 在陣之立柄今分之儀
者無氣遣候」(文禄3年10月5日 島津又八郎宛 島津義弘書狀「島津家文書」)

　讀み下し

　「去廿九日よりこの表, 番船(朝鮮 水軍船)浮き出で, 今に之れ在る
事に候, 四國衆(福島正則ら)陣所の湊(長門浦)へは毎日懸り入り, 鉾楯
(戰い)を企て候へば, させるてだて(手立, 手段)も之れ無く候, 當陣(永
登浦)湊へ去る朔日懸り入り, 火矢を射付け, はんきう(半弓)以下相い
催し, さまさま(樣々)てだて(手立, 手段)に及び候へ共, 則ちてつほう
(鐵炮)にてう(打)ちのけ候, 昨日は當湊口まて寄せ來り候へ共, 矢懸り
(矢の届くところ)には來らず候, 在陣の立柄(樣子), 今分の儀(今のと
ころ)は氣遣い無く候」

* 요점

　① 9월 29일부터 이 表(여기서는 巨濟島 長門浦 및 永登浦의 왜영)에
조선 수군이 습격해 와, 지금에 이르고 있다. 福島正則들의 四國衆의 陣
所(長門浦)에는 연일 습격을 가하고, 싸움을 걸어와, 대항할 수단도 없다.

　② 우리 島津의 永登浦에는, 10월 1일에 조선 수군이 습격을 가해,
불화살이나 반궁을 쏘고, 여러 가지 방법으로 공격을 했지만, 鐵炮로 격
퇴했다. 어제(10월 4일)도 永登의 항구까지 습격해갔지만, 화살이 닿는
곳까지는 가지 못했다. 지금, 우리의 陣의 상태는 무사하므로, 걱정할 필
요는 없다.

* 史料19

「當陣立柄無替儀候, 然共去月廿九日より此表番船大小貳百艘餘浮出, 四國陣湊口ニ在之候而, 日本船出入不自由候, 我等陣所へも去朔日懸來, 射付火矢, はんきう以下相催てたてニをよひ候へ共, 則てつほうにてうちのけ候之條, させる儀も無之引退候, 其後又懸來, 當陣湊口漕めくり候へ共, 矢かゝりにハ不寄付候, 然間當陣湊へハ日本船之通用今程無氣遣候, 以來之行海陸共不知候間, 兼日申越候人數幷兵粮以下相調無由斷可被差渡候」(文祿3年10月9日　伊集院幸侃・長壽院盛淳宛　島津義弘書狀)

　讀み下し

「當陣の立柄(樣子)替る儀無く候, 然れ共, 去る月廿九日より此の表, <u>番船(朝鮮 水軍船)</u>大小貳百艘餘り浮き出で, <u>四國陣(福島正則ら)</u>湊口(<u>長門浦</u>)に之れ在り候て, 日本船の出入, 自由ならず候, <u>我等陣所(永登浦)</u>へも去る朔日懸り來り, 火矢を射付け, <u>はんきう(半弓)</u>以下を相い催<u>すてだて(手立, 手段)</u>に及び候へ共, 則ち則ち<u>てつほう(鐵炮)</u>にて<u>う(打)</u>ちのけ候の條, <u>させる(たいした)</u>儀も之れ無く引き退き候, 其の後又た懸り來り, <u>當陣(永登浦)</u>湊口へ漕ぎめぐり候へ共, <u>矢かゝ(懸)</u>りには寄せ付けず候, 然る間, <u>當陣湊(永登浦)</u>へは日本船の通用, 今程氣遣い無く候, 以來の<u>行(手立て)</u>, 海陸共, 知らず候間, <u>兼日(かねて)</u>申し越し候<u>人數(兵力)</u><u>幷(ならび)</u>に兵粮以下, 相い調え由斷無く差し渡さるべく候」

* 요점

① 9월 29일부터 이 表(여기서는 巨濟島 長門浦 및 永登浦의 왜영)에 조선 수군의 軍船 大小 200척 정도가 습격하여, 福島正則들의 長門浦를 에워싼다. 이때문에, 日本船의 출입이 불가능하게 되어 버렸다.

② 10월 1일, 조선의 軍船이 우리 島津의 永登浦에 습격을 가하여, 불화살이나 반궁을 쏘았지만, 鐵炮로 격퇴했다. 이 때문에, 별다른 일 없이 조선 수군은 퇴각했다. 그 후, 또한 永登浦에 습격했지만, 화살이 닿는 곳까지는 가지 못했다. 전 날, 신청했던대로, 병력과 兵糧을 빨리 보내라.

* 史料20

「아침식사 후, 도체찰사 李元翼과 체찰부사 金玏과 종사관 盧景任가 모여서 나의 배에 타다. 辰時, 출범하여, 함께 선 채로 島嶼 및 各鎭을 설치하여 합병하는 것, 접전이 있었던곳을 확인하여, 온종일 논의를 나누었다. 曲浦는 平山浦에 합병하고, 尙州浦는 彌助項에 합병하고, 赤梁는 三千浦에 합병하고, 所非浦는 蛇梁에 합병하고, 加背梁는 唐浦에 합병하고, 知世浦(현재, 慶尙南道 巨濟市 一運面 知世里)는 助羅浦(召羅浦. 현재, 慶尙南道 巨濟市 一運面 旧 助羅里)에 합병하고, 薺浦는 熊川에 합병하고, 栗浦는 玉浦에 합병하고, 安骨浦는 加德애 합병하는 것을 결정했다」(「亂中日記」 을미 8월 25일).

* 史料21

「이른 아침, 침을 맞고, 후에 出坐하니, 長興부사 裵興立과 도체찰사 李元翼의 군관이 와있었다. 長興부사 裵興立가 말하기를, 종사관이 보낸 군령에 의해, 도체찰사 李元翼의 군관이 자신 裵興立을 붙잡았기 때문에, 여기에 왔다고 말하다. 게다가, (도체찰사 李元翼으로부터)全羅道水軍의 안, 右道의 수군은 左右兩道를 왕래하면서, 濟州島와 珍島를 지원하라고 말하다. 그저 웃을 뿐. 조정의 畫策은 이러한 것인가. 도체찰사

李元翼이 낸 계책이라는 것은 이정도로 구할 방도가 없는 것인가. 국사
가 이래서야 어찌할 도리가 없다」(「亂中日記」 병신 2월 28일).

＊ 史料22

「(慶長)二年丁酉四月ノ初ニ, 秀吉再ヒ朝鮮國ヲ征シタマフ, 安治(脇
坂安治)又渡海シケル時, 日本ノ兵船共數千艘アリシカ, 對馬ヨリ釜山
海ヘ渡ラントセシニ, 敵ノ番船(朝鮮　水軍船)百艘計(ばかり), 唐島(巨
濟島)表ヨリ釜山海ヘ押向ヒ,　日本ノ船渡海ノ路ヲ取キリ距ガントシ
ケル所ニ, 折節大風俄ニ吹來リテ, 海上波アラクナリケレハ, 番船(朝
鮮　水軍船)ハ本ノ唐島(巨濟島)湊ニ引シリゾキ, 日本ノ船ハ散々ニナ
リテ, 漸ク釜山海ニ押入ケル, 安治モ夜半ノ比(頃), 釜山海ニ着船ス,
此所ニシバラク逗留シテ, 九鬼(九鬼嘉隆)・加藤(加藤嘉明)・藤堂(藤堂高
虎)ニ參會シテ各相談シケルハ, 唐島(巨濟島)表ノ番船(朝鮮　水軍船)ツ
ヨク働キテ, ヤ丶モスレハ, 日本ノ兵船渡海ノ礙(さまたげ)トナレリ,
船手ノ勢共, 一手ニ相カ丶リ, 熊川湊ニ行テ大船ヲツクリ, 唐島(巨濟
島)表ヘオシ出シ, 彼番船(朝鮮　水軍船)ヲ打取ルヘシトテ, 五月下旬ニ
熊河(川)ヘ渡リテ, 諸將各船ヲゾ作リレル, 熊川ヨリ唐島(巨濟島)表ヘ
ハ, 其間八九里隔レリ, 彼唐島(巨濟島)ノ湊ハ番船(朝鮮　水軍船)ノ勝手
ヨキ所ニテ懸引自由ナレハ, タヤスク討取ルヘキ所ニアラス, 日本
ノ大船ヲ各一手ニ揃ヘ, 太皷鐘貝ヲ合圖ニテ, イツクマテモ追詰乘捕
ルヘシ, 自然拔懸シタラン輩ハ, 越度タルヘシト, カタク相定テ七月
七日ノ夜半ニ, 熊川湊ヨリ各船ヲ押出シ, 唐島(巨濟島)表ヘ馳向ヒケ
ル, カ丶ル所ニ藤堂佐渡守高虎, 加藤左馬助嘉明二人早船ニ取乘拔懸
シテ瀬戶ノ內ニテ, 藤堂高虎番船(朝鮮　水軍船)一艘乘捕ケリ, 安治カ
物見ノ早船漕戻リテ云ヒケルハ, 番船(朝鮮　水軍船)數百艘瀬戶ノ內ノ

山陰ヨリ, 沖ナル島ニ續キテ見エタリ, 高虎早船ニ取乘リ, 瀨戶ノ內
ニテ一艘乘タリト云ヒケレハ, 安治聞ヨリハヤク大船ニテハヲソカ
ルヘシトテ, 早舟ニ取乘, 櫓ヲハヤメハセケレハ, 夜明ガタニハ加藤
嘉明カ早舟ニヲシナラヘタリ, 瀨戶ノ內ニ浮ヒタル數多ノ番船(朝鮮
水軍船)ノ中ヘ, 安治ト嘉明ト前後ヲ爭ヒ押カケテ, 二人共ニ乘捕リケ
ル, 是ヲ初メテ諸手ノ大船小船ヲ押懸々々番船ニ乘ケレハ, 半時ノ間
ニ數十艘討捕ケリ, 殘ル番船(朝鮮 水軍船)タマラズシテ, 悉ク敗軍シ
沖ヲサシテ逃行ケルヲ, 諸手ノモノ共追懸追懸討捕リケル, 此日ノ軍
ニ安治カ一手ニハ脇坂覺兵衛·布施隼人·太井次太夫·三宅勝介·水野加
右衛門或ハ沖ニテ取モアリ, 或ハ瀨戶ニテ乘モアリ, 以上船數十六艘
ナリ, 其外高虎·嘉隆·嘉明カ兵共モ船數アマタ取ケレハ, 各日本ヘ注
進シケリ秀吉斜メナラサル御機嫌ニテマシマシケル」(「脇坂記」)

* 요점

① 1597(경장 2, 선조 30)년 4월, 秀吉는 조선국 재정복의 명령을 내
렸다. 脇坂安治가 바다를 건너 왔을 때, 일본의 兵船은 수천 척이었다.
그 船團이 對馬로부터 釜山浦에 건너려고 했을 때, 조선 수군의 배 100
척 정도가 巨濟島 방면부터 釜山浦에 습격하여, 왜선 渡海의 길을 차단
하려고 했다. 그 때, 갑자기 큰 바람이 불어, 해상의 파도가 거세졌다.
이 때문에, 조선 수군의 배는 巨濟島의 항구에 퇴각했다. 왜선은 고생하
여, 가까스로 釜山浦에 도착했다.

② 脇坂安治는 釜山浦에 잠시 逗留하여, 九鬼嘉隆·加藤嘉明·藤堂高
虎과 상담한 결과, 巨濟島 방면의 조선 수군은 강하고, 倭船 渡海의 방해
가 되고 있다. 熊川애서 大船를 만들어, 巨濟島 방면에 출격하여 , 조선
수군을 쳐아만 하는 것이 되었다.

③ 5월 하순, 熊川에 건너와, 諸將들은 각자 배의 제작에 들어갔다.

④ 7월 7일 한밤중, 熊川에서 巨濟島 방면에 배를 내어, 藤堂高虎·加藤嘉明·脇坂安治들은 빠른 배에 타서, 조선 수군을 공격했다.

* 史料23

「 急度奉致言上候,

一, 番船唐嶋を居所ニ仕, 日々罷出, 日本之通船渡海一切不罷成ニ付て, 五人之もの共申合, 唐嶋へ押寄, 明昨日十五日夜半より明未之刻迄相戰, 番船百六十餘艘切取, 其外津々浦々十五六里之間, 共不殘燒棄申, 唐人數千人海へ追はめ, 切捨申候, 猶此表之樣子, 從御奉行衆可被遂言上之條, 不及申上候, 右宜御披露所仰候, 恐々謹言,

(慶長二年)七月十六日　小西攝津守

藤堂佐渡守

脇坂中務少輔

加藤左馬助

島津又八郎

羽柴兵庫頭

德善院

増田右衛門尉殿

石田治部少輔殿

長束大藏大輔殿」(慶長2年7月16日　前田玄以外3名宛　小西行長外5名連署狀案「島津家文書」)

讀み下し

「急度(きっと)言上致し奉り候,

一, 番船(朝鮮 水軍船)唐嶋(巨濟島)を居所に仕(つかまつ)り, 日々罷り出, 日本の通船渡海一切罷り成らずに付て, 五人のもの(者)共[7]申し

合わせ, 唐嶋(巨濟島)へ押し寄せ, 明昨日十五日夜半より明末の刻迄相
い戰い, 番船(朝鮮 水軍船)百六十餘艘切り取り, 其の外津々浦々十五六
里の間, ふね(船)共, 殘らず燒き棄て申し, 唐人(朝鮮兵)數千人海へ追い
はめ, 切り捨て申し候, 猶お此の表(巨濟島)の樣子, 御奉行衆[8]より言
上を遂げられべくの條, 申し上ぐるに及ばず候, 右, 宜しく御披露仰
所に候, 恐々謹言,

 (慶長二年)七月十六日　小西攝津守(小西行長)

  藤堂佐渡守(藤堂高虎)

  脇坂中務少輔(脇坂安治)

  加藤左馬助(加藤嘉明)

  島津又八郎(島津忠恒)

  羽柴兵庫頭(島津義弘)

  德善院(前田玄以)

  增田右衛門尉殿(增田長盛)

  石田治部少輔殿(石田三成)

  長束大藏大輔殿(長束正家)」

 * 요점

 조선 수군이 巨濟島를 거점으로, 왜선의 통행을 차단하고 있다. 그 때
문에, 우리들 5명이 상담하여, 15을 밤중에서부터 다음 날의 오후에 걸
쳐서 싸워, 朝鮮船 160척 정도를 습격하여, 배를 남기지 않고 태워버려,
朝鮮兵 수 천인을 베었다. 해전의 자세한 모습은 軍目付가 보고하지만,
이 戰功을 피로하고 싶다.

---

7)　小西行長·藤堂高虎·脇坂安治·加藤嘉明·島津義弘.

8)　이것은 軍目付. 싸움의 모습을 기록·보고한 것.

＊ 史料24

「七月十六日注進狀，今日九日到來，加披見候，今度番舟唐嶋ニ有之
而，釜山海表へ切々取出，日本之通路相支候處，去十五日夜相動，彼番船
百六十餘艘伐捕，唐人數千人切捨，其外海へ追はめ，幷先々津々浦々十
五六里之間，船共悉燒捨由，手柄之段，無比類候，以來迄番船根切仕候事，
御感不斜候，何も歸朝之刻，可被加御褒美候，猶德善院・增田右衛門尉・
石田治部少輔・長束大藏輔可申候也，

　　(慶長二年)八月九日 ○(秀吉朱印)

　　藤堂佐渡守とのへ」(慶長2年8月9日　藤堂高虎宛　豊臣秀吉朱印狀「藤
堂文書」)

　　讀み下し

「七月十六日の注進狀(報告書)，今日九日に到來す，披見を加え候，今度
番船(朝鮮 水軍船)唐嶋(巨濟島)に之れ有りて，釜山海表へ切々取り出し，
日本の通路相い支え[9]候處，去る十五日夜，相い動き，彼の番船(朝鮮 水
軍船)百六十餘艘伐ち捕り，唐人(朝鮮兵)數千人切り捨て，其の外，海へ
追はめ，幷(ならび)に先々津々浦々十五六里の間，船共悉(ことごと)く
燒き捨つる由，手柄の段，比類無く候，以來迄，番船(朝鮮 水軍船)根切り
仕り候事，御感斜めならず候，何(いずれ)も歸朝の刻，御褒美を加えら
るべく候，猶お德善院・增田右衛門尉・石田治部少輔・長束大藏輔申すべ
く候也，

　　(慶長二年)八月九日 ○(秀吉朱印)

　　藤堂佐渡守(藤堂高虎)とのへ」

---

9) 적을 막는 것.

* 요점

① 7월 16일의 보고서가 오늘(8월 9일)도착했다.

② 보고에 의하면, 巨濟島에 근거한 조선 수군이 釜山浦에 정박하여, 왜선의 통로를 막고 있기 때문에, 15일 한밤중에 출동하여, 조선 수군을 섬멸했다는 것.

③ 秀吉로써는 꽤 기분이 좋은 것이었다. 귀국하면 포상을 줄 것이다.

* 史料25

「御歸陣被成候ちとまへかとに，こもかいへ御こしなされ候處にすいえんと申所にはん舟大しやう分十三そうい申候，大川のせよりはやきしほのさし引御ざ候所の內にちとしほのやハらき申候に十三のふねい申候，それを見附，是非ともとり可申よし，舟手衆と御相談にて，則御取懸被成候，大舟にてハいまのせとをこきくたし候儀ハなるましきとて，いつれもせきふね10)を御そろへ被成，御かゝり被成候，さき手のふねともハ敵船にあひ手負あまたいてき申候，中にも來島出雲殿うちしににて御ざ候，其外ふねの衆めしつれられ候，からうのもの共もくわはん手負討死仕候處に毛利民部大夫殿せきふね，はんふねへ御かゝり被成候　はん船へ十文字のかまを御かけ候處にはん船より弓鐵砲はけしくうち申候に付，　船をはなれ海へ御はいりなされあやうく候處に，藤堂孫八郎・藤堂勘解由兩人船をよせ，敵船をおいのけ，たすけ申候，朝の五しふんより酉の刻まて御合戰にて御座候，みなとのやうす，はん船能存候に付，風を能見すまし，其せと口をぬけ，津をひきかけ，はしらせ申について，是非なくおつかけ申儀もまかりならす，いつみ樣も手を二か所おはれ候」(「高山公實錄」默記)

---

10) 安宅船보다 작은 쾌속 兵船.

讀み下し

「御歸陣なされ候ちとまへかとに(少し前に)，　こもかい(熊川)へ御
こ(越)しなされ候處にすいえん(水淵＝水榮浦，全羅右水營)と申所にはん舟(番船)大しやう(小)分十三そう(艘)い(居)り申し候，　大川のせ(瀬)よりはや(早)きしほ(潮)のさし引御ざ(座)候所の內にちと(少し)しほ(塩)のやわらき(和らぎ)申し候に十三そう(艘)のふね(船)い(居)申し候，それを見附け，是非ともとり(獲)申すべきよし，舟手衆と御相談にて，則(すなわ)ち御取懸りなされ候，大舟にては，いまのせと(瀬戸)をこきくた(漕ぎ下)し候儀はなるまじきとて，いずれもせきふね(關船)(安宅船より小型の快速兵船)を御そろ(揃)えなされ，御かゝ(懸)りなされ候，さき(先)手のふね(船)どもは敵船にあ(遭)い，手負い(負傷)あまた(數多)いてき(出來)申し候，　中にも來島出雲殿(來島通總)うちしに(討死)にて御ざ(座)候，其の外ふね(船)の衆めしつ(召し連)れられ候，からう(家老)のもの共もくわはん(過半)手負い(負傷)討ち死に仕(つかまつ)り候處に毛利民部大夫(毛利高政)殿せきふね(關船)，　はんふね(番船)へ御かゝ(懸)りなされ候　はん船(番船)へ十文字のかま(鎌)を御か(掛)け候處にはん船(番船)より弓鐵砲はけし(激し)くうち(擊)申し候に付，　船をはな(離)れ海へ御はい(入)りなされあやうく候處に，藤堂孫八郎・藤堂勘解由兩人船をよ(寄)せ，敵船をお(逐)いのけ，たす(助)け申し候，朝の五しふん(時分)より酉の刻まて御合戰にて御座候，みなと(港)のやうす(樣子)，はん船(番船)よく存じ候に付，風をよく見すまし，其のせと(瀬戸)口をぬ(拔)け，津をひきかけ，はしらせ申すについて，是非なくおつかけ(追いかけ)申す儀もまかりならず，　いつみ(和泉)樣(藤堂高虎)も手(手負い＝負傷)を二か所おは(負)れ候」

* 요점

① 歸陣하는 조금 전에, 熊川에 갔을 때, 全羅右水營의 水榮浦에 조선 수군의 선박이 있다는 것을 알았다.

② 그곳은 조류가 빠른 곳이었지만, 조금 흐름이 온화해 졌을 때(碧波津)에 조선군의 배 13척이 있었다.

③ 그 조선 軍船을 공격하려고 했지만, 조류가 빨랐기 때문에, 大船(安宅船)보다도 關船(安宅船 보다 작은 쾌속兵船)쪽이 싸우기 쉽다고 생각하여, 關船으로 습격했지만, 역습에 마주하여, 來島通總은 戰死하고, 藤堂高虎는 부상당했다. 싸움은 오전 8시정도부터 저녁까지 계속되어,, 많은 사상자를 냈다.

④ 毛利高政의 關船은 朝鮮船에 쫓겨, 十文字의 鎌을 걸어 끌어당겨 가까이 대려고 할 때, 朝鮮船으로부터 弓鐵砲가 격하게 쏘아져 와 毛利高政는 바다에 떨어졌다. 그것을 藤堂孫八郎들의 배가 구했다.

⑤ 조선 수군은 이 해협(鳴梁)의 조류의 모습을 잘 알고있다

* 史料26

「一, 小西攝津守殿城しゅん天と申所へ御座候, 番船取卷候故, のき方不罷成候ニ付, 此方より番船を御崩被成候而, 小西殿をくりのけ被成候而, 霜月十八日に番船ニ御掛被成候, 御仕合惡敷, 此方御人數餘多戰死被申候事,

一, 義弘樣御馬印, 敵船より奪被取申間, 御供舟より鹿兒島士黑田宅右衛門と申す人, 敵船に切乗御馬印を取返し被差上候, 其時上下共に扠々と申居事」(「大重平六覺書」)

讀み下し

一, 小西攝津守(小西行長)殿の城しゅん天(順天)と申す所へ御座候, 番船(朝鮮 水軍船)取きり卷候故, の(退)き方, 罷の成らず候に付き, 此の方

より番船(朝鮮 水軍船)を御崩しなされ候て，小西殿をくりのけなされ
候て，霜月(11月)十八日(朝鮮曆19日)に番船(朝鮮 水軍船)に御掛りなされ
候，御仕合せ惡しく(運惡く)，此の方御人數(兵卒)餘多(多く)戰死申され
候事，

一，義弘様(島津義弘)御馬印，敵船より奪い取られ申す間，御供舟よ
り鹿兒島士黑田宅右衛門と申す人，敵船に切り乗り御馬印を取返し差
上られ候，其の時，上下共に扠々(さてさて)と申し居る事}

＊요점

① 順天에 在城하는 小西行長는 조선 수군에게 둘러싸여, 철퇴가 불
가능했다.

② 거기에서 島津의 쪽으로부터 조선 수군을 쳐부수고, 小西行長들
의 철퇴를 도우기 위해서, 11월 18일(朝鮮曆 19일), 조선 수군과 해전에
임했지만, 운 나쁘게, 많은 전사자를 냈다.

③ 島津義弘의 馬印(적진에서 대장의 말 옆에 서워서 그 소재를 가리
키는 목표로 하는 것)을 조선 수군에게 빼앗겼지만, 家臣黑田宅右衛門이
朝鮮船에 뛰어들어가 다시 회수했다.

이순신연보

北島万次

  * 1545(仁宗元)년 3월 8일, 子時. 漢城의 乾川洞에서 태어나다. 字는 汝諧. 아버지는 李貞(京畿道 開豊郡 德水李氏), 어머니는 草溪卞氏 출생. 어릴 적부터 柳成龍과 교우가 있었다(「年表」「『李忠武公全書』卷首」. 李芬「行錄」「『李忠武公全書』卷9, 付錄」).

  * 1576(선조 9)년 3월. 무과에 급제(萬曆 4년 3월 日「武科及第敎旨」).

  * 1576(선조 9)년 12월. 董仇非堡(현재, 咸鏡南道 三水郡 小農堡) ① 權管(從9品)이 되다(「年表」「『李忠武公全書』卷首」. 李芬「行錄」「『李忠武公全書』卷9, 付錄」).

  * 1579(선조 12)년 1월. 訓鍊院奉事(從9品)가 되다(「年表」「『李忠武公全書』卷首」. 李芬「行錄」「『李忠武公全書』卷9, 付錄」).

  * 1580(선조 13)년 7월. 鉢浦(현재, 全羅南道 高興郡 道化面 內鉢里) 万戶(正4品)가 되다(「年表」「『李忠武公全書』卷首」. 李芬「行錄」「『李忠武公全書』卷9, 付錄」).

  * 1581(선조 14)년 1월. 이보다 먼저, 전라좌수사 李戩(大漢和11649), 李舜臣을 싫어하여, 舜臣의 실각을 꾀했다. 이 달, 軍器敬差官, 鉢浦에 이르러, 軍器의 불만을 가지고, 舜臣의 파면을 狀啓. 이것에 의해, 舜臣, 鉢浦万戶를 파면당했다(「年表」「『李忠武公全書』卷首」. 李芬「行錄」「『李

忠武公全書」 卷9, 付錄」).

　* 1581(선조 14)년 5월. 또 다시 訓鍊院奉事이 되다(「年表」「李忠武公全書」卷首. 李芬「行錄」「李忠武公全書」 卷9, 付錄」).

　* 1583(선조 16)년 10월. 乾原堡(현재, 咸鏡北道 慶源郡 乾元堡) ② 權管이 되다(「年表」「忠武公全書」 卷首. 李芬「行錄」「李忠武公全書」 卷9, 付錄」).

　* 1583(선조 16)년 11월. 訓鍊院參軍(正7品)이 되다. 이 달 15일, 舜臣의 아버지 李貞 죽다(「年表」「李忠武公全書」 卷首. 李芬「行錄」「李忠武公全書」 卷9, 付錄」).

　* 1586(선조 19)년 1월. 造山(현재, 咸鏡北道 慶興郡 造山) ③ 万戸가 되다(李芬「行錄」「忠武公全書」 卷9, 付錄」).

　* 1587(선조 20)년 8월. 鹿屯島(현재, 咸鏡北道 慶興郡 造山鹿屯島) 屯田 ④ 官을 겸임. 舜臣, 여진 세력과 對峙하기에 충분한 방비 병력 증강을 함경북병사 李鎰에게 요청하지만, 鎰, 그것을 받아들이지 않았다. 그 때문에, 舜臣, 여진 세력의 습격을 받아서 패배했다. 鎰, 자신의 죄를 면하기 위해, 패전의 책임을 舜臣에게 전가했다. 이것에 의해, 舜臣, 백의종군의 몸이 되다(「年表」「李忠武公全書」 卷首. 李芬「行錄」「李忠武公全書」 卷9, 付錄」).

　* 1589(선조 22)년 1월 21일. 不次(순서에 의하지 않은 발탁)의 武臣에게 추천되었다(「朝鮮王朝宣祖 實錄」 선조 22년 정월 기사).

　* 1589(선조 22)년 2월. 전라순찰사 李洸의 군관이 되다(「年表」「李忠武公全書」 卷首. 李芬「行錄」「李忠武公全書」 卷9, 付錄」).

　* 1589(선조 22)년 12월. 井邑(현재, 全羅北道井州市) 현감(從6品)이 되다(「朝鮮王朝宣祖 修正實錄」 선조 22년 12월. 「年表」「李忠武公全書」 卷首. 李芬「行錄」「李忠武公全書」 卷9, 付錄」).

　* 1590(선조 23)년 7월. 高沙里鎭(현재, 平安北道 江界郡 高山里) ⑤

兵馬僉節制使(從3品)에 임명되고도, 台諫(司諫院·司憲府), 그 超陞(순서를 뛰어넘은 官位의 승진)에 이의를 칭하고, 정읍현감에 유임(「年表」「「李忠武公全書」 卷首. 李芬「行錄」「「李忠武公全書」 卷9, 付錄」」).

　* 1590(선조 23)년 8월. 折衝將軍(正3品의 武官, 당상관) 滿浦鎭(현재, 平安北道 江界郡 滿浦) ⑥ 수군첨절제사에 발탁되었지만, 台諫, 또 다시 驟陞에 이의를 칭하고 井邑 현감에 유임(「朝鮮王朝宣祖 修正實錄」宣祖 23년 8月.「年表」「「李忠武公全書」 卷首. 李芬「行錄」「「李忠武公全書」 卷9, 付錄」」).

　* 1591(선조 24)년 2월 13일. 이보다 앞서, 李舜臣, 珍島(현재, 全羅南道 珍島郡 珍島) 군수(從4品)에 임명되었지만, 그 부임 전에 加里浦(현재, 全羅南道 莞島郡 莞島邑) 첨절제사에 임명되고, 게다가, 그 부임 전에, 좌의정 柳成龍의 추천에 의해, 全羅左道 수군절도사에 발탁되었다(舜臣 47세). 舜臣, 왜의 침공을 살펴서 알고, 龜甲船을 고안(「朝鮮王朝宣祖 實錄」 宣祖 24년 2月 庚辰.「朝鮮王朝宣祖 修正實錄」선조 23년 8월.「年表」「「李忠武公全書」 卷首. 李芬「行錄」「「李忠武公全書」 卷9, 付錄」」).

　* 1592(선조 25)년 4월 13일(日本曆 12일). 小西行長·宗義智의 日本제1군, 釜山鎭에 쫓아가, 그것을 포위함(天荊「西征日記」).

　* 1592(선조 25)년 4월 14일(日本曆 13日). 釜山鎭 함락. 부산첨사 鄭撥 戰死. 慶尙左水使 朴泓, 守城을 버리고 도망. 게다가 일본군, 西生浦(현재, 慶尙北道 釜山市 蔚州區 西生面 西生里)·多大浦(현재, 慶尙南 道 釜山市 沙下區 多大洞)을 함락하다(「朝鮮王朝宣祖 修正實錄」선조 25년 4월).

　이와 같은 사태를 보고, 경상우수사 元均, 전의를 상실하여, 전함·戰具를 물 속으로 가라앉히다. 이 때문에, 元均 配下 수군 병사는 뿔뿔이 흩어졌다. 이것에 대하여, 玉浦(현재, 慶尙南道 巨濟市 玉浦洞) 수군 万

戶 李龍雲는 元均에게, 水使로서 慶尙右道를 방어해야 한다는 것, 慶尙
右道의 방비를 잃으면, 全羅道도 忠淸道도 일본군의 손에 함락당하는
것, 李舜臣의 全羅左道 수군에 구원을 요청해야한다는 것 등을 抗言하다
(「朝鮮王朝宣祖 修正實錄」 선조 25년 5월) .

　　* 1592(선조 25)년 4월 15일. 李舜臣, 慶尙右水使 元均으로부터, 13
일에 倭船 出來의 보고를 받음(「壬辰狀草」 萬曆 20년 4월 15일 啓本,
因倭警待変狀「狀1」) .

　　* 1592(선조 25)년 4월 20일. 이 날, 李舜臣에게, 慶尙右道 수군의 구
원 명령이 조정으로부터 나오기 때문에 대기하라는 慶尙道 관찰사 金睟
의 이 도착하다(「壬辰狀草」 萬曆 20년 4월 27일 啓本, 赴援慶尙道狀一
「狀4」).

　　* 1592(선조 25)년 4월 27일. 이 날, 慶尙右水使 元均과 합세하여, 일
본군을 공격하여 부수라는 조정의 명령이 李舜臣에게 도착하다(「壬辰狀
草」 萬曆 20년 4월 27일 啓本, 赴援慶尙道狀一 「狀4」).

　　* 1592(선조 25)년 5월 2일. 李舜臣, 慶尙右道 南海縣의 弥助項浦(현
재, 慶尙南道 南海郡 弥助面 弥助里)·尙州浦(현재, 慶尙南道 南海郡 尙州
面 尙州里)·曲浦(현재, 慶尙南道 南海郡 二東面 花溪里)·平山浦(현재, 慶
尙南道 南海郡 南面 平山里) 의 4鎭을 配下에 편입(疊入)(「亂中日記」壬辰
5월 2일. 「壬辰狀草」萬曆 20년 4월 30일 啓本, 赴援慶尙道狀一「狀5」).

　　* 1592(선조 25)년 5월 4일. 李舜臣, 全羅右水使 李億祺과 함께, 慶尙
右道의 所非浦의 앞바다에 다다르다(「壬辰狀草」 萬曆 20년 5월 초 4일
啓本, 赴援慶尙道狀 「狀6」).

　　* 1592(선조 25)년 5월 5일. 李舜臣, 唐浦(현재, 慶尙南道 統營市 山陽
邑 三德里)에 다다르다. 慶尙右水使 元均과 만날 약속을 했지만, 元均은
오지 않았다(「壬辰狀草」 萬曆 20년 5월 10일 啓本, 玉浦破倭兵狀 「狀7」).

　　* 1592(선조 25)년 5월 6일. 慶尙右水使 元均, 閑山島(현재, 慶尙南道

統營市 閑山面 閑山島) 로부터 唐浦에 오다. 李舜臣, 全羅·慶尙兩道의 諸將을 소집하여 작전을 논의함. 巨濟島 松末浦(현재, 慶尙南道 巨濟市 南部面 加乙串里) 에 다다라서 밤을 보내다(「壬辰狀草」 萬曆 20년 5월 10일 啓本, 玉浦破倭兵狀「狀7」).

　　* 1592(선조 25)년 5월 7일(日明同曆). 朝鮮 수군, 加德島 天城浦(현재, 慶尙南道 釜山市 江西區 加德島 天城洞) 와 加德浦(현재, 慶尙南道 釜山市 江西區 加德島 城北洞) 에 향하여 출발. 午時, 玉浦(현재, 慶尙南道 巨濟市 玉浦洞) 앞바다로 藤堂高虎들의 일본 수군을 발견. 그것을 격파(玉浦의 海戰).(「壬辰狀草」 萬曆 20년 5월 10일 啓本, 玉浦破倭兵狀「狀7」.「高麗船戰記」).

　　* 1592(선조 25)년 5월 7일(日明同曆). 合浦(현재, 慶尙南道 馬山市 山湖洞) 에서 日本 수군을 격파(合浦의 海戰)(「壬辰狀草」 萬曆 20년 5월 10日 啓本, 玉浦破倭兵狀「狀7」).

　　* 1592(선조 25)년 5월 8일(日明同曆). 조선 수군, 鎭海(현재, 慶尙南道 鎭海市) 의 古里梁에 日本 수군이 정박 중인 것을 듣고, 그것을 찾다. 日本 수군, 固城(현재, 慶尙南道 固城郡 固城邑) 의 赤珍浦(현재, 慶尙南道 統營市 光道面) 에 상륙하여 민가에 방화, 약탈. 그동안 日本船団을 격파(赤珍浦의 海戰)(「壬辰狀草」 萬曆 20년 5월 10일 啓本, 玉浦破倭兵狀「狀7」).

　　* 1592(선조 25)년 5월 9일. 李舜臣, 午時, 全羅左水營(현재, 全羅南道 麗水市 君子洞) 에 돌아가다. 왜선의 쌀·의류를 장병에게 分給(「壬辰狀草」 萬曆 20년 5월 10일 啓本, 玉浦破倭兵狀「狀7」).

　　* 1592(선조 25)년 5월 23일. 조정, 李舜臣에게 嘉善大夫(從2品의 宗親·儀賓·文武官의 階)를 주다(「朝鮮王朝宣祖 修正實錄」 선조 25년 5월).

　　* 1592(선조 25)년 5월 27일. 元均으로부터 李舜臣에게 泗川(현재, 慶尙南道 泗川市 泗川邑)·昆陽(현재, 慶尙南道 泗川市 昆陽面 城內里) 에

적선이 있다는 정보.

* 1592(선조 25)년 5월 29일(日明同曆). 조선 수군, 泗川에 향하다. 泗川灣의 물가는 얕고, 항구 안은 좁다. 李舜臣, 썰물 때에 배를 물러서게 하다. 일본 수군 이것을 뒤쫓았다. 만조가 되자, 조선 수군, 龜甲船을 처음으로 준비해서, 일본 수군을 격파(泗川의 해전). 이 해전에서 李舜臣 및 군관 羅大用, 총탄에 맞다(「壬辰狀草」 萬曆 20년 6월 14일 啓本, 唐浦破倭兵狀 「狀8」. 「亂中日記」 임진 5월 29일)).

* 1592(선조 25)년 6월 1일(日明同曆). 李舜臣, 午時, 배를 움직여, 蛇梁(현재, 慶尙南道 統營市 蛇梁面 良池里) 앞바다에 머무르다(「壬辰狀草」 萬曆 20년 6月14日 啓本, 唐浦破倭兵狀 「狀8」).

* 1592(선조 25)년 6월 1일. 李舜臣, 固城의 蛇梁島의 앞바다에 배를 정박하고, 장병을 쉬게 하다.

* 1592(선조 25)년 6월 2일(日明同曆). 唐浦에 적선이 정박 중이라는 통보가 들어오다. 蛇梁 앞바다에서 출발하여, 唐浦를 공격하다. 日本部將 龜井茲矩 총에 맞다(唐浦의 海戰)(「壬辰狀草」 萬曆 20년 6월 14일 啓本, 唐浦破倭兵狀 「狀8」).

* 1592(선조 25)년 6월 3일. 李舜臣, 楸島(현재, 慶尙南道 統營市 山陽面 秋島里) 에 향해, 부근의 섬들을 찾아서 구하다(「壬辰狀草」 萬曆 20년 6월 14일 啓本, 唐浦破倭兵狀 「狀8」).

* 1592(선조 25)년 6월 4일. 李舜臣, 唐浦의 앞바다에 進屯. 全羅右水使 李億祺, 配下의 수군을 데리고 모임에 참가함, 일본 수군 격파의 방책을 논의하다. 巨濟(慶尙南道 巨濟島)·固城의 경계, 鑿梁(鑿浦梁. 현재, 慶尙南道 統營市 堂洞) 바다 가운데서 진을 치다(「壬辰狀草」 萬曆 20년 6월 14일 啓本, 唐浦破倭兵狀 「狀8」).

* 1592(선조 25)년 6월 5~6일(日明同曆). 唐浦로부터 도망간 왜선, 巨濟島를 통과하여, 固城의 唐項浦로 移泊. 李舜臣, 일본병의 상륙을 피

하기 위해, 앞바다에 유인하여 이것을 격파(唐項浦의 해전)(「壬辰狀草」 萬曆 20년 6월 14일 啓本, 唐浦破倭兵狀 「狀8」).

* 1592(선조 25)년 6월 7일(日明同曆). 李舜臣, 熊川(현재, 慶尙南道 鎭海市 城內洞) 의 甑島(현재, 慶尙南道 昌原市 龜山洞) 앞바다에 진을 치다. 栗浦(현재, 慶尙南道 巨濟市 長木面 大錦里) 로부터 釜山浦에 향하는 왜선을 발견하고, 그것을 격파. 來島通久 戰死(栗浦의 해전)(「壬辰狀草」 萬曆 20년 6월 14일 啓本, 唐浦破倭兵狀 「狀8」. 「高麗船戰記」).

* 1592(선조 25)년 6월 8일. 李舜臣, 昌原(현재, 慶尙南道 昌原市) 의 馬山浦(현재, 慶尙南道 馬山市)·安骨浦(현재, 慶尙南道 鎭海市 安骨洞)·薺浦(현재, 慶尙南道 鎭海市 薺德洞)·熊川에 일본 수군의 形跡을 찾아내, 昌原·甑島·藍浦(현재, 慶尙南道 昌原市 龜山洞 藍浦里) 바다 가운데에 出陣. 밤, 松珍浦(松眞浦. 현재, 慶尙南道 巨濟市 長木面 松眞浦里) 에 돌아가다(「壬辰狀草」 萬曆 20년 6월 14일 啓本, 唐浦破倭兵狀 「狀8」).

* 1592(선조 25)년 6월 9일. 李舜臣, 加德·天城·安骨浦·薺浦의 일본 수군 形跡을 상세하게 찾아내, 唐浦 에 다다르다(「壬辰狀草」 萬曆 20년 6월 14일 啓本, 唐浦破倭兵狀 「狀8」).

* 1592(선조 25)년 6월 10일. 이보다 앞서, 加德島을 구할 때, 釜山浦 등에서 大敵에 조우하고, 兵糧이 다 떨어지고, 戰傷者가 다수 생겼다. 이 때문에, 李舜臣, 弥助項(현재, 慶尙南道 南海郡 弥助面 弥助里) 앞바다에 도착하여, 全羅右水使 李億祺·慶尙右水使 元均들과 陣을 해체하고, 全羅左水營에 돌아가다(「壬辰狀草」 萬曆 20년 6월 14일 啓本, 唐浦破倭兵狀 「狀8」).

* 1592(선조 25)년 6월 14일(日明同曆). 脇坂安治·九鬼嘉隆·加藤嘉明들이 釜山浦에 도착. 조선 수군의 격파에 대해 軍議(「脇坂記」 『續群書類從』).

* 1592(선조 25)년 6월 21일. 慶尙右水使 元均, 군관 李冲을 파견하

여, 巨濟 앞바다의 대첩을 馳啓하다. 조선 국왕, 李冲에게 慶尙道의 사정을 묻다(「壬辰日錄」 2 萬曆 20년 6월 21일 「寄齊史草」 下).

　　* 1592(선조 25)년 6월 23일(日明同曆). 豊臣秀吉, 脇坂安治·九鬼嘉隆·加藤嘉明들에게 조선 수군의 격멸을 지시(天正 20년 6월 23일 脇坂安治宛 豊臣秀吉朱印狀「脇坂文書」).

　　* 1592(선조 25)년 7월 6일. 李舜臣, 配下의 수군을 데리고 露梁(현재, 慶尙南道 南海郡 雪川面 露梁里와 慶尙南道 河東郡 金南面 露梁津을 사이에 둔 해협) 에 도달하여, 破船수리를 위해 露梁에 머물고 있었던 元均과 만나다. 全羅右水使 李億祺도 露梁에 도착(「壬辰狀草」萬曆 20년 7월 15일 啓本, 見乃梁破倭兵狀 「狀9」.「朝鮮王朝宣祖 實錄」 선조 25년 6월 기유).

　　* 1592(선조 25)년 7월 7일(日本曆 6일). 脇坂安治, 九鬼嘉隆·加藤嘉明들을 기다리지 않고 몰래 빠져나와 적진에 쳐들어가서 熊川을 출발하여, 見乃梁(현재, 慶尙南道 巨濟市 沙等面 德湖里) 에 이르다. 李舜臣, 唐浦에 다다랐을 때, 조선 피난민들이 일본 수군 70여척이 永登浦(현재, 慶尙南道 巨濟市 長木面 舊永里) 로부터 見乃梁에 옮겨 정박하고 있다고 고하다. 한편, 九鬼嘉隆·加藤嘉明들은 脇坂安治의 뒤를 쫓아, 이 날, 釜山浦를 出帆(「脇坂記」『續群書類從』.「高麗船戰記」.「壬辰狀草」萬曆 20년 7월 15일 啓本, 見乃梁破倭兵狀 「狀9」).

　　* 1592(선조 25)년 7월 8일(日本曆 7日). 李舜臣, 脇坂의 수군을 閑山島 앞바다에 유인하여 그것을 치다. 이 해전에 즈음하여 李舜臣과 元均과의 사이에 作戰 상의 의견 대립이 있어(閑山島 앞바다의 해전). 이 날, 九鬼嘉隆·加藤嘉明들의 일본 수군, 加德島에 도착하다(「脇坂記」『續群書類從』.「高麗船戰記」.「壬辰狀草」萬曆 20년 7월 15일 啓本, 見乃梁破倭兵狀 「狀9」.「朝鮮王朝宣祖 修正實錄」 선조 25년 7월).

　　* 1592(선조 25)년 7월 9일(日本曆 8일). 九鬼嘉隆·加藤嘉明들 安骨

浦에 다다르다(「脇坂記」『續群書類從』.「高麗船戰記」).

　　* 1592(선조 25)년 7월 10일(日本曆 9일). 조선 수군, 安骨浦의 일본 수군에 대해, 썰물을 이용하여 유인하지만, 일본 측 응하지 않다. 조선 수군, 安骨浦에 돌입(安骨浦의 해전)(「壬辰狀草」萬曆 20년 7월 15일 啓本 , 見乃梁破倭兵狀「狀9」.「脇坂記」『續群書類從』.「高麗船戰記」).

　　* 1592(선조 25)년 7월 11일(日本曆 10일). 일본 수군, 밤을 틈타 달아나 숨다(「壬辰狀草」萬曆 20년 7월 15일 啓本 , 見乃梁破倭兵狀「狀9」).

　　* 1592(선조 25)년 7월 12일(日本曆 11日). 李舜臣, 閑山島에 다다르다. 閑山島에 상륙한 일본군, 연일의 기근에 의해, 걷는 것도 하지 못하다(「壬辰狀草」萬曆 20년 7월 15日啓本, 見乃梁破倭兵狀「狀9」).

　　* 1592(선조 25)년 7월 13日. 李舜臣, 全羅左水營에 돌아가다(「壬辰狀草」萬曆 20년 7월 15日 啓本, 見乃梁破倭兵狀「狀9」).

　　* 1592(선조 25)년 7월 15일(日本曆 14일). 豊臣秀吉, 脇坂安治·九鬼嘉隆·加藤嘉明들에게 해전을 중지하고, 巨濟島에 城을 축성하여 당번이 되어 근무하고, 육지를 따라 조선 수군을 치라는 명령을 내리다(天正 20년 7월 14일 脇坂安治宛 豊臣秀吉朱印狀「脇坂文書」.「高山公實錄」).

　　* 1592(선조 25)년 8월 1일. 備辺司, 唐項浦 해전의 大捷에 대하여 李舜臣들을 특별하게 論賞 하는 것을 국왕에게 청하다. 全羅左水使 李舜臣을 超資하여 資憲大夫(正2品의 文武官의 階), 興陽縣監裴興立·光陽현감魚泳潭을 통치, 鹿島万戶 鄭運·蛇梁첨사 金浣을 折衝, 樂安군수 申浩를 兼內資寺正, 宝城군수 金得光을 兼內贍寺正, 虞候 李夢龜·前첨사 李応華 등을 訓鍊院僉正, 李奇男을 訓鍊院判官, 金仁英 등 3명을 訓鍊院主簿, 卞存緒 등 14명을 부장으로 삼다(「朝鮮王朝宣祖 實錄」선조 25년 8월 계묘. 趙慶男「亂中雜錄」임진 8월).

　　* 1592(선조 25)년 9월 1일(日本曆 8월 30日). 李舜臣, 전라우수사 李億祺·경상우수사 元均·助防將 丁傑들과, 釜山은 일본군의 근본이어서,

이것을 蕩覆하여 연락을 끊는 작전을 세우다. 이 날, 西平浦(현재, 慶尙南道 釜山市 西區 旧平洞)·多大浦(현재, 慶尙南道 釜山市 沙下區 多大洞)·絶影島(折影島. 현재, 慶尙南道 釜山市 影島區 影島) 의 日本船을 撞破하고, 게다가 釜山浦 앞바다에 다다르다. 日本艦船의 船滄東辺山麓의 岸下에 列泊하는 500여척, 조선 수군을 두려워하여 출격하지 못하다. 높은 곳에 올라가 放丸 난사하다. 鹿島万戶 鄭運 이하 사상자가 많아, 李舜臣, 이 작전에 성공하지 못하다. 군을 철수하고 전라좌수영에 돌아가다(「朝鮮王朝宣祖 修正實錄」 선조 25년 8월.「壬辰狀草」 萬曆 20년 9월 17일 啓本, 釜山破倭兵狀「狀11」.「亂中雜錄」 壬辰 8월. 閔順之「壬辰錄」 壬辰 9월 정사).

   * 1593(선조 26)년 1월 11일. 전라좌수사 李舜臣 配下의 수군 5000명, 전라우수사 李億祺 配下의 수군 1만명(明経略贊畫 袁黃의 朝鮮 8도에 현재 있는 병마의 숫자 질문에 대답한 것)(「朝鮮王朝宣祖 實錄」 선조 26년 정월 병인).

   * 1593(선조 26)년 1월 26일 李舜臣, 義僧將을 나눠서, 石柱(현재, 全羅南道 求礼郡 土旨面 松亭里)·陶灘(현재, 全羅南道 求礼郡 土旨面 把道里)·豆恥(현재, 慶尙南道 河東郡 河東邑 豆谷里「여기에 豆恥 있음」)와 蟾津川를 사이에 둔 對岸의 全羅南道 光陽市 多鴨面 蟾津里「여기에 蟾津鎭 있음」의 경계)·八良峙(全羅北道 南原郡 東面 引月里)등의 要害를 지키게 하고, 또한 유민을 突山島(현재, 全羅南道 麗川郡 突山邑 突山島)에서 농경에 종사하게 했다(「壬辰狀草」 萬曆 21년 정월 26일 啓本, 分送義僧把守要害狀「狀18」.「壬辰狀草」 萬曆 21년 정월 26일 啓本 , 請令流民入接突山島耕種狀「狀19」).

   * 1593(선조 26)년 2월 22일~ 3월 6일. 李舜臣, 명·조선연합군이 平壤을 奪回했다는 것을 듣고, 일본군의 근거지를 치고, 그 움직임에 호응하려고 해, 경상우수사 元均·전라우수사 李億祺들과 熊川의 일본군을

살폈다. 일본군은 움직이지 않았다. 이 날, 다시, 熊川을 공격하다. 선봉의 4척, 얕은 여울에 걸러서 뒤집어 엎어지다. 日本水軍將 脇坂安治, 이것을 보고 加藤嘉明·九鬼嘉隆들과 각각 輕船을 내서 이것을 치다. 李舜臣들은 패하여 蘇秦浦(현재, 慶尙南道 巨濟市 長木面 松眞浦里)에 퇴진하다. 그 후, 또한 熊川을 공격했지만 元均과 의견이 맞지 않았다. 결국 閑山島를 지나, 全羅左水營에 돌아오다(「亂中日記」癸巳 2월 初 6일~25일, 28·29일. 「壬辰狀草」萬曆 21년 2월 17일 狀啓「狀22」. 「壬辰狀草」萬曆 21년 4월 초 6일 啓本, 討賊狀「狀25」. 文祿 2년 3월 28일 脇坂安治宛 豊臣秀次朱印狀「脇坂文書」. 「脇坂記」『續群書類從』).

* 1593(선조 26)년 5월 1일. 明経略宋応昌, 梁山(현재, 慶尙南道 梁山郡 梁山邑)·東萊(현재, 慶尙南道 釜山市 東萊區)·釜山 및 洛東江下流에 출몰하는 왜선을 격멸하려고 조선측에 지시. 조선국왕, 이것을 李舜臣에게 전령(「朝鮮王朝宣祖 實錄」선조 26년 5월 甲寅. 「壬辰狀草」萬曆 21년 5월 초 2일 啓本「狀29」. 「壬辰狀草」萬曆 21년 5월 初10日狀啓, 請湖西舟師継援狀二「狀30」).

* 1593(선조 26)년 6월 3일. 경상우수사 元均, 수륙 합공을 조정에 獻策(「朝鮮王朝宣祖 實錄」선조 26년 6월 병술).

* 1593(선조 26)년 7월 14일. 李舜臣, 閑山島에 陳을 이동. 全羅左水營에 있는 麗水는 全羅道 쪽에 치우쳐져 있고, 일본군을 제어하기 어려워, 舜臣은 조정에 요청하여 본영을 閑山島에 옮기다(「亂中日記」癸巳 7월 14일. 「朝鮮王朝宣祖 修正實錄」선조 26년 7월. 「壬辰錄」癸巳 7월).

* 1593(선조 26)년 7월 20일. 全羅監司 李廷馣, 왜선이 巨濟의 경계로부터 永登浦·河淸加耳(현재, 慶尙南道 巨濟市 河淸面 河淸里)에 이르러, 瀰漫에 나란히 정박하여, 수군과 육군이 상호 응답하여 全羅道를 침범하는 모습이 명백한 것을 조정에 보고.(「朝鮮王朝宣祖 實錄」선조 26

년 7월 임신).

　　* 1593(선조 26)년 7월 24일. 경상좌수사 李守一, 왜선 4척을 포획(「朝
鮮王朝宣祖 實錄」 선조 26년 7월 병자).

　　* 1593(선조 26)년 8월 15일. 全羅監司 李廷馣, 全羅道左右水軍 소속
諸將의 전쟁에서 세운 공로가 현저하다는 것을 조정에 보고하고, 官을
보내 饗勞(馳走하여 노고를 치하함) 하는 것을 바라다. 일단 떨어뜨린
후, 이것을 실시하는 것이 되었다(「朝鮮王朝宣祖 實錄」 선조 26년 8월
병신).

　　* 1593(선조 26)년 8월 이 달. 李舜臣, 전라좌수사 겸 忠淸·全羅·慶
尙삼도 수군통제사가 되다(「朝鮮王朝宣祖 修正實錄」 선조 26년 8월).

　　* 1593(선조 26)년 9월 4일. 전라좌수사 李舜臣·전라우수사 李億祺·
忠淸水使 丁傑, 被擄逃還人(조선인으로 日本 측에 붙잡혀, 도망쳐 돌아
간 사람) 으로, 固城의 주인인 訓鍊奉事 諸萬春이 본 일본군의 모습을
조정에 보고(「壬辰狀草」 萬曆 21년 8月 日 啓本, 登聞被擄人所告倭情狀
「狀37」. 「亂中日記」 계사 9월 초 4일).

　　* 1593(선조 26)년 윤 11월 6일. 비변사, 통제사 李舜臣 이하의 左右
道水使들이, 전년 에 전쟁의 승리를 보고하고 난 후, 한 번도 日本 수군
을 친 흔적이 없다고 해서, 그 이유를 규명하고 격려하는 것을 국왕에게
바라다. 국왕, 이것을 허락하다(「朝鮮王朝宣祖 實錄」 선조 26년 윤 11월
병술).

　　* 1593(선조 26)년 윤 11월 17일. 李舜臣, 포로가 된 일본 병사로부터
얻은 일본군의 상황을 조정에 보고. 또한, 前 光陽현감 魚泳潭을 助防將,
前 부사 丁景達을 종사관으로 삼고, 또한 沿海軍兵糧器를 수군으로 전부
소속시키는 것을 바라다(「壬辰狀草」 萬曆 21년 윤 11월 17일 啓本, 還營
狀 「狀39」. 「壬辰狀草」 萬曆 21년 윤 11월 17일 啓本, 登聞擒倭所告倭
情狀 「狀40」. 「壬辰狀草」 萬曆 21년 윤 11월 17일 狀啓, 請以魚泳潭爲

助防將狀「狀41」.「壬辰狀草」萬曆 21년 윤 11월 17일 狀啓, 請下請納
鐵公文兼賜硫黃狀「狀43」.「壬辰狀草」萬曆 21년 윤 11월 17일 狀啓,
請以文臣差從事官狀「狀44」.「壬辰狀草」萬曆 21년 윤 11월 17일 啓本,
請沿海軍兵糧器全屬舟師狀「狀45」).

* 1593(선조 26)년 12월 30일. 李舜臣, 海島에 둔전을 설치하는 것을
조정에 바라고 晋州의 興善島(昌善島. 현재, 慶尙南道 南海郡 昌善面) 에
둔전을 설치하는 것이 되다(「朝鮮王朝宣祖 實錄」선조 26년 12월 기묘.
「壬辰狀草」萬曆 21년 윤 11월 17일 啓本, 請設屯田狀「狀46」).

* 1594(선조 27)년 3월 6일. 삼도수군통제사 李舜臣, 慶尙右水使 元
均과 함께 鎭海·固城에 와서 정박하는 왜선을 撞破(제 2차 唐項浦의 海
戰). 가끔 明 指揮 譚宗仁, 小西行長의 熊川의 군영에 머물다, 일본 측과
의 和議折衝의 파기를 두려워하여, 李舜臣들에게 신속하게 본영에 귀환
하여, 일본군과 전쟁의 실마리를 만들지 않도록 명령하다(「朝鮮王朝宣祖
實錄」선조 27년 4월 갑술.「亂中日記」갑오 3월 초 3일, 5일~7일, 22
일.「李忠武公全書」卷4, 狀啓陳倭情狀·唐項浦破倭兵狀).

* 1594(선조 27)년 4월 6일. 왕세자, 삼도수군통제사 李舜臣의 주청에
따라, 閑山島에 새로 설치하여, 무사 100명을 試取 시키다(「李忠武公全
書」卷4, 狀啓設武科別試狀,「亂中日記」갑오 4월 초 6일~9일.「亂中
雜錄」갑오 10월).

* 1594(선조 27)년 4월 17일. 慶尙左道兵使 高彦伯, 왜선 만 여척이
나타났다고 조정에 보고(「朝鮮王朝宣祖 實錄」선조 27년 4월 乙丑).

* 1594(선조 27)년 5월 22일. 全羅監司 李廷馣, 명으로부터 兵糧 원
조는 절망적이었고, 게다가 조선의 사전 준비 또한 의지되지 않았기 때
문에, 薺浦의 길을 열고, 三浦를 복구하고, 歲遣船을 부활시켜, 일본과의
和를 이어 조선의 보전을 꾀한다는 것을 조정에 보고. 이것에 의해, 李舜
臣 격노(「朝鮮王朝宣祖 實錄」선조 27년 5월 기해.「朝鮮王朝宣祖 修正

實錄」 선조 27년 5월. 「亂中日記」 갑오 5월 20일).

　＊ 1594(선조 27)년 5월 27일. 全羅監司 李廷馣 遞差(「朝鮮王朝宣祖 實錄」 선조 27년 5월 임인·계묘·갑진).

　＊ 1594(선조 27)년 5월 28일. 全州府尹 洪世恭을 全羅道감찰사 겸 全州부윤으로 임명하다(「朝鮮王朝宣祖 實錄」 선조 27년 5월 을사. 「亂中雜錄」 갑오 6월).

　＊ 1594(선조 27)년 6월 29일. 黃璀을 全州부윤으로 임명하다(「朝鮮王朝宣祖 實錄」 선조 27년 6월 병자).

　＊ 1594(선조 27)년 9월 14일. 조정, 降倭를 수군으로 보내고, 格軍(水夫)에 사역하는 자로 정함(「朝鮮王朝宣祖 實錄」 선조 27년 9월 기축).

　＊ 1594(선조 27)년 10월 3일. 閑山島 수군의 格軍, 兵糧이 없어서, 餓死하는 자가 많음(「朝鮮王朝宣祖 實錄」 선조 27년 10월 정미. 「懲毖錄」).

　＊ 1594(선조 27)년 10월 4일. 三道都 체찰사 尹斗壽, 巨濟島의 일본군을 수륙 합동 공격하는 것을 계획. 順天에서 麾下의 군 3000을 忠淸兵使 宣居怡에게 붙여, 固城에 進屯 시키다. 都元帥 權慄, 李舜臣·金德齡들에게 전령하여, 수륙으로부터 巨濟島를 합동 공격 시키다. 助防將 郭再祐, 陸將이 되어, 그 配下에 金敬老·金応誠·張義賢·白士霖·朱夢龍·韓明璉·裴楔·僧將 信悅들이 있음. 1일, 忠淸水使 李純信·先鋒將 熊川縣監 李雲龍들, 永登浦를 습격하여 패퇴. 이 날, 李舜臣, 郭再祐와 합세하여, 門場浦를 습격했지만 실패(場門浦·永登浦의 海戰)(「朝鮮王朝宣祖 實錄」 선조 27년 10월 壬子·乙卯. 「朝鮮王朝宣祖 修正實錄」 선조 27년 9월. 「亂中日記」 갑오 9월 22·23일, 25～29일, 10월 1일～4일, 6일～9일. 「亂中雜錄」 갑오 9월. 「壬辰錄」 갑오 9월).

　＊ 1594(선조 27)년 10월 8일. 경상우수사 元均, 巨濟場門浦의 일본군을 격파하지 못하고 陣에 돌아온 것을 조정에 보고(「朝鮮王朝宣祖 實錄」 선조 27년 10월 임자).

* 1594(선조 27)년 11월 22일. 兩司(司憲府·司諫院), 巨濟島 패배의 죄에 의해, 都元帥 權慄·통제사 李舜臣을 처벌하고, 도체찰사 尹斗壽를 파면하는 것을 進言. 國王, 權慄과 李舜臣을 조사하고, 尹斗壽에 대한 처치는 허락하지 않았다(「朝鮮王朝宣祖 實錄」 선조 27년 11월 계사·병신·정유·무술·기해·경자·신축·임인).

* 1594(선조 27)년 11월 28일. 비변사, 李舜臣과 元均은 불화에 의해, 그 처치를 進言. 國王, 한 명은 遞差시키지 않으면 안 되었기 때문에, 검토시키다(「朝鮮王朝宣祖 實錄」 선조 27년 11월 임인).

* 1594(선조 27)년 12월 1일. 元均을 忠淸兵使, 宣居怡를 경상우수사로 임명하다(「朝鮮王朝宣祖 實錄」 선조 27년 12月 갑진. 「朝鮮王朝宣祖 修正實錄」 선조 27년 12월).

* 1595(선조 28)년 3월 4일. 요동도사 張三畏, 조선국왕에게 자문을 보내서, 朝鮮將官 所領 병마의 실태를 査問. 그것에의 회답.

① 全羅左道 水軍 삼도통제사 李舜臣, 住泊 巨濟縣 서쪽 바다 閑山島, 原領 弓砲 등 手共 717명, 梢水(梢戶…船乘り), 船頭) 등 군 3072명, 戰船 26척, 龜船(龜甲船) 5척 哨探船 31척.

② 慶尙右道 수군절도사 裵楔, 住泊 巨濟縣 서쪽 바다 閑山島, 原領 弓砲 등 手共 55명, 梢水등 軍 共 398명, 戰船 10척, 哨探船 10척.

③ 全羅右道 수군절도사 李億祺, 住泊 巨濟縣 서쪽 바다 閑山島, 原領 弓砲 등 手共 425명, 梢水 등 軍共 2171명, 戰船 24척, 哨探船 24척.

④慶尙左道 수군절도사 李守一, 住泊 長鬐縣 海口, 巨濟縣 西原領 武學 牙兵 砲手 합하여 31명, 梢水 등 軍兵 240명, 戰船 3척, 哨探船 3척(「事大文軌」卷12, 萬曆 23년 3월 초 4일 朝鮮國王咨遼東都指揮使司「回咨」).

* 1595(선조 28)년 3월 5일. 비변사, 忠淸道 水軍船가 수몰한 것에 대해, 宣伝官을 배가 파손된 곳에 파견하여, 그 흔적과 죽은 군졸의 수를 조사하여, 新水使(忠淸水使) 宣居怡에게 그 처치를 물어, 그 보고에 의해

대처하는 것을 조정에 말하다(「朝鮮王朝宣祖 實錄」 선조 28년 3월 무인).

　* 1595(선조 28)년 7월 26일. 都元帥 權慄, 台論(司憲府와 司諫院의 탄핵)을 받아 경질되어, 우의정 李元翼이 도체찰사 겸 元帥府事가 되다 (「朝鮮王朝宣祖 實錄」 선조 27년 7월 정유.「朝鮮王朝宣祖 修正實錄」선조 27년 7월.「亂中雜錄」을미 7월.「壬辰錄」을미 7월).

　* 1595(선조 28)년 9월 2일. 도체찰사 李元翼들, 전 달 25일, 所非浦 (현재, 慶尙南道 固城郡 下一面 春岩里)에서 배를 출발시켜, 閑山島에 도착해 배를 정박하고, 李舜臣과 軍事에 대해 논의하다. 이 날, 宜寧(현재, 慶尙南道 宜寧郡 宜寧邑) 에 도착해, 더욱이 星州(현재, 慶尙北道 星州郡 星州邑) 에 가서 주둔(「栢嚴集」년 譜, 萬曆 23년 을미 8월 25일, 9월 1일·2일·5일·6일, 10월 7일).

　* 1595(선조 28)년 11월 30일. 權慄戶曹 判書가 되다(「朝鮮王朝宣祖 實錄」 선조 28년 11월 무술).

　* 1596(선조 29)년 1월 12일. 忠淸兵使 元均, 前 郡守 崔德峋을 종사관으로 칭호하여 帶率하는 것을 조정에 바라다. 司憲府, 元均의 규칙 위반의 죄를 논하여, 崔德峋의 칭호를 받아들임(「朝鮮王朝宣祖 實錄」 선조 29년 정월 기묘).

　* 1596(선조 29)년 1월 26일. 權慄, 都元帥에 복귀(「朝鮮王朝宣祖 修正實錄」 선조 29년 정월.「亂中雜錄」 병신 2월.「壬辰錄」 병신 2월).

　* 1596(선조 29)년 2월 28일. 李舜臣, 도체찰사 李元翼의 沿海 방비책을 비판. 이보다 먼저, 비변사, 沿岸 방비에 대해 검토하고, 釜山의 왜적이 閑山島의 수군을 견제하여, 더욱이 서해(全羅南道부터 忠淸南道 방면)에 침범한다면, 이것을 방어하는 것은 곤란하다. 그 때문에, 忠淸水使 配下의 수군을 본영(忠淸水營) 에 머물러 두게 하여, 全羅右水使 李億祺의 수군은 全羅左右道의 사이를 왕래하여, 珍島·濟州를 성원하게 하다. 이 경우, 閑山島의 수군이 도와주는 사람이 없이 힘이 약해지는 위험성

이 있지만, 그 때는 상호 호응하여 대처하는 것으로 하여, 이것을 도체찰 사 李元翼에게 지시. 李元翼은 이것을 李舜臣에게 지시. 李舜臣, 이것을 계책이 없다고 비판(「朝鮮王朝宣祖 實錄」 선조 29년 정월 기축. 「亂中 日記」 병신 2월 28일).

* 1596(선조 29)년 3월 26일. 도체찰사 李元翼, 李舜臣에게 沿海防備 에 대한 지시를 착오라고 하여 취소하다(「亂中日記」 병신 3월 26일)

* 1596(선조 29)년 윤 8월 이 달. 체찰부사 韓孝純, 閑山島에 무과를 설치하여, 戌軍을 시험해보고 이것을 賜第(特旨를 가지고 과거합격자와 동일한 자격을 주는 것)(「朝鮮王朝宣祖 修正實錄」 선조 29년 윤 8월. 「亂 中雜錄」 병신 윤 8월 16일).

* 1596(선조 29)년 9월 24일. 대사헌 李廷馨, 통제사 李舜臣에게 서울 에 올라오게 하여 閑山島의 格軍에게 상을 주고 배를 운전한 공을 치하 하고 위로하는 것을 국왕에게 進言(「朝鮮王朝宣祖 實錄」 선조 29년 9월 정사).

* 1596(선조 29)년 11월 7일. 국왕, 대신 및 堂上官들에게, 李舜臣과 元均의 將才를 묻다(「朝鮮王朝宣祖 實錄」 선조 29년 11월 기해·경자).

* 1596(선조 29)년 11월 9일. 海平府院君 尹根壽, 元均을 경상우수사 에 재기하여 해상을 遮截 시키는 것, 元均이 통제사 李舜臣의 밑에서 그 이상 바라지 않는 것이 가능하지 않다면, 元均을 慶尙道 통제사로 하는 것 등을 進言(「朝鮮王朝宣祖 實錄」 선조 29년 11월 신축).

* 1596(선조 29)년 11월 27일. 체찰부사 韓孝純, 군관 宋忠仁에게 몸 소 알아보는 책무를 주어, 釜山에 가서 要時羅와 서로 이야기하게 하자, 日明和議折衝의 파탄에 의해, 加藤淸正가 재출정의 준비에 들어가, 정월 이나 2월에 조선에 상륙한다라는 소문이 있다고 조정에 보고. 비변사, 宣 傳官을 도체찰사 李元翼·都元帥 權慄에게 파견하고, 왜인에게 厚賂를 주어 加藤淸正들의 상륙시기를 찾게 하여, 통제사 李舜臣에게 해상에서

그것을 遮截시키는 계획을 세우다(「朝鮮王朝宣祖 實錄」선조 29년 11월
己未, 12월 정묘·경오).

　* 1596(선조 29)년 12월 21일. 통신사 黃愼·朴弘長 일본에서 귀국.
조선 내부에서, 秀吉의 謝恩表는 唐文이어서, 신용할 수 없다는 의견이
있다. 여기에서 조정, 도체찰사 李元翼·都元帥 權慄·통제사 李舜臣·慶
尙道 巡察使·全羅道 순찰사·濟州목사들에게 왜란 재발에 대해 준비시
키다(「朝鮮王朝宣祖 實錄」선조 29년 12월 무인·계미·을유. 「朝鮮王朝
宣祖 修正實錄」선조 29년 12월. 「亂中雜錄」병신 12월).

　* 1597(선조 30)년 1월 4일. 병조판서 李德馨, 降倭 呂汝文들의 倭賊
이 두려워 하는 건 수군이라는 말을 받아들여, 慶尙左右道의 수군의 수
100척을 釜山 앞바다 부근에 출몰시켜서 釜山 주둔의 왜적을 고립시켜,
동풍이 부는 2월 또는 3월에 왜적은 또 다시 조선에 渡海하기 때문에,
그 이전에 방비를 단단하게 하는 것을 進言(「朝鮮王朝宣祖 實錄」선조
30년 정월 을미).

　* 1597(선조 30)년 1월 10일. 巨濟縣 令安衛·통제사 李舜臣의 군관
金蘭瑞·辛鳴鶴들, 밤중을 틈타서 釜山의 왜영에 불을 지르고, 火藥庫·軍
器雜物 및 軍糧 2만 6000여석·戰船 20여척을 연속하여 불태움. 이 곳에
이르러, 李舜臣 馳啓하여 安衛들의 論賞을 바라다. 가끔 이조좌랑 金藎
國, 釜山浦 日本營의 화공은 도체찰사 李元翼의 심복 許守石이었고, 李
舜臣 配下의 군관이 이 공적을 훔치기 위한 것이라고 보고(「朝鮮王朝宣
祖 實錄」선조 30년 정월 임진·계사. 「朝鮮王朝宣祖 修正實錄」선조 30
년 정월).

　* 1597(선조 30)년 1월 22일. 全羅兵使 元均, 조선측의 長技는 水戰
이라는 것, 수군에게 왜적을 迎擊시켜, 왜적의 상륙을 저지하는 것을 進
言. 국왕, 이것을 비변사에 토의시킴(「朝鮮王朝宣祖 實錄」선조 30년 정
월 계축).

* 1597(선조 30)년 1월 27일. 李舜臣 체포되어, 全羅兵使 元均이 경상우수사 겸 삼도수군통제사가 되다. 이보다 먼저, 小西行長, 慶尙右兵使 金応瑞에게 加藤淸正의 동향을 알리다. 즉, 화의가 정립되지 않은 것은 淸正가 싸움을 주장했기 때문이고, 淸正만 없어지면, 일본에 대한 조선의 원한도 없어져서, 조선의 걱정도 없어지는 것이라고 말해서, 淸正가 조선에 상륙하는 일정을 알려, 상륙 전에, 조선 수군이 淸正를 기습하는 것을 제안. 金応瑞, 이것을 국왕에게 보고. 국왕, 黃愼을 李舜臣에게 보내, 이 작전을 촉구하다. 李舜臣, 바닷길이 험난하여, 왜적은 반드시 伏兵을 설치하여 대기하고 있을 것이다. 또한, 배를 많이 출정시키면, 이것은 왜적에게 알려지고, 적은 배를 출정시킨다면, 왜적에게 습격당하기 때문에, 결국 이 작전에는 응하지 않는다. 그 후, 加藤淸正, 多大浦 앞바다 부근에서부터 西生浦에 상륙. 이것에 의해 台諫, 李舜臣의 조정명령 불응에 대해, 舜臣의 체포심문을 요청. 국왕, 李舜臣을 비난하는 조정의 의견에 의심을 가지고, 成均司成 南以信(西人派)을 閑山島에 파견하여 사실 조사를 시켰지만, 南以信은 사실을 보고하지 않았다. 그 후, 判中樞府事 鄭琢는 李舜臣의 형감을 간청하다. 그 결과, 李舜臣은 죄 등을 감형당하지 못하고, 고문을 받아, 후에 백의종군의 몸이 되다(「壬辰錄」 정유 2월·8월. 「朝鮮王朝宣祖 實錄」 선조 30년 정월 무오·기미, 2月 정묘. 「朝鮮王朝宣祖 修正實錄」 선조 30년 2월. 「懲毖錄」. 「亂中雜錄」 정유 2월).

* 1597(선조 30)년 2월 3일. 사헌부, 前통제사 李舜臣을 취조하여, 법에 따라 죄를 결정하는 것을 국왕에게 바라다. 국왕, 대신에게 논의 시킨 후, 처리하는 것으로 하다(「朝鮮王朝宣祖 實錄」 선조 30년 2월 을축, 3월 계묘·경술. 「朝鮮王朝宣祖 修正實錄」 선조 30년 2월). 「懲毖錄」. 「亂中雜錄」 정유 2월·4월. 「壬辰錄」 정유 2월).

* 1597(선조 30)년 2월 7일. 경상우수사 裵興立 遞差(「朝鮮王朝宣祖 實錄」 선조 30년 2월 무진).

 * 1597(선조 30)년 3월 9일. 이보다 먼저, 小西行長, 慶尙兵使 金応瑞에게 巨濟島 中材木 斫取의 일을 통지하고, 나머지는 함부로 內地에 들어가지 않는 것을 약속함. 이 날, 日本船 3척, 約定에 의해 巨濟島 場門浦 에 정박하여, 부근의 산지에서 벌목하다. 統制使 元均, 이것을 알고, 전라우수사 李億祺과 수군을 데리고 馳到하여, 降倭 南汝文을 보내 상륙의 왜병을 유도하여, 이것을 통제사 배 위에 술을 보내, 그 퇴거에 틈타, 安骨浦 万戶 禹壽·固城縣令 趙凝道·巨濟縣令 安衛와 이것을 바다 위에 치다. 이 싸움에서 趙凝道 칼에 맞고 물에 뛰어들고, 禹壽 또한 죽었다. 이 소식, 왜영에 도착할 때에, 行長, 金応瑞에게 通書해서 조선측의 계약위반을 비난하여, 鍋島直茂·島津義弘들의 노여움으로 兵을 沿海에 내보내는 것을 의논한다고 말하다. 틀림없이, 全羅道 재침략의 구실이다(「朝鮮王朝宣祖 實錄」 선조 30년 3月 무신·갑인·을묘·경신, 4월 기묘).

 * 1597(선조 30)년 4월 1일. 李舜臣 出獄(「亂中日記」 정유 4월 1일).

 * 1597(선조 30)년 4월 19일. 元均, 加德島·安骨浦 양쪽 곳의 왜적은 3~4000에 못미친다고 보고하여, 精兵 30만을 얻어 勦滅하는 것을 바람(「朝鮮王朝宣祖 實錄」 선조 30년 4월 기묘·임오, 5월 무술).

 * 1597(선조 30)년 5월 13일. 체찰부사 韓孝純, 三道의 陣 중의 戰船은 134척, 格軍은 1만 3200여명이라는 것을 조정에 보고(「朝鮮王朝宣祖 實錄」 선조 30년 5월 계묘).

 * 1597(선조 30)년 6월 10일. 조정, 明 大軍의 장기주둔은 백성의 부담·피폐를 불러오기 때문에, 종사관 南以恭을 閑山島에 파견하여 왜군의 戰船 遮截의 계획을 세우게 하여, 도체찰사 李元翼·都元帥 權慄들을 통해 수군의 자각을 높이게 하다(「朝鮮王朝宣祖 實錄」 선조 30년 6월 기사·경오·갑술·신사·을유).

 * 1597(선조 30)년 6월 19일. 이보다 먼저, 도체찰사 李元翼, 都元帥 權慄과 논의하여, 新旧船을 바다 안에 머물게 하여 준비하기로 하여,

그 많은 선박은 바다 가운데에 나누어 위치시키고 바닷길을 차단하려고 하다. 통제사 元均, 육군의 安骨浦 선공을 원하여 출격하지 않다. 이에 대하여, 종사관 南以恭을 閑山島에 보내, 배의 출항을 명령시켰다. 이 날, 南以恭, 三道의 戰船 90余척을 데리고, 통제사 元均과 동승하여 閑山島를 출발하여, 군대를 나누어 즉시 安骨浦을 치다. 왜적, 또는 해변에 잠복하여, 또는 암석의 사이에 設機하여 대포를 발사하여, 결국에 승선해서 다가가다. 本國의 諸將 또한 날쌔고 예리한 군들을 데리고나서, 이로부터 加德島를 향해 가다. 때때로 왜장 島津義弘·高橋統增들의 兵, 安骨浦에게 도우러 오는 태세도 있음. 本國船의 來進을 보고 즉시 나와 싸우다. 이곳에 이르러, 조선 수군, 釜山浦 앞바다에 나가는 것도 하지 못하다. 漆川島에 돌다. 이 싸움에 平山浦 万戶 金軸, 철포에 맞아 戰死. 宝城郡 守安弘國도 戰死(「朝鮮王朝宣祖 實錄」선조 30년 6월 정해·무자. 「朝鮮王朝宣祖 修正實錄」 선조 30년 6월. 「亂中日記」정유 6월 25일. 「亂中雜錄」 정유 6월 19일).

　* 1597(선조 30)년 7월 8일. 왜 수군 600여척, 釜山 앞바다에 와서 정박하다. 일본 수군의 將 藤堂高虎·加藤嘉明·脇坂安治들 熊川에 이르러, 巨濟島에 향하려고 함. 경상우수사 裴楔, 큰 배 2척을 선봉으로 하여, 배 100척을 데리고, 밤중을 틈타 熊浦에 이르러, 왜선과 만나다. 藤堂高虎·加藤嘉明, 속력이 빠른 배에 타서, 拔懸하여 나서, 藤堂高虎, 먼저 朝鮮船 1척을 빼앗아, 脇坂安治들 이것에 이어, 加藤嘉明와 앞뒤를 다투어 밀어내고, 금세 朝鮮船 10척을 사로잡다. 한편, 裴楔들도 접전이었지만, 화살에 맞는 죽음이 많아지자, 결국 패하여 도망가다. 가끔 통제사 元均은 출격하지 않았다. 都元帥 權慄, 전령을 보내어 元均을 昆陽에 불러내어, 杖罰을 가하다.

　이 때, 조정에 왜선이 차례로 습격하러 온다라는 정보가 빈번하게 도착하다. 저장, 宣伝官을 각 진에 나누어서 보내, 군을 단속하여 방어를 단단히 하여, 그 위에 明에 아뢰어서, 또한 経理 楊鎬에게도 통보하다(「朝鮮王朝宣祖 實錄」 선조 30년 7월 계묘.「事大文軌」卷22, 萬曆 25년 7월 24일 朝鮮國王奏・朝鮮國王咨経理楊鎬.「亂中雜錄」 정유 7월 초 8일・11일.「亂中日記」 정유 7월 14일).

* 1597(선조 30)년 7월 16일. 巨濟島 漆川의 해전. 통제사 元均・全羅水使 李億祺・忠淸水使 崔湖, 여기서 죽음. 경상우수사 裵楔, 配下의 兵船 12척을 데리고 도망. 李舜臣, 潰兵遺船을 소집하다(「朝鮮王朝宣祖 實錄」 선조 30년 7월 신해・갑인・정사.「朝鮮王朝宣祖 修正實錄」 선조 30년 7월.「事大文軌」卷22, 萬曆 25년 7월 27일 朝鮮國王咨経理楊鎬.「亂中日記」 정유 7월 18일・21일・22일).

* 1597(선조 30)년 7월 22일. 李舜臣, 全羅左道 수군절도사 겸 慶尙・全羅・忠淸 삼도통제사에 재임. 權俊, 忠淸道 수군절도사가 되다(「朝鮮王朝宣祖 實錄」 선조 30년 7월 신해.「朝鮮王朝宣祖 修正實錄」 선조 30년 7월.「亂中日記」 정유 8월 3일).

* 1597(선조 30)년 8월 5일. 明経略 邢玠, 戰船의 急造整備를 재촉하여, 통제사 李舜臣・경상우수사 裵楔들에게 船隻을 재촉해, 뱃사람을 소집하여, 함께 왜적을 勦減하기 위해 준비시키다(「事大文軌」卷22, 萬曆 25년 7월 14일, 總督薊遼・保定等處軍務兼理糧餉経略禦倭邢「玠」咨朝鮮國王「邢軍門催造戰船」. 萬曆 25년 8월 초 5일, 朝鮮國王咨経略邢「玠」「回咨」).

* 1597(선조 30)년 8월 이 달. 경상우수사 裵楔, 兵船 12척을 가지고 珍島 碧波亭下에 머물러, 李舜臣, 이것을 향해 달려가다(「亂中雜錄」 정유 8월).

* 1597(선조 30)년 9월 2일. 李舜臣, 남은 병사를 데리고 珍島 鳴梁口(현재, 全羅南道 海南郡 門內面 鳴梁洋과 全羅南道 珍島郡 郡內面 鹿津을 사이에 둔 해협)에 陣을 펴다(「亂中雜錄」 정유 9월 초 1일).

* 1597(선조 30)년 9월 17일(日本曆 16일). 李舜臣, 兵船 13척으로 藤堂高虎들 133척의 왜 수군을 격파. 鳴梁의 해전(「亂中日記」 정유 9월 일).

* 1597(선조 30)년 9월 20일. 李舜臣, 수군을 데리고, 七山海(현재, 全羅南道 靈光郡 落月面 七山島)을 건너, 法聖浦(현재, 全羅南道 靈光郡 法聖面 法聖里)로, 蝟島(古參島. 현재, 全羅北道 扶安郡 蝟島面 蝟島)로부터 古群山島(현재, 全羅北道 群山市 沃島面 仙遊島)에 도착하다(「亂中日記」 정유 9월 19일~21일).

* 1597(선조 30)년 10월 9일. 李舜臣, 右水營(현재, 全羅南道 海南郡 門內面 右水營) 에 돌아오다(「亂中日記」 정유 10월 9일).

* 1597(선조 30)년 11월 4일. 明経理楊鎬, 季金을 해로에서 古今島(현재, 全羅南道 莞島郡 古今面) 에 파견. 李舜臣과 서로 의논 시키다. 가끔 李舜臣, 오랜만에 소식 없이, 都元帥 權慄 또한 군사 기밀을 급송하지 않은 것에 의해, 楊鎬, 이것에 책임을 물어, 李舜臣에게 差官하여 타이르다(「朝鮮王朝宣祖 實錄」 선조 30년 11월 신묘·갑오. 「亂中日記」 정유11월 17일).

* 1597(선조 30)년 12월 이 달. 李舜臣, 陣을 古今島에 옮기는 것을 계획(「亂中雜錄」 정유 12월).

* 1598(선조 31)년 2월 17일. 李舜臣, 諸將을 데리고 宝花島(현재, 全羅南道 木浦市 高下洞 高下島)에서 배를 출발시켜, 康津 경계의 古今島에 陣을 옮기다(「朝鮮王朝宣祖 實錄」 선조 31년 3월 계묘. 「亂中雜錄」 무술 2월. 「壬辰錄」 무술 2월).

* 1598(선조 31)년 3월 이 달. 겸 助防將 順天부사 金彦恭, 왜선 16척, 古今島에 도착하여 정박하고, 石首魚(석수어)를 포획하다. 李舜臣, 이것을 찾아가서, 배를 부수고 목을 베다(「亂中雜錄」 무술 3월).

* 1598(선조 31)년 4월 14일. 明経理楊鎬, 신속하게 전쟁에서 세운 공적을 피로하여, 李舜臣의 공로를 치하하는 것을 묻다(「朝鮮王朝宣祖 實

錄」 선조 31년 4월 무진).

　* 1598(선조 31)년 5월 10일. 조정, 李舜臣의 전쟁에서 세운 告身(辭令書)을 보내, 配下의 장수와 병졸 중에서, 아직 상을 받지 못한 자에게는, 잠시 조사의 결과를 기다리게하는 것으로 하다(「朝鮮王朝宣祖 實錄」 선조 31년 5월 을유·갑오).

　* 1598(선조 31)년 6월 5일. 泗川에서 머물고 있는 倭將 島津義弘들의 兵 400여, 樂安(현재, 全羅南道 順天市 樂安面 南內里)·興陽(현재, 全羅南道 高興郡 高興邑)·宝城(현재, 全羅南道 宝城郡 宝城邑) 으로부터 草峴에 다다르다. 李舜臣, 이것을 듣고, 추적하려고 하지만, 明都督陳璘, 이것을 금지하다. 왜병, 樂安陪界院에 이르러 돌아가다(「亂中雜錄」 무술 6월 5일).

　* 1598(선조 31)년 7월 16일. 李舜臣, 왜 수군과 古今島에서 싸우고, 선척을 모두 불태우다(「朝鮮王朝宣祖 修正實錄」 선조 31년 8월. 「亂中雜錄」 무술 7월 16일).

　* 1598(선조 31)년 8월 13일. 李舜臣, 베어서 얻은 倭兵의 머리를 明都督陳璘에게 分給하다(「朝鮮王朝宣祖 實錄」 선조 31년 8월 병인·무진, 10월 병진).

　* 1598(선조 31)년 9월 10일. 李舜臣, 수군을 정제하여 기회를 틈타서 왜군을 초멸하려고 하지만, 明都督陳璘가 이것을 제어하다. 답답한 생각을 참지 못하고 조정에 보고(「朝鮮王朝宣祖 實錄」 선조 31년 9월 경인·임진).

　* 1598(선조 31)년 9월 16일. 明西路提督 劉綎, 中路提督 董一元, 東路提督 麻貴, 각자의 병마를 다스려서, 都督 陳璘, 수군을 감독하여 나가다. 陳璘은 李舜臣과 함께 全羅左水營 앞바다에 나가, 劉綎는 龍頭山·谷城(현재, 全羅南道 谷城郡 石城邑)에서 富有縣(현재, 全羅南道 順天市 住岩面 倉村里)에 이르다. 조선의 兵은 나뉘어서, 忠淸·全羅는 서쪽 길

로, 京畿·黃海·慶尙右道는 가운데 길로, 平安·江原·慶尙左道는 동쪽 길로, 兩湖(忠淸道·全羅道)의 수군은 수로에 속하게 하여, 都元帥 權慄은 劉綎에 따르다(「朝鮮王朝宣祖 實錄」 선조 31년 9월 신축·정미·임자. 「亂中日記」 무술 9월 19일. 「懲毖錄」. 「亂中雜錄」 무술 8월, 9월 17일·18일·9월. 「壬辰錄」 무술 9월).

   * 1598(선조 31)년 10월 1일. 明提督 劉綎, 順天倭城을 공격하지만 성공하지 못하다. 이것에 의해 李舜臣, 경상우수사 李純信과 함께 露梁의 수로를 경계하여 지키다(「朝鮮王朝宣祖 實錄」 선조 31년 10월 계축·임술·갑자·을축. 「亂中日記」 무술 10월 1~4일·6일, 9일. 「亂中雜錄」 무술 10월 1~7일, 16일, 10월. 「壬辰錄」 무술 10월).

   * 1598(선조 31)년 10월 27일. 明提督 劉綎 接伴使 南復興, 지난 7일, 劉綎 생각지도 않았던 퇴진, 都督 陳璘·李舜臣, 螺驢島에 이르러, 陣을 결성하여 대기하라고 말하다(「朝鮮王朝宣祖 實錄」 선조 31년 10월 기묘).

   * 1598(선조 31)년 11월 19일(日本曆 18일). 露梁의 해전. 李舜臣 죽다(「朝鮮王朝宣祖 實錄」 선조 31년 11월 임인·갑진·을사·병오·신해·무신. 「朝鮮王朝宣祖 修正實錄」선조 31년 11월·12월. 「懲毖錄」. 「壬辰錄」 무술 11월. 「亂中雜錄」 무술 11월 12일·19일·21일).

   * 1604(선조 37)년 6월 25일. 故 李舜臣, 元均·權慄과 함께 宣武功臣 一等(效忠伏義迪毅協力宣武功臣) 에 책록되다(「朝鮮王朝宣祖 實錄」 선조 37년 6월 갑진).

   * 1604(선조 37)년 7월 12일. 故 李舜臣, 左議政에 追贈되어, 德豊院君에 봉해지다(万曆 32년 7월 12일 「贈号職封敎書」).

   * 1643(仁祖 21)년 3월 28일. 故 李舜臣, 忠武公의 諡号를 추서하다(癸未 3월 28일 「贈諡敎書」).

   * 1793(正祖 17)년 7월 21일. 故 李舜臣, 영의정에 가증되다(癸丑 7월 21일「贈職敎書」. 「朝鮮王朝正祖實錄」 정조 17년 7월 임자).

* 1795(正祖 19)년 9월 15일. 「李忠武公全書」 14卷 完成(「李忠武公全書」 綸音).

**(注)

① 董仇非堡…이 지명은 본인의 소견에 한해, 지도에는 보이지 않지만, 「大東輿地図」에 의하면, 咸鏡南道 三水郡 小農堡 주변에 「古隱仇非」 「斗之仇非」 등 유사한 지명이 보인다. 또한, 「新增東國輿地勝覽」 咸鏡道 三水郡의 「關防」 무렵에는, 「小農堡」에 관하여 「弘治庚申, 始築石城, 周 604척, 高 8척, 置權管 1인」라고 되어있다. 이 「權管 한 명을 두다」라고 하는 점에서, 「董仇非堡」를 「小農堡」라고 가정했다. 또한, 「朝鮮王朝中宗實錄」에 의하면, 1524(中宗 19)년 2월 26일, 咸鏡南道 巡辺使 曹閏州(현재, 平安北道 厚昌郡 東興面 古邑洞)·魚面(현재, 咸鏡南道 三水郡 堡城里)·神方仇非(현재, 咸鏡南道 長津郡 北面 新方里) 와 나란히 「董仇非」에 작은 성의 신설을 狀啓했던 기사가 있다(「朝鮮王朝中宗實錄」 중종 19년 2월 신사 「신유의 오류」).

② 乾原堡…「新增東國輿地勝覽」 咸鏡道 慶源都護府의 「關防」의 무렵에는, 「乾元堡」에 관하여, 「正德丙子, 築石城, 周1458척, 高7척, 置權管 1인」라고 되어있다. 이 乾原堡는 豆滿江 중류에 접한 關防이다(「海東地図」). 慶源은 李王朝가 여진에 갖춘 關北 6鎭(穩城·慶源·鍾城·慶興·會寧·富寧) 중 하나.

③ 造山…「新增東國輿地勝覽」 咸鏡道 慶源都護府의 「關防」의 무렵에는, 「造山浦營」에 관하여, 「石城, 周3172, 高5척, 即古鎭辺堡, 수군 万戶 1인」라고 되어있다.

④ 鹿屯島屯田…鹿屯島農堡 라고도 한다. 「新增東國輿地勝覽」 咸鏡道 慶源都護府의 「關防」의 무렵에는, 「鹿屯島農堡」에 관하여, 「土築, 周 1247척, 高 6척, 豆滿江入海處, 距造山浦 20里, 有兵船, 造山万戶 所管」라고 되어있고, 豆滿江 河口에 위치한 鹿屯島는 造山 万戶의 管轄下라

는 것이 알려져 있다. 또한, 「大東輿地図」에 의하면, 鹿屯島에는 農堡·古屯田의 지명을 보는 것이 가능하다.

⑤ 高沙里鎭…高山里堡의 것이라고 생각된다. 「新增東國輿地勝覽」平安道 江界都護府의 「關防」 무렵에는, 「高山里堡」에 관하여 「石城, 周1106척, 高 4척, 有兵馬僉節制使營, 又有軍倉」라고 되어있다. 이 平安北道 江界郡 高山里 및 滿浦鎭 일대는 鴨綠江 상류이다. 建州女眞과의 언쟁이 끊이지 않았던 지역이다. 「朝鮮王朝實錄燕山君日記」에 의하면, 滿浦鎭 부근에 해당하는 建州女眞의 대접에 관한 기사 중에서 「高沙里」의 지명이 보이고 있다(「朝鮮王朝實錄燕山君日記」 연산군 3년 10월 을해).

⑥ 滿浦鎭…「新增東國輿地勝覽」平安道 江界都護府의 「關防」 무렵에는, 「滿浦鎭」에 관해, 「石城, 周3172척, 高5척, 有兵馬僉節制使營」라고 되어있다.

편집후기

전라좌수영은 1479년에 왜구의 침탈을 대비하기 이해 처음 설치되었고, 강진 광양 등 8개의 진포를 관리했다. 그 후 1591년에 이순신 장군이 전라좌수사로 임명되었고, 1593년에는 전라·경상·충청도의 삼도수군통제영이 병설되었으며, 장군은 삼도수군통제사를 겸하게 되었다. 이로써 여수는 삼도수군을 관할하는 조선수군의 총 본영이 되었고, 2011년은 그로부터 420년이 되는 해이다.

이 책은 이를 기념하기 위해, 기획한 심포지엄을 책으로 만든 것이다. 이 책은 3개의 주제로 구성했는데, 제1부 임진왜란과 호남, 제2부 거북선의 구조, 제3부 조선성과 왜성이다. 각 주제마다 학계의 전문가들에게 원고를 위촉하여, 심포지엄을 개최하였고, 그후 수정·보완하여 단행본으로 만들었다. 기조강연으로 일본에서 임진왜란의 최고권위자인 北島万次 교수를 초빙했고, 제1주제에서는 임진왜란과 호남의 역할을 조명하기 위해, 바다와 육지에서의 방어를 정성일교수와 나종우교수가 집필했다. 제2부에서는 학계의 논란이 되고 있는 거북선의 구조를 검토했는데, 2층설에 관해서는 기존의 학설을 박재광교수가 정리했고, 3층설에 관해서는 정진술교수가 규명했다. 그리고 조 일 양군의 중어 방어시설인 성에 관해, 유재춘교수와 나동욱관장이 집필했다. 그리고 부록으로 임란당시의 해전에 관한 일본측사료와 이순신년보를 北島万次 교수가 별도로 작성해 주었다. 이 자리를 빌어 다시금 감사를 드린다.

이 책의 발간으로 한일관계사학회에서는 15째의 단행본을 출간하게 되었다. 『한일관계사논저목록』(현음사, 1993)을 비롯하여, 『독도와 대마도』(지성의 샘, 1996), 『한일양국의 상호인식』(국학자료원, 1998), 『한국과 일본 – 왜곡과 콤플랙스역사 – 』(자작나무, 1998), 『교린제성』(국학자료원, 2001), 『조선시대 표류민연구』(국학자료원, 2001), 『한일관계사연구의 회고와 전망』(국학자료원, 2001), 『「조선왕조실록」속의 한국과 일본』(경인문화사, 2003), 『한일도자문7화의 교류양상』(경인문화사, 2004), 『동아시아속의 고구려와 왜』(경인문화사, 2007), 『동아시아영토와 민족문제』(경인문화사, 2008), 『일본역사서의 왜곡과 진실』(경인문화사, 2008), 『전쟁과 기억속의 한일관계』(경인문화사, 2008), 『전환기 일본교과서의 諸相』(경인문화사, 2010)의 뒤를 이은 것이다. 2005년에 『한일관계 2천년』(3권)을 제외하고 모두 국제심포지엄의 결과물이다.

앞으로도 우리 '한일관계사학회'에서는 매년 국제심포지엄을 지속적으로 개최할 것이며, 그 결과물을 '경인한일관계총서'로 발간해 갈 것이다. 한일관계사연구에 관심과 기대를 가진 모든 분들로부터 지도와 편달을 기원한다.

2011. 9.

손 승 철

필자소개(집필순)

기조강연
北島万次(일본 공립여자대학)

발표
정성일(광주여자대학교)
나종우(원광대학교)
박재광(전쟁기념관)
정진술(경상남도 역사문화관광자문위원)
유재춘(강원대학교)
나동욱(부산근대역사관)

토론
장세윤(동북아역사재단)
김인덕(성균관대학교)
김병호(진남제 기획연구위원장)
이상훈(해군사관학교박물관)
이민웅(해군사관학교)
신동규(동아대학교)

임진왜란과 전라좌수영, 그리고 거북선

값 25,000원

2011년 11월 1일	초판 인쇄	
2011년 11월 8일	초판 발행	

엮 은 이 : 여수해양문화연구소·한일관계사학회
펴 낸 이 : 한 정 희
펴 낸 곳 : 경인문화사
편 집 : 신학태 김송이 김우리 김지선 문영주 맹수지 안상준
서울특별시 마포구 마포동 324-3
전화 : 718-4831~2, 팩스 : 703-9711
http://www.kyunginp.co.kr ┃ 한국학서적.kr
E-mail : kyunginp@chol.com
등록번호 : 제10-18호(1973. 11. 8)

ISBN : 978-89-499-0822-9 93910
ⓒ 2011, Kyung-in Publishing Co, Printed in Korea
※ 파본 및 훼손된 책은 교환해 드립니다.